一九六八年と宗教

全共闘以後の「**革命**」のゆくえ

栗田英彦 編
Hidehiko Kurita

人文書院

一九六八年と宗教　目次

一九六八年と宗教——全共闘以後の「革命」のゆくえ

序章　「近代主義を超えて」を超えて

栗田英彦

一　「日本宗教史像の再構築」とポストモダニズム

二〇〇〇年代以降、近代宗教史研究の新しい波がグローバルに起こっている。そこで主な対象となっているのは、近代仏教、近代ヨーガ、近代オカルティズム（エソテリシズム）などだが[1]、これらに共通するのは、国民国家、近代的諸範疇、宗教伝統の境界を越えて展開することである。いずれも国境を越えて活動し、医療・科学・政治といった世俗的範疇にも浸透し、諸宗教の伝統的枠組みをも超えていく。知的中間層を主な担い手とし、組織的布教というよりも、雑誌・出版メディアや諸個人の国際的ネットワークを通じてグローバルかつ局所的に広まっていく。一国史観や教団宗教を中心とした見方からは、「余白」と思われたような領域で活動し、それでいながら様々な教団・社会・文化・学問に重大な影響を及ぼしてきた運動群である[2]。こうした運動群への関心は、単にそれ自体への興味だけでなく、その研究によって近代宗教史、ひいては近代史の見直しをも引き起こしうるからだろう。

こうした研究動向に並行する国内の近代宗教史刷新の象徴的なプロジェクトとしては、京都大学人文科学研究所（京大人文研）の共同研究「日本宗教史像の再構築」（二〇一四年度から二〇一六年度）がある。筆者を含む多くの研究者が参加したこの共同研究では、従来の宗教史の問題点の点検をしつつ、新たな宗教史記述の可能性を模索していた。三年間、ほぼ毎月のように研究会が開かれて活発な議論が行われ、宗教史刷新の大きな機運が立ち上がってきたことが肌で感じられた。最終的には大谷栄一・菊地暁・永岡崇編『日本宗教史のキーワード――近代主義を超えて』（慶応義塾大学出版会、二〇一八年）を刊行し、総勢五一名の執筆者が集って仏教・神道・キリスト教・新宗教・霊性思想についての新知見を寄せた（筆者の他、本書の寄稿者である川村邦光、斎藤英喜もキーワードを執筆している）。

このキーワード集の副題に「近代主義を超えて」とあるように、二〇一〇年代以降の近代宗教史刷新のモチベーションにあったのが、戦後歴史学・社会科学を席巻した講座派マルクス主義やアメリカ流「近代化」論に代表される近代主義への批判意識であった。大谷栄一は、同書内の鼎談で次のように述べている。

> ポストモダンの嵐が一九八〇年代に吹き荒れて、さまざまなものが脱構築されて、その後も国民国家批判もありましたし、歴史の捉え方や宗教概念の捉え直しについてもさまざまな議論がありました。……私は、そこで批判されたことについていかに語りなおしていくかというところに、今の研究のステージがあるのではないかと思っています。[3]

ここに明示されているように、同書の前提には一九八〇年代以降の「ポストモダン」――およびそれに関連する「国民国家批判」、「宗教概念批判」――の影響下にあった。これこそが、従来の近代宗教史を批判する理論的・方法論的バックボーンだった。ここでは敢えて単純化の誹りを恐れず、ジャック・デリダやミシェル・フーコーに代表されるフランス現代思想に根差し、しばしば「ポストモダン」と概括される一群の思想・視角・方法論をポストモダニズムと呼んでおこう。ポストモダニズムは、それに影響を受けたポストコロニアル批評や文化研究《カルチュラル・スタディーズ》とともに、哲学や文学研究・文芸批評を皮切りに人類学、民俗学、歴史学、社会学のなど人文諸学を席巻してきた。

それにしても、ポストモダニズムの「嵐」が一九八〇年代に吹き荒れたとすれば、宗教研究への到達

（1）以下、包括的あるいは代表的な研究のみ数点ずつ挙げる。
【エソテリシズム・オカルティズム】Nicholas Goodrick-Clarke, *The Western Esoteric Traditions: A Historical Introduction*, Oxford University Press, 2008. Jeffrey John Kripal, *Authors of the Impossible: The Paranormal and the Sacred*, University of Chicago Press. 2010. Wouter J. Hanegraaff, *Western Esotericism: A Guide for the Perplexed*, Bloomsbury, 2014. Glenn Alexander Magee（ed.）, *The Cambridge Handbook of Western Mysticism and Esotericism*, Cambridge University Press, 2016.
【ヨガ】Mark Singleton, *Yoga Body: The Origins of Modern Posture Practice*, Oxford University Press, 2010. Elizabeth De Michelis, A History of Modern Yoga, Bloomsbury, 2017. Mark Singleton and Jean Byrne, *Yoga in the Modern World: Contemporary Perspective*, Routledge, 2008. Suzanne Newcombe and Karen O'Brien-Kop（eds.）, *Routledge Handbook of Yoga and Meditation Studies*, Routledge, 2023.
【近代仏教】Thomas A. Tweed, *The American Encounter with Buddhism*, University of North Carolina Press, 2000. Donald S. Lopez Jr., *Buddhism and Science: A Guide for the Perplexed*, University of Chicago Press, 2010. Hanna Havnevik, Ute Hüsken, Mark Teeuwen, Vladimir Tikhonov, and Koen Wellens（eds.）, *Buddhist Modernities: Re-inventing Tradition in the Globalizing Modern World*, Routledge, 2017. Richard M. Jaffe, *Seeking Sakyamuni: South Asia in the Formation of Modern Japanese Buddhism*, University of Chicago press, 2019. 吉永進一『神智学と仏教』法藏館、二〇二一年。
（2）この点を近代仏教研究において指摘したものとして、大谷栄一・吉永進一・近藤俊太郎編『増補改訂　近代仏教スタディーズ』法藏館、二〇二三年（初版二〇一六年）、viii〜ix頁。
（3）大谷栄一・菊地暁・永岡崇編『日本宗教史のキーワード——近代主義を超えて』慶應義塾大学出版会、二〇一八年。

には随分と時間がかかったようでもある。ただし実際のところ、いわゆるポストモダニズムは人類学経由で一九八〇年代の宗教研究にすでに到達していた。著名なところでは「ニュー・アカデミズム（ニューアカ）」の旗手として知られた中沢新一の仕事がある。中沢は、構造主義を中心とした初期ポストモダニズムを日本の言論空間にもたらしつつ、フィールドワークとして宗教実践や宗教体験を実践的に紹介し、近代世俗社会とは異なる人間経験や世界認識を読者に開示していた。この脱近代的ムードは、「ニューアカ」や人類学のみならず、当時のシカゴ大学宗教学教授ミルチャ・エリアーデの著作に見られるように、宗教学というオールド・アカデミズム自体も有していた。その風潮は当時の「精神世界」ブームやニューエイジ運動にも棹さし、アカデミズムが社会現象と重層的に絡み合う状況のなかで、中沢やエリアーデの言説においては、「宗教」それ自体が近代の外部を志向するポストモダニズムを体現していた。

だが、大谷らが受け止めている「ポストモダン」の議論は、むしろ一九九〇年代以降に展開したものである。すなわち、九〇年代の西川長夫や山之内靖らの国民国家論（国民国家批判）――およびこの流れから生まれた佐藤卓己らのメディア論――、そして二〇〇〇年前後のタラル・アサドや磯前順一らの宗教概念批判論である。そこでは中沢のような宗教のオルタナティブ性に対する素朴な期待はなく、前者は前提となる国民国家のイデオロギー装置や構造変化の仕組みについて、後者は我々が何かを「宗教」とみなすときに用いられる「宗教」という概念およびその構築に加担する宗教学などの学知について批判的に問い直し、そこに見られる近代的バイアスや権力性・暴力性を明るみに出して「脱構築」したのである。[4] こうした批判を踏まえるならば、「宗教」を世俗と対置させる中沢やエリアーデの言説さえも、システム化する国民国家と近代的宗教概念の枠内にあることになる（ここでは中沢らに代表されるものを八〇年代ポストモダニズム、国民国家論や宗教概念批判などを踏まえたものを九〇年代ポストモダニズムと呼んでおく）。

こうした九〇年代ポストモダニズムの衝撃には反発や否認もあったが、その問題意識を積極的に引き受けたのが、大谷栄一、林淳、吉永進一、オリオン・クラウタウ、碧海寿広らが牽引して二〇〇〇年代後半から活性化した近代仏教研究であった。宗教概念批判を踏まえ、「仏教史」や「仏教学」という学問的枠組みの形成史、それを支える大学制度・出版文化・メディアの形成史、トランスナショナルヒストリー、身体実践論などを組み込み、概念史というメタな議論と歴史研究のベタな実証を融合しながら近代仏教史を再構築していった。その余波は、先の「日本宗教史像の再構築」を経て、現在では近代神道史（山下久夫・斎藤英喜編『平田篤胤――狂信から共振へ』〈法藏館、二〇二三年〉、伊藤聡・斎藤英喜編『神道の近代――アクチュアルティを問う』〈勉誠出版、二〇二三年〉）、近代キリスト教史（赤江達也の「メディア宗教」研究会・「キリスト教とナショナリズム」研究会）、新宗教研究（菊池暁代表・科研費研究課題「日本新宗教

（4） 国民国家論については以下。西川長夫・松宮秀治編『幕末・明治期の国民国家形成と文化変容』新曜社、一九九五年。西川長夫・渡辺公三編『世紀転換期の国際秩序と国民文化の形成』柏書房、一九九九年。山之内靖／ヴィクター・コシュマン／成田龍一編『総力戦と現代化』柏書房、一九九五年。山之内靖『総力戦体制』伊豫谷登士翁・成田龍一・岩崎稔編、筑摩書房、二〇一五年。宗教概念批判については以下。磯前順一『近代日本の宗教言説とその系譜――宗教・国家・神道』岩波書店、二〇〇三年。磯前順一・山本達也編『宗教概念の彼方へ』法藏館、二〇一一年。磯前順一『宗教概念あるいは宗教学の死』東京大学出版会、二〇一二年。タラル・アサド『宗教の系譜――キリスト教とイスラムにおける権力の根拠と訓練』中村圭志訳、岩波書店、二〇〇四（一九九三）年。タラル・アサド『世俗の形成――キリスト教、イスラム、近代』中村圭志訳、みすず書房、二〇〇六（二〇〇三）年。磯前やアサドとは異なる視点からの宗教概念批判論としては、深澤英隆『啓蒙と霊性――近代宗教言説の生成と変容』（岩波書店、二〇〇六年）がある。深澤の視点は本論との関係で重要だが、行論の都合上、ここでは割愛する。磯前と深澤の視点の違いについては、栗田英彦「編者解説」（『吉永進一セレクション第一巻霊的近代の興隆』国書刊行会、二〇二四年）を参照。

史像の再構築」）にも影響を及ぼしつつある。

このように、ポストモダニズムの何段階もの刺激が一九八〇年代以降の宗教研究を発展させてきた。現在の近代宗教史研究の刷新は、確かに国民国家批判と宗教概念批判論の影響下にあり、ある種のポストモダニズムの継承・発展・乗り越えの動きなのである。

二　ポストモダニズムと〈一九六八年〉

だが筆者は、こうした研究の活況に関わりながら、ある疑問が頭を擡《もた》げてきた。これら近年の近代宗教史の刷新は、近代主義のバイアスを批判してその超克を主張する。だが、果たしてその批判や超克を言うポストモダニズムそのものにバイアスはないのだろうか。言い換えれば、ポストモダニズムおよび近代宗教史刷新の政治的現実とは何かということである。そもそも、一九八〇年代以降、ポストモダニズムそのものが知の体系を揺るがせてきたが、それが人文・社会科学一般に浸透している現在、ポストモダニズムそのものが知の体系となっているという見方さえできる。そうだとすれば、単にポストモダニズムに応答して宗教研究を進めるだけではなく、その知の体系を構築した担い手や欲望を問い直す必要もあるだろう。

この点については、「日本宗教史像の再構築」と同じく二〇一〇年代の京大人文研で行われていた、「68年5月」と現代思想の関係を問う共同研究「ヨーロッパ現代思想と政治」（二〇一一～二〇一五年）の成果が一つの回答を与えている[5]。これによれば、フランス現代思想が表舞台に現れたのは、一九六八年パリ五月革命に象徴される世界的な大学闘争・街頭反乱への積極的応答からであった。そして、それはまた世界同時的な政治・文化・思想の転換点であったというわけである（以下、序論においてこの年の前後に起こった転換の総体を示す意味で象徴的に〈一九六八年〉と表記する）。

ここで〈一九六八年〉に起こった闘争・叛乱（以下、一九六八年闘争）について概観しておこう。パリ五月革命に代表される六〇年代の闘争・反乱は、東欧、アジア、中南米やアフリカでも高揚し、その世界性もしくはグローバル性ゆえに「（一八四八年に続く二度目の）世界革命」や「グローバル・シックスティーズ」などと呼ばれてきた。(6) アメリカでは公民権運動やヒッピームーブメント、ベトナム反戦が盛り上がり、ドイツやイタリアでも学生活動家を出発点とするバーダー・マインホフ・グルッペ（ドイツ赤軍）や赤い旅団が活躍し、自律運動（アウトノミア／オートノーム／アウトノーメ）が活性化した。日本でも新左翼党派《セクト》の学生活動家が活躍した一九六〇年の安保闘争に始まり、六〇年代中頃からベトナム反戦運動や授業料値上げ反対運動などが盛り上がり、そして一九六八年に無党派急進派《ノンセクト・ラジカル》の活躍する全共闘運動が全国の大学を揺るがしたことが知られている。このグローバルな出来事を引き起こしたのは、社会変動論的に概括するならば、脱工業社会化・大衆社会化・メディア社会化という第二次世界大戦後の先進各国共通の歴史‐社会的経験であるとされる。一九六八年闘争は「豊かな社会の暴力革命」(7) と呼ばれ、従来の貧困問題に応じた労働組合を基盤とした共産党など既成左翼に反旗を翻し、労働問題に限らない、

(5) 詳細については、市田良彦・王寺賢太編『現代思想と政治――資本主義・精神分析・哲学』（平凡社、二〇一六年）、市田良彦・王寺賢太編『〈ポスト68年〉と私たち――「現代思想と政治」の現在』（平凡社、二〇一七年）、王寺賢太・立木康介編『〈68年5月〉と私たち――「現代思想と政治」の系譜学』（読書人、二〇一九年）を参照。フランスの「68年5月」の表象については、クリスティン・ロス『68年5月とその後』（箱田徹訳、航思社、二〇一四年）を参照。

(6) 二度目の「世界革命」については、G・アリギ／T・K・ホプキンス／I・ウォーラーステイン『反システム運動』（太田仁樹、大村書店、一九九八年、一〇七頁）を参照。「グローバル・シックスティーズ」論については、小杉亮子『東大闘争の語り――社会運動の予示と戦略』（新曜社、二〇一八年）の第八章が明瞭な整理をしている。

(7) 内海洋一「豊かな社会の暴力革命」『改革者』一〇九号、一九六九年。

多様なイシューを立ち上げていったことで知られる。

ポストモダニズムが近代の理念を批判的に検証したように、一九六八年闘争もまた、近代主義の二つのバリエーションである社会主義と自由主義をスローガンとする政治体制――東側陣営と西側陣営、あるいはその「平和共存」である冷戦体制――やその反映である各国の政治諸党派に対抗した。その闘争の特異性は定型化された理念や法則化された歴史像、官僚化する党組織や高度化する統治‐社会システムに抵抗し、反逆し、出し抜き、歴史と社会を多層化・多元化しながら混沌をもたらしていくという点にあり、ポストモダニズムとはまさにその闘争を基礎づけ、肯定し、拡散していく思想だったのである。ゆえに、〈一九六八年〉に生起したのは階級やイデオロギーの闘争ではなく、「私」の叛乱であったと言われる。もちろん、この場合の「私」は、近代市民としての主体的個人ではなく、ネグリ&ハートの言い方を借りるならば、無限に差異を反復する大衆社会の群衆《マルチチュード》である[8]。

思想史的観点からは、〈一九六八年〉は「大きな物語」「大文字の真理」（あるいはそれを担う前衛党や知識人）の失効の時代だとされている[9]――つまり、普遍的歴史理論たる唯物史観も近代化論も失効したというわけである。社会運動史では、一九六八年闘争を契機にマイノリティー運動（反差別・フェミニズム・LGBTQ・当事者運動など）や環境運動（反原発・自然食運動など）が生じてきたと言われる。その余波は、アカデミズムにも及ぶ。反差別運動的展開は、第三世界論やウーマンリブ運動の勃興と連動し、人文・社会科学系アカデミズムにおけるポストコロニアル批評とフェミニズム・ジェンダー研究の台頭をもたらした[10]。

こうした諸運動について、社会運動論では「新しい社会運動」と概括し、世界システム論のイマニュエル・ウォーラーステインは「反システム運動」と呼び、リスク社会論の視点からは「（対抗的）サブ政治」、アナキスティックな実践的視点からは「予示的政治」などとも論じられている[11]。本書でもたびたび登場するノンセクト活動家の津村喬の言説と実践には、色濃くポストモダニズムと「新しい社会運動」

の特徴が刻まれている。次の津村の言葉は、ノンセクトにとって全共闘運動がイデオロギー闘争などではなく、脱イデオロギー的な「反システム運動」的なものだったと認識していた証左として挙げられよう。

言うまでもなく全共闘は、何かのイデオロギーにもとづいてつくられたものではない。それは、大学の中で管理されていること、管理されるのに甘んじていれば自動的にわが身が支配階級のそばに運ば

（8）西川長夫・長崎浩・市田良彦「〈対論〉「私」の叛乱」『思想』二〇一五年七月号。アントニオ・ネグリ／マイケル・ハート『マルチチュード』上・下、幾島幸子訳、NHKブックス、二〇〇五（二〇〇四）年。

（9）ジャン・フランソワ・リオタール『知識人の終焉』原田佳彦・清水正訳、法政大学出版局、一九八八年。同『ポスト・モダンの条件――知・社会・言語ゲーム』小林康夫訳、風の薔薇、一九八六（一九七九）年。リオタール自身、フランスのトロツキズムから派生した自律運動系組織「社会主義か野蛮か」に属し、パリ五月革命にも参加した活動家であった。

（10）絓秀実『増補　革命的な、あまりに革命的な――「1968年の革命」史論』ちくま学芸文庫、二〇一八年。笠井潔・絓秀実・外山恒一『対論1968』集英社新書、二〇二二年。

（11）A. Touraine, *Le Mouvement du Mai ou le communisme utopiqu*, Editions Du Seuil, 1968. ユルゲン・ハーバーマス『公共性の構造転換――市民社会の一カテゴリーについての探求』第二版、細谷貞雄・山田正行訳、未来社、一九九四（一九九〇）年。アルベルト・メルッチ『現在に生きる遊牧民《ノマド》――新しい公共空間の創出に向けて』山之内靖・貴堂嘉之・宮崎かすみ訳、岩波書店、一九九七（一九八九）年。G・アリギ／T・K・ホプキンス／I・ウォーラーステイン『反システム運動』大村書店、一九九八（一九八九）年。ウルリッヒ・ベック『危険社会――新しい近代への道』法政大学出版局、一九九八（一九八六）年。Wini Breines, *Community and Organization in the New Left: 1962-1968*, Praeger Publishers, 1982. Paul Raekstad, "Revolutionary Practice and Prefigurative Politics: A Clarification and Defense," *Constellations*, vol. 25, no. 3, 2017, pp. 359-372.

れていくことが心底たえがたいと思った時に出てきた、日常性を拒絶する運動だった。それが造反ということでもあった。わが身の帰属している秩序をどれほど深く裏切ることができるか、が闘いの動機だった。いいかえれば、主体が変ることを通じて世界を変えようとした。権力をとることで世界が変ると考えてきたのが社会党－共産党からすべての新左翼党派であったとすれば、全共闘は、権力をとることこそ最も避けたい、呪うべきことであり、問題は自ら権力になることだという宣言を発した。それは文字で書かれた宣言でなく、バリケードや、さまざまの身ぶりによって、ひとつの新しいスタイルとして、都市に書きこまれた宣言だった。[12]

二〇二四年現在、反差別運動や環境運動は、たとえ津村の言ったようなスタイルではないにせよ、政治・学問・経済などあらゆる領域に影響を及ぼし、数々の法制化を含む形で社会変革を成し遂げているのを目にすることができる。文芸評論家の絓秀実は、この状況に対して「一九六八年の革命は勝利し続けている」[13]とアイロニカルに喝破している。現在では「反システム運動」のシステム化、「私」の思想の「我々」化ともいうべき事態さえも起こっているわけである。

そうした事態は、何かしら一九六八年闘争の頽落や挫折とみなす向きもある。だが、果たしてそうなのか。一九六八年闘争を「新しい社会運動」「ポストモダニズム」「反システム運動」「大きな物語の終焉」「「私」の叛乱」と捉えてきたことに、そもそもの問題があったのではないか。つまり、ポストモダニズムもまた、脱イデオロギーなのではなく、あるいは脱イデオロギーのイデオロギーなのだという逆説的開き直りで片づけられるものでもなく、文字通り何かしらの主体を背後に有したイデオロギー装置たらざるを得なかったのであり、むしろ、〈一九六八年〉以後の世界は、無自覚にそのイデオロギー装置に呼びかけられ続けているという可能性である。その呼びかけてくるイデオロギーの現実は何か。あるいはポストモダニズムに内在しつつ、それを突破していくイデオロギーの現実とは何か。「革命」のゆくえを探るため、今こそ一九六八年闘争を再検討する必要があるのだ。

三　近代日本における「宗教」的条件

そうであるならば、まずは少なくとも、前節で取り上げたような「私」の叛乱や「新しい社会運動」、あるいはポストモダニズムないし現代思想という語り口から離れ、一九六八年闘争を別の角度から眺めてみるところから始めてみなければならない。そもそも、フランス現代思想もまたフランスの諸条件のもとで成立したのであれば、それ自体の政治‐歴史‐文化的制約を無視して、ポストモダニズムや「新しい社会運動」論を日本の〈一九六八年〉の思想や運動に当てはめることには大きな問題があるのではないか。むしろ、日本の〈一九六八年〉を改めて見直していくことで、逆にフランス現代思想や「新しい社会運動」論の射程のリミットや無意識的な構造を考えていくこともできよう(14)。

そうした政治的‐歴史的‐文化的条件の差異を考えるうえで、決定的に重要になってくるのが「宗

(12) 津村喬「持続する〈全共闘〉」『全共闘　持続と転形』五月社、一九八〇年、五三頁。
(13) 絓前掲『増補　革名的な、あまりに革命的な』、裏表紙の解説文。
(14) 長崎浩は先述の共同研究「ヨーロッパ現代思想と政治」に関係しながらも、六八年から現代思想でもなく、現代思想から六八年でもなく、むしろ日本全共闘運動で現象した政治的諸次元を分析し、そこからむしろアントニオ・ネグリの所論を批判的に読解している（長崎「六八年のなにが政治思想を促したか」市田・王寺編前掲『現代思想と政治』）。筆者も長崎の試みと出発点において近いモチベーションを持つ。本書の試みを長崎との対比で明確にするならば、長崎が現象学的分析によって「党」と「叛乱」のダイナミズムを追跡しようとするのに対し、筆者は存在論としての「革命」の、現代の現実における場所を追跡しようとしている。
(15) 伊達聖伸『ライシテ、道徳、宗教学――もうひとつの一九世紀フランス宗教史』勁草書房、二〇一〇年。

教」的条件である。カトリックと反教権勢力の対立を経てライシテを成立させたフランスと、[15]次に述べるような「宗教」的諸条件のある日本では、同じ〈一九六八年〉でも大きな違いがあることが十分に考えられる。もちろん、各国の違いは、宗教のみならず様々なものに及んでいるが、宗教概念批判を踏まえて言えば、何が「宗教」かを決めることが、「世俗」と呼ばれる近代的公共領域における諸範疇を裏面から枠づけるのである以上、「宗教」的条件が特に重要であることは理解できよう。その条件をすべて描写することは不可能だが、以下、本書に関わる天皇制、近代神道、死者、民衆宗教・新宗教、近代霊性思想・スピリチュアリティ、キリスト教に関して概観しておきたい。

日本の場合、まずは天皇制の問題を無視することはできない。明治期、教育勅語は勅語奉読式や修身教育を通じて天皇崇敬を身体化させ、天皇制と結びついた「国家の宗祀」――神社神道――は、明治中頃に成立する政教分離原則のもと、信教の自由の埒外に置かれて国家や地方自治体の運営管理に服し、布教や葬儀が禁じられる一方（神社非宗教論）、国家的戦没者追悼施設としての靖国神社は戦争のたびに国民のあいだで存在感を増してきた。神社神道は明治・大正期まで行政の扱いは小さいものだったが、大正デモクラシーを通じた在地神職の活動や民俗学の勃興、神道学者などの神道系知識人の登場によって知識人層・知的中間層にも天皇崇敬や神社崇敬の意義が承認され、一九三五（昭和一〇）年の国体明徴運動とともに重要性が増大した。[16]

天皇制の傘の下で、仏教・キリスト教・教派神道は近代「宗教」概念を受容して信教の自由を享受、私事化するが、一方で近代社会における社会的意義を模索して社会事業などを通じて公的役割も担い、学問・メディア・海外進出にも関わって近代化にさまざまな対応をしてきた。キリスト教は近世以来の「邪宗」観にさらされつつも、近代における「文明の宗教」として諸宗教のモデルとなり、さらに初期社会主義や民本主義の源泉にもなった。[17]天理教・金光教・黒住教・大本などの民衆宗教は、あるものは教派神道として公認され、あるものは「邪教」「類似宗教」とレッテルを張られ、神社神道も含めた正統と異端のはざまでせめぎあった[18]。民間精神療法（霊術）や心身修養法は、心理学・心霊研究・近代霊性思想の窓口を通じて、近代に「呪術」的実践を再生させながら、医療・道徳・科学・政治などの「世俗」領域に侵入して隆盛した[19]。仏教・民間信仰・靖国神社や忠魂碑は死者追悼（供養）を巡る綱引きを演じつつ、民衆生活に深く根を下ろした[20]。挙げるべき条件は尽きないが、さらにＧＨＱ占領期の教育・宗教政策によって、これらの諸条件は大きな変容も経験する。その最たるものが、神道指令による「国家神道」と呼ばれた諸要素の解体と神社の宗教法人化である――これにより、神社神道・宮中祭祀・靖国神

(16) 佐藤秀夫編『教育――御真影と教育勅語』全三巻、みすず書房、一九九四～一九九六年。坂本是丸『近代の神社神道』弘文堂、二〇〇五年。畔上直樹『「村の鎮守」と「戦前日本」――「国家神道」の地域社会史』有志舎、二〇〇九年。伊藤聡・斎藤英喜編『神道の近代』勉誠出版、二〇二三年。栗田英彦「「日本心霊」デジタルアーカイブ解題」『J-DAC 株式会社 人文書院 所蔵「日本心霊」デジタルアーカイブ』丸善雄松堂、二〇二一年。

(17) 鈴木範久『明治宗教思潮の研究――宗教学事始』東京大学出版会、一九七九年。星野靖二『近代日本の宗教概念――宗教者の言葉と近代』有志舎、二〇一二年。

(18) 安丸良夫『日本の近代化と民衆思想』青木書店、一九七四年。永岡崇『新宗教と総力戦――教祖以後を生きる』名古屋大学出版会、二〇一五年。同『宗教文化は誰のものか――大本弾圧事件と戦後日本』名古屋大学出版会、二〇二〇年。井上順孝『神道の近代――変貌し広がりゆく神々』春秋社、二〇二一年。

(19) 栗田英彦・塚田穂高・吉永進一編『近現代日本の民間精神療法――不可視なエネルギーの諸相』国書刊行会、二〇一九年。

(20) 池上良正『増補　死者の救済史』ちくま学芸文庫、二〇一九年。川村邦光『弔い論』青弓社、二〇一三年。川村邦光『弔いの文化史――日本人の鎮魂の形』中央公論新社、二〇一五年。粟津賢太『記憶と追悼の宗教社会学』北海道大学出版会、二〇一七年。

(21) 山口輝臣編『戦後史のなかの「国家神道」』山川出版社、二〇一八年。島薗進『戦後日本と国家神道――天皇崇敬をめぐる宗教と政治』岩波書店、二〇二一年。

社は政教問題において大きな困難を抱えることになる[21]。加えて、宗教法人法施行に伴う新宗教の族生、すなわち戦後の「神々のラッシュアワー」も特筆すべきだろう[22]。

こうした条件が日本の社会運動・左翼運動に与えた影響は甚大である。キリスト教や仏教など諸宗教の改革派は、さまざまな社会運動・社会事業に一貫して取り組んできた。マルクス主義が社会運動で決定的意義を持つようになるのはロシア革命後のことだが、マルクス主義運動内では近代天皇制の評価をめぐって、講座派と労農派のあいだで注目すべき論争――日本資本主義論争――を生み出すことになる（後述）。ともあれ、講座派マルクス主義およびそれを採用した日本共産党は日本の前近代性を批判し、反天皇・反宗教・反迷信を掲げて活動するようになる――社会運動の非「宗教」化はこの時に徹底的に遂行されたと言えよう。一方、非合法であった同党は三・一五事件（一九二八年）および四・一六事件（一九二九年）で壊滅的打撃を受け、以降、転向左翼は陰に陽に天皇制イデオロギーや伝統宗教に回帰していく。転向左翼が集った場所の一つが柳田国男の民俗学であったし、共産党幹部だった佐野学などは仏教に傾倒した[23]。戦前の水平社運動もこの流れに沿っており、創設期には仏教運動にかかわり、次いでマルクス主義を経由し、最終的に天皇主義に行き着いている[24]。

戦後になると共産主義・社会主義政党が復活するが当初は反宗教の立場を継承していた。だが、新左翼登場以降、一九六〇年代の新左翼系前衛芸術の一部は民衆的下層を志向し、土着の宗教性に関心を抱くようになる。新左翼に随伴した思想家の吉本隆明が、『共同幻想論』では柳田国男の『遠野物語』と『古事記』に関心を持ち、のちには親鸞についても取り組んだことも知られていよう。そして全共闘以後の活動家のなかからは、気功・自然食・瞑想法などを実践する人々が数多く現れ、同時期の欧米に現れた対抗文化やニューエイジ運動にも棹さしていく。

四　新左翼の源流へ――労農派・ファシズム・天皇制イデオロギー

全共闘以後の活動家の動きは環境運動や反差別運動・マイノリティ運動にも重なっており、「新しい社会運動」という解釈に妥当性がないわけではないし、日本的諸条件の差異を超える構造的転換を把握する試みについても異論はない。しかし、近代からポストモダンへ、旧来の社会運動から「新しい社会運動」へという発展図式は、全共闘以前からある諸条件を踏まえて再検討されなければ普遍的な妥当性を持つとは言えないだろう。日本の場合、その諸条件の核にあるのが天皇制である。近代／ポストモダンの枠組みの再考は、そもそも明治以降、天皇制国家の日本は果たして「近代」だったのかという問題と関わる。

一九三〇年前後、この問題について左翼運動内で論争を交わしたのが、講座派と労農派による日本資本主義論争であった。『日本資本主義発達史講座』（全七巻）に集った講座派の論客は、日本の現状を半封建性と規定して、社会主義革命の前に当面の課題を民主主義革命とする二段階革命論を主張した。雑誌『労農』に集った労農派は、明治維新を不徹底ながらブルジョワ革命と規定し、日本の現状を民主主義の発達した帝国主義段階と捉え、当面の課題を社会主義革命と見なす一段階革命論を採った。講座派

(22)　H・N・マクファーランド『神々のラッシュアワー――日本の新宗教運動』内藤豊・杉本武之訳、社会思想社、一九六九（一九六七）年。
(23)　鶴見太郎『柳田国男とその弟子たち――民俗学を学ぶマルクス主義者』人文書院、一九九八年。近藤俊太郎『親鸞とマルクス主義――闘争・イデオロギー・普遍性』法藏館、二〇二一年。
(24)　佐々木政文『近代日本の思想変動と浄土真宗――教化・連帯・転向』法藏館、二〇二三年。

理論はコミンテルンの決定した三二年テーゼを支持しうる内容であったため、三二年テーゼを実質的な綱領としていた日本共産党に採用され[25]、労農派は当時の無産政党最左派（労働農民党・無産大衆党・日本無産党など）に、戦後は日本社会党左派によって継承されている。

講座派は敗戦を画期として戦後民主主義を肯定する日本共産党や市民社会派にも浸透したのに対して、労農派は戦前からすでにブルジョワ国家であるとして連続性を強調し、一足飛びに社会主義を目指した。一九五〇年末に日本共産党から分派した革命的共産主義者同盟（革共同）や共産主義者同盟（ブント）といった新左翼党派は、労農派から展開した宇野派経済学やトロツキズム再評価に理論的基礎がある[26]。新左翼党派のみならず、ノンセクトのイデオローグである津村もまた猪俣津南雄のような労農派の系譜にあった。労農派の系譜のうち、社会党左派は議会政治を通じてプロレタリア革命を実現しようとするが、ゼネストや武装闘争、バリケード闘争など議会外の直接行動によって実現しようとしたのが新左翼だった[27]。

講座派と労農派は、前者が民主化＝近代化を目指し、後者が民主主義の先である社会主義を目指す点で、一見すると近代主義／ポストモダニズムにも重ねうる。実際、講座派マルクス主義は先述のように近代主義の一部として、ポストモダニズムの文脈でも批判されてきた。だが、言うまでもなくポストモダニズムと労農派は単純に重なるものでもない。とりわけ労農派を継承した日本の新左翼党派は、英国ニューレフトのように文化革命的な方向よりも、まずは強くレーニン主義の影響を受けて前衛党論や暴力革命不可避論を採用し、それによって前衛／大衆という古典的な（旧左翼と同様の）二項対立の問題構成を維持していた[28]。だがそれ以上に決定的な違いは、歴史的な問題である。すなわち、ニューレフトとポストモダンがヨーロッパの戦後思想であるのに対して、労農派は戦中の政治運動に根を持ち、講座派と同時代的なものだったことである[29]。新左翼であれノンセクトであれ、日本の一九六八年闘争のイデオロギーが労農派の周辺から出てきたことは、戦中の労農派の「戦後」的な持続という側面を持つ。

(25) なお『日本資本主義発達史講座』(全七巻)の一・二巻刊行時、三二年テーゼはまだ日本で知られておらず、講座派は必ずしもコミンテルンや日本共産党を追従して理論形成したわけではない。むしろ当時知られていたのはコミンテルンの三一年政治テーゼ草案(一段階革命論)であり、講座派はそれ以前にあった二七年テーゼ(二段階革命論)に依り、三一年政治テーゼ草案の批判を意図して同シリーズは企画された(その後、三二年テーゼを基礎づける役割を担うようになった)。詳細については『服部之総著作集 第一巻』(理論社、一九五五年、二九〇～二九六頁)を参照。

(26) 例えば、ブントのイデオローグ、姫岡玲治(青木正彦)は宇野経済学の三段階論に依拠して、日本の現状を国家独占資本主義とする理論を提起していた(姫岡「民主主義的言辞による資本主義への忠勤――国家独占資本主義段階における改良主義批判」季節編集委員会編『未完の意志――「資料」六〇年安保闘争と第一次ブント』エスエル出版会、一九八五年)。また当時、トロツキーの著作や所論は、労農派の荒畑寒村や対馬忠行が翻訳・紹介しており、革共同創立メンバーはこれらを読んでトロツキストになっている(本書第六章参照)。荒畑寒村については、川村邦光『荒畑寒村――叛逆の文字とこしえに』(ミネルヴァ書房、二〇二二年)を参照。

(27) 労農派で後にトロツキストとなった対馬忠行は、「途はただ二つ。強力的社会主義革命か、それとも一定の政治的妥協としての民主主義完成か」と明確に述べている(対馬『日本におけるマルクス主義――二つの偏向に対する闘争』三元社、一九四九年、八九頁)。なお、対馬自身は後者の「政治的妥協」を採用していた。

(28) 大嶽秀夫『新左翼の遺産――ニューレフトからポストモダンへ』東京大学出版会、二〇〇七年。大嶽は旧左翼を引き継いだ革共同や構造改革派の新左翼を「革命的旧左翼」として、ブントに「ポストモダン」につながるものを認めている。ただし、ブント→全共闘＝ポストモダンという語り口については、本書第六章で批判的に検討した。

(29) もちろん、ニューレフトやポストモダンも、ニーチェの思想や記号論、フォルマリズムやシュルレアリスムといった戦前の思想を継承している。だが、それらは芸術運動やアカデミズムを超えた政治運動をそれ自体として具体的に持ったわけではなく、その不在が意味する各国家内での現実的位置を再考する必要があるだろう。この観点こそが戦中の労農派に注目することで翻って、ポストモダンの現実の位置を捉えなおすという試みである。

では、戦中の労農派とはいかなる存在であったのか。人民戦線事件（一九三七・一九三八年）で労農派の論客や活動家が一斉に逮捕され、日本無産党が結社禁止となったのち、労農派の残党が流れ着いた一つは東方会であった[30]。東方会とは、ファシストの中野正剛（一八八六〜一九四三）が設立し、総裁を務めた政治団体である。中野は、もともと自由と権利を鼓舞する民本主義の政治家であり、ソ連承認論者でもあったが、既存の汚職政治に絶望して名実ともに「ファシスト」となる——すなわち、ヒトラーのナチズムを参照して国民運動に根差した「強力内閣」を組織し、合法的手段に依りながら「独裁的に非常時国策を断行」すべく東方会という新党を結成したのである[31]。中野は国民運動の組織において左翼を弾圧するのではなく、むしろそれらを抱え込んで下層の労働者・農民の動向を汲み取ろうとし、それゆえ解体状況にある無産政党系の農業組合・労働組合を取り込んでいった。労農派から見れば、東方会は、そのなかで一定の運動の持続と展開をなしうる「国内亡命[32]」の場所として機能していたのである。元左翼たちも寄稿した東方会機関誌『東大陸』では戦況を隠蔽する東條体制を批判し、より合理的な——下層の意思も動員してより国民の結束をなしうる——戦争遂行を訴えている。『東大陸』は発禁になり、最終的に東方会は東条内閣の倒閣運動まで起こして弾圧されている。

このことは次のことを意味している。まず、「ファシズム」と呼ばれる勢力と、新左翼・全共闘の源泉ともいうべき労農派の近さである。東方会に見るように、ファシズムには一種の革命性・急進性・批判性があるということであり、逆に労農派は一種のナショナリズムを抱え持っているということでもある。転向左翼と戦争協力の問題やファシズムもしくは戦時体制の変革性については従来の研究でも指摘されているが[33]、労農派に焦点を当てることで見えてくるのは日本の一九六八年闘争が潜在的に抱えていたファシズムの要素だと言えよう。従来の政党＝旧左翼を批判し、かといって政党解消の果てに行き着いた大政翼賛会にも乗らず新党＝新左翼を維持するところから、ノンセクトというよりは特に新左翼党派に近い。

加えて「党」とノンセクトを可能にする条件についてである。東方会と労農派の関係を調査した永井和は次のように言う。

日本の場合特徴的なのは「党」の不在という事実であった。これはたんなる偶然などというものではなく、構造的に「党」の存在が不可能にされていたため生じたことである。東方会の政治理念のうちには未熟な形ではあれ、この不在を埋めるかもしれない方向が内包されていたが、この構造的な規制力によって、それが発展する可能性は客観的にも主体的にも封じられていた。「党」の不在は、様々な方向をもつ国民的諸階級・諸階層の政治意志のベクトルを、強力な政治的指導性によって束ねていくことの欠如を意味するように思われるが、日本においてはすでに天皇制イデオロギーの「万邦無比」の規制力があり、その下で官僚、とくに帝国主義的対外侵略政策の実行者として圧倒的優位を保持しえた軍部官僚が、束ねられた国民的諸階級・諸階層の政治意志の融和を一定の方向へ導いていけば事足りたのであった。

もし東方会を新左翼党派に例えるならば、「「党」の不在」とはノンセクトである。ここで指摘されてい

(30) 永井和「東方会の展開」『史林』六二巻一号、一九七九年。千坂恭二『思想としてのファシズム――「大東亜戦争」と1968』彩流社、二〇一五年、一四〜六四頁。
(31) 中野正剛『国家改造計画綱領』千倉書房、一九三三年、一三頁。
(32) 千坂前掲、三九頁。
(33) 伊藤隆『大正期「革新」派の成立』塙書房、一九七八年。山之内前掲『総力戦体制』。佐藤卓己『言論統制――情報官・鈴木庫三と教育の国防国家(増補版)』中公新書、二〇二四年。

るのは、ノンセクトを可能にする規制力として、天皇制イデオロギーがあるということである。確かにドイツのケースと比較して「党」が強力な政治指導性を発揮できなかった理由としては一理ある。だが、未熟／成熟は別として日本にも東方会があり、またその対抗性によって軍事官僚は実は「融和」を果たせなかったことを知るならば、天皇制イデオロギーは「党」の形成のイデオロギーとしても機能するということであろう。つまり、ここで注目したいのは、党とノンセクトをも規制する天皇制イデオロギーの二重性である。

講座派は封建的遺制の絶対主義として天皇制を捉え、一方で労農派は明治維新をブルジョワ革命と捉えることで相対的に天皇制を不問にしてきた。共産党に属した宗教学者、村上重良の『国家神道』（岩波書店、一九七〇年）に見るように、講座派＝日本共産党は天皇制の宗教性を強調し、伝統的国体論を強く批判してきた。講座派の近代主義の背後にはソ連＝コミンテルン＝スターリニズムがあり、その正当性が天皇制の外部に立つ根拠になっていた。一方、天皇制を不問にした労農派にはそのような外部性の根拠がない。強いて挙げるならば西欧マルクス主義なのだが、西欧マルクス主義で革命国家を打ち立てたところはなく、それは常に体制内の改良主義たる社会民主主義か構造改革に留まり、ヨーロッパ各国の体制に従属することになる。そうだとすれば、世界大戦ないしは冷戦下という情勢下において講座派はスターリニズムの、労農派は帝国主義の「第五列」を演じざるを得ない。コミンテルン／コミンフォルム支部だった当時の日本共産党であればともかく、労農派≒新左翼が帝国主義やスターリニズムとの差異を示すとき、国民内の報酬配分という政策論を超えた国家論的な問題に進まざるを得ない(34)。この時、ファシズムや天皇制イデオロギーは、道具的であれ原理的であれ、この問題に対する一つの回答だったことを東方会と労農派の関係は示している。

五　「革命」の亡命先としての「宗教」

戦後、労農派はふたたび無産諸政党を結成し、冷戦体制——帝国主義とスターリニズムの共存体制——の確立とともに、それを反映した五五年体制の一翼を社会党として担うことになる。絓の諸作や小熊英二『1968』（新曜社、二〇〇九年）などが指摘するように、一九六八年闘争はこの五五年体制に疑義を突きつけ、これを生み出した戦後民主主義に対抗する運動であった（その対抗性の程度に強弱があるにせよ）。もしその動きが世界大戦下の労農派のラディカルな再演だとみるならば、そして再び五五年体制に連なる議会政党に立ち返るのでないならば、その「敗北」「挫折」の果てに「国内亡命」先を見出すしかない。

しかし、戦中と異なり、枢軸国の敗北とともに「ファシズム」が絶対悪となったことに加え、一九七〇年の華青闘告発を経て新左翼に内在するナショナリズム批判／天皇制批判も前景化していた[35]。そしてこの批判こそが、津村が運動の現場において導入したポストモダニズムであった。図式的に言うならば、それは中沢新一的な八〇年代ポストモダニズムというよりは、九〇年代ポストモダニズムの先取りであ

（34）　そもそも宇野経済学に依拠した場合、報酬配分の基礎となる労働価値説を否定しており、商品の等価交換は幻想である。しかし、幻想を否定した際に表れてくるのは贈与か略奪かであり、もはや報酬配分を単純に要求することができない。この欺瞞やアポリアを避けようとするなら、カリスマを中心とした別の幻想の共同体（「宗教」的共同体？）を構成して贈与と略奪に正統性と規範を与えるしかないだろう。以上の点については、栗田英彦「一九六八年と統一教会——ポストコロニアリズムから「ゼロ」としての〈日本〉へ」『情況』二〇二三年冬号、一二〇～一二四頁）にて詳細に論じた。

（35）　華青闘告発と天皇制批判については、本書第一章を参照。

り、その徹底は「国内亡命」先の消去として働くだろう。実際、冷戦体制終焉後の現在、ポストモダニズムはポリティカル・コレクトネスへと転形し、英米法に基づく国際法に根拠づけられた、広義の〈帝国〉――グローバリズムと名を変えた帝国主義――の一部へと組み込まれるに至っている[36]。日本赤軍は国外に亡命したが、冷戦後のグローバリズムにおいては重信房子も帰国して逮捕され、「国外」という亡命先さえも消去されつつある。

もちろん、八〇年代当時にそこまで見通した者は多くはなかった。津村自身、身体や自然に可能性を見出し、気功を実践し、ニューエイジ運動にも関わった。新左翼や全共闘に影響力を持った思想家、吉本隆明の場合は「大衆」に依拠した。だが、当然ながら民衆や大衆は「革命」の主体たりうるとともに、既存の現実の主体でもある。その二重性の切断のために、歴史家の安丸良夫――京大院生時代に六〇年安保闘争に参加――や宗教学者の島薗進――東大闘争時に新左翼党派「社青同解放派」学生党員――らは、「宗教」を差し込んだ。それが民衆宗教・新宗教研究の初発のモチベーションである[37]。島薗らは、帝国主義でもスターリニズムでも、天皇制イデオロギーに抵抗できなかった旧宗教でもないもの、すなわち新宗教に変革の根拠を見出そうとした。ここにおいて「革命」の亡命先としての「宗教」という問題系が表れてくる。ほぼ同時期に東大宗教学研究室に学んだ島薗と中沢は、学問的記述のスタイルや学会との関係で違いがあるが、「宗教」への意志にはかなり近いものがあったと思われる[38]。

しかし、新宗教運動や「精神世界」はオウム真理教事件という極点を迎え、宗教学者らはそこにオルタナティブな可能性を見出すことに尻込みし、同時に新宗教運動の一部が保守運動や保守政権に組み込まれるに従って、こうした視角からの研究も下火になっていった[39]。あとに残されたのは、ジェンダー分析、マーケット分析による新宗教・スピリチュアリティ研究か、そうでなければ市民社会の視点から異端を析出する「カルト」研究である[40]。もちろん、いずれの研究も現代社会に不可欠であることは言うまでもない。だが、「革命」を探求し、資本主義社会のオルタナティブを確保するという問題関心は禁欲さ

(36) 絓前掲『増補　革命的な、あまりに革命的な』四八四頁。

(37) 安丸良夫『日本の近代化と民衆思想』(青木書店、一九七四年)、島薗進『救済宗教論』(青弓社、一九九二年)、島薗『ポストモダンの新宗教――現代日本の精神状況の底流』(東京堂出版、二〇〇一年)、島薗進・安丸良夫・磯前順一『民衆宗教論――宗教的主体化とは何か』(東京大学出版会、二〇一九年)など。

(38) 磯前順一もまた「島薗や安丸が民衆宗教論を展開した一九七〇年代から一九八〇年代は、網野善彦らの社会史と中沢新一らのニュー・アカデミズムの時代であった」とまとめ、「いずれも、世俗化された資本主義社会に対抗するオルタナティブな社会を精神的世界に求めるカウンター・カルチャー的な運動を背景」とし、「息苦しい体制の中で、どのようにして自由の王国を精神世界にあるいは現実世界に確保するのかというのが、彼らの関心事であった」とまとめている(磯前「序章　オウム真理教事件、そして東日本大震災との遭遇」島薗・安丸・磯前前掲、二頁)。

(39) 新宗教と保守運動の結びつきについては、塚田穂高『宗教と政治の転轍点――保守合同と政教一致の宗教社会学』(花伝社、二〇一五年)が詳しい。なお付言しておくが、新宗教研究自体が下火になったわけではまったくない。ここで列挙する暇はないが、多くの実証研究が積み上げられており、例えば山口瑞穂『近現代日本とエホバの証人――その歴史的展開』(法藏館、二〇二二年)など従来は手薄だった対象を扱った労作も出ている。本論との関係でいえば、九〇年代ポストモダニズムの影響を受けて行われた重要な研究として、永岡前掲『新宗教と総力戦』『宗教文化は誰のものか』がある。

(40) ジェンダー分析の例としては、川橋範子・小松加代子編『宗教とジェンダーのポリティクス――フェミニスト人類学のまなざし』(昭和堂、二〇一六年)、橋迫瑞穂『占いをまとう少女たち』(青弓社、二〇一九年)、同『妊娠・出産をめぐるスピリチュアリティ』(集英社新書、二〇一九年)など、マーケット分析の例としては、山中弘編『現代宗教とスピリチュアル・マーケット』(弘文堂、二〇二〇年)などがある。「カルト」研究の例としては、櫻井義秀編『カルトとスピリチュアリティ――現代日本における「救い」と「癒し」のゆくえ』(ミネルヴァ書房、二〇〇九年)など、櫻井による研究が多数ある。

れ、グローバル資本主義における改良主義的対応としての役割を人文・社会科学が果たすようになっている、とまとめることは許されよう。

六　本書の目的――全共闘以後の「革命」のゆくえ

以上のことを確認したうえで改めて問おう。「宗教史像の再構築」とは何であった／であるのだろうか。『日本宗教史のキーワード』で述べられた「近代主義を超えて」とは、一見すると近代化論や講座派に代表される近代主義を超える「ポストモダン」を意味するようにも思われる。しかし、「そこで批判されたことについていかに語りなおしていくか」を現在の研究のテーマとするという大谷栄一の言葉から、むしろ「ポストモダン」以後――「近代主義を超えて」を超えて――という意味をも含意していると見るべきだろう。一方で、近代主義への「革命」だったポストモダニズムは、資本主義社会の改良主義に行き着いた。ポストモダニズムを超えるとは、そういった市民的現実に着地するということなのだろうか。あるいはそうなのかもしれない。しかし、全共闘運動以後の「革命」のゆくえを見出そうとするモチベーションが近代宗教史刷新のうちにもし仮にあるとするならば、それはいかなる視角においてであろうか。少なくとも、新宗教であれオカルトであれ、あるいは何らかの新奇な対象に対して、新しいという理由だけで変革の可能性を認めるような視角は採用できない。なぜなら、そのような無限の差異の希求こそがポストモダニズムの枢要であり、そうした差異を是認し包括することこそが、現在のグローバル資本主義システムの機能だからである。むしろキリスト教や仏教やイスラームからオカルティズムやスピリチュアリティまで、新旧や洋の東西を問わず、教団宗教か個人宗教かを問わず、宗教研究者か宗教者かを問わず、信仰者か非信仰者かも、世俗的か宗教的かも問わず、世俗／宗教の二分法の構成における権力性を視野に入れながら、特定の歴史的 - 文化的条件において、まずは世俗と宗教の**はざま**において生起するものを見つめることのうちに、亡命先へのルートがある。だが、それだけでなく、そのはざまが確固とした形式を伴うとき、二分法を突破する「革命」が宿りうるのである。

例えば、エドワード・サイードの「愛弟子にして後継者」として知られる文学研究者、ゴウリ・ヴィシュワナータンもまた「改宗」というはざまを取り上げ、植民地政府、世俗主義、ドグマ的宗教への「異議申し立て」を読み取っていたが、近年、さらに過程としてのはざまから一歩踏み込み、はざまの一形式として「オカルティズム」へと関心を向けている。[41] ヴィシュワナータンが「革命」の問題を考えているとか、「オカルティズム」に「革命」が宿ると言いたいわけではまったくない。そうではなく、ポストモダニズムの徹底の先に、ある種の形式が志向されているという話である。

この点については、ヴィシュワナータンよりも、その著作を翻訳し、著者インタビューをしている英文学者の三原芳秋のほうが自覚的かもしれない。ヴィシュワナータンが「儀礼」は「しきたり」に従うだけで「創造性」とは異質だと述べたのに対して、三原は次のように言う。

> 創造的な〈思想〉は身体から自由なものと想定されうるのかもしれませんが、その〈思想〉をわれわれ人間が表現しようとするならば、やはり言語的・身体的な方法によらざるをえません。そこで「形式」が必要になるのです。宗教——むしろ〈霊的なるもの〉と言ったほうがいいかもしれません——は、身体をもったわれわれ人間が〈真理〉との関係をとり結ぶ場だと私は考えるのですが、「儀礼」とはその〈身体を用いた〉表現と探求の方法だと考えれば、〈思想〉の対局に位置するものではないと言えるのではないでしょうか。[42]

(41) ゴウリ・ヴィシュワナータン『異議申し立てとしての宗教』三原芳秋編訳、田辺明生・常田夕美子・新部亨子訳、みすず書房、二〇一八年。

三原はこれに続いて、ヴィシュワナータンが研究する不可触民《ダリト》出身のインドの法務大臣、アンベードカルの仏教への集団改宗運動について、コスモポリタンな仏教復興運動の一環だったその「改宗」とレーニン＝トロツキーの「世界革命論」とのアナロジーを看取しつつ、同時にそれが最終的にはむしろ国民国家《ネーション》の形成に強く結びついたことを指摘している。(43) 言わば、アナロジーを駆使する形で、三原はトロツキー／サイード以後の「革命」のゆくえを探っているのである。

近年、フランス現代思想やポストコロニアル批評の代表的論者たちが、「宗教の回帰(44)」に至っている。いずれもポストモダニズムのアポリア（例えば脱構築と批判主体のジレンマ）の徹底あるいは超克として、各々の歴史的伝統に立ち返って「宗教」や「霊性」に着目する点に共通性がある。これと相似したことが、日本の〈一九六八年〉以後でも起こっていたのではないか。だが、それが「革命」の具体的な「形式」の問題であるならば、単にアナロジーのみで理解して事足りるわけにはいかない。本書はこのことをポストモダニズムの動向の類比や適用ではなく、〈一九六八年〉の具体的な事例から検討しようとしているのである。

七　各部・各章の概要

本書は、大きく三部に分かれている。

第Ⅰ部「一九六八年を捉えなおす——芸術宗教・死者・ファシズム」では、従来とは違った視座から〈一九六八年〉を捉え直し、ポストモダニズムや「新しい社会運動」とは異なる思想の系譜と諸相を探る。各章では、〈一九六八年〉における天皇制の「芸術宗教」化、死者を巡る闘争、ファシズムへの水路という論点が扱われており、第Ⅱ部および第Ⅲ部の各論に通底する総論的テーマが提出される。

第Ⅱ部「一九六八年から新宗教・ニューエイジ運動へ」では、〈一九六八年〉と新宗教・ニューエイジ運動（新霊性運動・スピリチュアリティ・精神世界）の関係を再検討する。従来の近現代宗教史では〈一九六八年〉の問題意識を抱え込んだ宗教学者や思想家が新宗教・スピリチュアリティにこれを投影してきたが、本書ではそうした宗教学者や思想家のまなざしをも組み込み、宗教運動との相互作用を描写する。これによって〈一九六八年〉の持続と転形をより説得力ある形で提示する。

第Ⅲ部「一九六八年のなかの宗教――キリスト教から考える」では、〈一九六八年〉とキリスト教の関係を検討する論文を集めた。近代日本のキリスト教は、明治期から「文明開化」のシンボルの位置を担い、戦後には民主主義や進歩主義の担い手と目されてきた。しかし、近代主義批判・戦後民主主義批判を含んだ一九六八年闘争においては、キリスト教団やキリスト者はどのように振舞ったのか。その独自性を明らかにすることで、従来の一九六八年闘争論とは異なる語り口の端緒を摑む。

次に各章の概要を述べる。第Ⅰ部は、第一章から第三章を含む。

第一章「安保・天皇制・万国博」（絓秀実）は、一九六〇年代学生運動の主題が「反安保」だったという通説を覆し、ブント反安保の内実はナショナリズムと表裏一体の「反日帝」であり、華青闘告発はナショナリズム批判（反日・反天皇）を駆動したと論じる。華青闘告発は前衛党が指導する革命運動から個別闘争への転機にもなり、結局は「反安保」も「反天皇」も希薄化していく。政治的前衛に随伴した芸術的前衛の滅亡も、一九七〇年が転機だった。政教分離の結果、宗教‐芸術作品の価値は礼拝から展示へと転換して「芸術宗教」が出現する。戦後天皇の脱神秘化は、まさにこの「芸術宗教」化であった。

(42) ヴィシュワナータン前掲、四〇三～四〇四頁。
(43) ヴィシュワナータン前掲、四〇八～四一二頁。
(44) 磯前前掲『宗教概念あるいは宗教学の死』、六六頁。

前衛芸術家は、芸術に対する政治の優位をうたうスターリン主義に抵抗して「芸術の自律性」を標榜したが、それは「党」の代わりに資本や国家の援助を受けることにほかならず、結果として前衛芸術を滅ぼして「芸術宗教」を完成させる。それが一九七〇年の大阪万博だった。それゆえ、華青闘＝万博以後は、前衛（＝異端）ではなく、改めて「党」という「宗教」（＝正統）のあり方が問われているのである。

第二章「高橋和巳の全共闘運動と一九六八年前後」（川村邦光）は、全共闘運動のさなかに急逝した京大の「造反教官」高橋和巳を通じて、「死者との共闘」という視点から〈一九六八年〉を論じる。高橋は羽田闘争での山﨑博昭の死去を契機に全共闘と共闘を始めたが、全共闘が突き付ける「自己否定」を知識集団の意識変革運動と受け止め、教授会批判に取り組むようになる。病により京大を辞職した高橋は、一九七〇年の三島由紀夫の自決と、御詠歌をうたいながら水俣チッソ株主総会に乗り込んだ水俣病患者巡礼団を知り、両者を「伝統」（武士／浄土系民間仏教）をめぐる「思想戦」と捉える。高橋にとって御詠歌の世界とは、「大衆」の超権力・超世間的な歴史意識を生成し、生活と闘争の基盤となる死者と生者の共闘を出現させるものだった。死者との共闘は、高橋の死後、七〇年代に水俣闘争、三里塚闘争、反原発運動へと展開する新左翼運動の地平と重なりあう。こうした諸運動は七〇年代末に衰退・挫折していくが、それゆえに「未完」の闘争として死者との共闘の可能性を開いている。

第三章「橋川文三の「超国家主義」研究と折口信夫」（斎藤英喜）は、〈一九六八年〉以降の折口信夫再評価を切り口に、全共闘運動をファシズム（超国家主義）運動の戦後的継承として、政治と文学の二項対立を超えた地平で捉えなおす。橋川文三は、昭和期ファシズム運動と「宗教」の不可分性を示唆したが、学者の折口まで視野に入れていなかった。これに対して本章は、神道史や霊術・修養法の流行に折口を位置づけることで、折口が世界を根底から変革する新しい「宗教」を希求したと論じる。折口にとって天皇はこの変革のシンボルであり、そこから大嘗祭の真床襲衾論・天皇霊論を主張し始めるが、これも折口の独断ではなく、国家官僚・神道界中枢・政治家にも共有された異端神道の「鎮魂」説と共振していた。内務省警保局によれば、「ファッショ」は「国家主義、反議会主義、反共産主義の三個の特色を有」し、「日本主義」は「天皇と一般国民との間に介在する中間階級を排斥し」、「反資本主義」に発展する。戦後世界秩序・戦後民主主義を批判した〈一九六八年〉以後の折口再評価は、（「芸術宗教」化に抗して）ファシズム運動の再検証という課題を開くものであった。

第Ⅱ部は、第四章から第六章を含む。

第四章「神々の乱舞」（武田崇元）は、全共闘運動に深く関与した宗教評論家、梅原正紀の「呪術」「土俗」の再評価に注目しつつ、〈一九六八年〉が宗教学の民衆宗教観・新宗教観の転換に与えた影響を検証する。本章では、その転換を「呪術排撃と土俗蔑視　一九四五〜一九五三」「眼差しの変化　一九五四〜」「土俗からの反撃　一九六八〜」「神々の乱舞　一九八〇〜」の四期に区分する。第一期は小口偉一、第二期は村上重良らに代表され、いずれも日本共産党・講座派の影響がある。村上の議論は近代性の観点から民衆宗教を評価し、呪術や土俗の要素を非合理として捨象するもので、宗教学では一九九〇年頃まで影響が及んだ。だが、在野では七〇年代初頭に梅原が現れ、呪術的世界に民衆宗教の本質を見出す言説をもたらした。梅原は本願寺闘争を経て七〇年に「公害企業主呪殺祈禱僧団」を結成、七二年から近代合理主義に対抗して「密教」「呪術」を再評価し、新宗教のルポに取り組んだ。その言説は、八〇年代以降の第三次宗教ブームや現在の新宗教研究にも影響が及んだのである。

第五章「一九六八年の身体」（鎌倉祥太郎）は、ノンセクト活動家、津村喬の気功・太極拳の実践を、津村自身もたらした言語論的・メディア論的転回から捉え、〈一九六八年〉とニューエイジ運動の関係を明らかにする。津村の初期の批評活動では、A・ルフェーヴルに依拠し、全共闘運動を日常性批判の「文化革命」「メディアの政治」であると論じていた。それは他者や差異との遭遇による内的ナショナリズムの解体、脱自己同一化の批評実践であり、津村の身体論もその延長にあった。しかし七〇年代後半には、身体性を「主体」の原基とする視点が現れてメディア論的な可変的身体との矛盾が生じ、その超克のために宇宙や自然などの超越的存在が要請されてニューエイジに接近する。「西洋／東洋」「近代／反近代」の二元論も強調され、社会変革の視点を残しつつも他者との遭遇による自己可変性は極めて低くなる。今では津村が論じたライフスタイルの革命という主題は消費社会や新自由主義のロハス的生活のなかで実現されてしまっており、他者論の再導入が、現代に残された〈一九六八年〉の課題だと結論する。

第六章「革命的抵抗の技術と霊術」（栗田英彦）では、革共同創始者の太田竜が〈一九六八年〉以降にニューエイジに接近する理路を、一九三〇年代から六〇年代までのマルクス主義とトロツキズム運動の展開から探る。三〇年代、唯物論派の戸坂潤が唱えた技術論は資本主義批判とソ連の技術肯定を意図したが、四〇年前後のコミンテルンの方針転換によって唯物論派の技術論は日本主義＝霊術的世界観肯定となり、対「帝国主義」闘争の一翼を担った。敗戦後、戸坂技術論と対「帝国主義」闘争観は田中吉六に継承され、津村喬らに見られる革命主体の脱自己同一化論の先駆となり、さらに田中から太田へと継承され、資本主義＝帝国主義の展開に応じて対抗の根拠を不断に脱自己同一的に変化させる革命理論となる。六〇年代の太田は第四インター内の論争の影響から核戦争不可避論と第三世界論を受容し、米ソの科学技術に対して第三世界の技術たる「呪術」を対抗の根拠として提示しつつ、反核としての核兵器の肯定の立場に立った。ここにニューエイジ接近の端緒とともにロハス的生活の他者を垣間見せているのである。

第Ⅲ部は、第七章から第九章を含む。

第七章「東大闘争における無教会運動の活動とその背景」（エイヴリ・モロー）は、内村鑑三の無教会運動の系譜にある東大キリスト教ネットワークが、全共闘運動からいかに影響を受け、東大闘争でいかなる役割を果たし、いかなる影響を〈一九六八年〉に及ぼしたのかを明らかにする。従来、無教会キリスト者は左派学生に批判的だったとされたが、本章は非公開資料『同志会日誌』を駆使しながら無教会派東大生が全共闘に共鳴していたことを実証している。東大闘争内の無教会キリスト者は、非暴力主義から「流血回避・非暴力連帯」を組織し、諸セクト間の調停者として東大闘争に現れていた。その連帯は一時数千人規模にも及び、非暴力の座り込みによって全共闘と民青の大規模な武力衝突を回避するなど成功を収めてもいた。しかし、その成功によって「一般市民」が暴力反対に傾き、全共闘は対話不可能な過激派とされて機動隊導入に至る。この帰結は、東大無教会派キリスト者にとって失敗と認識された。本章は、その帰結からハーバーマス的なコミュニケーション行為の限界を指摘し、むしろ全共闘のなかに宗教的エネルギーを認めている。

第八章「観念と現実のはざま」（村山由美）は、全共闘運動との関わりから、一九七〇年代の聖書研究者の田川建三の学問と思想の統一的な把握を試みる。これまで神学研究や文学研究で注目されてきた田川だが、その学問と思想の展開は国際基督教大学（ＩＣＵ）の全共闘運動との関わりを無視して考えることはできない。ＩＣＵは機動隊を導入して強制的に授業再開に踏み切ったが、田川はこの授業への協力を拒否して解雇される。田川の授業拒否は、全共闘が問うた「大学問題」（大学や教員が資本主義への奉仕に終始することへの批判）への応答だったが、聖書研究者として見出したイエスの「強烈な個性をもって時代に語りかけた精神と行動」と一体となった行動でもあった。資本主義への奉仕や観念（思想）と現実（行動）の不一致を理由に、田川は宗教教団や日本共産党も批判する。本章は、こうした田川の実践性を評価する一方、イエスを「モデル」とすることで「モデル」が権威化・観念論化し、「モデル」に適合しないものを排除するという党派性を助長しかねないというアポリアを指摘している。

第九章「日本基督教団の「一九六八年」」（塩野谷恭輔）は、一九七〇年の大阪万博へのキリスト教館出展をめぐって生じた日本基督教団（国内プロテスタント諸派合同教会）内の闘争（教団闘争）を扱う。この主題は、すでに万博研究や教団史研究で扱われてきたが、本章では教団闘争を〈一九六八年〉に位置づけ、その独自性を明らかにする。反万博闘争は新左翼にとっては副次的問題だったが、日本基督教団では教団闘争から東京神学大学全共闘運動にもつながり、大きな意味を持った。教団闘争では、万博参加推進・容認派が「批判的参加論」を提出したのに対し、反万博派は「戦争責任告白」との矛盾を問題にしながら、田川建三を援用してキリスト教的「主体」の神学的論拠を問うた。すなわち、戦後民主主義の枠内にあった日本基督教団の「戦争責任告白」の欺瞞を問題にした点で、極めて〈一九六八年〉的な闘争だったのである。一方、反万博派が教団から離脱せず、教団の体制派の人物も反万博派に取り込んだ教団闘争は、一九六八年闘争のなかでは特異であった。ここに大学闘争とは異なる〈一九六八年〉の教団闘争の可能性があった。

終章「もう一つの全共闘以後」(栗田英彦)は、全体をまとめつつ「一九六八年と宗教」のテーマの現時点での到達点と今後の課題について論じている。社会運動史研究の「新しい社会運動」論に架橋しつつ本書の成果を確認し、この研究領域に対する「宗教」の視座が持つ意義を明らかにしたい。

第Ⅰ部　一九六八年を捉え直す——芸術宗教・死者・ファシズム

第一章　安保・天皇制・万国博

絓　秀実

一　安保闘争は存在したか?

今では「一九六八年」という呼称が日本でも一応は定着しているが、しばらく前は——あるいは、今もなお?——日本特有に「七〇年安保」という呼称が、かなり一般的だった。何かにつけて「安保(日米安全保障条約)」の名を付して時代を区分する一国主義的傾向は存続しており、「八〇年安保」や「二〇一五年安保」といった言い方さえあるようである。前者は八〇年代サブカルチャーにかかわる用語、後者はSEALDsなどに象徴される二〇一五年の安保関連法反対運動を指すらしい。後者の呼称は、小峰ひずみ『平成転向論』(講談社、二〇二二年)などに見られる。前者については言うまでもない。後者も、後に詳述するが、特定秘密保護法案や集団的自衛権の行使容認にともなう日本国憲法の理念の空洞化に反対しているのであって、日米安全保障条約それ自体の破棄を掲げているわけではなかった。

誰もが知るように、「安保」の呼称は一九六〇年に未曾有の「国民的」規模で展開された「安保反対闘争」にちなんだものだ。確かに、六〇年安保においては——当然のことのようだが、後述するように、必ずしもそうとは言えないのだが——「安保反対」がコールされ、改定安保の期限を迎える一九七〇年を前にした六八年でも、新左翼系の集会やデモンストレーションでは、必ず「安保粉砕」が叫ばれた。

党派はもちろんのこと、新左翼系ノンセクトもそうであった。社会党・共産党系の左派、べ平連など市民運動系の一部は「安保反対」あるいは「安保破棄」と言った。以後、これらについては概略「反安保」と総称する。

しかし、反安保とは何だったのか。六〇年安保闘争に最「前衛」たる全学連（主流派）のカードルとしてコミットした西部邁は、当時、安保条約の条文など読んだことがなかったと、アイロニカルに回顧しているし（『六〇年安保——センチメンタル・ジャーニー』文藝春秋、一九八六年）、「若い日本の会」の一員としてかかわった石原慎太郎も、同様のことを朗らかに言っている（『国家なる幻影——わが政治への反回想』文藝春秋、一九九一年）。石原によれば、「若い日本の会」に蝟集する——後論のために、「前衛的な」という形容を付しておくべきだろうか——文学者・芸術家たちのあいだで、安保の条文を読んでいたのは、江藤淳くらいだったという。このような事情は、「七〇年安保」においても、さほど変わったとは思われない。確かに安保と深く関係しているヴェトナム反戦や、沖縄「返還」問題をめぐる闘争は主題化され拡大・激化していったとはいえ、六〇年に改定された日米安保自体は——政府自民党内では幾つかの議論があったにしろ——「自動延長」となり、それは今日まで変わらず継続しているのである。

一九七〇年の自動延長を前にして、社会党・共産党は全国的なカンパニアをくりひろげただけであった（六月一四日）。また、新左翼各派・ノンセクトは自動延長になる六月二三日当日、明治公園で全国全共闘・全国反戦主催による集会とデモをおこなった。そのなかでは中核派が火炎瓶等による「武装ゲリラ」闘争を敢行したが、全体としては、やはりカンパニア的なものであった。安保の自動延長自体は比較的抵抗なく行われた。狭義の意味でと言ってもよいが、「七〇年安保」などなかったのである。

日本の新左翼運動は、六〇年安保以降、その再現を目論んで「七〇年安保」を目指し運動を蓄積していったことは事実である。一九六七年のいわゆる「一〇・八羽田闘争」を皮切りに（あるいは、それと相即して）、街頭「武装」闘争や三里塚闘争へのコミットメントが開始され、それが一九六八年の東大・日大闘争に接続されつつも、一九六九年一月一八日、一九日の東大安田講堂「決戦」で消尽してしまったというのが、一般的な歴史観である。しかしそもそも、それは反安保を主題化した「七〇年安保」だったのか。本稿は、通俗的かつ一般的に流布している、そのような歴史観を採らない。事実として、安田講堂以降も全国学園闘争や三里塚闘争は曲りなりにも拡大継続していたし、何よりも、安保「自動延長」以降に生起した一九七〇年七月七日の華青闘（華僑青年闘争委員会）告発という、そしてあるいは、本稿では主題化できないが、一九七二年一一月に早稲田大学で生起した川口大三郎事件という、日本の「六八年」において決定的な思想的ターニングポイントを不問にしてしまうことになるからである（川口事件の「全容」については、問題含みの書だが、暫定的に樋田毅の『彼は早稲田で死んだ――大学構内リンチ殺人事件の永遠』文藝春秋、二〇二一年、を参照）。

華青闘告発が、今日に続く世界的なマイノリティー運動の日本における濫觴であることは間違いない。そのことは、拙稿「二重の闘争」（拙著『「超」言葉狩り宣言』太田出版、一九九四年、所収）以来、幾つかの拙著でも、その正負も含め、繰り返し指摘してきた。今日では、華青闘告発の意義は、ある程度は一般に共有されていると思う。しかし、華青闘告発から抽出されるべきは、それだけにとどまらない。それによって、日本の六八年を担った新左翼における「宗教問題」とでも言うべきものが改めて問題にされなければならないことを、本稿では明らかにしたい。この場合、宗教問題として抽出されるのは、まずは「天皇制」であり、そして、それにかかわり「宗教としての芸術」のことを指す。そのことを論じるために、先ずは、六〇年安保と六八年において、表立って主題化されていた反安保の側の論理について、概略だけでもおさえておく必要があるだろう。「反安保」とは、今日の左翼ポピュリズムの用語を借りれば、そこに何もかもが吸収されうる「空虚なシニフィアン」であったが、それが今や機能しえないことも明らかである。その理由は、ともかくにも立てられなくてはならなかった反安保の「論理」それ自体に内包されていた。日米安保については、膨大な研究書、啓蒙書が書かれ、できる限り（ある程度）参照したが、本稿では、新旧左派の反安保の構えの相違について論じることから始める。

二　吉田茂から岸信介へ

今日の議会主義政党にあって、反安保を焦点化している政党は、日本共産党も含めて皆無と言ってよい。共産党以外のリベラル左派系市民層、あるいはわずかに残存している旧・新左翼系部分においてさえ、安保それ自体を主題化することは少なくなっている。これについては、一九九四年六月に成立した自社さ（自民党、社会党、新党さきがけ）連立政権の首相・村山富市（社会党委員長）が、「自社さ連立政権構想」にもとづいて「安保堅持、自衛隊合憲」を宣言したことが、見やすいひとつのエポックをなしている。それまでの社会党は、曲折はあったにしろ、非武装中立、反安保、自衛隊違憲を党の方針としており、最大野党の議席を維持していた。

この時すでに冷戦体制は崩壊しており、ソ連邦を仮想敵とした日米安保は、その意味転換がはかられていた。アメリカの覇権システムが揺らぎつつあることも認識されていた。鄧小平以降の中国の資本主義化は進んでいたが、いまだ軍事的・経済的な脅威としてはあらわれていなかった。そのなかで、『ポスト・アメリカ』（丸山勝訳、藤原書店、一九九一年）のウォーラーステインは、アメリカ以後のヘゲモニー国家の候補として、日本と中国をあげていた。同じ世界システム論に属するアンドレ・フランクが『リオリエント』を著して中国の台頭を印象づけるのが、一九九九年である。それはさておき、六〇年安保以来、とにもかくにも長年、反安保闘争を牽引してきた社会党党首が、一八〇度の方向転換を宣言したのである。自社さ政権崩壊以降の社会党（後に社民党）が没落の一途をたどったのは周知のとおりである。もちろん、自民党と連立し、政権与党となった社会党が、従来の反安保の姿勢を貫くことは現実的には不可能であっただろう。

現在では、日米安保は概して「日米同盟」と言い直され、リベラルを自称する勢力をも含めて、「堅持」が大方の世論となっているようだ。たとえ、集団的自衛権の行使容認へと舵を切った、安倍晋三首相（当時）の、いわゆる「安保法制」（二〇一六年施行）に対して反対であるにしても、日米同盟は堅持すべきだとする意見が多数の様子である。繰り返すが、二〇一五年のいわゆる安保法制反対運動において、反安保はほとんど主張されなかったのだ。日本の側では日米安保が自明視されているのに対して、パックス・アメリカーナが崩壊しつつあり、政治的にも経済的にも「世界の警察」たりえなくなったアメリカの側では、むしろ日米安保解消論さえ囁かれ始めた。では、改めて問うべきであろう。あれだけ反安保を高唱した一九六〇年あるいは一九六八年とは、いったい何だったのか。あるいは、より広く、反安保とは何であったのだろうか、と。

ここでくだくだしく記述説明するには及ばないだろうが、いちおう歴史的に振り返っておこう。一九五一年九月に、時の内閣総理大臣・吉田茂が全権特使となって調印されたサンフランシスコ講和条約によって、日本は、敗戦による占領からの独立を果たしたものとされた。日米安全保障条約も同時に調印された（共に翌年四月二八日発効）。アメリカ側も日本の早期独立を望んでいたが、一方では、極東アジアにおける軍事戦略上、日本は地政学的に重要な位置を占めていた。サンフランシスコ講和条約はいわゆる単独講和であり、ソ連邦や中国（当時は蔣介石＝台湾が代表していたが、すでに毛沢東＝中国が存在していた）などを含む全面講和論と、国論が二分された中でのことである。朝鮮戦争の最中であった（日米の交渉過程の一九五〇年六月に勃発）。

吉田茂によって締結された日米安保は、安全保障をアメリカに依存することで軍事面での負担を軽減し、経済発展を優先するかのごとき効果を現した。一九八〇年代になって、これは「吉田ドクトリン」としてリベラル右派の政治学者（永井陽之介『現代と戦略』文藝春秋、一九八五年、高坂正堯『宰相吉田茂』中央公論社、一九六八年）から高く評価されることになる（高坂の吉田論は八〇年代の永井らに先駆ける）。

後に述べる岸信介の安保改定があったとはいえ、自民党保守本流（いわゆる「ハト派」、一般に「宏池会系」と言われる）の政治戦略としての位置が与えられ、「護憲」と相互補完的に、戦後保守政治の通奏底音という評価が与えられるわけである。このような発想は、現在ではむしろ、立憲民主党などリベラルを自称する「中道」部分に広がっている（立民「左派」と目される枝野幸男は二〇一七年に、自らの立ち位置を「保守本流」や「宏池会」に擬した）。

しかし、吉田自身は、戦後憲法制定時の内閣総理大臣であったが、必ずしも護憲派というわけではなかったし、再軍備も必要と考えていた。吉田茂自身が対米交渉のなかで、「吉田ドクトリン」的なものを戦略的に目指したのかどうか、あるいは「吉田ドクトリン」なるものが実際にあったのかについては、多々異論が提出されている（ジョン・ダワー『吉田茂とその時代』上下、大窪愿二訳、中央公論社、一九九一年、三浦陽一『吉田茂とサンフランシスコ講和』上下、大月書店、一九九六年、など）。それらによれば、吉田は交渉相手のダレス特使（後の国務長官）に、ほとんど手玉に取られていたという。吉田によって締結された日米安保の片務性は、そのことによる部分も多いということである。

すでに指摘されているように、「吉田ドクトリン」なる評価は、一九八〇年代の「ジャパン・アズ・ナンバーワン」の機運のなかで遡及的に醸成された歴史観という面が強い。その頃に唱えられた、山崎正和の『「柔らかい個人主義」の誕生』（中央公論社、一九八四年）も同じ文脈にある。なお、同じく保守派内でも、一九七〇年代後期から占領史研究を始めていた江藤淳は、吉田茂に対して否定的な史観に立っており、ジャーナリズムの上でも山崎正和たちのグループと対立した（江藤淳「ユダの季節——「徒党」と「私語」の構造」一九八三年、『舞台をまわす、舞台がまわる——山崎正和オーラルヒストリー』中央公論新社、二〇一七年、などを参照）。志垣民郎・岸俊光『内閣調査室秘録』（文春新書、二〇一九年）なども参照すれば、一九八〇年代にジャーナリズムを騒がせた一種の「利権争い」にも見えるこの奇怪な対立は、戦後保守政治の評価如何という問題をはらんではいたわけである。閑話休題。

「独立」後の日本においても占領軍以来の基地は在日米軍基地として数多く存続しており、米兵による日本人暴行や発砲事件など、占領時と変わらぬ事件が頻発していた。しかも、これは現在も大筋は変わらないが、米兵犯罪者は日米地位協定に守られており、日本には裁判権もなかった。もちろん、沖縄の米軍統治は継続していた(一九六八年に返還)。奄美大島は一九五三年に返還されたが、小笠原諸島などの米国信託統治は続いていた(一九六八年に返還)。サンフランシスコ講和条約締結以降でも、日本における反米ナショナリズムを醸成する素地は解消されていなかったわけである。しかし他方では、袖井林二郎の『マッカーサーの二千日』(中央公論社、一九七三年)、『拝啓マッカーサー元帥様――占領下の日本人の手紙』(大月書店、一九八五年)などによって明らかにされているように、マッカーサーに対する日本国民の、ある意味では天皇を上回る熱狂的な人気があった(もちろん、占領軍のさまざまな情報操作もあった)。「独立」後に反米ナショナリズムの広がる余地が拡大したとはいえ、戦後日本が反米一色に染まっていったとは言えない。六〇年安保から六八年へといたる日本の新左翼も、共産党が掲げる毛沢東主義由来の「反米愛国」を軽蔑する傾向が強かったのである。

朝鮮戦争による「特需」などもあって、一九五六年には、日本は「経済白書」が「もはや戦後ではない」と宣言するほどの経済復興をとげていた。翌一九五七年二月に政権の座についた岸信介は、日米安保改定の意欲を示していた。岸によれば、吉田によって調印された日米安保はきわめて「片務的」なものであり、改憲と再軍備による民族的独立を目指すためには、まず、日米相互の防衛条約たる安保を、「双務的」なものに改定する必要があるというわけである。もちろん、戦勝国による戦後の国際連合体制をバックグラウンドにした日米協調は大前提だから、対米自立は相対的なものにとどまり、ある意味では、対米依存から抜け出すことは困難だとも言える。だが、岸は安保改定のための慎重な布石を打ちながら、一九五八年に入って米国との交渉を開始する(岸信介『岸信介回顧録――保守合同と安保改定』廣済堂出版、一九八三年、原彬久『岸信介――権勢の政治家』岩波新書、一九九五年、など)。

三　日本帝国主義の復活と一段階革命論

一九五六年のスターリン批判と、続く同年のハンガリー事件の衝撃をうけて誕生した日本の新左翼運動のうち、日本共産党から分派して東大の学生共産主義者を中心に一九五八年一二月に結成された共産主義者同盟（通称「ブント」、第一次）は、その闘争目標を反安保と岸内閣打倒に定めた。スターリン批判以降の新左翼諸潮流のなかで、ブントは全学連（全日本学生自治会総連合）という、戦後の戦闘的な大衆運動の伝統を継承する団体を基本的に掌握した。コミンフォルム批判（一九五〇年）以降の共産党の内紛にも規定されて、混迷していた全学連の再建とブント結成の下地となったのが、地域住民や、総評傘下の青年労働者と全学連の激闘で知られている、一九五七年の東京立川米軍基地の拡張反対闘争（砂川闘争）へのコミットメントであった。一九五九年三月には砂川闘争にかんして東京地裁が、「日米安全保障条約に基づく駐留米軍の存在は、憲法前文と第九条の戦力保持禁止に違反し違憲である」として無罪判決（いわゆる「伊達判決」）を下した。この伊達判決は同年一二月、最高裁（田中耕太郎裁判長）において逆転されるのだが、日米両政府の政治的な介入があったことは、今日では明らかになっている。

ともかく、ブントによる反安保の方針は、砂川闘争をはじめとする反米反基地ナショナリズムの高揚のなかで提出されたものだったと言える。しかし、ブント-全学連の反安保の方針は、反米ナショナリズムを謳うものではなかった。周知のように、ブントは共産党の一国主義革命論に対して、世界革命のインターナショナリズムを標榜しており、スターリン主義に対するレーニン主義の復権を掲げていた。つまり、民族の平和と独立を目指すのではなく、反安保による政権打倒は自国帝国主義打倒に結び付けられているわけである。反米ナショナリズムは、社会党や共産党などによって唱えられた。一九五九年三月には総評、社会党、原水禁など一三四団体による安保改定阻止国民会議が結成される。共産党と全学連はオブザーバー参加が認められた。国民会議もまた、反米反基地の機運のなかで成立したものであり、六〇年安保闘争における院外大衆運動の中心となった。社共とブントとの論争は、機関紙誌上のみならず、国民会議の席上でもおこなわれた。

しかし、反安保は当初は決して高揚した大衆運動たりえなかったのである。当時は日本のエネルギー需要が、戦後の「傾斜生産方式」を支えた石炭から、石油へと向かう転換期であり、石炭業界では合理化による人員削減があちこちで勃発していた。社会党左派の労農派系マルクス経済学者・向坂逸郎の影響下にあった、一九五九年から六〇年にかけての三井三池争議は、そのなかでも代表的なものとして知られている。誕生した新左翼のなかでも、革命的共産主義者同盟関西派（第四インター系）は、安保闘争よりも炭鉱反合理化闘争に重点を置くべきだとして、「三池－全国炭鉱国営化・労働者管理」を主張した。これに対して、ブント－全学連は、労働運動に足場を持たず、その砂川闘争の蓄積を踏まえても、国民的な大衆運動の方向を選択したわけである。

しかし、改定安保に対する反対運動のロジックは、決して分かりやすいものではなかった。特に運動の初期においては、旧安保の片務性（対米従属）を双務的にするということは、それ自体では結構ではないかとの声がリベラル派陣営にあったことからも明らかなように、反対運動の論理が見えにくかったのである。一九五九年一一月二七日の国民会議第七次統一行動に際しては、一部労組がストや職場放棄で決起したが、ブント－全学連は国会突入闘争を敢行した。この行動の評価をめぐって、社共とブント－全学連は決定的に対立していく。

共産党や社会党、あるいは市民レベルの既成左派勢力の反安保の論理は、端的に「対米従属論」である。つまり、改定安保は米国からの相対的な自立を目指すものではなく、結果的に軍事的かつ経済的・政治的な対米従属を深めるものとして、アメリカの戦争に巻き込まれる危険ゆえに反対すべきものとされたわけである。このロジックは、大衆的には分かりやすいものであったし（日本共産党は今日もこの立場を建前上は維持している)、いまだ濃厚だった反米感情にも合致していた。これに似た立場は、今なおジャーナリズムでもしばしば見られるものである。ただ、この論理では、改定安保に込められている日本資本主義の高度化(ブントはそれを帝国主義的自立化と捉えた)の様相が捉えきれないと言える。

すでに記したように、一九六〇年にいたるまでの基地問題でも、対米従属という見方は容易に成り立つ。一九五五年に始まったヴェトナム戦争を契機にした、アメリカによる日本の安価な綿製品輸入制限運動が、「日米綿製品協定」(一九五七年)に帰結するなど、経済面においても従属的性格は見やすいことであった(しかし、日本も含め世界的にヴェトナム戦争反対の機運が形成されるのは、一九六四年のトンキン湾事件以後である。ベ平連の結成は一九六五年だが、当初は小規模なデモであった)。そして何よりも、岸の言う日本の防衛努力の強調が、再軍備によって、日本がアメリカの戦争に巻き込まれることへの危惧と受け取られたと言える。朝鮮戦争の記憶はまだなまなましく、占領下民主化政策から、一九五〇年前後より顕著になる「逆コース」をへての「戦前回帰」という受け止め方も広がっていた。言うまでもなく、岸は巣鴨プリズンから帰還した元「A級戦犯」であった。

これに対して、ブントは日帝自立論の立場から改定安保に反対したわけである。すでに記述したように、一九五〇年代半ば以降、日本資本主義は戦前の水準を凌駕しつつあり、日米間の経済摩擦さえ勃発していた。このようななかで、日本共産党系の講座派マルクス主義に拠らないマルクス主義者のなかでは、日本帝国主義の復活が唱えられ始めていた。岸による安保改定は、日本の帝国主義的な自立化を意味している。共産党から離反し、思想的・理論的にもその圏域を脱しようとしていたブントは、日帝自立論の立場から、自国帝国主義打倒・暴力革命・世界革命へという戦略のなかで、反安保を主張した。すなわち、岸信介の改定安保は、自立した帝国主義として、アメリカ帝国主義と同盟しようとする目論見であることになる。これは、スターリン経由の二段階革命論(民族民主・平和革命を経て社会主義革命へ)を唱える日本共産党に対する、レーニン-トロツキー流の自国帝国主義打倒を目指す一段階革命路線であった。この両者の戦略上の対立をレーニン組織論風に言い換えれば、日本共産党などの対米従属論は大衆の「自然発生的」な意識に訴えるものであり、ブントの自国帝国主義打倒論は、前衛党革命家の目的意識性を強調するものと言えるだろう。

六〇年安保のなかにおいて、ブント指導下の全学連（主流派）として行動した学生大衆でさえ、彼ら／彼女らがブントの言う「日帝打倒」論を自らも認識していたとは、とうてい考えられない。彼ら／彼女らの考える反安保は、社共や国民会議に表現されているものと、それほど隔たったものではなく、同じく「反戦」という言葉で表現されるものだったろう。しかし、彼ら／彼女らは、とにもかくにもブント学生革命家のレーニン主義の、目的意識的な（?）戦術的強度によって牽引されたのである。そのラディカリズムがブランキズムと評されたのも、故なしとしない。

しかし、六〇年安保が「反安保」として動員できた大衆は、全学連系の学生を含めても、当時、さほど膨大なものであったとは言えない。六〇年安保が「国民的な」規模の高揚を迎えるのは、むしろ、安保という問題が、ほぼ終わった後だったのである。一九六〇年一月一九日、ワシントンで新たな日米安保条約が調印された。これに先立つ一月一六日、全学連（主流派）は羽田空港ロビーを占拠して全権団渡米阻止闘争を行い、唐牛健太郎委員長以下七六名の検挙者を出したが、かんばしいプロパガンダ効果があったとは言いがたかった。全学連は知識人に救援を要請したが、反安保陣営のなかでも賛否で割れた。

調印後、国会審議に入るなかで、連日のように全学連や国民会議による抗議活動は続けられた。全学連はラディカルなデモンストレーションを敢行し、社共の国会請願に収斂させるデモを「お焼香デモ」と揶揄して、挑発した。「国民的な」闘争の高揚をもたらしたのは、安保それ自体の問題というよりも、岸による国会内多数派を背景とした強引な国会運営の手法であった。この「強引な」岸の手法を、二〇一五年安保法制時の安倍晋三首相の手法とアナロジーする向きが、一般に存在する。それは、民主主義の軽視とか「ファシズム」とさえ評されたが、本稿では両者を、後論のためにも、カール・シュミット的「決断主義」とアナロジー可能なものとしておく。

六〇年安保の高揚は、五月一九日の衆議院での強行採決によってもたらされたのである。その後の闘争に次いで、ハガティー事件や六・四ゼネスト、樺美智子の死をもたらした六月一五日の国会構内等々、くだくだしく記述する必要は、ここではない。以後、「民主か独裁か」（竹内好）という言葉――これ自体、きわめて決断主義的である――に象徴されるように、課題は「安保反対」から「民主主義を守れ」、「岸を倒せ」へと大きく転換したが、その高揚は、六月一七日の「暴力を排し議会主義を守れ」と題された在京報道七社（朝日、毎日、読売など）の共同宣言によって、民主主義の名のもとに鎮静されたのである。ちなみに、安保条約の衆院強行採決によって、六月一九日には参議院での自然承認が、あらかじめ決定されたていたわけだ。

新安保の成立後、岸信介は退陣し、代わって七月には、吉田茂のもとでサンフランシスコ条約締結に奔走した池田勇人による政権が誕生した。確かに、決断主義的な岸内閣は倒され、議会制民主主義は守られたというわけである。「低姿勢」と「所得倍増」で知られる池田の経済重視の路線が、後に「吉田ドクトリン」と呼ばれるものの実践であったことは言うまでもない。

四　新左翼の天皇制ボナパルティズム論

次に、新左翼の側からの代表的な六〇年安保闘争総括本である武井健人編著『安保闘争――その政治的統括』（現代思潮社、一九六〇年）の一節を引用して検討する。この著作を、数ある六〇年安保の総括文書のなかから取り上げることの妥当性に関しては、幾つかの理由がある。やや煩瑣ながら、そのことを先ず記しておく。

同書の版元である現代思潮社は一九五七年に創業され、スターリン批判以後の新左翼の文化的ヘゲモニーの醸成に貢献したことで知られる（陶山幾朗『「現代思潮社」という閃光』現代思潮新社、二〇一四年、など）。しかし、若い新左翼系政治イデオローグの著作が、小規模とはいえ比較的に入手しやすい商業出版社から出ることは稀であった。武井健人は、当時、二六歳である。

「武井健人」は、革共同全国委員会（中核派）の書記長として、対立する革マル派から殺害（一九七五年）された本多延嘉が、ある時期に使用していた筆名だが、同書が刊行されたのは、革共同が中核派と革マル派（黒田寛一議長）に分裂（革共同第三次分裂、一九六三年）する以前であり、六〇年安保の「終了」直後、ブントが闘争の総括をめぐって分解し、かなりのブント系カードルが革共同に合流していった、その時期にあたる。つまり、ブント（の一部）も、ある程度は了解しうる総括であった。事実、安保闘争の総括をめぐって黒田寛一と鋭く対立した吉本隆明でさえ、この『安保闘争』については、「共産主義者同盟の統一総括が書かれていない現在、日本共産党以外に「前衛党」であることを目指している組織によってかかれたゆいいつの著書で、その意味できわめて貴重である」と、書評で書いている。もちろん、戦旗派、「革命の通達」派、「プロレタリア通信」派、関西派、独立系諸派などに分裂したブントの、「統一総括」などありえないことであった。そして、吉本は同書に、「安保条約成立の政治的、経済的な背景から周到な分析をはじめ、安保闘争の全過程にわたって一貫した立場からするするどい批判を加えており、一読に値するものをもっている」と、高い評価を与えているのである（「武井健人編著『安保闘争』現代思潮社、一九六〇年、日高六郎編『1960年5月19日』岩波新書」、一九六〇年）。もちろん、武井＝本多が黒田寛一と共有する「革命的前衛の創出」論については、「まったくちがっている」と言いつつも、であるが——。

つまり、『安保闘争』は、六〇年安保の総括として、新左翼にそれなりに広く受け入れられるべき素地をもっていたと言える。実際、一九六八年には「八年の後に——再版にあたって」という、やや長めの文章を付して新装版が刊行された。つまり、六〇年安保から「七〇年安保」へと向かう指針たらんとして、再刊されたわけである。同書の執筆者の他二名も、革共同第三次分裂では、武井＝本多と行動を共にした中核派政治局員である。同書は確かに党派的な色彩が明白だが、そのことをこえて、六八年の活動家たちにも広く読まれた。そもそも、そのような歴史を、新左翼の側から記述する一般書籍が希少だったのである。

同書の、日本共産党の二段階革命論に対する批判と天皇制問題に関連する、武井＝本多執筆部分を引用する（ちなみに、一九六〇年の第一次ブントは、後にも指摘する五〇年代の社会的状勢にも規定されて、天皇制に対する見解を持たず、また、そのことを、共産党に対する自らの「新しさ」とさえ見なした。市田良彦・石井暎禧著『聞書き「ブント」一代――政治と医療で時代をかけ抜ける』世界書院、二〇一〇年、参照。なお、武井＝本多は、『安保闘争』刊行後に、同書の天皇制論の部分を敷衍した論文「天皇制ボナパルティズム論」を発表している。『本多延嘉著作選』第二巻、前進社、一九七六年、に収録）。

（前略）戦後、占領軍を《解放軍》と規定した日共は、《帝国主義戦争を内乱へ》というレーニン主義的路線を放棄し、日本ブルジョアジー打倒の旗を《極左主義》と烙印し、天皇制と《土地の貴族》に対する《民主革命》に終始したのであった。かくすることによって日共は、戦時経済下で潜在的に進みつつあった日本資本主義のブルジョア的発展（地主的土地所有の解体による《土地の貴族》の没落と小農制の普遍的成立）とそれに対応した統治形態の変化（資本と土地の貴族の「所有階級の防衛を任務とする「例外的な国家」＝天皇制ボナパルティズムからの、資本の貴族の国家の専有＝議会的民主制への変化）を、あたかもそれが、自身として自己完結した革命的過程であるかのように美化し、現実的には、ブルジョアジーの延命と再興の道を掃ききよめたのであった。

他人のことは言えた義理ではないにしろ難読の悪文だが、ここで記されていることを端的に言ってしまえば、戦後における（六〇年安保闘争に際しての）天皇制問題の軽視であり、「日帝打倒主義」――後述するように、華青闘告発で批判されることになる――である。武井＝本多らの革共同全国委員会は、六〇年安保闘争においては、運動的にはブント＝全学連に合流していたが、ブントにおいても天皇制問題の軽視と日帝打倒主義で一致していた。

「天皇制ボナパルティズム」という問題は、戦前の講座派と労農派とのあいだの論争において、すでに山田盛太郎、平野義太郎と向坂逸郎などとのあいだで議論されていた。また、武井＝本多が直接的に念頭に置いているのは、敗戦後すぐにおける、日本の帝国主義と天皇制の位置づけをめぐってなされた、志賀義雄と神山茂夫とのあいだの、日本共産党内での論争である。武井＝本多が当時意識していたかどうかはともかく、志賀、神山双方には三二テーゼから逸脱する傾向が、すでに内包されていた（志賀、神山ともに六〇年代には共産党を離れる）。

これら戦前戦後からのマルクス主義者に対して、武井＝本多は、別途の天皇制ボナパルティズム論を唱えた。その論の妥当性如何について、ここで詳述する余裕はないし、その必要もない。また、本多のボナパルティズム論は、近年盛んになっているそれ（ジェフリー・メールマンからエルネスト・ラクラウまで、柄谷行人、蓮實重彥から鹿島茂まで）とも、ほとんどかかわらない。本多の発想を支えているのは、繰り返すまでもなく、戦前のコミンテルン由来の三二テーゼ以降、日本共産党の基本戦略であった天皇制打倒と民族独立を先行させる民主主義革命・二段階革命論を批判することであった。そのためには、きわめて扱いにくい天皇制問題をボナパルティズムとして格下げする必要があったわけであり、打倒の対象は一義的にブルジョア国家権力として措定されねばならないのである。それは、ある意味では、講座派のみならず日本の左派リベラルが天皇制にフェティシズム的に囚えられていることからの脱却を意味し、積極的な側面もあるが、それによって取り逃がされたものも大きいと言うべきである。

引用部分でも明らかなように、戦時下統制経済は、天皇制の物質的な基盤と見なされた小作制度を徐々に掘り崩してきており、「土地の貴族」の防衛を任務とする「例外的な国家」（ボナパルティズム権力）から、「資本の貴族の国家」へと変貌を遂げていたと、武井＝本多は主張する。それは、「議会制民主主義への変化」である、という。改めて指摘するまでもないだろうが、ここには、いわゆる「戦後民主主義」に対するあけっぴろげな信頼が吐露されている。確かに、すでに戦時下にあっては、物納を旨としていた小作料の金納化は実質的に実現されつつあり、小作制は解体に向かっていた。しかし、小作制が戦後占領軍による農地改革なしには解体しえなかったことも、これまた事実であろう。「議会制民主主義」についても然りであり、天皇制もまた、基本的にはアメリカの占領政策が存続させたものである。天皇制はその戦後民主主義政策を担保する戦後憲法によって、「象徴天皇制」として書き込まれているのである。

一九五〇年代は、当時の皇太子（現・上皇明仁）の結婚（一九五九年）などで、いわゆる「開かれた皇室」が喧伝され、もはや戦前の天皇制は過去のものになったとして、「大衆天皇制」（松下圭一）といった言い方がなされるようになった。「「皇太子ブーム」に象徴される戦後天皇制の開明的性格は、じつに、日本ブルジョアジーの政治的安定性の結果である」（「天皇制ボナパルティズム論――日本近代国家論にかんする批判的覚書（二）」一九六〇年）と言う武井＝本多の視点も、このような文脈と無縁ではないし、第一次ブントの天皇制への無関心も同様である。

しかし、六〇年安保の最中、反米反政府のデモの高揚に対抗して、右翼や暴力団の動きも岸信介らに支援されて顕在化・活発化していた。六〇年安保直後には、浅沼稲次郎社会党書記長刺殺事件（一九六〇年一〇月）をはじめとして、「風流夢譚」事件や「セヴンティーン」事件、「思想の科学」天皇制特集号「発禁」事件など、戦前の「右翼的」イメージを想起させる事件も相次いだ。『安保闘争』に収録された武井＝本多論文は、浅沼事件以下の右翼テロリズムに接することなく書かれている。しかし、その後の

「すでにブルジョア的日本の紋章にまで去勢してしまった天皇制にたいして批判的なポーズをとることで自分の「進歩性」を立証しようとする「左翼的」ジャーナリストの方法は、大政奉還をブルジョアに進言する天皇主義者とともに、なんの現実性もない」(「天皇制ボナパルティズム論」)と斥けるのである。右翼テロリズムを前に、フェティシズム的に天皇制問題にとらわれまいとする態度は評価できる。それが新左翼の美質であることは、強調する必要があるが、少なからぬものが取り逃がされるだろう。たとえば、武井=本多とほぼ同様の文脈から、安保ブントに天皇制批判がないことを誇った前掲・石井暎禧の、第二次ブントのたび重なる分裂以降に属していた「遠方から」派(松本礼二、篠田邦雄、長崎浩ら)が、七〇年代から八〇年代において、水戸「地方党」などの活動で右翼と共闘したことは知られている。

もちろん、三二テーゼに倣って、天皇制に対し自爆的な行動を敢行することが正しいというわけではないだろう。そのような行動は、むしろ七〇年代の武井=本多亡き後の中核派ほか幾つかの党派に見られたことであった。しかし、六〇年安保から六八年にいたる一九六〇年代の新左翼各派・ノンセクトの運動において、天皇制が問題化されることは、いわゆる「日の丸・君が代」問題があったにしろ(それらに強く関心を示したのは、社会党・共産党系であった)、ほとんど周縁的であった。その理由が六〇年安保以後の新左翼的文化へのヘゲモニー移行にともなった、ナショナリズムに対するインターナショナリズムの宣揚と一段階革命論=日帝打倒主義の、主に学生活動家における普及にあったことは言うまでもない。それが、スターリン批判以後における重要なターニングポイントなのである。

しかし、天皇制問題を括弧に入れるとは言っても、それは概して運動レベルでのことであって、思想的なレベルにおいて問題化されなければないのは当然である。戦後の「民主化」以降、天皇制を論じることはおおむね「自由化」され、丸山真男の「超国家主義の論理と心理」(一九四六年)以来、非共産党系リベラルあるいは左派においても、天皇制についての議論は活発であった。しかし、影響力の強かった丸山天皇制論が、自身も認めているように講座派の影響下にあったのに対し、スターリン批判以後、それに棹さす左派論客たちは、講座派イデオロギーからの脱却に努めなければならなかった。労農派には、天皇制についての有力な理論が存在しなかった。日本共産党のみが、その天皇制批判をもって唯一の戦時下抵抗勢力であったことを誇りえていたわけである。

このようななかで、一九六〇年代の新左翼運動に直接的な影響を与えたとはいいがたいにしろ、中国文学者でジャーナリスティックな発言を戦後に展開していた竹内好が、丸山真男の近傍にありながら、いちはやく戦前の日本浪曼派やアジアのナショナリズムの再評価を打ち出していたことが、注目にあたいする。スターリン批判以前から、竹内はそうした立場を明らかにしていた（「日本共産党に与う」一九五〇年、「近代主義と民族の問題」一九五一年、など）。竹内はそれらのなかで、「革命に結びついたナショナリズム」（「ナショナリズムと革命」一九五一年）を主張したのである。先にも触れておいたように、竹内が六〇年安保において、「民主か独裁か」という決定的な提起をおこなった存在であることは、念頭に置いておこう。

ともかく、ナショナリズムや民族を問題とする場合、日本においては、どうしても再度、フェティシズム的につきまとう天皇制が問題化されるほかない。それは、ネーションや民族と密接不可分に結びついているように見えるからであり、武井＝本多的なボナパルティズム論では、いかんとも捉えがたいのである。「大東亜戦争は、植民地侵略戦争であると同時に、対帝国主義の戦争でもあった。この二つの側面は、事実上一本化されていたが、論理上は区別されなければならない」（「近代の超克」一九五九年）という竹内好の高名な大東亜戦争の二重性という把握は、毛沢東の中国ナショナリズムをその西欧への「抵抗」ゆえに高く評価し、日本のナショナリズムの「奴隷」性を批判する竹内のナショナリズム論の基調如何にかかわらず、天皇制ナショナリズムの肯定的な再評価を否応なく含むほかない。そのことを竹内も十分に承知していただろう。竹内は、大東亜戦争開戦に際して書かれた「大東亜戦争と吾等の決意

（宣言）」（一九四一年）を、戦後も隠すことなくおおやけにした。

こうした、竹内好が先行的に提起した問題設定のなかで、ナショナリズムや右翼への研究や論考が、一九五〇年代後半から一九六〇年代にかけて、非共産党系の左派や研究者のなかで活発化していくことになり、新左翼の運動の底部にも浸透していった。それは、新左翼系の運動の天皇制への無関心と、表裏一体の関係にあった（裏腹というのではない）。小ブルジョアがア・プリオリに「故郷喪失者」であるため、それは、右翼あるいは天皇制へのオリエンタリズム的な憧憬とさえ言える。もちろん、オリエンタリズムは不可避的に存在し続けるものである。橋川文三の『日本浪曼派批判序説』（未来社、一九六〇年）や吉本隆明の「転向論」（一九五九年）をはじめとする一連の論考、また、谷川雁、村上一郎、桶谷秀昭、磯田光一、松本健一などの仕事も、そこに入れておくべきだろう（これらの人々には、今日の文学研究においては「左派」と見なされていない人物もいるが、当時は左派と位置づけられていたのである）。柳田国男などの民俗学への関心も高まっていった。その他、幾人もの名前があげられる。彼らと踵を接するようにして、「右」の側からは林房雄の「大東亜戦争肯定論」（一九六三年〜四年）が現れ、三島由紀夫が「文化概念としての天皇」（「文化防衛論」一九六八年）を提唱する。吉本とは決定的に対立するように見える一九六八年の代表的なイデオローグ津村喬——津村自身は華青闘告発に積極的に加担したわけだが——も、竹内好に師事していた。津村は竹内の近傍にあった橋川文三の明治維新論をも評価して、西郷隆盛を論じたことがあり（「ヤマトの明治維新——わが西郷伝説」一九七七年）、後年ではニューエイジ的な思考から、神道への関心も示した。その他、竹内の影響力には、はかりしれないところがある。

この件に関する彼らの関係は錯綜しており、それ自体で論じるべき問題だが、ここでは指摘しておくにとどめる。個々を具体的に見ることはできないが、竹内以降の天皇制とナショナリズムについての提起は、日本民族（国民？　大衆？　民衆？）と天皇制との密接な関係を認めることが前提となる。先に触れておいた、水戸「地方党」におけるブント「遠方から」派と右翼との共闘なども、そのことを前提にしているだろう。なお、竹内の問題提起の近傍には、「五勺の酒」(一九四七年)などの中野重治がすでに存在していた。中野の転向小説「村の家」(一九三五年)が、吉本隆明のいわゆる「大衆の原像」論の原型をなす「転向論」の参照先であったことは、その意味で重要である。吉本によれば、一九三〇年代の転向現象において最悪なのは、大衆から遊離して反天皇制を護持した小林多喜二や宮本顕治の非転向であり、これに対しては、コミンテルン=三二テーゼの非現実性を批判して天皇制に就いた佐野学・鍋山貞親の転向は上位にあるとされる。中野の「非転向的転向」は、両者をこえている、と。そのことをくだくだしく再論するつもりはないが、一九三二年にコップ弾圧で検挙され、二年後の一九三四年に転向出獄した中野重治にしても、当時の治安維持法下では、天皇制を容認することによってしか出獄しえないわけである。

それはともかく、新左翼的思想潮流における以上のような二面性、すなわち一方におけるインターナショナリズムを掲げた日帝打倒主義と、他方における天皇制ナショナリズムのフェティシズム的な再評価に対して、一九七〇年の七・七華青闘告発はどのような意味で衝撃だったのか。

五　天皇の戦争責任論へ

入管闘争に取り組んでいた毛沢東主義者の台湾人留学生グループである華青闘は、日本の新左翼運動の日帝打倒主義こそが自民族中心主義であると、両者を一体のものとして批判した。当時、いまだ文化大革命や毛沢東主義の帰趨は知られておらず、ヴェトナム戦争を先頭に第三世界革命が遂行されているかに見えた状況のなかで、日米安保粉砕と日帝打倒は、あたかも、日本が世界革命の中心であると見なしているかのごとき自民族中心主義――それは、先進国革命主義として表現され、第三世界革命を貶めている――であり、そのナショナリズムが新左翼、とりわけ諸党派の入管闘争への取り組みの不活発としてあらわれているということである。その新左翼のナショナリズムは、日本民族の近代におけるアジア侵略の加担の歴史への無自覚としても表現されているとして、「民族責任論」が提起された。言うまでもなく、その場合、最大の責任者は天皇であり天皇制にほかならないが、それに追随してきた日本民族も免罪されるわけではない（もちろん、逆に、ここで「日本民族」とは何なのか、という問いも発せられることになる）。

ここでは、大東亜戦争が、一面、植民地解放戦争でもあったという竹内好的なロジックも斥けられる。可能なのは、反日帝ではなく、端的に「反日」である。一九七〇年代には、華青闘告発の衝撃を受け止めたノンセクト・グループ・東アジア反日武装戦線の反侵略反天皇の爆弾闘争が出現していく（その他、太田竜のアイヌ問題に焦点化する「辺境革命論」に触発された爆弾闘争もあった。太田の辺境革命論自体も、華青闘告発をうけたものである）。東アジア反日武装戦線の思想性を高く評価する『水平運動史研究』（現代企画室、一九九四年）の金靜美が竹内好のアジア観を強く否定するのも当然である。一九七四年八月に計画された東アジア反日武装戦線「狼」による虹作戦（天皇「お召し列車」爆破計画）、続く三菱重工東京本社ビル爆破などである。後者においては、侵略企業への爆弾攻撃によって、三菱重工とは無関係な「一般市民」も巻き込まれるが、それは、アジア侵略に加担する日本人の民族的な責任を負う者たちであるから、責任は免れないのだとされた。ただ、その後においては、侵略される側の人民も巻き込まれる可能性があるという視点が出されることになる。

華青闘告発が、六〇年代新左翼運動にもたらした価値転換とは、そのようなものであった。とりわけ、告発の直接のきっかけを作ったというだけでなく、新左翼内最大の党派であり、日帝打倒を前面に掲げていた中核派は、華青闘告発を深刻に受け止めざるをえなかった。しかも、「七〇年安保」は自動延長によって事実上問題が格下げされ、反安保から日帝打倒へという路線は維持しがたくなっていた。注記しておけば、当時は破防法被告として獄中にあったとはいえ、本多延嘉書記長の指導体制下である。そして、日帝打倒主義と民族責任論（天皇制批判）を両立させるべく案出されたのが、「血債の思想」にほかならなかった。日本人のアジア侵略の民族的責任を血であがなうのが、自国帝国主義打倒（日帝打倒）だということである。しかし、両立させることは困難である。引用しておいた『安保闘争』に見られる反安保‐日帝打倒戦略は、岸信介によって表現されていた日本帝国主義の自立化への自信に見合ったところの、左派の側からのナショナリズムの表現なのだから、それを放棄せよと迫る「反日」思想とは両立しがたい。先にも触れておいたように、中核派に限らず、新左翼の大方（いわゆる「反スターリン主義」）、あるいは、その裏面としてである、天皇制ナショナリズムの再評価に向かう非共産党系の先進国革命派は、アジアのナショナリズムを後進国の「遅れた」それとして軽蔑する傾向さえあった。

もちろん、現在においては、かつてのようにアジアのナショナリズムを手放しで礼賛することも難しい。中核派が二〇〇〇年代になって「血債の思想」路線を放棄するにいたった事情は、その路線を案出し領導していたと思われる水谷保孝と岸宏一の『革共同政治局の敗北』（白順社、二〇一五年）に詳しい。

華青闘告発以後、ノンセクトを含む新左翼諸潮流は日帝打倒主義をとりあえず括弧に入れることで、様々なマイノリティー運動に取り組むことになるが、それらの多くが天皇制問題と深くかかわっていたことは重要であり、誕生以来、反安保一筋であった新左翼の、ほとんどかえりみなかった天皇の戦争責任問題が、民族的責任の問題と結びついて、意識に上ることになるのである。その問題を、逐一あげるには及ばないだろう。ただ、一つだけ言えることは、華青闘告発を契機にして遂行された、「前衛」主義的なレーニン主義（機動戦）からグラムシ主義（陣地戦）への転回は、同時に、「反安保」という擬制《フィクショナル》的な構えを希薄化していったことである。たとえば、一九七〇年代以降に日本でも萌芽した典型的な陣地戦である反原発闘争において、根幹にある安保＝日米同盟に対する反対が掲げられることは、稀であったはずである。

反安保と結びつかないことによって、天皇制問題は、学問的には次第に精緻に論じられるようになるとともに、運動との結びつきを希薄化していった。とりわけ、大東亜戦争の当事者であった昭和天皇の死後において、そうである。そのなかでも、天皇が沖縄の分割統治を懇願して、宮内庁御用掛の寺崎英成を通じシーボルト連合国最高司令官政治顧問に伝えられた「天皇メッセージ」（一九四七年）の存在が暴露されたことは大きい。そのほか、昭和天皇が戦後憲法の下でも、きわめて政治的に立ち回っていたことは、今日では知られている（千本秀樹『天皇制の植民地責任と戦後責任』青木書店、一九九〇年、寺崎英成、マリコ・テラサキ・ミラー編著『昭和天皇独白録——寺崎英成御用掛日記』文藝春秋、一九九一年、豊下楢彦『安保条約の成立——吉田外交と天皇外交』岩波新書、一九九六年、進藤栄一『分割された領土——もう一つの戦後史』岩波現代文庫、二〇〇二年、など。なお、進藤の同書所収論文「分割された領土——沖縄、千島、そして安保」は一九七九年に雑誌発表されている）。しかし詳述はしないが、昭和天皇を継いだ明仁（現・上皇）が、むしろ護憲・平和主義の「象徴」となり、沖縄を「本土」に縫合するのに腐心していた様子なのは、周知のとおりである。ここでまた、「反天皇」は宙に舞うことになる。というか、昭仁天皇において、戦後憲法下の象徴天皇制が「完成」されたと言ってよい。

六　左派／リベラルによる天皇制擁護

トランプ米国大統領の登場や、ヨーロッパにおける右派勢力の拡大は、リベラルや左派において、総じて「民主主義の危機」と捉えられた。日本における第二次安倍晋三政権についても、同様であった。「安倍ヤメロ」コールや「安倍ファッショ」という規定で記憶される二〇一五年の安保法制反対運動において潜在的に進行していたのは、安倍晋三による「民主主義軽視」の、それ自体が民主主義の帰結であるところの決断主義——それは「改憲」を第一義とする——に対抗するために、天皇制を護持することで「護憲」を主張するイデオロギーの浸透だった。六〇年安保の再現とまで言われた「二〇一五年安保」だが、その中間にあった一九六八年、つまり天皇制批判を回復することで一新されたはずの思想的境位は放棄された。それは「立憲主義」として主張されたが、天皇制を護持することが含意されていたのである。それは当時の天皇・皇后（明仁・美智子）が、安倍と比べてはるかに「リベラル」に見えたことにも影響されているのかも知れぬ。何せ、かつては反天皇制を唱えていたはずの左派までが天皇・皇后のリベラルなふるまいには感嘆する光景があった。しかし、そのようなことを無自覚な背景としながらも、天皇制擁護は「学知」の相貌を取って表現された。

華青年闘告発を契機として、天皇制批判を俎上にしえた新左翼あるいはリベラル派諸潮流においても、天皇条項が冒頭から掲げられている戦後憲法を破棄・改定しようというムーヴメントは――少なくとも積極的には――いまだかつて存在していない。それらは、自民党や右派の改憲論に対しては、「九条改憲阻止」を対置するにとどまり、実質的には「護憲派」である。だが、護憲派にして反天皇制とはどういうことだったのか。矛盾である。詳論する必要もないだろうが、それは明治憲法から戦後憲法への変更において、「国民主権」（英文憲法においては「人民 people 主権」だが、この問題はここでは措く）への転換が図られたという、丸山真男や宮沢俊義のいわゆる「八月革命説」が、漠然と信じられていたということである（明治憲法における「主権」が天皇にあったのか国家にあったのか、あるいは、主権論と主権者論の峻別など多々議論があるが、ここでは措く）。先に論じておいたところの、もはや天皇制は論じるに足りないという新左翼内の気分も、おそらくはこの「八月革命説」への信憑に由来した。それは、華青闘告発以降も潜在し持続していた雰囲気だったのである。

しかし、議会内の圧倒的な多数派であることを背景に、改憲を声高に叫び、それが一定のリアリティーを持ち始めた安倍政権にあって、かつて漠然と信じられていた八月革命説は、「右」から揺さぶられることになった。もちろん、八月革命説への批判は、以前から主に保守派や右派によってなされていたが、安倍の決断主義的政治は、それ自体として、従来のリベラル派系国民主権論（八月革命説）を脅かす右からの国民主権論だった。

石川健治は宮沢の八月革命説について、ハンス・ケルゼンとカール・シュミットの理論のアマルガムと捉え、その決断主義的性格を示唆していた（石川健治「八月革命七〇年後――宮沢俊義の八・一五」、辻村、長谷部、石川、愛敬編『「国家と法」の基本問題』日本評論社、二〇一八年）。国民主権論が危機に瀕した時にリベラル派が援用したのが、先ずは宮沢俊義の八月革命説（国民主権への／による八・一五「革命」は、シュミット的「決断」主義を意味する）に反対した尾高朝雄の「ノモス主権」論であり、それを改めて紹介したのも石川健治であった（尾高朝雄『国民主権と天皇制』講談社学術文庫、二〇一九年、解説・石川健治。また、尾高朝雄『ノモス主権への法哲学』書肆心水、二〇一七年、付随論文・藤崎剛人も参照）。そして、ほぼ同様のアプローチとして、ピエール・ルジャンドルのドグマ人類学に参照先を求めた嘉戸一将『主権論史――ローマ法再発見から近代日本へ』（岩波書店、二〇一九年）も、同時期に刊行されている（嘉戸一将『法の近代』岩波新書、二〇二三年、は『主権論史』のコンパクトな梗概）。嘉戸は、明治憲法制定過程において、一神教の伝統が不在の日本において天皇を神に代替した伊藤博文や、天皇の「統治権」を伝統的な古語「シラス」に求めた井上毅を高く評価した。そのような天皇制は、明治憲法と戦後憲法とを貫く擬制的な「理念」とされる。もちろん、丸山真男はともかくとして、宮沢俊義の八月革命説も、戦後憲法下における天皇制の護持を目論んだ論理であったが（宮沢『憲法の原理』岩波書店、一九六七年）、その「革命」史観は明治憲法と戦後憲法の切断を意味しているわけである。国民主権論からは、そうなる。

石川の解説論文と嘉戸の著作との間には、幾つかの見解の違いも存在しているが、問わない。ここでは概略、石川解説文に即して、八月革命説を批判するリベラル派が、天皇制擁護を打ち出すことになる「学知」を紹介しておこう。

石川によれば、尾高にとって、戦後憲法における国民主権とは、「フィヒテとの関連で念頭に語られる「人間たるに値する国民生活」を保障する政治を築きあげるのは、「（中略）日本国民自らの責任である」ということ」を意味する以外ではない。そして、「天皇の居場所は、もともと帝国の「意味的全体性」の体現者でしかなかったので、日本国憲法のもとでも引き続き「ノモス」の象徴として、「意味」としての「全体」を演出し続けるだけのことである」と、明治憲法体制と戦後憲法体制の連続性を位置づける。そして石川は、尾高の天皇＝ノモス論の今日的な意義を次のように言う。

主権論が演出する絶対デモクラシー（シュミット的決断主義に帰結する――引用者注）は、多数者の専制にならざるを得ないし、多数者に支持される独裁者を生んでしまう。そうした数の力に導かれた「数の政治」に、尾高が対置させるのは、ノモスに導かれた「理の政治」である。「数の政治」にならざるを得ない国会に対して「理の政治」の体現者を天皇に期待する本書の解釈は、実は「平成デモクラシー」を読み解くための鍵になっているのではないか。

もはや、付け加えることはないだろう。石川が二〇一四年に設立された「立憲デモクラシーの会」の呼びかけ人であり、二〇一五年の反安保法制の運動において、マスコミで積極的な発言を繰り返していたことは、誰もが知っている。付言すれば、石川の解説文とともに並記しておいた藤崎剛人も、石川に師事する、知る人ぞ知るリベラル派の――ラディカルな――アクティヴィストである。また、嘉戸が『主権論史』の「あとがき」で献辞を捧げている、日本におけるルジャンドルの紹介者・西谷修も石川と同様に「立憲デモクラシーの会」の呼びかけ人で、二〇一五年の活動ぶりは、wikipedia にも記されている。ともかく、二〇一五年以降、日本の左派あるいはリベラルからは、ほぼ、反天皇制の言説が一掃された。それは、ルジャンドルを参照するまでもなく、天皇制の一種の再宗教化であった。このことを踏まえずして、「二〇一五年安保」を、二〇一一年のオキュパイ・ウォールストリートやヨーロッパの左派ポピュリズム運動とアナロジーすることは許されない。

「二〇一五年安保」とは、天皇制を護持することで立憲主義を主張するリベラル派と、議会内多数を背景に決断主義的に日米の経済的・軍事的同盟の強化を目論む民主主義＝安倍自民党との争いだったが、おそらく、その主張はすれ違いに終わったのである。安倍が最終的に改憲を目指していたにしても、それが天皇制の廃棄を謳うことはありえないし、天皇制擁護を懐胎するリベラル派にしても、そのことを、一九三〇年代の青年将校運動のごとく高唱することはできないからである。その天皇制には、もはやかつてのごときアウラが見いだせないからだ。ノモス主権論は、言ってみれば、「大逆」事件に接した森鷗外がファイヒンガーに依拠して提唱した「かのやうに」哲学の現代版と言えるが、その崇拝の対象たる天皇（制）を「ノモス」である「かのやうに」見なすフェティシズム的な「もの」性が、今や磨滅しているのである。

むしろ問題は、つまるところ「無責任の体系」（丸山真男）たる天皇制を翼賛することに留まる立憲主義が、危機を訴えて決断を迫る安倍的政治に対して応接が可能か、ということにある。そのことは、安倍とその後継者たちが訴える危機（の最大のもの）である「台湾問題」一つを見ても明らかだろう。保守派による台湾有事のプロパガンダを、まったく根拠のないものとしてうっちゃっておくことが、日本の左派あるいはリベラルの「無責任」でしかないことは、台湾独立派（左派）の呉叡人『台湾、あるいは孤立無援の島の思想』（駒込武訳、みすず書房、二〇二一年）一冊に触れただけでわかることだ。

付言すべきは、「二〇一五年安保」以降の運動が、欧米におけるＬＧＢＴＱ問題やフェミニズム、ブラック・ライヴズ・マターの運動の高揚にも規定されて、決定的に反差別のマイノリティー運動へとシフトしていったことだ。安倍的多数派《マジョリティー》に対抗しうるのは、もはや「マイノリティー」なのである。日本における、このような運動のシフトで、天皇制がいかなる役割を果たすかは、今のところ不明だが、明仁以降の天皇家がブルジョア道徳の規範（ノモス！）であること、また、天皇制の「伝統」がクィアである（三島由紀夫の言う「雅」？）と見なしうること等々を踏まえれば、それに対する擁護に、さほど困難はなかろうと想定できる。

石川健治は、尾高朝雄のノモス主権論が、尾高の友人であった清宮四郎を通じて、戦後の宮内庁の公認見解となったと述べている。「学知」に異をとなえることははばかられるが、かなり牽強付会ではないのか。昭和天皇の戦後は、果たしてノモス主権論だったのか。すでに述べたように、昭和天皇の戦後における政治的なふるまいは、重臣や一部保守系政治家には知られていた。しかし確かに、戦後憲法のもとにある限り、天皇は、やはり、護憲・平和主義の「象徴」以外ではなかった。少なくとも、「国民」にはそう受け止められる以外なかった。その限りで、昭和天皇もノモス主権論者であったという言い方が、可能なのだろう。ただし、戦後すでに天皇は「人間」であり、狭義の宗教的・神秘的な権威は剝奪されている。

岡田莊司は「昭和」から「平成」への代替わりの時期に、『大嘗の祭り』（学生社、一九九一年）を発表し、柳田国男「稲の産屋」（『海上の道』一九六一年、所収）を継承しつつ、天皇制の「本義」をなす大嘗祭は、五穀豊穣と国家の安寧を祖神に祈る素朴な祭りであるとして、それ以前に有力だった折口信夫などの神秘主義的な天皇制論を斥けた。岡田説は宮内庁の公式見解とも合致する。ここで、岡田と、折口説を護持する者たちとの論争を再確認する必要はない。問題は、一見すると天皇制の脱神秘化を図っている岡田説こそ、敗戦後における天皇制の護持のために『先祖の話』（一九四七年）を書きあげた柳田国男を枢密顧問官に迎えて成立した、戦後憲法における天皇制の宗教的側面だということである（拙著『増補　革命的な、あまりに革命的な』ちくま学芸文庫、二〇一八年、に付した付論「戦後‐天皇制‐民主主義をめぐる闘争――八・一五革命vs一九六八年革命」などを参照）。それは、宮沢俊義的な八月革命説とも整合性を持ちえた。日本共産党も、それに対抗する新左翼や非共産党系リベラルも捉えきれなかったのが、戦後天皇制のこの側面であった。これは――後論のために注記しておくが――高名な「複製技術時代の芸術作品」のヴァルター・ベンヤミンが、芸術の礼拝価値から展示価値への転換を指摘したことと類比的に捉えうるかも知れない。展示価値が、礼拝価値に代わる新たな「宗教としての芸術」の出現であったのと同様に、脱神秘化された戦後天皇制自体が宗教的なのである。

七　芸術前衛としての反スターリン主義

すでに述べておいたように、六〇年安保以来の、「反安保」を正面に据えた新左翼運動は、自然発生的な「反戦」意識に依拠しながらも、それを目的意識的な自国帝国主義打倒へと高めることが追求された。これは言うまでもなく、『なにをなすべきか』で定式化されたレーニン組織論の適用である。ここでは、レーニン以来、繰り返し論議されてきた自然成長性か目的意識性かという議論に立ち入らない。ただ、日本においても、ルカーチ－レーニンに依拠した一九二〇年代における福本（和夫）イズムの導入が、決定的な意味を持っていたことを確認しておけば足りる。つまり、小ブルジョア・インテリゲンツィアの「自立」的な目的意識性の定在たる「前衛」――ブルジョアのみがブルジョア・イデオロギーをこえられる――という問題である。ところで、それ自体がブルジョア・イデオロギーに侵されて物象化されている労働者・大衆の政治意識に対して、自立したインテリゲンツィアのそのモデルは、どこに求められるのか。レーニンは、それを前衛党が体現する普遍的な真理に求めたが、もちろん、今ではそんなことが通用するはずもない。むしろそれは、ボードレールを始祖とするとも言われる、ボヘミアン的な「芸術家」というモデルと捉えるべきである。そこでは、革命を遂行する「技術（アルス）」が「芸術（アート）」と一致すると見なされる。ベンヤミンにおいても、ブランキとボードレールが重ね合わされる理由である（なお、以下の芸術と宗教についての議論を展開する上では、松宮秀治『芸術崇拝の思想』白水社、二〇〇八年、『ミュージアムの思想』白水社、二〇〇三年、などから有益な示唆を得た。「芸術宗教」という言葉は、松宮の用語である）。

レーニンが、トロツキーが、あるいは福本和夫が、いかにボヘミアン的な革命家であったかは、詳述するに及ばないだろう。『文学と革命』の著作があるトロツキーについては、言うまでもあるまい。芸術には関心が薄かったとされるレーニンにしても、ロシア・フォルマリストとして名高いシクロフスキーの『レーニンの言語』（桑野隆訳、三一書房、一九七五年）、トリスタン・ツァラとレーニンとの「邂逅」を夢想したドミニック・ノゲーズの『レーニン・ダダ』（鈴村和成訳、ダゲレオ出版、一九九〇年）などの視点がある。福本和夫がジャーナリズムを席捲していた一九二〇年代中葉、当時の「前衛的」な芸術家が住まう本郷菊富士ホテルに居を持ち、女学生のファンに囲まれていたことについては、多くの証言や研究がある。

目的意識的で前衛的なインテリゲンツィアには、大衆の自然成長的な意識に規定されざるをえない「政治」からの自律を要求するところの、ボヘミアン的かつ芸術家的な傾向が存在する。それは、レーニン死後のソ連邦の指導者となったスターリンを悩ませた問題でもあった。芸術に対する「政治の優位性」は、そこで不可避的に要請される。それは、まぎれもなく「前衛」の否定であり、スターリン主義に反対する者は、逆に、新しい前衛や自立を求めることになる。それは、さまざまな主張として表現されるにしろ、基本的には「芸術の自律性」を求めることに等しかった。

近代において成立・勃興した芸術のなかでも、最も自律的と見なされたのは、小説というジャンルである。その理由は、出版資本主義と市場の成立のなかで、小説家がともかくにも「自律的に」生活できる環境の誕生であり、俗語革命（言文一致運動）が、その内実を形づくった。だが、このような近代的な芸術の自律性は、きわめて逆説的なものである。芸術が政治に対して自律的だということは、それが世俗的な価値観をこえた真実なり美なりを表現していることを意味するが、そのことは世俗的な市場によって担保されているからである。むしろ、世俗的な価値をこえた真実は、国家によって担保される必要があった。いや、国家の方が、芸術を宗教として必要とした。つまり——日本の場合は天皇制を大枠とする――「栄誉システムや顕彰システム」（松宮前掲『芸術崇拝の思想』）、そして経済的な助成である。小説の場合は、とりあえず市場が担保したが、演劇や美術や音楽のように市場に浸透しにくいジャンルは、むしろ国家がそれを積極的に育成保護した。『新体詩抄』（一八八二年）において、小説に先行して詩の近代化を試みたのも、外山正一、矢田部良吉、井上哲次郎の官僚たちである。今や日本の文学研究領域では「国民国家論」と呼ばれて打ち捨てられているのかも知れないが、『想像の共同体』のベネディクト・アンダーソンが言ったように、出版資本主義と俗語革命によってもたらされたナショナリズムは、近代以前における宗教の代替である。そこにおいて、「芸術宗教」が誕生する基盤も形成される。

二葉亭四迷のリアリズム宣言として高名な、「模写といへることは実相を仮りて虚相を写し出すといふことなり」（「小説総論」一八八六年）とは、世俗をこえた「真実」（＝「虚相」）を提示するためには、世俗に沿い世俗（＝「実相」）に「展示」されなければならないということをも意味している。もちろん、このような考えは、ベリンスキー経由のヘーゲル美学に由来している。それは、日本の近代小説が、その出発において、すでに「礼拝価値」から「展示価値」への転換を内面化し、「芸術宗教」であると自覚していたことを意味する。一般には前近代的な戯作からの「小説改良」と言われているものだ。

中野重治は、戦前からの共産党員の内では、スターリン批判以後の非共産党系左派において、最も参照され尊敬されることの多い文学者である。本稿の文脈で言えば、それは、中野が「政治の優位性」に抗して「芸術の自律性」を主張しえた、ボヘミアン的な芸術家であり、なおかつ、正統的な文学史に忠実だったからにほかならない。「ボードレールの「ダンディスム」には、自分を職業文士ではない者、いうならばしろうととして想定したい気持が働いている」（阿部良雄『群衆のなかの芸術家――ボードレールと十九世紀フランス絵画』中央公論社、一九七五年、傍点原文）のと同様に、『レーニン素人の読み方』の著書もある中野は、ダンディズムのひとであった。阿部良雄は、ボードレールの「素朴さ」に対する賞賛についても指摘している。中野の「素朴」好みも有名であり（「素樸ということ」、一九二八年）、プロレタリア文学の陣営にあって、「芸術に政治的価値なんてものはない」（一九二九年）と宣言しえた。中野は単なる田舎出の純朴な文学青年ではなかった。ミリアム・シルババーグが、それ自体は実証的に問題の多い『中野重治とモダン・マルクス主義』（林淑美ほか訳、平凡社、一九九八年）で言っていることで正しいのは、中野がブレヒト、ベンヤミン、ルカーチに似た、一種のボヘミアン的知識人であったということである。中野が当初は福本イズムの徒であり、生涯、そこから逃れえなかった理由も、そこにある（福本イズムとの関係については、平野謙らの説を採る）。そこに中野のプロレタリア文学内での傑出した才能があり、同時に批判されるべき問題性もあるわけである。

中野はプロレタリア文学陣営に加わる以前から、「啄木に関する一断片」（一九二六年）において、北村透谷、二葉亭四迷、国木田独歩、石川啄木の系譜を主線とする文学史的な考察をおこなっている。中野があげるこれらの文学者が、何らかの意味で、ボヘミアン的かつ「前衛的」であることは、言うまでもない。これが、後に平野謙のプロレタリア文学を中心とする近代文学史観の構想の範型になったことは知られているが、同時に、中野（の文学グループ）は、室生犀星や芥川龍之介など、いわゆる「大正文壇」の手厚い庇護下で、文学的に出発したのである。中野が大学入学で上京した際に最初に訪問したのは、佐藤春夫であった。中野はまた、漱石、鷗外、志賀直哉、斎藤茂吉などの「大家」（「国民的な」文学者）への目配りも怠らない。「国民作家」とは、世俗的な国民が、その作家に世俗をこえた宗教的真実の存在を認める文学者のことである。文学史は、芸術宗教の聖者列伝として書かれるほかはなく、中野はそのことに深く浸っているのである。

付言しておけば、現代において文学史が、ほぼ書き得なくなったのは、芸術宗教が衰退したからではない。そうではなくて、聖者に列せられるべき存在――つまり、かつての「前衛」あるいはボヘミアン的芸術家――が、国家と一体になった芸術宗教によって、滅ぼされてしまったからである。次に触れる一九七〇年の大阪万博以降と言ってよいが、日本の六八年に何らかの形でコミットしたはずの文学者や芸術家が、今や平気で天皇の前で叙勲や褒章を受けるようになっている。まだ六八年の記憶がなまなましかった一九七七年、平野謙が日本芸術院賞を受賞したことで弁明に追われたことがあったが、今となっては夢のような話である。大岡昇平の有名な芸術院入会拒否を想起するまでもなく、当時の文学者たちの多くは、天皇制下の叙勲褒章システムに入ることを恥じていた（もちろん、現代でも叙勲褒章を拒否している者はいる様子であるが）。

この意味で、一九八二年に刊行された丸谷才一の長編小説『裏声で歌へ君が代』（新潮社）は、そのタイトルにおいて象徴的かつ画期的な意義を持っている。もはや、大多数の「前衛」芸術家が裏声で君が代を歌うようになり、二〇一五年においては、それが大衆的な規模に膨らんだのである。この作品が刊行されたのは、先にも述べておいたように、「吉田ドクトリン」なる天皇制護持を前提とするところの護憲システムが称揚されていた時期であり、丸谷の作品は、この風潮に掉さすものであった。この作品に対して、保守派の江藤淳が「地声で歌え」といった意味の批判（『自由と禁忌』河出書房新社、一九八四年）をしたことも記憶されているだろう。

大阪万博の問題にもかかわって微妙かつ重要なポジションにあるのが、初代全学連委員長であり、一九五〇年代は新日本文学会にあっては文芸評論家として活動した、武井昭夫である。全学連委員長時代の武井は、「層としての学生運動」論（いわゆる武井理論）をもって全学連の戦闘性を担保した。それは、レーニンの『なにをなすべきか』に学んだものと言われ、小ブルジョアとして労働運動の従属的な地位に置かれていた学生の運動の――相対的な――自立性、先駆性を認めるものであった（当時の共産党の学対は宮本顕治である）。それは、「先駆性理論」として、ブント以降の学生運動、ひいては新左翼運動を規定していった。

武井の文芸評論家としての出発は、吉本隆明との共著『文学者の戦争責任』（淡路書房、一九五六年）である。しかし、吉本とは六〇年安保以降、むしろ対立的な立場を取る。新日本文学会内では、武井は花田清輝とともにアヴァンギャルド芸術論の立場に立ち、会の創設以来の指導者・中野重治とは共闘しつつも距離を置いていった。一九五〇年代コミンフォルム批判以降は、宮本顕治とも対立していく。それは、平野謙などの同時代的な記録で語られているように、武井ら新日本文学会内「全学連グループ」の極左主義というよりは、むしろ、中野的な福本イズムの遺産への反発という面があった。「層としての学生運動」の提唱者であったにもかかわらず、おそらくは花田清輝からの影響もあってであろうが、武井の思考は、大きく労働者中心主義へと傾斜していたのである。中野と並んで新日本文学会の理論的な指導者であった花田は、戦時下に書かれた『復興期の精神』以来、中野の福本イズム、つまりボヘミアン的な側面に対しては批判的であった。誤解されることが多いし、誤解もされていたのであろうが、花田が提唱し、武井もそれに倣ったアヴァンギャルド芸術論とは、労働者中心主義であり、ボヘミアン的「前衛」芸術家の否定でもあったのである（拙稿「花田清輝の「党」」、『群像』二〇二二年三月）。実際、一九五六年のスターリン批判の直後に刊行された、東京大学学生運動史研究会編『日本の学生運動──その理論と歴史』（新興出版社、一九五六年）、とりわけ、そこに収められた門松暁鐘（広松渉）の「学生運動の当面する諸問題」は、その後のブント結成に大きく寄与した論文であり、それは、武井理論に依拠したものだったが、当時、武井は厳しい批判を加え、ブント結成の誘いにも応じることがなかった。武井の共産党除名は一九六一年である。以上の事を踏まえて、最後に、一九七〇年の大阪万博について論じる。

八　アヴァンギャルドの滅亡

大阪万博（EXPO'70）は、一九七〇年の三月から九月までの約六ヵ月間、「人類の進歩と調和」を掲げて大阪府吹田市の千里丘陵で開催され、六〇〇〇万人をこえる観客入場者があった。まさに国民的な一大イベントである。日本は江戸幕府の遣欧使節団が第二回ロンドン万国博覧会（一八六二年）を視察したことに始まり、ナポレオン三世の有名なパリ万博（一八六四年）に江戸幕府、薩摩藩、佐賀藩が出品して以来、明治政府に代わっても、ミュージアムの建設をはじめ博覧会には多大な関心を抱いてきた。その間の推移については多くの論考があり割愛するが、本稿の文脈で言うならば、ボナパルティズムで知られるナポレオン三世が、マルクスの——そして、それに従った本多延嘉の「天皇制ボナパルティズム論」の——描いたような卑小な存在であるというよりは、典型的なボヘミアンであったことが、ベンヤミンのボードレール論・第二帝政期論（『パサージュ論』）をうけた、先述の近年の研究で知られている。七〇年の大阪万博はアジアで初、日本で初の国際博覧会であり、当時では世界最大規模を誇った。言うまでもなく、六八年つまり「七〇年安保」のただなかである。

当然のことながら、写真家、美術家、建築家などの若手中堅のなかでは、万博の賛否をめぐって、論争が巻きおこった。その経緯とそれへの批判は、拙稿「万国博覧会と癌（cancer）」（『天皇制の隠語《ジャーゴン》』航思社、二〇一四年、所収）で論じたことがあり、ここではできるだけ重複を避けながら簡明に記述する。論争の経緯については、万博批判の急先鋒だった美術評論家の針生一郎が『われわれにとって万博とはなにか』（田畑書店、一九六九年）をまとめている。拙稿でも指摘しておいたことだが、大阪万博をめぐる論争の主要な舞台であった同人誌「デザイン批評」の創刊編集人（針生もその一人）のなかでは、泉眞也（デザイナー）が大阪万博に積極的なコミットメントをしたばかりでなく、その後の日本の多くの博覧会のプロデューサーを務めた。泉は、「万博のことは泉さんに聞け」とまで言われた人物だが（愛知万博では総合プロデューサー）、泉に師事して愛知万博のチーフ・プロデューサーをつとめた福井昌平も、その後の多くの博覧会に主要にかかわっている。泉に師事しており、後継者であるようだ。福井は六八年においては、新左翼系の党派（ブント叛旗派）カードル「立花薫」として一部では知られていた人物で、吉本隆明に師事していた。福井の転身に際しては、吉本のサジェスチョンとサポートがあったと考えられる。これは、「超資本主義」として日本資本主義を賞賛するにいたる吉本の「転向」問題と関係している。閑話休題。

針生は新日本文学会の会員としては、やはりアヴァンギャルド芸術論の潮流を代表していたが、本稿の文脈で指摘しておくべきなのは、万博に加担する急先鋒であった岡本太郎もまた、アヴァンギャルド芸術論の提唱者だったということである。周知のように、岡本太郎は一九四七年に花田清輝と出会うことによって、共にアヴァンギャルド芸術運動における盟友となった。大阪万博をめぐっての針生と岡本の対談は、針生編の前掲書に収録されている。

針生に限らず、万博に反対する側の論理は、それが芸術的前衛を資本の論理に従属させることであり、政治的には「七〇年安保闘争」から目をそらさせる役割を担っているというものであった。これに対して、岡本をはじめとする加担する側の論理は、芸術的前衛は政治や資本をこえることができるのであり、圧倒的な資本を利用してでも、それに屈服しない前衛的な芸術性を表現できる、というものである。また、「太陽の塔」がそうだというのであろうし、そのような合理化は今なお、さまざまになされている（大阪万博については、江藤淳のように、当時から、太陽の塔などその俗悪さを嫌悪する者もいた）。賛否のあいだを揺れる者も多かった。

黒ダライ児が、その浩瀚な、「一九六〇年代日本美術におけるパフォーマンスの地下水脈」と副題された『肉体のアナーキズム』（grambooks、二〇一〇年）で言うように、「万博に協力した「前衛」芸術家の評価には、複雑な問題をはらんでいる」が、その上で黒ダがあげる名前を引けば、「高松次郎、吉村益信、山口勝弘らが彫刻の制作で（山口は三井グループのチーフ・プロデューサーとしても）、音楽では秋山邦晴や一柳慧が、デザインでは横尾忠則らが、建築家では磯崎新が、評論家では東野芳明や中原祐介らが」万博に協力した。他にも名前はあげられる。

しかし、その後の、日本における多くの国際博覧会の開催に接して、今や、万博を正面から批判する言説は影をひそめている。そもそも、大阪万博以降の国際博覧会は、かつての経済膨張主義的な相貌を前面に出すことがないからである。二〇〇五年の愛知万博などは「トヨタ万博」であるにもかかわらず、「市民参加」と「エコロジー」が主題で、「愛・地球博」と言われたが、もちろん、大阪万博からの継承性はある。もはやそこで、岡本太郎が当時主張したように、芸術的前衛を楽天的に主張する者もいないが、国家や資本の庇護を受けることを積極的に容認するわけでもなく、さりとて拒絶する者など全くいないなかで、あいまいに芸術が肯定されるばかりである。たとえば、今や国家や資本の助成金なしで演劇やパフォーミング・アートは存在できないが、そのことに疚しさを覚える者などいないのである。これは、ジョセフ・ヒースが『反逆の神話』(アンドルー・ポターとの共著)などで主張して巷間に流布している、サブカルチャーと資本主義との親和性などという見やすい事態とは、いささか違っている。松宮はそれを「大衆」の「公衆化」と呼んで、次のように言っている。

経済活動という社会の要求と「大衆」の「公衆化」という国家と政治の要請が、表面的に芸術の独善性を容認するポーズを維持させながら、実態として、芸術をコントロールする方向を確立しえたということである。また芸術の方からいっても、表面的には依然として「芸術の自律性」を標榜しながらも、実態としては、あるいは本音としては、政治や社会の要求に迎合し、その保護を期待する態度に変わってきたということである。(『芸術崇拝の思想』)

つまり、「芸術宗教」の「完成」にほかならない。大阪万博に対する反対運動は、六八年の新左翼的運動の側においては、もちろん幾つも存在したが、結局は周縁的なものにとどまった。万博への新左翼の無関心は、針生前掲書のなかにおける中核派系全学連のカードルへの、針生によるインタヴューでも明言されており、針生のそのことを肯っている。つまり、目前に控えて圧倒的な高揚が予想される「七〇年安保」という大事に対しては、大阪万博など些事に過ぎない、というわけだ。反万博派の中心人物・針生においてさえ、なお、そういう認識があったということだ。これは、針生にしろ新左翼にしろ、自らの前衛主義に対する厚い信仰が存在したことを示している（その後の針生は幾つかの場面で、新左翼に同伴する）。大阪万博に行く人間は、自然成長的な反資本主義意識さえ持たぬ――啓蒙されるべき――愚かな大衆であり、それは目的意識的な前衛によって外部注入されなければならず、また、それは「七〇年安保」の闘争によって可能だと信じられていたわけである。もちろん、そんなことはなかった。

たとえば、一九七〇年四月二七日に万博のお祭り広場前を全裸で疾走し逮捕されたことで知られる糸井寛二（ダダカンの通称がある）についても、それは反万博のパフォーマンスであるというよりは、むしろ、岡本太郎的な前衛主義以外ではなかったのである。黒ダライ児によれば、専門的な美術教育を受けていない糸井は、ピカソや岡本太郎の深い影響下にあった。また、黒ダが詳述している「万博破壊共闘派」のパフォーマンスにしても、それは、前衛主義による反万博――黒ダが「肉体のアナーキズム」と総括するもの――以外ではない。つまり、万博に動員されたのがおおむね中堅のキャリアを持つ、やや成熟し成功した前衛たちだったのに対して、それに反対したのが、まだアンダーグラウンドにあって海のものとも山のものともつかぬ前衛だったというだけである。反万博が主にパフォーミング・アートを中心に行われたのも、理由がある。それは、万博が遂行する展示価値の極端化以外ではないからであり、その意味で、万博イデオロギーと親和的なのである。糸井寛二が刺激を受けたとされる、「万博粉砕」を掲げて太陽の塔を占拠した新左翼シンパの通称「目玉男」によるアイジャック事件（一九七〇年四月二六日）についても、同様のことが言える。それ自体が、万博的な展示価値のイデオロギーに依拠しているのだ。そして、大阪万博によって滅ぼされたものが、ほかならぬ、その「前衛」――それがボヘミアン的革命家であろうが、花田的アヴァンギャルドであろうが――だったわけである。それは、華青闘告発による左からの前衛主義批判と、表裏をなしている。

このような意味において、大阪万博にかかわる「前衛」同士の論争は宙に舞ったまま、今日にいたっている。やはりアヴァンギャルド芸術を標榜していた武井昭夫や花田清輝は、この問題にかかわらなかったようである。彼らの明確な大阪万博への賛否については、寡聞にして知らない。少なくとも、万博への強い批判や岡本太郎批判は見いだせないようである。ただ、安保ブント誕生の理論的な先導者であったにもかかわらず、それへの参加を断った武井昭夫の応接から、その答えを類推できるだけである。おそらく求められているのは、「その先」のことなのだが――。すでに述べておいたように、アヴァンギャルドが滅ぼされて以降の国際博覧会＝「芸術宗教」は、吉本隆明にアシストされた元「自立派」プロデューサーによって担われているのである。

こういった言い方は逆説めくが、武井にとっても花田にとっても、「前衛」は滅びたが、「党」の問題は残る、ということではなかっただろうか。それは、芸術的前衛＝ボヘミアン的「異端」を斥けて「党」という「正統」に就くということであり、花田が愛好したカソリックの作家チェスタトンの提起でもあった。だが、これもまた「宗教」の問題ではあるだろう。

第二章　高橋和巳の全共闘運動と一九六八年前後

――未成へと向かう臨死者の眼

川村　邦光

はじめに――孤立と憂愁のなかで

二〇二五年現在、一九六七年は五八年前、一九七二年は五三年前である。前者は第一次羽田闘争、地方都市でもヴェトナム反戦運動が始まっていた。後者は連合赤軍事件、私のいた東北大学では授業料値上げ反対運動でバリケードが築かれ、機動隊が導入された年だ。この間、五年、新左翼・全共闘運動の興隆と衰退の時期である。それはわずかなのか、それとも長かったのか、やや考えあぐねてしまう。それから、五〇年ほどの歳月は長い。新左翼・全共闘運動に関わった者はとうに七五歳前後にもなっている。その記憶は遠い昔のことになっているかもしれないし、濃淡はどうであれ、まだ深々と潜んでいるかもしれない。

この時代の映像や音楽とともに、ノスタルジーが湧き上がってくるかもしれない。それは軽蔑されたり、呆れられたりしよう。だが、かつてを振り返って懐かしみ、今現在から過ぎ去った記憶をあらためて呼び戻して辿ろうとすることを、ノスタルジーとするなら、それにも少しは意義があろう。記憶を幾度でも再構成して創出していくのが、人の常だとも言える。これが私のささやかな立場なのだが、それを踏まえて、ここでは高橋和巳を媒介にして、新左翼・全共闘運動のそれこそささやかな一端を探ってみたい。

高橋和巳は一九三一年（昭和六）生まれ、五四年に京都大学文学部中国語中国文学科卒業、五九年、立命館大学文学部講師になり、六二年、『悲の器』で河出書房の文芸賞受賞、六七年、京都大学文学部の助教授になる。六九年に京大闘争が始まり、支援・共闘する。七〇年、京都大学文学部助教授を辞職、上行結腸癌の手術、七一年五月に死去、享年三九。

高橋は六七年から七〇年の京大在職中、新左翼・全共闘運動に共鳴・支援して活動を共にし、「造反教官」と呼ばれている。そして、新左翼・全共闘運動について講演や評論で大いに語り、小説まで著わしている。六九年からは病身を抱えつつ奮闘し、病に倒れたと言っていいほどである。高橋の新左翼・全共闘学生に対する期待はかなり大きかった。だが、学生たちがそれに応えたかというよりも、高橋自身がその運動の担い手にもなりながら、過剰な期待と失望のあまりに、空回りしていなかったかと問うほうが、意義があろう。政治運動としてよりも、文学運動として、それとて政治的なのだが、新左翼・全共闘運動を言説・行動を通じて実践していったのが、高橋だったであろう。このようなところが高橋を介して、五〇年前にも及ぶ新左翼・全共闘運動を再考してみるに値しよう。

高橋和巳自身がコミットして、全共闘運動の一翼を担ったことは、今考えてみても、大袈裟に言えば稀有のことだったのであり、きわめて重要だろう。挫折を余儀なくされたばかりではなく、中絶せざるをえなかったからこそ、より一層そう言えよう。高橋の言葉で言うと、孤立と憂愁のなかに深々と身を潜めつつ、それを表現しようと、命尽きるまでもがき悶えつづけたのである。五〇年を超える歳月を経て、あらためてこのように思えるのであり、高橋を弔う言葉を綴ってみたい。

一　六七年一〇・八の「未完の模様」

高橋は一九六七年の羽田闘争をモデルにして『黄昏の橋』を書いている。六八年から七〇年にかけて、『現代の眼』に断続的に連載され、病と死のために未完に終わった。明治大学を辞して、京大に赴任したのが六七年であった。この年の一〇月に羽田闘争が闘われ、京大文学部一回生の山﨑博昭が羽田空港の南端に架かる弁天橋付近で死去した。それは『黄昏の橋』を書く契機となり、高橋の転機となった。この山﨑の死に対して、『黄昏の橋』をもって弔おうと思ったとも言えよう。高橋は対談「「新左翼」の頽廃と知識人」（高橋　一九七一a：二二二―二六二）で、山﨑の死に対して、新聞報道の「死因の歪曲」、人びとの無関心を指摘し、「たった一人の死だけれども、その死というものを見つめなくちゃいかんと考えた」と語っていた。「一人の死」という個別の死、それも国家権力によるものだったとするなら、その死には国家と同じ重みがあり、「政治の悪」がそこに集約されて表現されている。その死因の究明こそ、権力批判となる。これが高橋の政治批判の構えであるばかりではなく、「文学精神」の実践にも繋がっていく。

『黄昏の橋』（高橋　一九七一b）の主人公、時枝は実家へ帰るために向かった伊丹（大阪国際）空港近くで、学生デモ隊と機動隊の乱闘を眼にした。「傍観の位置に甘えて、対岸と、彼方の橋の上の乱闘を、にやにや笑いながら見ていそうな自分に気付いて、時枝は視線をそらせた」と、主人公に「傍観の位置」を設定している。時枝は空港へ行くのを諦めて引き返した時、橋から落ちていく学生を目撃した。「一人の人間が頭をおさえたまま、溝川に転落していくのを確かに見、そして、その学生が何故血まみれになって転落したのかを見た」。だが、「首を二三度振って、自分の見た情景の中から人間の姿を消す」。「傍観の位置」から無縁・ノンポリの位置への転換である。だが、新聞や週刊誌の報道の記事・写真を見て、「違和感」を覚える。「およそ政治的なことの一切を拒否」するスタンスの時枝だが、「たまたま目撃した事件」に「こだわらずにいられなかった」。「偶然目撃した他者の死」、それは新たな展開を辿っていく。

「暴力学生」と呼ばれる、死去した学生が恋人に宛てた手紙を週刊誌で読んだことがその契機のひとつである。そこには、権力が脅威を懐くのは「人間存在の恒久性に対する、小さな小さな疑惑であり、反抗なのだ。つまりぼくたちなのだ。／浅岡君。こんどの日曜日にデイトしよう」と記されていた。時枝は「嫌味にならない、ある健康さ」を感じ取る。これまで「遠く安全な地点から、遠景として、それまで見ていたヘルメット姿の学生の素顔をはじめてひょいと覗いたような気がし」、「彼ら学生運動家に対して、懐いていた愛憎共存し、あるいは近親憎悪するある情念が不意に崩れてゆくのを」感じている。そして、時枝は「他者の死」に介入していく、あるいは巻き込まれていく。「傍観の痛み」を抱えつつ、「死後の友人」として、死者との共闘を志して死者の傍らに立とうとする。

少くとも一人の青年がヘルメットをかぶり、手拭で顔を覆って棍棒をふりあげ、政治の有効性論や結果論から言えばほとんど無償の行為に近い行動につっ走ってゆくときに、この世の全体に流れる物理的時間とは異なった時間が、その青年の内部に流れ、いや凝固するのを、一種の肉の痛みのように感得できるような気がする。あるいはまた、一人の青年が機動隊に橋の上で追いつめられ、微妙に変色する油の浮いた溝に転落する瞬間、一切が逆様に映ったろう一瞬の彼の視覚と、そして漱石の『夢十夜』の船からの転落者の意識のように内部に映し出されたその生涯や果さざりし夢の犇《ひし》めきを感得できるようにも思う。

高橋は六七年一〇月八日の羽田闘争から、五三年一一月の荒神橋事件を想起し、『黄昏の橋』の想を得た。これには単位不足で留年していた高橋自身が参加していた。六六年一〇月のアナキスト系「ベトナム反戦直接行動委員会」の東京・田無の機関銃工場・日特金属工業突入事件、同年一一月の同委員会の名古屋・新川の兵器工場・豊和工業構内突入事件、六八年六月の新左翼系学生の伊丹空港米軍使用反対闘争、これらの闘争が『黄昏の橋』の伊丹闘争に採り入れられ、六七年以降の高橋自身の軌跡の一端が重ね合わされて描かれた。しがない「欺瞞的なインテリ」がヴェトナム反戦運動や新左翼・全共闘運動に遭遇して巻き込まれ、動揺しつつも自分の立場を変化させざるをえなくなっていくという、情況への追随と転回が物語られる。

高橋は「一人の青年がヘルメットをかぶり、手拭で顔を覆って棍棒をふりあげ」、「ほとんど無償の行為に近い行動につっ走ってゆく」と描く。警察機動隊に対して、〝ヘルメットとゲバ棒と覆面〟という最低の微弱な装備で、脆弱な学生・若者が立ち向かい、死者を出したものの、果敢に闘いきったことに、官憲のみならず、マスメディア、大学、知識人、民衆、そして世間が驚愕した。重装備の機動隊に対して、ほとんど武器にも防備ともなりえない徒手空拳と言っていいほどの〝ヘルメットとゲバ棒と覆面〟だ。機動隊は権力と暴力のシンボル、〝ヘルメットとゲバ棒と覆面〟は抵抗と反権力のシンボルとなる。「政治の有効性論や結果論」からは「無償の行為に近い行動につっ走ってゆく」、確かにそうであろう。だが、たとえやがて挫折を余儀なくされようとも、政治の「有効」な局面を切り開いていった。「無償の行為」だが、怖れと悦びが混じり合っていた。

〝ヘルメットとゲバ棒と覆面〟で「つっ走ってゆく」姿に、「一種の肉の痛みのように感得できる」という内部の時間、恐らくそれは時間という概念を超えた、ひりひりとするような「肉の痛み」だ。だが、なぜ身体のいわばマゾヒスティックな痛みでなければならないのか。それは言うまでもなく、快感と隣接し、直ちに繋がっていく。高橋は闘争において感じられる、怖れや慄きについては深く記す。だが、〝生の躍動〟、躍動する快感、もしくは快楽についてはほとんど記すところがない。いかにもストイックなのである。それが高橋の小説やエッセイに悲愴な陰影を醸し出している一方で、かなり貧寒な色調を潜ませてしまっていると言えよう。ともあれ、時枝が学生に感得した「肉の痛み」は時枝自身の痛みであり、それは「精神のもはや忘れかけていた深い悲哀を憤怒につらなるもの」がなぜか鬱勃として湧き上がり、身体を突き動かしていく。

時枝は死んだ学生に導かれるようにして、数多くの人と出会うことになる。伊丹闘争で起訴された学生たちの裁判の傍聴に行き、「乗りかかった舟」に乗らざるをえなくなる。「傍観者の位置」から「他者の死」を介して「死後の友人」の位置へと転換させ、裁判闘争に関わっていこうとする。時枝の破滅が兆している。「日常生活というものは、日常性からはみ出す関心にとらわれたりしさえしなければ、割合気楽にいとなんでゆける」。だが、「身のほど知らぬ関心にとらわれたのが身の不運」、「ほとんどやけくそだった」ということになる。死んだ学生の「果さざりし夢の犇《ひし》めき」を垣間見て体感したかったのだ。

裁判の傍聴後、裁判闘争の担い手たちと関わり合い、それに巻き込まれようとするところで、小説は幕切れとなる。未完となったが、高橋の他の小説と同じように、この小説の結末も破滅が約されていたと言えよう。しかし、この日常性からの跳躍こそ、高橋が希求していたのではなかったか。高橋は書き記さないのだが、そこに生の跳躍、喜悦が湧き上がってきたかもしれない。時枝の「乗りかかった舟」はどこへさすらっていくのか。高橋の死によって、書かれざる章になってしまった。「乗りかかった舟」が泥舟だったことはたやすく想像できよう。

生にとって死は常に偶然であり、それがどんなに一見必然的に見え、あるいは内部から生を蝕むものとしてあろうと、やはり偶然にすぎない。外から棍棒で撲打されて溝川に転落するのも、内部から癌組織におかされて死ぬのも……。生は生でありつづけようとする本能でありつづける限り、それ自体のうちに死を妊《はら》むことはなく、死は常に偶然として生の前に立ちはだかる。そして、その個体自身にとってその偶然のおとずれようを価値的に比較したり意義付けしたりすることはできない。彼にとって意義のあるのは、彼が生きようとし続けてきたその姿勢のあり方であり、その持続であり、終ることなく織り続けた未完の模様でしかない。〔高橋　一九七一b：一一九〕

高橋の死後に読むと、高橋自身の死を予告した言葉になっていよう。「意義のあるのは、彼が生きようとし続けてきたその姿勢のあり方であり、その持続であり、終ることなく織り続けた未完の模様でしかない」、『黄昏の橋』がそうであった。すなわち、それは現状と深く切り結んだ批判を展開しつつ、未完を宿命づけられた小説や評論の執筆、すなわち「文学精神」の実践を持続していくことである。高橋自身の生死と全共闘・新左翼運動の展開・解体、その「終ることなく織り続けた未完の模様」を重ね合わせて見ていこう。

二　自己否定の果て

京大闘争は一九六九年一月、吉田寮・熊野寮の全寮闘争委員会の掲げた、無条件新寮建設・経理全面公開・長期整備計画白紙撤回の三項目を要求する寮闘争から始まった。それは各学部の闘争と連携して、全共闘（全学共闘会議）が結成され、全学部・大学院へと拡大していく。どこの大学闘争でも多かれ少なかれ見られたが、京大でも日共・民青（日本民主青年同盟）系の結成した五者連絡会議が大学当局の先兵となり、ストライキ・バリケード封鎖などを巡って、絶えず全共闘と対立・抗争を繰り返していった。

全共闘による学部封鎖、教養部の無期限バリストに続き、文学部・医学部・工学部の無期限スト、他学部でも期限ストが決行された。二月、全共闘系の自主講座が開かれ、高橋も講義している。二月末、本部時計台封鎖、三月に入り、京大入試粉砕全国労学総決起集会が催され、機動隊の導入に対して、各学部事務室封鎖、再度の本部封鎖が行なわれた。大学入試は各会場に機動隊を大量配備して強行された。入試後、教官共闘準備会が結成された。文学部では、文学部共闘会議（L共闘）が新学部長を団交で追及し、辞任を勝ち取り、文学部全館を封鎖する。四月に入り、L共闘では大学院入試阻止闘争、全共闘は入学式を実力粉砕して、バリ祭を挙行している。大学当局は五者連絡会議とともに、授業再開・正常化をもくろんでいくことになる〔京大新聞社　一九六九〕。

高橋は大学闘争中、病のさなかでもあったのだが、文章や講演で多くのことを書き綴り語っている。それが集約されているのが、死の二ヵ月前に刊行された『わが解体』〔高橋　一九七一c〕である。本書は「わが解体」（一九六九年）、「三度目の敗北」（一九七〇年）、「死者の視野にあるもの」〔同前〕、「内ゲバの論理はこえられるか」〔同前〕からなる。これらを中心にして、高橋の大学闘争・全共闘運動と病について見ていこう。

「わが解体」は京都帝大教授会で、社会学者の米田庄太郎の教授への昇格人事の際、米田が「部落出身」のために、反対意見があり、発令と同時に辞表を出し、一年後に必ず辞職するという条件を課された。一九一九年（大正八）頃のことであり、戦前の帝大教授会の一齣である。高橋は「一種欺瞞的妥協によって、教授会の体面を保ったその構成員の精神構造にも、いつかは指弾されるべき悪の存在したことを指摘せざるをえない」と記す。

このエピソードは六九年一月中旬以降の学生対策が論じられていた、文学部教授会と重ね合わせられている。その後、こうした「教授会の体質」は変革されたか。「暗い悲哀をもって断言せざるをえないのだが」と前置きしつつ、次のように記す。基本的に何も変わることはなかった。学者としての「自負が専門業績から自己の意識内容ですりかわるとき、旧套的感情までが権威あるもののごとく、語られ、客観的には児戯に類する言説として露呈する」、こうした旧帝大を至上とする権威主義と〝専門馬鹿〟と揶揄された世間知らずの特権意識、それは京都学派の後裔とされた「教授会の体質」であるのみならず、教授個々人に牢固として身に浸み込んでいる。それが「不意に批判者として全面に立ちあらわれた」学生によって攻撃されているとするのが、高橋の現状認識である。

高橋は京大闘争・全共闘運動を「知識人のおちいり勝ちな欺瞞に対する根底的懐疑を通じての集団的規模における意識変革運動」と捉え、それが「文学精神」と相通じていると評価する。高橋ははっきりと教授会の「悲しむべき無思想的な学生対策」を批判し、全共闘側に与していく。だが、高橋は全共闘から批判された。

高橋の研究室の窓の下に「清官教授を駁す」と題された批判書が貼り出され、ビラとしてもばらまかれた。それは「我々は大学を学問の内在的自立的発展を保証する場として考え、それを追及してきた。又それ故にこそ、清官教授――良心的且つ原理的に大学闘争を考える教授に対して甘い幻想を懐いてきた」とする言葉から始まる。「清官教授」は「闘争を主体的に担う部分に対しては、一定程度進歩的ポーズをとる」。「教授会を公開せよ！」「教授会と学生の相互批判を確保せよ」「肺腑を剔《えぐ》る問いを発せよ、さらば肺腑を剔る答を投げ返すであろう」「教授会独裁体制は単に管理される学生の人間性を奪うだけではなく、それは教授自身の人間性をも奪っている。教授会打倒は教授の人間性を解放する事になるのだ」と。しかし、「秘密逃亡教授会」に出席したばかりではなく、教授会見解を自己批判することなく居直った、と弾劾する。

> 我々は告発する。彼らの〝清〟をふりまき〝官〟にしがみつく思想の頽廃形式を。／〈清官教授〉に訴えたい。／〝官〟はそもそも〝清〟たりうるかという問を発せられんことを。／〝官〟たることに訣別せられんことを。／そして我々の知的誠実性を求める正義の闘いに参加せられんことを。／我々は要求する。／もしもこれら〈清官教授〉が良心をふりまわすのなら、その良心にかけて、大字報に

於て答えられんことを／そうでないのなら、速かに自己批判せられんことを。／一九六九年三月十八日　東洋史闘争委員会（／は改行、以下同様）〔高橋　一九七一c：五六―五七〕

「清官教授」とは高橋のことであった。ここにあげられた「清官教授」の言葉はすべて高橋が団交などの場で語ったものである。確かに高橋らしい言葉だ。「私もしょせん、枠づけられた檻の中で、蠢いていた走狗にすぎなかったのか」と自問し自嘲する。自尊心を傷つけられたというよりも、無念さ、また学生との共闘の困難さを思い知らされ、心痛極まりなかったのではなかろうか。肝臓が弱りながらも深酒をして、「暁方まで私は死魚のように目を見開き、そしていつしかうとうととし」、明け方には嘔吐し、「酒で感情を抑えて仮睡した私は、時刻定かでない明るみのもとでふと目覚め、そして不意に嘔吐するように嗚咽した」と書き留めている。この二〇日ほど前には「急に腹が痛み出し」、「神経性の下痢」だとしている。「清官教授」批判には心身ともに応えたのであろう。

それでも、高橋は挫けなかった。六九年、高橋の全共闘運動に連帯する行動は多岐にわたる。高橋は大学闘争・全共闘運動を「知識人のおちいり勝ちな欺瞞に対する根底的懐疑を通じての集団的規模における意識変革運動」と位置づけ、それが「文学精神」と連繋すると評価して、文字通り身命を賭していく。だが、大学改革の「前途は暗澹、恐らく今のところ敗北しかなく」〔高橋　一九六九a：四一〕と自覚はしていた。この「意識変革運動」の根底にあるのが「自己否定」である。先の「清官教授」批判は「〝官〟にしがみつく思想の頽廃形式」を問い詰め、高橋に自己批判を求めたものであった。高橋は「自己否定とはなにか」と問う。そして、京都大学新聞社主催の『京大闘争』出版記念講演会で「自己否定の論理」〔高橋　一九七〇a：四一九―四三二〕の題で講演して応答している。

高橋は闘争のなかで「最も苦しかったことは、「自己否定」ということをただ観念の中のものとせずに果たしていくということでした。また、今後も、否定につぐ否定の苦しさを予感せずにはおられません」と、果てしない自己否定の連鎖の道程を予期して、嘆息せざるをえないようである。それでも、全共闘運動の自己否定については「自らの肉を切ることによって相手の骨を切ろうという強い攻撃性をもっている」と捉える。自分に内向せずに、他者と切り結ぼうとする関係性へと向かう志向性を見出したのである。

また、「自己否定について」(一九六九年)(高橋 一九七一d:五―一九)では、「贖罪的ニュアンスではなく、懐中にかくされた匕首が抜かれ闇夜にきらっと光るような印象を受け」、「まず自らの肉を斬っておいて、そのことによって相手の骨を斬る正当性を確保する」と喩える。「被害加害関係の逆転の契機としての自己否定」、カフカの描く断食行者が突きつける「自己懲罰の他者にあたえる実存的衝撃」だとしている。封鎖という戦術は「大規模な自己否定」であり、旧来の制度や秩序、日常性に対して「衝撃的な攻撃体勢」だと評するのである。しかし、自らを否定し断罪しても、他者がそれに応えたのか、「実存的衝撃」は空転しなかったのか、加害者としての認識は決して生れず、ただ被害者として固執させ、非和解的な関係しか後に残されなかったのではないか、独りよがりの傲慢さに過ぎない、と非難されただろう。だが、それでも「攻撃体勢」となり、突き進む果てに、未成の世界がほんのひと時であれ想像されたのだろう。

高橋自身には、大学教員、小説家・文学者、そして一般市民としての位置がとりあえずある。問われるのは当然、大学教員としての位置である。教員間では、教授会批判をする立場をとると「従来もっていた人間関係性が歪む」、拮抗関係、対立関係、敵対関係、憎悪の関係へと変わっていく。高橋にとって自己否定は「今まで自分がもちえていた地位なり、安逸さなりを何程か否定しえたという実感は、そういった対他者関係の中からしか確認できない」、同僚との「具体的な人間関係の変容で、はじめて自分自身が変わったのだということを逆に知らされる」と、苦渋を籠めて語っている。

個々に相互の理解や和解が生れるだろうか、対話も拒むような関係しか残らない。つまるところ、教授会また教員間での孤立に帰する、「孤立するのが誠実である」という、苦い認識である。全共闘運動の担い手と高橋自身の自己否定には大きな懸隔があったというべきだろうか。高橋は教員間で孤立していったが、学生とて親をはじめとする世間で孤立を余儀なくされていった。というよりも、孤立を自らに強いていった。それも連帯を求めてである。孤立のなかで、同調しえない個々のまま群れなす集団が生み出されることもあろう。

高橋は学生、教員、市民、労動者との連帯を切に求め、大学や公会堂、小学校などで講演している。高橋の言葉によるなら、「全共闘精神の夢を語り歩いた」〔高橋　一九七一c：八五〕。北海道大学では「大学・戦後民主主義・文学」〔高橋　一九七〇a：四三三―四四六〕の題で話した。この日の前日は、京大への四度目、大学当局の依頼では初めて機動隊が導入された日であり、教員・助手など一〇名が研究室にいたため逮捕されている。

私が全共闘運動というものに自らを投げかけ、個々に自らをかけてみようと思ったのは、萌芽的ながらも、従来の運動とちがって、自由の問題なり人間相互の関係なりを配慮しようとする気配がそこにあったからです。〔中略〕自分達だけがある特権を与えられて、他の特権を獲得できなかった人々の上に立つということを厳しく自己否定しようという運動です。この、知的平等すら欲するという運動の極限の中で、従来とは違った、人間の主体的自由に対する暗中模索があると私は考えます。

京大全共闘、また高橋も後退戦を強いられる。機動隊導入によるバリケード封鎖解除後、大学はロックアウトをして、学生を排除した。校門脇には文学部教員が立って、検問していた。高橋は封鎖中に研究室に出入りしていたために、詰問され、「口ぎたなく罵り合った口喧嘩」の後、自分にも教員にも忸怩たる思いを抱えつつ、自分の研究室に入れずに大学を後にせざるをえなかった。七〇年二月、高橋は病のなか、辞表を大学に郵送している。愛着の止まない大学との訣別だが、未完の全共闘運動には踏み止まっている。

高橋は大学教員も研究者も「文学者が本来もち、いかなる権威によっても自己正当化せず、いかなる批判をも避けない文学精神を分有しているはずだ」と期待していた。それは裏切られたというよりも、むしろ高橋の思い込み、あるいは切なる願望に過ぎなかった。だが、「学園闘争の中で、私をともかくも支えてきたもの、その同じものが、目下の自己の身分や地位のありようが虚偽であると自分に告げる。私を支えてきたものは文学であり、その同じ文学が自己を告発する」と、自己形成・展開の根拠である文学精神こそ貫き通すべきだと自らを叱咤する。それは「清官教授」批判への応答でもあろう。

『孤立の憂愁の中で』（一九六九年）の「あとがき――〝知識人の運命〟を考える」で、東大全共闘運動から「〝連帯を求めて孤立を恐れず〟という態度」が表明されたが、それは「文筆のわざ」に通じるとする。「対象究明や自己告発、時代証言性や情況抵抗性などとともに」、「単独性のくやしく且つ一種倨傲な自覚」という現在地、そこから「過去の亡者との連帯、未来の同盟者への希求」が志向される。そして、次のように記す。


かつて過激な叛逆者が自ら喪服をまとった存在と思い定めることによって、行動の発条としたように、このいわゆる大衆社会においては負の価値であるものを自らの精神の槓杆《こうかん》として、深い淵の底に埋れてある人間の根源的な罪や苦悩、そしてそれと分離しては存在せぬ認識なるものを、虚空にはじきあげることもまた可能であろう。この行動の季節に、生活の極小化をすら敢てして、そうした作業に固執する態度は、それ自体、二重三重に疎外されたものの姿ではあるが、社会構造や経済機構など外からの疎外原因の追究とその除去の試みとともに、不可避的に迫られる自らの状態をいっそう極端に運命化してみせることによって、爆発的に、彼方に〈自由〉をかいまみようとする方法もあってい

い。かいま見うるのはおそらくは一条の光りにすぎまい。〔高橋 一九六九：二八九―二九〇〕

全共闘運動者、また高橋自身をも「過激な叛逆者が自ら喪服をまとった存在」と仮託する。大衆社会の「負の価値」を「自らの精神の槓杆」とし、「深い淵の底に埋れてある人間の根源的な罪や苦悩」、その認識を「虚空にはじきあげることもまた可能であろう」と、決意のうちに淡い期待を切に籠める。大衆社会で孤立せざるをえない少数者の運動として屹立させようとした。隠遁するのでも、衆をたのむのでもなく、個々の単独者が群れなして跳梁する世界が描かれる、あるいは夢想される。身命を賭した一揆主義、あるいはテロリズムと罵られるかもしれない。「爆発的に、彼方に〈自由〉をかいまみようとする方法もあっていい」、だが「かいま見うるのはおそらくは一条の光りにすぎまい」とかすかな期待に賭けたのだ。

三　生病死

高橋は先に引いたように、『黄昏の橋』にすでに自らの死を予期したかのようなことを記していた。生老病死、四苦であるが、高橋には老がなかった。それは神々に、もしくは先祖たちに嘉されていたからだろうか。その死は惜しまれもしたし、鞭打つ言葉もあった。高橋自身は老成していたところもあり、死について描写したり語ったりしたが、自分の死についてはほとんど予期しなかったように思われる。

死は偶然か必然か、どちらでもありそうだとしか言えそうにない。だが、高橋は死を偶然と断じる。生自体の内に死が孕まれるとは、老病死というすべての生き物の必然とするプロセスだろう。だが、高橋はそれを断固として拒んでいる。生の前面に死が必然として立ちはだかるのではなく、偶然として紛れ込む、それゆえに死という偶然の意味を尋ねても詮方ないのだ。絶えざる生の持続、その断絶に生き物は関与できない。生の織り成す「未完の模様」を後に残すだけだ。そうした「未完の模様」の重層した堆積が生き物たちの痕跡であり、人という生き物はその幾ばくかを記憶し受け継ごうとするわけである。

高橋がはっきりと身体の異変を自覚したのは、六九年一〇月、京都の酒場で編集者などと共に酒を飲み交わし、腹痛で倒れた時だろう。それ以前、「わが解体」には同年二月に全共闘の学生が負傷し、京大附属病院と交渉した際に、急に腹痛に襲われ、「神経性の下痢」だったと記されている。三月、高橋が「清官教授」として批判された際の夜には、酒を飲んでいる。「肝臓が弱った時の深酒」で明け方に嘔吐して「不摂生の報い」を悔い、自戒した。三月中旬、教授会が学外で行なわれた後、「神経は〈粉砕〉された状態にあり、胃は痛み、そして持病の痔疾までが悪化していた」。その後、「静養」のために、鎌倉の自宅に帰っている。五月中旬には、佐賀大学、長崎大学、熊本大学をめぐって、大学闘争・全共闘運動のいわば情宣をしている。そして、九月頃から、「右脇腹、肋骨の下あたりの疼痛として自覚症状を伴いはじめた」と記す。

この月には、大阪へ危篤状態になった妹の見舞い、三島由紀夫との対談、秋山駿との対談が続く。三島との対談では酒や料理には手を付けずに、ジュースばかり飲んでいた。秋山とのそれでは「廻されてきたゲラ刷りを読んだ時、不健康が肉体ばかりでなく精神も冒しつつあること私はっきりと自覚した」と記す。さらに、北海道大学での講演が続き、飛行機に乗った時、「右脇腹の痛みを同伴していた」。京大闘争が始まって以降、高橋は「日頃の無理がたたって私は疲れ果てていた。若い、体力旺盛な学生たちとの深夜まで及ぶ議論、麵麭や牛乳だけですませておく不規則な食事、心痛と不眠、そして神経を麻痺させるための飲酒」といった、不摂生と暴飲の日々である。「私の疾病と当時の大学の状況は間接的には関係があって、学園闘争が収拾段階に入って、半ば必然的に私が窮地にはまり込んでゆく経過が病状の急速な悪化をもたらしたことは争えない」と記す。

そして、一〇月三日に倒れた。「右脇腹の疼痛が遂に隠せないもの」になり、病院に駆け込んだ。「胆嚢がはれあがって」、手術は避けられないとの診断である。「便所に行くのにも、ほとんど匐って行くに近い状態」で、同志社大学で労学決起集会に出る約束があったが、「手術かと思ったとたん気力がくじけ」、「腹部は急速に、腹膜炎前期症状を呈しはじめていた」。そして、別の内科医に往診してもらうと、「危険な状態」だが、様子を見たほうがいいという診断だった。

高橋は小康状態になったのを機に、東京の聖路加病院に入院して検査を受けた。「精密検査の結果は意外に軽くて、手術の必要はいまのところなし、全身疲労がとれれば部分的欠陥も自然に癒えるだろう」と告げられた。振り返るなら、杜撰な精密検査だった。この診断が高橋の治療を遅らせたと言えよう。鎌倉の自宅で療養しつつも、痛みが止まらず、近所の内科医に往診してもらっている。後で解ったこととして、悪かったのは胆嚢ではなく、「胆嚢の裏側にあたる大腸に潰瘍があって、神経を過度に使うと腸もねじれる心身相関作用で」、身体が中国詩人の言う断腸の状態なっていたと記して、断腸の痛みを納得している。

七〇年四月三〇日、東京女子医大消化器センターに入院して手術することになる。入院してすぐ、「病状悪化。間歇的激痛。／医師の問診、触診、鎮静剤注射／ブドウ糖点滴」と、緊急事態に陥っている。高橋の病状・手術経過はこの日から五月一七日までが「三度目の敗北」〔高橋 一九七一c〕に、再発の解った七〇年一二月二一日から死去する七一年五月三日までが高橋たか子の「臨床日記」〔高橋 一九七七〕に記録されている。レントゲン検査で上行結腸癌であることが判明した。五月一日のことである。高橋は「炎症性大腸狭窄」と告げられた。妻のたか子が癌を知らせたのは、河出書房新社の編集者一人だけだった。七日の手術後の高橋の回復は早く、健康な状態に戻っている。

高橋は手術の前後、「何故か想起する事象が少年期に限られた記憶の蘇りのあいだに、大学時代からの友人小松左京の言葉が何度か浮んでは消えた」。小松の言ったのは二度の敗北である。一度目は四五年の敗戦。二度目は五〇年の共産党の所感派と国際派への分裂を契機に、学生運動が「瓦解していったこと」である。高橋は懸命に看病した母親のことを記しながら、「三度目の敗北」について述べている。

天理教徒の母は毎晩、「どうぞ、親神様、お助けを。三十八歳の次男をでございます。身になりかわりましての御加護を……。悪しきをはらい、助けたまえ、天理王のみこと」と唱えながら、掌で腹部をさすってくれた。「その指先を通じて、確かに何かの活力が、私の体に注入されるように感じられた」。高橋は母親の信心する天理教の親神様、天理王命を拒みつつも、その懸命の祈りには感謝した。「このまま死ぬにせよ、生きながらえるにせよ、これが恐らくは私にとって三度目の敗北なのだ」と呟いた。だが、高橋にとって、老病死は人の自然のプロセス、あるいは生の前に唐突に訪れる偶然として、不可避だったはずである。我が身のこととなれば、ことに病のさなかには、〝闘病〟を強いられる一方で、静穏に病に寄り添うなかから他者との関係が切り拓かれるなどと言われても、受け入れがたいのである。延命か死亡かはともあれ、敗者として立っていこうとする。

七〇年一二月、手術から七ヵ月半後、高橋は急に容態が悪化して、再入院する。検査により、癌が肝臓に転移して急速に進行し、余命三ヵ月ないし半年、と妻のたか子は告げられた。和巳は医師から肝炎だと知らせられ、入院生活を続けている。たか子は主治医に会い、和巳に「病名を知らせて文学者としてこの事実を受けとめてもらうのも一案だ」と相談した。だが、主治医は病名を知った精神的ショックで病状が悪化するのが通例だとして、反対した。たか子はこれに従うが、埴谷雄高を訪ねて、病名を伝え、「自分が癌で死ぬと知った瞬間にそこに精神の閃光が介入してくるのではないか」と考え、和巳に病名を教えるべきかどうかを尋ねている。埴谷は「思いがけない視点」で反対した。

「現代医学ではまだ癌そのものの正体さえわかっていない。仮に癌という名称がついているだけだ、だから本人が病名を知ろうが知るまいが同じことであり、存在が存在を超越した不可解なものによって亡ぼされていくという点においては変りはない」というのが、埴谷の説明である。たか子はこの埴谷の言葉で「気持ははっきり」して、「最後まで主人を騙しきることに全力をかけよう」と決意している。

たか子が埴谷の奇妙な論理のどこに「気持ははっきり」したのか、これもまた奇妙だ。癌を「存在が存在を超越した不可解なもの」と表現したのは埴谷らしいだろうが、癌とて人間内に増殖した細胞にすぎないことは、一九七〇年代初期でも解っていたはずだ。あまりにも観念主義、あまりにも誇大妄想過ぎていよう。確かに当時、癌の告知は少なかった。だが、黒沢明の『生きる』（一九五二年）を埴谷やたか子は観たのだろうか。胃癌を告知された市職員が遊園地造りで地域に貢献しようと奮起し、ブランコに揺られながら「いのち短し恋せよ乙女」と歌う、ヒューマニスティックな映画であった。

六九年四月、高橋は大学の新入生に向けて、「戦いの中の私」と題し、「いま自分に出来ることは、いわば一つの墓標のみずからの手による建立いがいにはないのではないかという気すらする。／諸君に期待するものとは、少しく意味の違った、「終りなき道の標」である。／もっとも、死の自覚が、存在者を実存者に揚棄し、未来への投企をうながすように、墓標のイメージが、昭和元禄なるこの現代の空しき虚偽と不義に逆照することはありうるかもしれないけれども」〔高橋　一九六九：三〇―三一〕と呼びかけていた。

高橋は「死の自覚」について語っていた。そこから自己否定による墓標の建立がうながされる。病名を知ると知らないでは、絶望、憤怒、諦念、再起、闘志など、多様な濃淡をもった幅があろうが、本人自身の心構えが大いに異なってこよう。高橋は「死の自覚」を妨げられ、「実存者」になり損ねたのだ。

七一年五月三日、和巳は呼吸困難はなはだしく、「しんどい、しんどい」と呻き、「両腕であがいて苦しがる」、「朦朧としながらも意識はかなりはっきりしていて喋っている」。血圧低下、医師から二四時間以内にあぶないと告げられる。多量のモルヒネで、「やすらかな昏睡状態」に入った。「深夜近くになって、ふいに呼吸が間伸びしてきて、息が薄くなったかと思うと、息絶えた」、「病名を知らず、不可解な時間を夢みたまま、主人は命を終えたのであろう。やすらかな顔であった」〔高橋　一九七七：一七七〕

と記して、たか子は「臨床日記」を終えている。

たか子は「肉体がほろびるままに存在が消えていくというのでは動物の死と同様であまりにもかわいそうだ」と言う。また、「最後までかわいそうな人だと思いつづけた」〔同前：一〇八〕とも記している。苦痛のうちに喚きながらも、「かわいそうな人」にし、「動物の死」以下にしてモルヒネで死なせてしまったのは、たか子自身、さらには埴谷雄高であろうし、和巳は「三度目の敗北」後を生き続けることができなくなってしまった。生死いずれであろうと、敗北を乗り越えていこうとする志は反故にされた。享年三九、高橋は安らかな死に顔を欲しただろうか。高橋は自分の死期を告げられず、「死の自覚」を断たれ、たか子の言う「精神の閃光」を放てず、「墓標のイメージ」すら描くことができずに、「終りなき道の標」を建てることは叶わなかった。和巳にとっては苦痛に呻き悶えようとも、妄執の果てに修羅となって、荒ぶることこそ本懐だったのではなかろうか。

四　臨死者の眼

高橋は『明日への葬列』（一九七〇年）の序章「死者の視野にあるもの」に、イタリアの法医学者が殺人事件の被害者の眼球の水晶体から、惨殺される寸前に、この世で見た最後の影像を復元するのに成功したという、かなりオカルトめいた記事をあげている。そして、腸の剔抉手術を受けた際、麻酔を嗅がされた瞬間、「目隠しの布の隙間から巨大な蜻蛉の複眼のように光る無影燈を、いまは死んでも死にきれぬという痛憤の念」で見たとし、今わの際に見る最後の映像について、次のように記している。

死者たちの最後の映像なるものは〔中略〕立って歩く動物である人間が見おとしがちな、地面にうちのめされて、一番低いところから上を見あげる視角になるはずだと思う。／それはなんとも名状しがたい悲しい視角であって〔中略〕もし死者がこの世で最後に見た映像を復元しうるものとすれば、その映像こそが、なによりも鮮明に現在の人間関係のあり方、その恐ろしい真実の姿を、象徴するはずなのである。〔高橋　一九七〇b：四〕

高橋の眼に映った「最後の映像」、想像しても仕方ないのだが、苦痛と叫喚がモルヒネで断たれて、暗幕が落とされ、「なんとも名状しがたい悲しい視角」すらなかっただろう。高橋の死に顔が「やすらかな顔」だったのは、近代西洋医療のなせる業にすぎない。だが、「しんどい、しんどい」などと「朦朧としながらも意識はかなりはっきりして喋っている」。「思い定めた志」、未来が「不意に切断される」、そこに高橋の眼は「現在の人間関係のあり方」「恐ろしい真実の姿」、言うなれば、最も近しく親しい人の裏切りを見ただろうか。

高橋の最後の講演は七〇年一一月九日の新潟市での「生命について」〔高橋　一九七一e：一九六―二一一〕である。翌日、新潟水俣病の裁判を傍聴している。この講演のなかで、志賀直哉の『城の崎にて』と島木健作の『癩』『赤蛙』を取り上げ、講演の終わり近くで『赤蛙』の最後のところを朗読している。

秋の夕べ、不可解な格闘を演じたあげく、精根尽きて波間に没し去つた赤蛙の運命は、滑稽といふよりは悲劇的なものに思へた。彼を駆り立てゝていたあの執念の原動力はいつたい何であつたのだらう。それは依然わからない。わかるはずもない。しかし私には本能的な生の衝動以上のものがあるとしか思へなかつた。〔中略〕すべてそこには表情があつた。それらは人間の場合のやうにこつちに伝はつてきた。明確な目的意志にもとづいて行動してゐるものでなくてはあの感じは来ない。ましてや、あの波間の瞬間に至つては。そこには刀折れ、矢尽きた感じがあつた。力の限り戦つてき、最後に運命に従順なもの丶姿があつた。さういうものだけが持つ静けささへあつた。〔島木　一九七六：二〇四〕

ここにあげたのは高橋が朗読した部分ではない。だが、やや小康状態になっていた高橋の生への執心と断念のはざまで揺れ動いていた心境、そしてその果ての理想とするところを思い描くことができよう。しかし、ここに高橋の臨終から死に至るプロセスを重ね合わせることはできない。弓折れ矢尽きた果ての高橋に訪れた「静けさ」は、モルヒネによるものにすぎなかった。「病気で長く寝つくやうになつてからも、私は夢のなかで色を見るといふことはめつたに人間だ。しかし波間に没する瞬間の黄色い腹と斑紋とは妖しいばかりに鮮明だつた」、これが高橋の読み上げた『赤蛙』の最後のところである。高橋の死に瀕した眼に映ったのは、この赤蛙ではなかったかと想像されるのだ。「思い定めた志、そして何か素晴らしいことがあるかもしれず無いかもしれない未来」を探ってみよう。

五　未成の展望

島木健作は「赤蛙はある目的をもつて、意志をもつて、あへて困難に突入してゐるのだとしか思へない。彼にとつて力に余るものに挑み、戦つてこれを征服しやうとしているのだとしか思へない」、と赤蛙の最後を描いた。このように、高橋は講演でも病床でも、生命へのあがき、執心を深めていき、強大な権力に決然と挑戦していく存在へと眼を凝らしていく。七〇年一一月二五日、三島由紀夫が市ヶ谷自衛隊総監室で自決した。その三日後に開催された、チッソ株主総会を病床のテレビで見たことを、座談会「生きつづけることと三島氏らの死」（一九七〇年）〔高橋　一九七九：五五四―五九六〕で語っている。

高橋は三島について、「あの天皇制云々というのも、僕は意識的に選んだアナクロニズムであって、それ自体行動性を持つものではなかったと思う」、だが東大の全共闘運動に接触して「過大評価し」、六八年一月の安田講堂の攻防や同年一〇・二一国際反戦デーの騒乱罪を適用された新宿闘争などの新左翼の大動員された派手な闘争だけを見ていたに過ぎなかったと語る。全共闘運動は「ほんとうはそんなにすごいものではなくて、封鎖の中でウジウジしていたり、政治というものはむしろ待機している時間が長いので、矛盾もいっぱいはらんでいる」、三島はそういうところを見ようとしなかったと話している。他方、高橋は全共闘運動のそのような側面をまっとうに見据えていた。こうした視線の延長のもとで、病臥しつつチッソ株主総会のテレビ映像を見て、新たな兆しを思い描いている。

一株運動の、水俣チッソの株主総会のテレビを見ていまして、僕はギョッとし、かつ感銘を受けたんだけれど、あそこで被害者の家族の人たちが巡礼姿で会場までやってきて、株主総会が開かれている席で、鈴をチリンチリンと鳴らしながら、御詠歌をうたい出したのですね。位牌を前にかかげて壇上までだあっとのし上がっていくわけですね。そういうふうに壇上へ上がっていくという実力行使形態は、やっぱり非常に広い意味での新左翼の行動形式というのがなければなかったと思いますけれど。ところで日本というものが、なにも士農工商のうちの士だけが日本にあったわけじゃなくて、ああいう「怨」という字をかかげて御詠歌をうたって、敵に迫ってゆくかたちはごっつう怖いわけだな。

三島と楯の会員四名は、市谷の陸上自衛隊駐屯地内の東部方面総監部の総監室に入り、総監を捕らえて、入り口をバリケードで塞いで立て籠った。三島はバルコニーに出て、檄文を記した布を垂れ下げ、自衛隊員を見下ろしてアジテーションをした。全共闘のパロディにもならない、二番煎じの矮少化されたコメディにすぎなかった。憲法を改正して、自衛隊を国軍とする、天皇中心の国体の再建を訴え、共に決起することを期待した。だが、それがとうてい無理だと諦めるとともに、自衛隊員の野次で演説を打ち切った。「それでも武士か。憲法改正のために立ち上がらないと、見きわめがついた。これでおれの自衛隊に対する夢はなくなったんだ。おれは天皇陛下万歳を叫ぶ。天皇陛下万歳！」〔三島 二〇〇三：六八三〕、これが三島の死に臨んで公言した最後の言葉であった。

水俣病患者・家族・遺族（巡礼団）、水俣病市民会議、水俣病を告発する会の一株主は、大阪で開かれたチッソ株主総会に三〇人ほど出席した。入れなかった約三〇〇人は会場前に坐り込んだ。右翼は買い取った株券で入場した。制私服警官二〇〇人、機動隊二〇〇人という警備の陣容である。位牌や遺影を胸に抱えて、御詠歌を歌い、読経し、二階から黒地の布に「怨」の字を白抜きした幟を垂れ下げ、抗議の声をあげて、チッソ社長や幹部といった敵に迫って糾弾した。開会から四分も過ぎずに閉会、水俣病患者たちは抗議して壇上に駆け登った。そして、株主懇談会となり、水俣病患者らが壇上に坐り込み、謝罪を求めて抗議すると、チッソ社長が土下座して、予め用意していた「わび状」を読み上げた。その後、全体集会で、患者代表は「長年のうらみをぶつけることができた」「裁判に勝抜くためにがんばる」と決意をあらためて表明した（『朝日新聞』一九七〇年一一月二八日付夕刊）。

先に続けて、高橋は三島・楯の会と水俣病患者巡礼団を対比させて、両者の「思想戦」について話している。

インテリを主軸にする運動というのは、あまり伝統のことは考えなくて（中略）そのときにつぶやいたのですけれど、つまり政治的にたしかに三島由紀夫氏の行動は波及効果をもつし、同じような行動をとる人が出るかもしれないが、僕はええ衆の子は切腹せいと、生まれの悪いやつは御詠歌でいけと、そういうふうに感じましたけれどね。（中略）そういう思想戦という側面から言えば、伝統の掘り合いというような形態に、ある時期なるかもしれないと思いますね。

高橋は三島由紀夫・楯の会の自衛隊総監室占拠・切腹と水俣病患者たち巡礼団の株主総会介入・実力行使を対比させている。両者の間には、実力行使・直接行動、もしくは〝暴力〟の質、思想的な相違がすぐれて鮮やかに現われていよう。高橋は三島の切腹を虚妄とし、水俣病患者たちの御詠歌唱和にこそ

「思い定めた志、そして何か素晴らしいことがあるかもしれず無いかもしれない未来」を想い懐いたのだろう。それは『邪宗門』に描いたような、挫折と敗北をあらかじめ予期して決起した宗教戦争、もしくは民衆闘争とはまったく異なっていた。

高橋が水俣闘争に感じ懐いたのは、島木健作の『赤蛙』のように、敗北を厭わずに「不可解な格闘」を貫いていく姿だった。勝たなければ意味がないとされるのは確かだろうが、勝敗は埒外に置かれよう。功利的・効率的な勝敗に規定された世界を超えて、徒労としか見られない「不可解な格闘」のプロセス、それこそが闘いの実相なのであり、どこで何を継承していくのかが、高橋には迫った問いだったのだろう。それを「伝統」をめぐる「思想戦」という言葉で表わしている。「ええ衆の子は切腹せい」、「生まれの悪いやつは御詠歌でいけ」、前者は三島の切腹路線、後者は水俣病患者たちの御詠歌路線である。

この「思想戦」は「伝統の掘り合いというような形態」となる。三島の伝統は『葉隠』の武士道である。それを単純化させて受け継いで実践したのが三島・楯の会ということになろうか。水俣病患者たちの伝統は浄土教系の民間仏教、浄土真宗の一向一揆もそれに連なるだろうか。大本の開祖、出口なおの世直し思想・運動もそのようにみなしていたかもしれない。高橋は伝統の新たな編成において競合する事態が起こることを予期したようだ。

高橋が可能性を見出すのは「生まれの悪いやつ」である。「ええ衆の子」から自ら脱落した全共闘や新左翼も含まれよう。自己否定・直接行動を敢行する全共闘・新左翼運動のさらなる展開を期待した構想であろう。亡くなる半年前、新潟水俣病（阿賀野川水銀中毒）裁判（七一年九月、原告側勝訴）を傍聴し、患者の話をうかがったように、民衆の反権力に向けた地域闘争に加担して、御詠歌路線を掘り下げていこうとする想いがあった。恐らくこれが大学闘争・全共闘運動の一端を担った高橋が到達した地平であろう。

おわりに――大衆と御詠歌の世界

世間では七二年の連合赤軍の惨状を晒した壊滅をもって、全共闘・新左翼運動が終焉したとみなしている。かつての担い手でもそのように語る者もいる。だが、党派闘争は一層熾烈になっていき、殺害を厭わない、文字通りの殲滅戦へと上りつめていった。それればかりではなく、何よりもウーマンリブや華青闘の告発が現われ、家父長主義的・一国主義的な全共闘・新左翼運動を根柢から批判していった。日本赤軍は海外でパレスチナ解放闘争と連繫して、運動を持続させていった。さらには、多様な市民運動や地域闘争が散在して闘われていた。水俣闘争や三里塚闘争、入管闘争、反原発運動もそれである。

この七〇年代にこそ、全共闘運動は潰えたが、新左翼運動は多岐にわたり、いわば世界的にシンクロナイズしているという感覚のもとで展開していった。それが先細り衰退していったのは、七〇年代末ということになろうか。高橋はこうした経過を眼にすることが叶わなかったが、それは幸いだと言うべきだろうか。決してそうではないだろう。高橋にすれば、まだ解体の途上にあった。高橋は全共闘運動・大学闘争の一端を担った者として、いわば自負をもって、「過去の亡者との連帯、未来の同盟者への希求」を呼びかけつつ、次のように総括している。

今ひとたびの自己改変というものは、ある年齢に達してよりのちは、いかなる肉体の大手術よりも困難で危険なものであり、あるいは遂に時代の青年たちにとっての敲き台であることを超えないかもしれない。／しかし、そうであるにしても、私の望んでやまなかった精神の弁証が、戦後二十四年にして初めてこの日本の風土に着根しつつあるということははっきりと言える。その苦しく且つ幸運な時期に際会して、もし私の知識人に関するいささかの追究と認識が、真に乗りこえられるなら、また

乗りこえるべきものと認定されるなら、それこそ、名誉とすべきであろう。〔高橋 一九六九：二九〇—二九一〕

『孤立の憂愁の中で』での「あとがき」に、このように新たな地平が切り拓かれつつあることを予感して記した。いくたびかの休息があろうとも、あるいは後退戦を余儀なくされようとも、終結を拒む、永続する未決の闘争として「未完の模様」は織り成され続けていかざるをえない。だが、突如としてそれが断たれることが目前に迫っているとするなら、やはりたじろがざるをえない。高橋が臨終の床で何を思ったのか、また瞑目してもなお意識がわずかに残っていたとするなら、どのような想念が脳裡に走馬灯のように巡りきて明滅したのだろうか。亡者となろうとする自分の無惨な姿を天井から見下ろして、「未完の模様」を織り成していくことを断たれた悔しさゆえに、断腸の想いだったろう。

先に少し述べたように、高橋は文学者・作家、大学教員・中国文学研究者、市民の三つの立場に自らを位置づけていた。主要には前二者であるが、市民としても、知識人・インテリゲンチアとしての構えを徹底して貫いている。大学教員からは自ら撤退した。中国文学研究にはあまり熱意を懐けなくなったのではなかろうか。とするなら、この第二の立場には敗北したと言えよう。第三の市民の立場はどうだろうか。『黄昏の橋』は博物館勤めのインテリ市民が主人公である。社会生活を営む市民として、新左翼死亡事件の裁判にやむにやまれず、いわば道義的に関わっていく。この小説は未完のまま終わったが、職場から浮き上がり、逸脱して孤立し、新左翼の裁判闘争支援者には同志的な連帯を一時期待しようが、体よく利用されて、屈辱を味わい、やがて破滅していく姿が描かれることになろう。高橋の第二の立場と重なり合うと言えるかもしれない。とはいえ、高橋には牢固とした第一の立場がある。時には揺らぐことがあっても、それは深化への契機となろう。

この三者の立場からは排除されているものがある。大衆の立場がそれである。小説には多かれ少なかれ大衆もしくは一般民衆を登場させざるをえないが、それは作家の大衆観として、小説世界のいわば試金石のようなものである。知識人・インテリ批判の言葉、また大衆像をやはり『黄昏の橋』から引いてみよう。

主人公・時枝は下宿の出戻り娘・徳子と酒場で、この娘の妹が学内問題で負傷した件を話し合っていた。時枝は「激昂」して、反対派学生を排除する、閉鎖的な大学を批判し、「そういう非道を許してるから、いつまでたっても、この日本は……」と酔いながら、話を大きく飛躍させて、大仰なことをしゃべりまくろうとしている。「毎日毎日飲んだくれて」、「矛盾だあ」とか「おれは駄目だ」と喚いている時枝を、徳子は非難する。

　私たちはどうなるのよ。女に生まれついて、特別才能もない。家は骨董屋だし、しかも父は家を出てしまう。矛盾があったって、不正があったって、せめて裂け目をあまり大きくしないように、我慢に我慢を重ねて生きてるんじゃないの。（中略）なにか仕事を与えて下さいって頼みにまわるのがどんなに惨めか、あんたなんかに解りゃしないわ。自己否定ぶって、いかにも特権をもってないように振舞ってみせたって、それだって恵まれてるからこそ出来るのよ。〔高橋　一九七一b：二六九―二七〇〕

徳子の時枝批判、インテリ・中産階級批判である。矛盾があっても、「せめて裂け目をあまり大きくしないように」「我慢を重ねて生きてる」生活者、それに加えて、「女に生まれついて」束縛・抑圧されている、理不尽な情況がある。それに対して、国立大卒の時枝はきわめて恵まれているのだ。「おれは駄目だ」と言いながらも、プライドだけは傷つけずに、しっかりと守り、職に就いて、食うには困らない。「自己否定」、それは特権的な位置を否定するかのように深刻ぶるが、特権に居直った傲慢さの裏返しにすぎず、それも「恵まれているからこそ出来る」特権的な位置に居坐った者の自己愛・ナルシシズム、もしくは自己憐憫、まさしく徳子の言う「自慰」にほかならない。徳子の「自己否定ぶって、いかにも特権をもってないように振舞ってみせたって、それだって恵まれてるからこそ出来る」という言葉、これは世間が全共闘学生、また高橋のようなごく少数の「造反教官」に向けた言葉でもあったのだ。

もうひとつ、高橋の描く大衆像をあげてみよう。主人公・時枝の父親が学生運動で死者が出たことを報じたテレビニュースを見て、「今日テレビを見ていたら、なにかのデモで死んだ人の遺族が映っていた。田舎のお百姓さんだろう、お母さんだという人が映されていてね。「どうして死んだのか、私には解りません」と一言だけひどい東北訛で言っていた。いろんな人が喋っていたが、あの母親の、放心したような無表情が一番、胸にこたえたね。病気をすると涙もろくなるのかね」（同前：一〇七）と語っている。

デモで息子に死なれた母親が「ひどい東北訛」で「どうして死んだのか、私には解りません」と、一言だけしか言わない「田舎のお百姓さん」として描かれている。どうして東北出身なのかは解らないが、高橋の東北イメージがあろう。寡黙で、標準語を話さず、知性ある息子との意思疎通がなく、何ひとつ知ることなく断絶した、無学・無知のままに停滞した寂しい姿である。人の死を貪り喰らって、ただ消費するだけにすぎない、マスメディアに堅く口を閉ざして、息子の死にひたすら耐えている。テレビや新聞を通じて、政治問題などの現在の出来事に関心もなく、知ろうともせず、身の回りの小さな世界だけの生活に汲々としている。朴訥・純朴かもしれないが、封建的な因習に囚われ、日々の労働に追われて、疲弊している姿が濃厚である。これが高橋の東北の「田舎のお百姓さん」母親イメージ、かなりステロタイプ化された大衆像であろう。

他方、この母親をテレビで見て漏らした、主人公の父親の言葉には、いたわり慈しもうとする、同情心が溢れている。両者とも、この事件の起きた政治的な要因は埒外にある。ただ人の生き死にに想いを馳せていき、共感して共に苦しみを分かち合う共同性が浮き彫りにされるかもしれない。それは高橋の言う「御詠歌」の世界であろう。

高橋は吉本隆明と「現代の文学と思想」(一九六八年)〔高橋 一九七〇a:一六三―一九四〕で「大衆像」を巡ってやや嚙み合わない対談をしている。吉本は「原形質として抽象された大衆というものを、一つ自分の極においておいて、いつでもそこで引っぱりあうことによってしか、自分のくくられないという場はもてない(中略)ただ日々生きて、暮らして、老いて、死ぬという面からだけとらえられる歴史もあり(中略)観念の世界についてはあまり顔を出さないという大衆の原形質みたいなものを想定することが、重要な問題になってくる」と「大衆の原形質」について述べる。

高橋は「原形質」として思い描いている「庶民」として母親や「近所の人の顔が浮ぶ」、「常に自分をさいなむものとして想定され」る、と語る。エリート・知識人として、近隣から浮き上がっている、後ろめたさである。そこに高橋の大衆像の原型の焦点が合わされている。高橋の父親は腸の病で亡くなったが、病床で天理教の親神様の加護を祈る妻を拒んでいる。どのような信心も懐かずに、虚心に従容として天命に身を任せたようだ。そうした姿勢を高橋も受け継いでいよう。癌になる以前の若い高橋は天理教信者の母を恐らく厭わしいと思っていただろう。だが、病を契機として変わっていったことは確かだ。母と同じ信心は懐けなくとも、嫌わずに少なからずありがたがるようになっている。天理教の親神様の力にすがるのではなく、母の力、いわば慈愛にすがろうとしたかのようだ。そこには、文学者として民衆の周縁部に留まりつつ、民衆を見つめていこうとする構えがあろう。

吉本は概念として大衆を設定し、大衆はただ生きて、生活し、死ぬ存在、これが「原形質として抽象された大衆」であるとしている。高橋は大衆を概念というよりもむしろ観念として設定し、大衆から離脱して、エリートの世界へと上昇していった自分を呵責するような存在、あるいは負い目を懐かせるような存在として想像し、実体化した大衆像を語っている。他者としての大衆を、吉本は関係概念、高橋は関係観念として設定して語り、議論が嚙み合わなかったと言えよう。

この大衆について、吉本は「日本のナショナリズム」(一九六四年)で、鶴見俊輔を批判して述べている。「「大衆」を依然として、常住的に「話す」から「生活する」（行為する）という過程にかえるものとしてかんがえる。また、「大衆」が、この「話す」から「生活する」（行為する）という過程を、みずから下降し、意識化するとき、権力を超える高次に「自立」するものとみなす」（吉本 一九六四：一〇）と、大衆の「原イメージ」、またその「自立」を語っている。

高橋は大衆を実体化して、そのなかからある一部だけを選んで、その意識の発展の可能性を信じる、あるいは期待する。高橋は自らの想定する大衆の「観念」もしくは社会意識に着目するのだ。それは吉本によって、啓蒙主義と批判されよう。吉本は「大衆の原形質」を自分の批評・評論の参照軸として大衆を設定している。自分の設定した「大衆」が自分の批評と対峙し、批判の眼を向ける、あるいは内在化させた大衆によって絶えず検証される。高橋は意識の変革を可能態として期待できる、大衆の側に寄り添おうとしている。これとて観念化された大衆像だが、期待に応えたり、期待を裏切ったりする、変転・変容する大衆である。だが、吉本の大衆は「原形質」と語るように、そのようなことはなく、動揺させられるような、裏切りも称揚もなく、固定もしくは凝結している。

恐らく私たちの多くは高橋のように大衆をイメージするのが常であろう。だから、自分を大衆の一人と考えていても、大衆に対する蔑視も讃美も、迎合も追随も嫌悪も生み出され、悩みは絶えなくなってくる。悲劇的なのは大衆ではなく、大衆像に右往左往する、私たちということになろう。

吉本の大衆像からすると、水俣闘争で現われた「御詠歌」の世界はまさしく大衆の世界であり、それも自立した大衆、闘争主体の生成された場なのである。吉本が水俣病患者の運動をどのように捉えたのかどうかは解らない。だが、運動を担った水俣病患者たちは地域社会の行政や水俣工場、地元の有力者などの重層した権力構造に対する異議申し立てや直接行動を通じて、水俣市民から疎外され遊離しつつ、生活世界を掘り下げて、大衆のなかで自立した主体になったのだ。それが結晶して表象されたのは、これまでの弔いの慣行のなかで営々として詠われてきた御詠歌がデモ・集会で、株主総会会場で巡礼姿をして鈴を鳴らしつつ唱和された時であろう。

御詠歌は通夜や葬儀後の四十九日あたりまで、また年忌供養で、老いも若きも逝ってしまった者のために詠い続けられてきた。四国遍路や西国三十三観音霊場巡礼に出た者もいただろう。だが、この御詠歌は生活の場と連動した闘争の場に持ち込まれて唱えられることによって、この世の権力や世間を超えた歴史意識を生成する歌へと変容し、生活と闘争の基盤となる死者と生者の共闘を現出させた。御詠歌の声は止むことがない、いつでもこれからも新たな装いで詠われ続けるだろう。

高橋は恐らくそこに権力・資本家と対峙して自立した、水俣病患者たちの複数の層をなして屹立する民衆としての境位を眼にし、鼓舞されたに違いない。それはまた、母親の詠う天理教の御神楽歌の調べ、河内音頭などの各地の盆歌にも通じているとたやすく気づいたことだろう。高橋が民衆の心情をそのように捉えた時、吉本の言うような生活への下降によって、大衆の原像もしくは現存在を自らの文学精神の一方の対照軸として設定しただろう。それは島木健作の描いた、赤蛙の姿態にほかならなかったのではなかろうか。

参照文献

川村邦光　二〇一七『出口なお・王仁三郎——世界を水晶の世に致すぞよ』ミネルヴァ書房。

京大新聞社編・京大全共闘協力　一九六九『京大闘争——京大神話の崩壊』三一書房。

島木健作　一九七六『赤蛙』(一九四四年)『近代日本文学 34　武田麟太郎集　島木健作集　織田作之助集』筑摩書房。

高橋和巳　一九六九『孤立の憂愁の中で』筑摩書房。

一九七〇a『生涯にわたる阿修羅として——高橋和巳対話集』徳間書店。

一九七〇b「死者の視野にあるもの」高橋編『明日への葬列』合同出版。

一九七一a『自立の思想』文和書房。

一九七一b『黄昏の橋』筑摩書房。

一九七一c『わが解体』河出書房新社。

一九七一d『人間にとって』新潮社。

一九七一e『暗黒への出発』徳間書店。

一九七九『高橋和巳全集　十九巻』河出書房新社。

高橋たか子　一九七七「臨床日記」『高橋和巳の思い出』構想社。

三島由紀夫　二〇〇三「無題」『三島由紀夫全集　36』新潮社。

吉本隆明　一九六四「日本のナショナリズム」吉本編『現代日本思想大系4　ナショナリズム』筑摩書房。

第三章　橋川文三の「超国家主義」研究と折口信夫
――「ファシズムと異端神道」論・再考のために

斎藤　英喜

一　橋川文三・全共闘運動・ファシズム

日大、東大に発する全共闘運動が、日本各地の大学へと広がっていく一九六九年の夏[1]、「戦後の政治状況とその思想」というシンポジウムが行われた[2]。参加者は神島二郎、関寛治、高橋和己、鶴見俊輔、野村浩一、松本三之介、そして橋川文三という当時の思想界を担う錚々たるメンバーである。そこには戦後の政治思想や運動をめぐる興味深い議論が展開されているのだが、ここでは橋川文三の全共闘運動をめぐる発言に注目しよう。「一九六八年と宗教」というテーマを考える本稿にとって、きわめて重要な意味をもつからだ。

橋川は言う。全共闘が主張する「平和と民主主義」から「反戦と直接民主主義」への展開の意義は高く評価できる。しかし「直接民主主義」の運動形態としてのバリケード空間は、どういう位相で「有効

(1)　文部省調査によると、一九六九年には国立大六二校、公立大一四校、私立大四七校、計一二四校が「紛争」を経験したという。『朝日新聞』一九六九年一二月一四日。

(2)　橋川文三・松本三之介編『近代日本政治思想史Ⅱ』（近代日本思想史大系四、有斐閣、一九七〇年）に所収。

性」があるのか、どういう条件で「無効ないし頽廃するか」という「リアリズム」が全共闘内部できちんと確立していないのではないかと、運動の問題点を提示したあとに、次のように語っていく。

つまり、かれらのいう永久の自己否定、日常性の無限否定の闘争ということは、その一つの帰結として、いわゆる「可能性の技術」としての政治的リアリズムの拒否につながる。彼らにとっての闘争はむしろ「不可能性」の追求を志向することになる。そうだとすれば、それはむしろ政治行動ではなく、宗教とか形而上学とかの位相における運動ということになり、最終的にはアッサリと政治の世界から排除されるか、自ら離脱することになりかねない。少なくとも運動理論だけを見ていると、そういう懸念が生まれてくる。（「戦後の政治状況とその思想」、四六九頁）(3)

運動の始発は学生処分の撤回や不正会計の是正、理事長の退陣などの具体的な要求、改良から始まった。しかしその運動が進んでいくなかで、直接的、個別的な要求を超えて、学生、知識人であることの「永久の自己否定」「日常性の無限否定」の闘争へと展開し、「可能性の技術」ではなく「不可能性」への追及となった。「無期限バリケート封鎖」はその表現であった。しかしそれは政治行動というよりも「宗教とか形而上学とかの位相における運動」となっていくと橋川は見る。したがって、闘争の結果についても、橋川が「懸念」したとおりになった部分も少なくない。全共闘運動が、狭い意味では政治運動を超える可能性をもちつつ、逆に「文化運動」へと拡散したという否定的な評価にも繋がるだろう。

時代的な動向からは、全共闘運動が既成の新左翼系諸党派の政治運動とは異なる、組織理念、運動思想を持っていたこととともかかわる。六〇年安保闘争を担った全学連主流派が、ブンド（第一次共産主義者同盟）〔編者注：一般にはブントだが、ブンドと表記することもあった〕に率いられた学生組織であり、またその運動・思想も「国民運動」の枠組みを突破できなかったのにたいして、日大、東大から発生、展開した全共闘運動は「ノンセクトラジカル」と呼称されるように、既成の政治党派から自立した運動・組織であったこととかかわるだろう。[4]それは成熟した戦後社会に根ざす「国民運動」の枠組を軽々と超え出たと同時に、「政治的リアリズム」を拒否するような運動であったこととも通底する。ここに全共闘運動の画期性とともに、その「敗北」の要因も伏在していた。その一方でブンド（第二次共産主義者同盟）内部からは、全共闘運動の体験を内在化させることで、あらためて政治党派としての運動の持続を試みた組織（ブンド叛旗派）もあった。[5]

このような全共闘運動の可能性と敗北を射程に入れながら、橋川の発言で注目したいのは、全共闘運動を「宗教とか形而上学とかの位相における運動」と定義したところである。そこで問題とされる「宗教性」とは何か。それは「政治運動」からの堕落、撤退にすぎないのか。「一九六八年と宗教」との関係を問う本稿にとって、この問題は見過ごせない。それは橋川の「日本ファシズム」「超国家主義」研究テーマとも密接に繋がっていくからだ。

ところで橋川の発言は、丸山真男が東大全共闘による研究室の破壊を「ファシストもやらなかった行

(3) 前掲書（2）。
(4) この点については、笠井潔・絓秀美（聞き手・外山恒一）『対論1968』（集英社新書、二〇二二年）を参照。
(5) 前掲書（4）、外山恒一の注釈によれば、ブンド叛旗派は「中央大の全共闘活動家を中心に、他の諸党派と違って唯一、（第二次ブンドへの参加を経て）ノンセクトとしての経験を踏まえて結成された党派。ノンセクト活動家に人気のあった吉本隆明の思想に依拠した。またやはり唯一、活動停滞などによって自然消滅したのではなく、それなりの勢力を保持していた時点で自主解散した党派」とある。党派当事者側の著作、資料集として、神津陽『蒼氓の叛旗』（現代思潮社、一九七〇年）、叛旗派〈解体〉＝再生委員会編『〈叛旗〉解体』（総合企画、一九七七年）、小山健『叛旗派武装闘争小史』（共産主義者同盟叛旗派互助会、二〇一二年）、神津陽『未刊行論考集』（JCA出版、二〇二〇年）などがある。

動」と非難したという、今や有名な逸話から話し始められている。この丸山発言については現在、新聞報道によるでっちあげという説も出ているのだが[6]、注目したいのは、全共闘運動＝ファシズムという認識が、先のシンポジウムにもしばしばみられることだ。たとえば鶴見俊輔は「全共闘からはファシストは出るでしょう。そしてそれは優等生から非常に多くでるでしょう[7]」などと発言している。それは橋川の「宗教とか形而上学とかの位相における運動」という発言を受けるものであった。「政治的リアリズム」を拒否した宗教的、形而上学的運動が「ファシスト」と結びつきやすいという認識である。このことは橋川の「超国家主義」をめぐる議論ともリンクしていくところだ。

二　橋川文三の超国家主義研究と「宗教」

奇しくも一九六八年に橋川は、「昭和超国家主義の諸相」（六四年）、「北一輝と大川周明」（六六年）、「新官僚の政治思想」（六五年）などの諸論考を収載した『近代日本政治思想の諸相』（未来社）を刊行している。それらの論考が、丸山政治思想史、超国家主義研究を受け継ぎつつ、それを超えるあらたな「ファシズム」研究として、近年、再評価されていることは周知のところだろう[8]。

橋川のファシズム・超国家主義研究のポイントを押さえておこう。まず橋川は、丸山が敗戦直後に発表した著名な論文「超国家主義の論理と心理[9]」を高く評価しつつ、しかしそこに次のようなふたつの批判点を提示する。

ひとつは丸山の研究は、ファシズムの「運動」と「体制」との区別が曖昧であったこと、もうひとつは「明治絶対主義支配」や伝統的な右翼運動と、大正期に発生した「超国家主義」運動との相違点が明確にされていないことだ。とりわけ橋川が注目していくのは、大正期から昭和初期に繰り広げられていく超国家主義運動の「革命」としての特質であった。そこで見いだされるのは、近代国家の統治者である天皇を、「変革のシンボル」へと読み替えていく運動である。[10]

大正一〇年（一九二一）、朝日平吾の大富豪・安田善次郎暗殺、それに刺激された中岡良一による原敬の暗殺事件が起きた。橋川はこの「テロ」事件を、大正デモクラシーによって醸成された「自我」の葛藤・覚醒が前提にあること、それは「国家と国民生活の一体性から疎外された不遇・無力な一日本人」が、「自己の生活の意味を究極的な統合シンボルとしての天皇との一体化に求めようとするラジカルな行動」と見ていくのである。こうしたテロリズムは、明治期における国家主義者たちによる政治行動とはまったく異なることに着目する。

（6） 清水靖久『丸山真男と戦後民主主義』（北海道大学出版会、二〇一九年）。なお、丸山真男は、橋川文三と全共闘とのあいだに「共鳴盤がある」と指摘し、両者の「共鳴盤」として「全共闘のなかの反政治主義的政治行動との関係」などを分析する必要性を述べている。「丸山真男氏に聞く「日本浪漫派批判序説」以前のこと」『橋川文三著作集七・月報』筑摩書房、二〇〇一年）。

（7） 前掲書（2）、四七三頁。

（8） 筒井清忠「「日本ファシズム」論の再考察――丸山理論への一批判」（筒井清忠『二・二六事件とその時代』ちくま学芸文庫、二〇〇六年。原著は一九九六年）。また筒井の編集によって、橋川文三の超国家主義研究関連の論文は、『昭和ナショナリズムの諸相』（名古屋大学出版会、一九九四年）としてまとめられた。本書には橋川文三著作集に未収録の論考が多い。以下、本稿における橋川論文の引用は、基本的に橋川文三『昭和ナショナリズムの諸相』によった。

（9） 丸山真男『増補版　現代政治の思想と行動』（未来社、一九六四年）所収。

（10） 久野収「日本の超国家主義――昭和維新の思想」（久野収・鶴見俊輔『現代日本の思想』岩波新書、一九五六年）で、明治以来の伝統的国家主義からの切れ目として、「天皇が伝統のシンボルよりも、変革のシンボルとみられたはじめたところ」（一二三頁）を指摘している。橋川はこの議論を踏まえている。

さらに昭和七年（一九三二）、日蓮宗僧侶・井上日召に指導された小沼正の前蔵相・井上準之助暗殺、菱沼五郎の日本経済界のボス・団琢磨の暗殺、いわゆる「血盟団事件」が起きる。その維新行動は、前年に企てられた陸軍の「桜会」という急進派青年将校たちの「国家改造運動」（三月事件・一〇月事件）とも連関するものとされる(11)。

しかし橋川は、血盟団の「テロ」が、世俗的功利や制度的形態を考慮したり、あるいは大衆的組織化を求めることを拒否し、いわば宗教的な「求道者的スタイル」をもったことに注目する。「テロ」の実行者たちは「自分の暗殺は神秘的な暗殺」（菱沼五郎）と語り、また「殺人は如来の方便」（小沼正）とも語った(12)。そして井上日召に見いだされたのは「普通・絶対・唯一者への宗教的関心の持続」であった。この「唯一者」への宗教的情動が「変革のシンボルとしての天皇」と結びつくわけだ。

こうした大正、昭和初期の「維新行動」にたいする評価の仕方は、丸山真男の「超国家主義」研究にはまったくなかったものだ。そして、ここであらためて気が付くだろう。朝日平吾や血盟団にたいする橋川の視点は、全共闘運動を「宗教とか形而上学とかの位相における運動」と捉えたこととリンクしていくのである。全共闘が主張した「永久の自己否定、日常性の無限否定」の運動と、政治的な効果や現世的利益を拒否し、「求道者的スタイル」をもった血盟団潮流の「維新行動」とを重ねて見ていたのではないか。

三　折口信夫と「ファシズム」

ところで六八年闘争が主張した「平和と民主主義」へのアンチテーゼは、丸山真男に象徴された「近代主義」への批判と不可分にあった。そうした反近代、土着、共同体へのまなざしは、柳田国男、折口信夫の「民俗学」「発生論」への再評価と繋がっていく。

そのなかで大きな影響力をもったのは吉本隆明であろう。『言語にとって美とはなにか』（六五年）、『共同幻想論』（六八年）、さらには『初期歌謡論』（七七年）などの著作である。吉本の文学や国家に関する批評的構想は、折口学のあらたな読み直しと不可分にあったからだ[13]。

その思想的、理論的な広がりは、六八年闘争を担った世代の研究者たちへと波及した。たとえば古代文学、物語文学研究を専攻する古橋信孝や藤井貞和の七〇年代以降の研究は、彼らの学会活動が、全共闘が培った運動形式をもったこととともに[14]、「一九六八年」を経た、新しい学知の始まりとして位置付けられる。古橋や藤井や文学発生論は、七二年の「沖縄返還」以降の南島歌謡研究が取り込まれたかたちでの、折口の発生論の読み直しともいえよう[15]。

ここで折口信夫に論点を絞ったとき、興味深い問題が浮上する。「一九六八年」を契機とした折口信夫の再評価を経ながら、一転して、折口批判の急先鋒となった村井紀である。彼は柳田国男批判の『南

(11) 秦邦彦『軍ファシズム運動史』（河出書房新社、一九六二年）、堀真清『西田税と日本ファシズム運動』（岩波書店、二〇〇七年）を参照した。

(12) 橋川、前掲書（8）所収、「昭和超国家主義の諸相」、二八頁。なお小沼正、菱沼五郎の「上申書」は『現代史資料五　国家主義運動二』（みすず書房、一九六四年）に収録されている。

(13) 吉本隆明は、「詩とはなにか」（一九六一年、『著作集』五）で「この驚嘆すべき研究は、学者たちのスコラ的な取り扱いにゆだねておくにはあまりに惜しい気がする。ただ鏡さえ用意すれば成果は生き生きと現代の詩によみがえってくるのだ」と述べている。

(14) 古橋（たち）は、古代文学会という学会のなかに「セミナー運動」という運動体を組織し、また藤井（たち）は、中古文学会とは別組織として「物語研究会」（モノケン）を組織した。

(15) 古橋信孝「古代詩論の方法試論」（『文学史研究』一九七三―一九七七）をもとに、『古代歌謡論』（冬樹社、一九八二年）を刊行し、藤井貞和『古日本文学発生論』（思潮社、一九七六年）を刊行した。

島イデオロギーの発生』(福武書店、一九九二年)を経て、二〇〇四年にまとめられた『反折口信夫論』を刊行する。そのなかで「私にとり折口信夫研究は、日本ファシズムの研究なのである」(一〇頁)、「彼のような知識人こそが、日本のファシズムを先導したことを見ざるを得なかったからである」として、さらに次のように述べている。

折口はこの戦争を文学者として、その創造力を傾け、新たな叙事詩を駆使して参戦していた。もとより、折口はたんなる市井の人であったわけではない。公的には慶応大学・国学院大学の教授であり、当時、隆盛をきわめた国文学・民俗学・神道学の指導者として、文学報国会・言論報国会の重鎮であり、国策に邁進した戦時リーダーの一人であったことは疑いようもない。この男は放送・新聞などの国策推進メディアに絶えず登場し、そこにおいてその短歌・叙事詩を高らかに謳いあげ、人々を先導/煽動していたのである。(『反折口信夫論』、二一頁)[16]

折口信夫とファシズムとの関係を問う、先鋭的な研究といえる[17]。それまで折口礼賛者でもあった村井によって発せられたことによって、多くの物議をかもしたことはたしかである[18]。しかしここで問題とすべきは、折口批判の前提となる「日本のファシズム」の定義である。村井の折口批判=「ファシズム」批判の前提になっているのは、講座派以降のリベラル左派、あるいは戦後民主主義の擁護者・丸山真男による「ファシズム」論であったことは見やすい。

一方近年の日本近代史研究にはおいては、従来の戦時期=「ファシズム期」の認識が、戦後世界秩序、戦後民主主義を肯定する立場、価値観を前提にしていることが指摘され、「ファシズム」の再定義が議論されている。一九七〇年代後半から八〇年代の「ファシズム論争」の火付け役となった伊藤隆の「復古=革新論」への着目[19]、あるいはファシズムとニューディール政策との同質性を指摘した山之内靖の

「世界システム論」「総力戦体制論」などが、その先端的成果といえる[20]。

さらに近年では、ファシズムを政治体制、統治形態の問題に限定せずに「文化現象」と捉えていく研究も多く出た。ファシズムがもつ非合理性、熱狂、陶酔、そして神話、宗教などとの関係に分け入る研究である[21]。なぜ人びとは「ファシズム」に魅入られたのかという、逆説的な問いかけといってよい。ここにファシズム、超国家主義研究を転回させた先駆的な研究である橋川文三とのクロスする地点が浮かび上がってくる。

四 「橋川文三と折口信夫」という問題設定

橋川文三は『近代日本政治思想の諸相』に収録された「柳田国男――その人間と思想」「柳田国男拾遺」をはじめ多数の柳田論を書いている[22]。しかし、その一方で柳田の「高弟」である折口信夫について

(16) 村井紀『反折口信夫論』(作品社、二〇〇四年)

(17) 折口信夫批判としては、早く杉浦明平「折口信夫＝釈迢空」(初出一九五一年、『日本文学研究資料叢書 折口信夫』有精堂、一九七二年、に再録)がある。ここで杉浦は「折口信夫は凡庸な哲学してもっていない」「安っぽい反動主義者」と批判する。

(18) 中村生雄は、『折口信夫の戦後天皇論』(法藏館、一九九五年)で村井にたいして批判的な見解を述べている。

(19) 伊藤隆「昭和政治史研究への一視角」(『思想』一九七六年六月「昭和期の政治」)。

(20) 山之内靖『総力戦体制論』(ちくま学芸文庫、二〇一五年)。

(21) 田中純一『政治の美学』(東京大学出版会、二〇〇八年)、竹沢尚一郎編『宗教とファシズム』(水声社、二〇一〇)、平藤喜久子編『ファシズムと聖なるもの／古代的なるもの』(北海道大学出版会、二〇二〇年)など。

(22) 橋川文三『柳田国男論集成』(作品社、二〇〇二年)にほぼ収録されている。

は、ほとんど触れることはない。

あらためて橋川の超国家主義やファシズム論を「一九六八年と宗教」という射程から検証していくとき、彼が折口信夫について論じないことは不思議なくらいである。「超国家主義」や「日本ファシズム」を論じる橋川にとって、折口の国学や神道史研究は重要な対象となるはずだ。それはまた、橋川の「全共闘運動」評価、すなわち「宗教とか形而上学とかの位相における運動」について、さらに豊かな展望を切り開いてくれるのではないか。

そこで近年、同じく橋川が深く論じなかった出口王仁三郎や大本との関係にスポットを当てた玉置文弥の、次のような発言に注目しよう。

> 橋川は、時代を遡って、「明治国家の終焉」と、その時代に氾濫した「宗教」に着目する。（中略）その問いと探究こそは、昭和維新にまでつながる彼らの深い「煩悶」の核心であった。そしてそこに、氾濫する神秘的な「宗教」・「信仰」が、その人間観、社会観、日本観、世界観、そして宇宙観として、絶対に接続されていく。ここに橋川が、超国家主義者は日本という国にあって、「なんらかの形で、現実の国家を超越した価値を追求[23]」し、それには「宗教」・「信仰」が大きな要素だったと論ずる所以があるのである。（「時代精神と宗教」）

玉置の論考は、橋川が正面から扱わなかった出口王仁三郎や大本の運動や思想に照準をあわせ、橋川の研究成果を生かして、大本教の運動・思想を再検証していくものだ。とりわけ重要なのは、橋川の「超国家主義」における「現実の国家を超越した価値」の追求は、宗教・信仰と不可分であったという指摘である。そこで必然的に橋川の問題意識は、出口や大本をめぐる宗教・信仰とクロスすることになるからだ。

このように玉置が問題とした橋川「超国家主義」と出口王仁三郎や大本との関係は、折口信夫ともリンクしてくることは明らかだ。それは後述するように、折口の神道が「鎮魂術」を重視するように、霊魂をめぐる信仰、宗教の在り方と不可分であるからだ。折口と出口王仁三郎との繋がりという問題とも重なりつつ[24]、「一九六八年」以降の折口信夫をめぐる、あらたな知の領域へと導いてくれるだろう。

すなわち、全共闘運動の「永久の自己否定、日常性の無限否定の闘争」という思想は、近代国家(立憲制、民主制国家)そのものを超克する思想を孕むのではないか。そして全共闘運動の敗北といったとき、なにゆえに国家を超える思想・運動を持続・深化させえなかったのか、という問いにかかわる。「宗教とか形而上学とかの位相における運動」が、いかに国家を超えることができるのか、またはできないのか、という問いである。この論点は、折口信夫が、敗戦後に、神道が天皇・宮廷から自立する「神道」の可能性を見定めたこととクロスしていくだろう[25]。

以下、橋川文三の「超国家主義」研究の射程から折口信夫を読み直してみよう。

五　折口信夫と「超国家主義」運動

折口信夫は、その論考や講演、エッセイのなかで政治的事件にふれることは少ないが、しかし昭和一二年(一九三七)の『大阪朝日新聞』掲載のエッセイでは、

(23) 玉置文弥「時代精神と宗教」(中島岳志・杉田俊介編『橋川文三』河出書房新社、二〇二二年)。
(24) 鎌田東二『神界のフィールドワーク』(青弓社、一九八七年)、安藤礼二『折口信夫』(講談社、二〇一二年)。
(25) この点は、安藤、前掲書(24)、斎藤英喜『折口信夫――神性を拡張する復活の喜び』(ミネルヴァ書房、二〇一九年)を参照、なお詳しくは後述する。

処が、気概ばかりでも困ります。近頃の二月何日事件であるとか、其前の何月何日事件であるとか、いろ〳〵な事件が起りますが、あれは判断力に欠けた気概だけの所有者がした事である。それでも、我々はその気持だけは理会出来ます。論理的遊戯に遊んでゐる者よりも、其行動に多少の意義は考へられると思ふのです。(「三矢先生の学風」新全集二〇、四五七頁)[26]

と「五・一五事件」(昭和七年)や「二・二六事件」(昭和一一年)にたいして、「判断力に欠けた気概だけの所有者」の運動として批判をしつつ、しかし「其行動に多少の意義は考へられる」というように、ひじょうに強い関心を示している。

さらに「そこへ去年二月の騒擾だ。我々の懐抱して来た伝統の「気概の学」の価値と意義があれではつきりと訣つた。国学はあゝした要素を含まない、胸の寛い生活を築かうとしてゐるものであつたのだ」(「国学とは何か」新全集二〇、三七九頁)と、自分たちの「国学」と二・二六の昭和維新運動の思想とは異なることを強調している。ここには折口信夫にとって、昭和期の超国家主義運動との接点が逆照射されてくる。

じつは、折口との直接的な接点もあった。国学院大学の教授としての立場だ。

昭和八年(一九三三)七月、「昭和維新」を唱える愛国勤皇党の天野辰夫、前田虎雄や東久慈宮の私設秘書を名乗る安田銕之助《てつのすけ》などが中心となって、皇族総出の内閣の実現を画策した「神兵隊事件」が勃発した。計画は未遂に終わったが、そこに国学院大学の弁論部に所属していた影山正治が国学院の学生数名を率いて参加し、影山は逮捕・起訴され、退学処分となっていた[27]。影山と折口との直接的な関係は不明だが、国学院教授である折口にとって、この事件はまったく他人事ではなかっただろう。折口の「維新運動」にたいする「気概ばかり」という批判は、「神兵隊」に参加した影山を意識していたとも考えられよう。

影山正治（一九一〇―七九）は、祖父の代からの神職の家の出身で、昭和四年（一九二九）に国学院大学予科に入学、内田良平、児玉誉士夫、赤松克麿など右派（国家社会主義）とも関係がある日本主義哲学者・松永材《もとき》（一八九一―一九六八）の指導を受け、早くから「反共的学生運動」の指導者として活動していた。昭和六年（一九三一）の著作では、

今の国学院とは何ぞ。形骸のみ存してその精神殆ど喪失されんとして居るではないか。私学一般と同様、単なる商業主義の学校経営に墜し、神職と中学教員の免状授与所と化しつゝあるのではないか。我等まづ身を挺して学内維新の事に当るべきである。（影山正治『一つの戦史』、一四八頁）[28]

と国学院の在り方を激烈に批判し、「神道界の根本革正と、国学院、皇学館の両神道関係学園の根本刷新」（前出、一六〇頁）が緊急焦眉の重大課題と熱く語っていた。この「神道関係学園」への批判は、当時の神社そのものが信仰・宗教を喪失し、「国民道徳」という世俗的存在になっていることへの批判と対応している。そして当時の「神社神道」への批判、異議申し立ての姿勢は、じつは折口とも共通している面をもっていたのだ[29]。ここに折口の微妙な立ち位置が浮かんでこよう。

(26) 以下、折口信夫の論考は『折口信夫全集』（中央公論新社、一九九五―二〇〇二年）による。「新全集」と表記する。
(27) 橋川、前掲書（8）「日本ファシズムの推進力」。
(28) 影山正治『一つの戦史』（展転社、二〇一〇年）。
(29) この点は、斎藤、前掲書（25）『折口信夫』で論じた。

六　昭和八年、「十人組徒党事件」

こうした時代動向のなかで、折口自身を巻き込む事件が起きた。昭和八年（一九三三）二月、折口を大学から排斥しようとした「十人組徒党事件」である。

「十人組なる徒党、事あり、教育の無意義を痛感する」（「自撰年譜二」新全集三六、二六頁）、「二月、国学院大学会計課校費費消事件に端を発して、学内に十人組徒党事件起る。怪文書に「妖婦折口」と書かれる。国学院大学に講義することに失望し、以後「国学院大学講師」を強調する」（新全集三六、「年譜」七七頁）といった内容のものだ。事件の真相はいまだ不明だが、影山が関与していたことは、充分考えられよう。時代は、昭和六年（一九三一）の「満州事変」を契機として、国粋主義的、国家主義的言説とともに大衆の「右傾化」が加速化したとされる時期である[30]。

さて、以上のような超国家主義運動や思想と折口信夫の発言、かかわりは、どう考えたらいいのか。たとえば植村和秀は、折口の「国学」は「政治的な判断や行動」などと直接的に繋がるものではないこと、彼が軍人たちの独断や横暴には心情的には反発するが、政治家や軍人と政治的な議論や協議をした形跡もないことから、「政治運動に自ら関与した形跡もない」（『折口信夫』、四八頁[31]）と指摘している。たしかに現在までの折口信夫の年譜や書簡などの関係資料からは、折口の「政治活動」の直接的な形跡は見られない。

また植村によれば、昭和一二年（一九三七）の支那事変＝日中戦争が勃発した後、「昭和維新の政治運動に関与する文芸評論家」である保田與重郎に対して、共通の弟子でもあった栢木喜一を介して、「文学のために政治から手を引くよう忠告している」（一九頁）という。こうした点から、二・二六事件などに対する折口の批判は、政治的なものというよりも、「文学に心を集中する」（同書、四九頁）ことの宣言であったという解釈がなされている。

たしかに折口は、「釈迢空」という歌人・詩人であり、また近年では小説「身毒丸」、「神の嫁」を書いた「怪奇幻想文学者」としても注目されている。(32) 小説『死者の書』は近代文学のセオリーそのものを相対化するという評価もある。(33)

しかし、昭和戦時期の折口信夫の立ち位置を「政治と文学」の二元的対立で説明することが不可能であることは、たとえば保田與重郎たちの「日本浪漫派」の運動からもいえるだろう。ちなみに神兵隊事件にかかわった影山正治と保田とのあいだには、深い繫がりがあった。(34)

橋川が「日本ロマン派解析のための手続きには、ファシズム一般の理論とは異なる操作が必要であろうと思う」(『日本浪漫派批判序説』)(35) と論じたように、超国家主義運動・ファシズム運動と文学・美学・芸術とのかかわりは密接不可分であった。それは近年のファシズム研究の動向からも言えるところだ。(36) 政治と文学という二項対立を超えた地平で、折口と超国家主義運動・思想との内在的な繫がりを掘り起こすべきであろう。

そこで次に注目したいのは、橋川文三が「昭和維新」運動の前哨戦としてみる「大正維新」運動の時

(30) 須崎慎一「昭和恐慌とファシズムの台頭」(由井正臣編『近代日本の軌跡五　太平洋戦争』吉川弘文館、一九九五年)。
(31) 植村和秀『折口信夫』(中公新書、二〇一七年)。
(32) 東雅夫「幻視と妄執と」(『折口信夫集』解説、ちくま文庫、二〇〇九年)。
(33) 江藤淳『作家は行動する』(原著一九五九年、後に講談社文芸文庫、二〇〇五年)。
(34) 影山正治『日本民族派の運動』(光風社書店、一九六九年)。
(35) 橋川文三『日本浪漫派批判序説』(原著一九六〇年、著作集一、筑摩書房、一九八五年)。
(36) 平藤、前掲編著 (21) など。

代と折口とのかかわりである。

七 「大正維新」の精神構造

大正二年(一九一三)二月、「憲政護憲運動」の群集は国会議事堂を包囲し、政府系新聞社や警察署を襲撃。都市騒擾は、大阪・神戸・広島・京都に波及し、ついに桂内閣は総辞職した。「大正政変」である。「民衆騒擾」の主体となったのは、職人・店員・職工ら「雑業層」とともに、多くの学生・青年たちであった[37]。すなわち屋外における「暴動」の直接的きっかけを作ったのは「立憲青年連合会」という学生、青年諸団体の連合組織であった。注目すべきは、憲政護憲運動が、その当初から「大正維新」「第二維新」をキャッチフレーズにしていたことだ[38]。いうまでもなく「大正維新」運動は、出口王仁三郎や浅野和三郎らの大本をも巻き込み、新しい右派の運動となって後の昭和期の運動を準備するものとなるのだが、「大正維新」の運動が、じつは大正デモクラシーの動向と密接不可分な関係にあったという構造も見えてくるのだ。

この点を明らかにしたのが橋川文三の一連の研究であった。橋川によれば、「日本ファシズム」は明治以来の「伝統的国家主義」からは区別されるものとして、第一次大戦終結の前後に登場した「老壮会」「大正赤心会」(大正七年)、「猶存社」「大日本国粋会」(大正八年)などの「新右翼団体」の結成に着目する。そうした新しい「兆候の精神」を象徴的に示した事件が安田善次郎・原敬のあいつぐ暗殺事件(大正一〇年)であった。その実行者・朝日平吾の思想・行動が「伝統的明治的国家主義」と分断される根本的な分岐点こそ「天皇が伝統のシンボルよりも、変革のシンボルとみられはじめた」ことに求めるのである(橋川文三「日本ファシズムの思想的特質」、一〇七頁[39])。

それにしても、なぜ「天皇」が「変革のシンボル」となるのか。橋川は言う。「血盟団」事件の、朝日平岩たちの「テロリズム」の後景には、大正期の成熟した都市社会のなかで疎外された「強烈な挫折感」があった。そしてその孤立や挫折の認識は「第一次大戦後のデモクラシーの理念」によって覚醒し、伝統的な共同体社会が生み出した「人間的差別の排除」を要求するものであった。そのとき、彼らにとって、伝統的な特権階級の地位を保障する天皇とは異なり、「国民全体の幸福と平等化の欲求を保障する究極者」としての天皇が求められたのだ（同前、一〇七―一〇八頁）。

こうした「変革のシンボルとしての天皇」を求める彼らの暗殺、テロ行動には「ある意味で求道者的スタイル」（二八頁）が見出される。あらたな時代の「ファシズム」と宗教的なるもののかかわりだ。

さらに次のように述べる。

血盟団的潮流が、三月事件・十月事件の行き方を軽蔑し、たんに破壊を考えて、建設を考慮しなかったといわれるのも、上述の文脈において理解されるはずである。別のいい方をすれば、彼らの発想の根底は自我対絶対の一元的基軸の上に置かれており、ある意味ではラジカルな個人主義の様相をさえおびている。そうして、こうした状況を作り出したものこそ、大正期における自我の問題状況であり、とくにその時期における下層中産階級のおかれた社会的緊張の状況にほかならなかった。日本の超国家主義というのは、そうした自我の意識がその限界を突破しようとしたとき、一般化した傾向にほかならないと私は考える。（「昭和超国家主義の諸相」、二九頁）(40)

(37) 成田龍一『大正デモクラシー』（岩波新書、二〇〇七年）。
(38) 藤野裕子『都市と暴動の民衆史』（有志舎、二〇一五年）。
(39) 橋川、前掲書（8）。［編者注：ただし、この部分は久野・鶴見『現代日本の思想』から橋川が引用したもの］
(40) 橋川、前掲書（8）。

橋川は「大正維新」運動の背景に、大正期社会の成熟によって逆に疎外され、孤立していく人びとの「自我の問題状況、社会的緊張の状況」を強調する。そして彼らが求めるのは「自我対絶対の一元的基軸」であること、日本の超国家主義の運動・思想は、そうした自我の危機を突破するための、信仰・宗教的情動と結びついていた、ということだ。ここには橋川が、戦後の成熟した社会のなかで発生した全共闘運動を、「宗教とか形而上学とかの位相における運動」と位置付けたことと共振する地点が浮かび上がってくるだろう。

橋川によって明らかにされた「大正維新」運動の宗教的情動は、大正期における折口信夫の精神構造とも通底していく。

八　折口信夫「零時日記」を読む

民衆騒擾・大正政変があった翌々年の大正四年（一九一五）四月に、折口信夫のデビュー論文「髯籠《ひげこ》の話」が、柳田国男主宰の『郷土研究』に発表された。日本民俗学が「依り代」という言葉を得た「記念的な論文」と称えられるものだ。これ以降、折口は、文字どおり新進気鋭の民俗学者・国文学者として活動していく。

ところでそのデビュー論文の前年の大正三年（一九一四）六月―七月に宗教系業界紙である『中外日報』に、「零時日記」というエッセイを連載していた。それは民俗学の学術的論考とはまったく異なる、異彩をはなつ文章だ。大正期の折口を知るうえで貴重な文章なので、長くなるが引用しよう。

ことし五月のはじめのことであつた。月が毎晩、血の様に曇つて見えた。それは、科学が世界の隅々までいきわたつた時代である。何処かの火山灰の所為だなどいふ臆説が、さも〳〵安心を強ひるらしくわれ〳〵に聴えた。しかし依然原始的の恐怖が、理性の上に屢翳してとほりすぎた。明けの夜も、そのまた次の夜もといつた風に、月は赤く朧々として中空に懸つてゐた。この時、倏《シユク》として天の一方に声があつた。「世界の滅ぶべき時至れり」。辻といはず、家の内といはず、東京の町には忽この声が充満した。（七月二十二日　伊勢清志記「零時日記〔Ｉ〕」新全集三三、一八―一九頁）

一九一四年（大正三年）七月、「欧州大戦」（第一次世界大戦）が始まり、同年八月に日本もドイツに宣戦布告し、参戦していく。それは兵士のみではなく、国民総体を巻き込む「国家総動員」という、それまでの戦争とは異なる時代の始まりでもあった。折口が記述する月が毎晩、血のように曇って見えたという「原始的の恐怖」、そして東京の町に広がっていく「世界の滅ぶべき時至れり」という声。それはこうした欧州戦争がはじまり、またロシア一〇月革命で社会主義国家が誕生するという、沸騰していく時代を映し出していることは間違いない。橋川がいう「下層中産階級のおかれた社会的緊張の状況」が、天変地異の背景にあったのだ。大正期の、それまでとは違う、あらたな時代の危機意識である。

ここで浮き上がってくるのが、新しい「宗教」であった。

ある処の僧侶は、発狂して天地が滅びるのだ、われ〳〵の罪の酬いらるべき時が来た、と叫んで走り廻つたのを巡査がとり押へたとも聞いた。天地の大事に当たると蘇る原始人の心は、警察官や新聞記者の目には、狂的の発作とほか見えまい。しかし自分には「基督来れり」の声を耳にした程に感動した彼が、天啓を示す前に、既に累紲が身に加へられてゐた。けれども、今の世にも尚黙示を感得する祖先の強い直観力が、遅鈍になつた社会の何処かに潜んでゐることを知つて、心強く感じた。（一九頁）

天地が滅びる、われわれの罪の贖われるときが来た、と叫んで巡査に取り押さえられた僧侶の姿には、欧州大戦に動揺していく社会にいきる「大正期における自我の問題状況」(橋川)を見いだせるだろう。注目したいのは、ここに、あらたな宗教が浮上してくることだ。

折口は「発狂して天地が滅びる」と叫ぶ僧侶の「短い神的生活を、誰が基督や釈迦の足もとにも寄ることの出来ないものと、定め得るだらうか」(同前)とさえ語っていくのだ。そして次のようにいう。

神は充実する力である。空間や時間は、神を規定することは出来ない。瞬間の充実が、神を我に齎し、我を神に放つ。こゝに神の価値が生ずるので、偶然性のおほい社会的条件は、神を値うちづけることは出来ない。(同前)

空間や時間から超越する「充実した力」をもつものこそが「神」であった。そしてその神が「我」と同一化し、「我」を神の側へと解き放っていく。さらに折口は「成立宗教は問題宗教であつて、独自の宗教ではないのです。害があつて、益がありませぬ。既に単なる道徳化を遂げてゐるのですから、力として内界に生じないのです。我々が道徳に求むべき善を、宗教によつて得るといふことは、本を忘れたものです」(一四頁)と伝統的な「成立宗教」への否定を熱く語っていく。それまでの共同体の伝統と結び付く神々とは異なる、都市社会に自立/孤立していく、新しい民衆の不安・危機・欲望を表現する「神」の探究である。

たとえば大正期には、「「神」を特定の宗教伝統から切り離し、現世に偏在する生命体」と見ていく「非宗教人」による新しい宗教運動の広がりがあった[41]。伝統宗教から離れた「宗教的遍歴者」[42]たちが登場し、彼らの多くは出口王仁三郎の「大本」のもとへと接近し、あるいはそこから離れていく。たとえばそのひとり、浅野和三郎は、自我の清浄化として「鎮魂帰神」、幽界、物質界、精神界の「破天荒の大変革」「欧州大戦の如きも世界の最後の大審判」の準備、「真の大刷新」「大清潔法」が引き続き起こると語る（浅野『大正維新の真相』、二二六―二二七頁）[43]。「大正維新」の宗教的主張である。そこに希求されるのは、「天津日継天皇の統治の下に理想の世界を組織せねばならぬ」（同前）という、まさに「変革のシンボルとしての天皇」であった。

近代立憲君主としての天皇とは違う、宗教的対象としての「天皇」。それとの合一は、明治後期から大正期の近代社会が生み出した「個人」が果たす。こうした大正期の「天皇観」と折口の「天皇」とは、どう結びつくのだろうか。

九　「神性を拡張する復活の喜び」

大正四年（一九一五）に、大正天皇の即位の大礼が行われた。一一月には大嘗祭が執行される。折口は、デビュー論文「髯籠の話」で大嘗祭をめぐって語っていた。

> 大嘗祭に於ける神と人との境は、間一髪を容れない程なのにも係らず、単に神と神の御裔《ミスエ》なる人とが食膳を共にするに止まるといふのは、合点の行かぬ話である。此純化したお祭りを持つた迄には、語

（41）碧海寿広「大正の教養主義と生命主義」（島薗進・末木文美士・大谷栄一・西村明編『近代日本宗教史　三』、春秋社、二〇二〇年）。

（42）吉永進一「大正期大本教の宗教的場——出口王仁三郎、浅野和三郎、宗教的遍歴者たち」（『舞鶴工業高等専門学校紀要』第四五号、二〇一〇年）。

（43）浅野和三郎『大正維新の真相』（大日本修斎会、一九一九年）。

り脱《オト》された長い多くの祖《オヤ》たちの生活の連続が考へられねばならぬ。其はもつと神に近い感情発表の形式をもつてゐた時代である。今日お慈悲の牢獄に押籠められた神々は、神性を拡張する復活の喜びを失うて了はれたのである。（大正四年「髯籠の話」新全集二、一九一頁）

当時の大嘗祭をめぐる公式見解によれば、「大嘗祭トハ、天皇即位ノ後始メテ豊葦原千五百秋瑞穂国ノ新穀ヲ以テ、皇祖及天神地祇ヲ悠紀、主基ノ両殿ニ請饗セラレ、且ツ大親カラモ聞シ食サル大祀ナリ」（大正度「大礼記録」『大嘗祭の研究』、三八四―三八五頁）とあった。折口がいう「神と神の御裔なる人とが食膳を共にする」という大嘗祭認識である。これにたいして、折口は、大嘗祭の場では「神と人との境は、間一髪を容れない」、すなわち神人合一を見ていくのである。これは折口の古代研究から導かれる大嘗祭の認識だが、同時代の問題とも鋭くクロスしていく。

最後の「今日お慈悲の牢獄に押籠められた神々」とは、国家が管理する神社に押し込められた神々のことを指す。非宗教した神社の神々である。それにたいして折口は、「瞬間の充実が、神を我に齎し、我を神に放つ。こゝに神の価値が生ずる」（前出「零時日記」）ことを求める。それが「神性の拡張」であり「復活の喜び」である。

そう、ここで「神性を拡張する復活の喜びを失うて了はれた」神々は、近代の立憲国家の君主として制度化された天皇のことでもあった。「神と神の御裔なる人とが食膳を共にするに止まる」という認識は、近代国家の制度化された天皇と対応していたわけだ。そして折口が、「神性を拡張する復活の喜び」を得る天皇を希求するとき、それは橋川のいう「天皇制国家秩序の究極の保障者」とは異なる「天皇」と重なっていくのではないか。

天皇自身の「神性の拡張」と「復活の喜び」。それこそ、昭和大嘗祭のなかで唱えられていく「真床襲衾」と「天皇霊」の思想であった。

一〇　昭和三年の大嘗祭と「天皇霊」

昭和三年（一九二八）、昭和天皇の御大礼が挙行され、一一月に即位大嘗祭が執行された。その年に折口は大嘗祭をめぐる複数の論文を発表している。そのなかでもっとも本格的なものは、「大嘗祭の本義」と題された講演録の一篇である。ここに有名な「真床襲衾」論、「天皇霊」論が展開されていくのである。

大嘗祭の時の、悠紀・主基両殿の中には、ちやんと御寝所が設けられてあつて、蓐・衾がある。褥を置いて、掛け布団や、枕も備へられてある。此は、日の皇子となられる御方が、資格完成の為に、此御寝所に引き籠つて、深い御物忌みをなされる場所である。実に、重大なる鎮魂《ミタマフリ》の行事である。此処に設けられて居る衾は、魂が身体へ這入るまで、引籠もつて居る為のものである。（「大嘗祭の本義」新全集三、一八七頁）

大嘗祭のときに設えられた悠紀《ゆき》・主基《すき》両殿の「褥《しとね》・衾《ふすま》」。これを折口は『日本書紀』神話にもとづく「真床襲衾《マドコオフスマ》」と呼ぶ。そして即位する天皇は、この衾に包まることで、「天皇霊」をその身体に受霊すると考えたのである。その儀礼を通して、天皇の「神性」は拡張し、その「復活の喜び」を獲得したというわけだ。

こうした折口の「真床襲衾」論、「天皇霊」論は、戦後における定説として流布していたのだが、平成度の大嘗祭に際し、岡田荘司によって史料的な根拠のない「虚妄の説」として全面的に否定された[44]。とりわけ国学院内部からの折口批判ということで、センセーショナルな話題も提供した。

では岡田は大嘗祭をどう認識したのか。岡田によれば折口が「真床襲衾」と呼んだ中央の「神座」は、来臨した神が休む「見立ての寝座」（象徴的な寝座）で、天皇は、一切そこに触れることはできない。即位した天皇の役割は、悠紀殿・主基殿に迎えた皇祖神アマテラスに神饌を奉り、もてなすこと、つまり「神饌供進」の作法がもっとも重要であった。天皇は神を祭る神主の代表＝「日本国の祭り主」であった、という結論になろう。

岡田による折口大嘗祭論の批判は、最近の研究動向では定着しつつある。それが神格を否定した、戦後憲法下の象徴天皇の在り方と呼応していることは、間違いないだろう。

しかし、最近、岡田は自身の大嘗祭研究を振り返って、次のように述べている。

> 半世紀近い、わたしの大嘗祭論を考えたとき、もう一度折口信夫大嘗祭論に戻ってきてしまう。大正の学問形成期に、マレビト論が確立していた折口は、昭和初期の時代性とはいえ、受霊論（神威を頂くという意味で、受霊論は理解できるが、神そのものになる即神論としての受霊論は認め難い）になぜ走ったのか。（中略）一世紀近く前に、マレビト論を据える折口には、中世公家社会の記録にはじまり、昭和三年（一九二八）の新聞まで、神饌供進の作法は熟知していたと思われるが、これを一蹴していったのは何故だろう。まだ回答は闇のなかにある。[45]

岡田によれば、昭和三年（一九二八）の新聞にも、大嘗祭の中心神事は、天皇自らによる「神饌供進の作法」にあったことが説明されていた。そうした事実を折口は、当然熟知しているはずなのに、神饌供進の作法を「一蹴」して、なぜ「天皇霊」の受霊／即神論という議論を展開したのか。岡田は「まだ回答は闇のなかにある」と語る。

そこでその「闇」を探ってみると――、あらためて昭和大嘗祭の認識のなかには、神饌供進の作法とともに、折口の天皇霊論に近い見解に出会うことになる。それも、天皇祭祀を管轄する宮内省内部から発信されていた。その発信者は、大礼使事務官を勤め「昭和御大礼の大役を一身に引き受けて滞りなく遂行した」（神道人名辞典）宮内省掌典の星野輝興《てるおき》（一八八二―一九五七）であった。星野は次のように大嘗祭を定義する。

大嘗祭の意義についてては、これまた今春以来、学者が発表になつたものによると、五穀豊穣の報賽のため、新穀をさしあげ、しかして、この時陛下には御相伴あそばすのだということになつている。この説によると、一般的お祭りと別に大した差異がなく、御一代一遍の最大のお祭りということの影もうすくなり、黒木造に萱葺の御殿を建ててお祭りをなさる理由が確然としないことになる。（中略）、大嘗祭において、皇祖より皇祖の霊徳のこもりこもつた、斎庭の稲穂をお承けになる、皇祖の霊徳を肉体的にお承けになる、この時に当つて神の御生活は必然のことと拝察される。（「大礼本義」昭和三年〔一九二八〕一一月七日付け『官報』、引用は星野輝興著作集『日本の祭祀』、一〇〇―一〇三頁）[46]

大嘗祭は、「一般的お祭り」とは違う。そこで重要なのは、「皇祖の霊徳を肉体的にお承けになる」ことにあった。また別の論考では「第一義として皇祖の霊徳を肉体的に御継承遊ばされる御儀」（「大礼諸儀及其の意義」宮内省『互助』昭和四年〔一九二九〕第九号）[47]と語っている。こうした「霊徳」を「肉体的

(44) 岡田莊司『大嘗の祭り』（学生社、一九九〇年）、本書は後に新しい論考を含んだ増補改訂版『大嘗祭と古代の祭祀』（吉川弘文館、二〇一九年）が刊行された。
(45) 岡田莊司『古代天皇と神祇の祭祀体系』（吉川弘文館、二〇二二年）。なお本書の研究史的位置づけについては、斎藤英喜「書評　岡田莊司『古代天皇と神祇の祭祀体系』」（『国学院雑誌』二〇二三年一月）で論じた。
(46) 『星野輝興著作集　日本の祭祀』（星野輝興専制遺著刊行会、一九六八年）。

に御継承遊ばされる」、すなわち受霊論は、折口の天皇霊とも共振することは明らかだ。じつは星野は折口から「親友」と呼ばれていた。宮内省掌典の星野からの情報が折口にあったことも推定されている[48]。

しかし、さらに注目したいのは、宮内省掌典の星野輝興が、冥界・仙界を重視した平田派の宮地厳夫《いずお》の弟子でもあったことだ。ここで問題の視野は、一気に近代における「異端神道」の世界へと開かれていく。

二　異端神道と「鎮魂」の行法

宮地厳夫（一八四七―一九一八）は、土佐藩高知城内の八幡宮の神職家に養子入りして、後に複数の神社神職を兼務し、教部省教導職を経て、皇太神宮主典、神宮教院講師、さらに宮内省掌典となり、大正二年（一九一三）に大礼事務官として「新帝」の即位をめぐる典議を担った。近代の神道・神社界の王道を歩んだ人物である。しかし彼の「神道」は、それだけではなかった。神社神道とも教派神道とも異なる「異端神道」の系譜に繋がるのだ。

宮地は当時の多くの神道家たちと同じように平田門下の流れをくむ。しかし「弟子」星野輝興が語るところによれば、宮地は「平田家二十五部秘書の一である、密法修事部類稿の末にある久延彦の伝」のような、「他の御著述からは想像もつかない大がかりの霊の御実修」を唯一継承したひとりであることを確信していたという[49]。つまり平田篤胤《あつたね》の霊学、霊術を継承したというわけだ。ここには、近代における平田篤胤の受容の多面的な姿が見えてきて興味深いのだが[50]、星野が宮地から学んだのは、まさに「大がかりの霊の御実修」であった。すなわち道教系の調息法（霊的呼吸法）にも繋がる「自修鎮魂法」だ。宮内省の官僚である星野は、霊術の実践者としての姿をも持っていたのである。

たとえば昭和一一年（一九三六）の埼玉県教育会の講演では、星野は、次のように語っている。「我々の力で神に近くなる。神のものを尋ねて神に近くなる。また神のものを体内に入れて神に近くなる」ための一番最高のやり方は「真床追衾」を身に纏うて寛坐することにある、それが進んでいくと

神様に近づいたと云ふか四肢のはしばしから光りが出てくるように感じます。（中略）導引法、私の鎮魂、（中略）昼も夜もやれ、一週間やりますと何とも云へない霊気が漏れ出る様な感がいたします。さうして尚ほ光りが出るような感が致します。神を求めて止まない様になるのであります。是が実に、我れ〳〵が神に近づく行であります。（「皇室に於ける祭祀の沿革及び其の実際行」[51]）

というように、自らの神秘体験をも語っていくのである。そしてその霊的な修養法のなかに、なんと「真床追衾」のことが出てくるのだ。ここからは、星野との接点から、折口信夫の古代研究が「異端神道」の世界と交渉していく姿が浮かび上がってこよう。

先の折口の論文を見ると、彼は天皇即位の大嘗祭を「重大なる鎮魂の行事」と位置付けている。古代の宮中祭祀の資料からは、大嘗祭（新嘗祭）の前日に「鎮魂」の儀が執行されるのだが、折口は、大嘗祭そのものを「重大なる鎮魂の行事」としているのだ。この点は、古代祭祀の実態とは違うと批判もあ

(47) 星野、前掲書（46）に収録。
(48) 安藤、前掲書（24）。
(49) 星野輝興「平田翁最後の御目的」（『国学院雑誌』一九三二年、第三九巻九号）。
(50) 斎藤英喜「神仙・調息・ファシズム」（山下・斎藤編『平田篤胤　狂信から共振へ』法藏館、二〇二三年）で詳述した。
(51) 星野輝興『皇室に於ける祭祀の沿革及び其の実際行』埼玉県教育会、一九三六年）

るが、(52)ここで折口がいう「鎮魂の行事」の意味に注目しよう。そう、宮内省の星野が宮地から教わったのも「自修鎮魂法」で、それは道教系の調息法、修養法であった。(53)

こうした近代における鎮魂法は、明治初期の本田親徳《ちかあつ》の「鎮魂帰神法」から大本の出口王仁三郎《おにさぶろう》の行法など、霊魂の附着という意味を超えて神人合一の行法、霊術として広がっていく。神社神道や教派神道とは違う「異端神道」の系譜に連なるものだ。注目すべきは、そうした「異端神道」の系譜が、宮地や星野のような宮内省掌典の国家官僚のなかに受け継がれていたことだ。

それればかりではない。在野系の神道家である川面凡児《かわつらぼんじ》が提唱した「ミタマフリノマツリ」（鎮魂）の行法は、

この大御心と同化し宇宙状態と同化する霊魂なるが故に、その霊魂は自から天の太魂の魂振り起して動静不二一体の状態に出入し、その状態を体現するので、ミタマフリノマツリと申すのです。（「憲法宮」『川面凡児全集』九、一七一頁）(54)

というように、「天皇」「宇宙」との同化として語られ、実修されていたのである。こうした川面凡児の鎮魂法は、昭和期の新しい宗教として、星野や折口信夫とも共振する面をもつことは明らかだろう。

さらに川面は、昭和期の神道界の大物とされる今泉定助にも影響を与えていたように、体制のなかにも食い込んでいた。(55)なんと昭和一四年（一九三九）に内閣総理大臣を務めた平沼騏一郎も、川面からの教えを得ていた。(56)平沼は神道の基本は「行」にあることを強調しているぐらいだ。(57)

一二　運動としての「ファシズム」再考のために

　以上のように見ていくと、折口信夫の「天皇霊」をめぐる議論は、学説的な問題を超えて、昭和期における「天皇」をめぐる知の動向ともリンクしていくことがわかる。とりわけ注目されるのは、「天皇霊」の発想が、霊魂や鎮魂をめぐる「異端神道」の系譜と繋がっていくところだ。

　さらに注目すべき事実も浮かび上がる。川面凡児の教え受けた体制派の神道家である今泉定助は、昭和七年（一九三二）の血盟団事件の特別弁護人となり、「皇道精神」「社会革新が起こる動機」などをめぐる所説を展開していた[58]。彼の「神道」が超国家主義運動と呼応する面をもっていたことが考えられるだろう。

　一方、同じく川面に学んだ平沼騏一郎は、総理大臣に就任するまえまでは「国本社」という右翼結社を創設して、まさしく超国家主義の運動の担い手でもあったのである[59]。

　また折口と繋がりがある宮内省の星野輝興も昭和七年（一九三二）ごろから、民間組織としての「日

(52)　塩川哲朗「鎮魂祭の祭祀構造に関する一考察」（『国学院大学　神道研究集録』三二巻、二〇一八年）。
(53)　津城寛文『鎮魂行法論』（春秋社、一九九〇年）。
(54)　川面凡児「憲法宮」（『川面凡児全集』九、一九三九年、復刻版、八幡書店、一九八五年）。
(55)　阪本是丸『近世・近代神道論考』（弘文堂、二〇〇七年）。
(56)　津城寛文「国家総動員下の宗教弾圧」（洗建・田中滋編『国家と宗教』上巻、法蔵館、二〇〇八年）。
(57)　『平沼騏一郎回顧録』（回顧録編纂委員会、一九五五年）。
(58)　今泉定助「血盟団事件特別弁護速記」（『今泉定助先生全集』三、日本大学今泉研究所、一九七〇年）。
(59)　橋川文三「新官僚の政治思想」（『近代日本政治思想の諸相』未来社、一九六八年）。

本精神顕修会」なるものを立ち上げている。「気吹永世」という白川家に伝わる調息法、静座法などの修養を広く青年たちに教えるというものだが、そこには内務省神社局にいた吉田茂（戦後の総理大臣とは別人）や、「日本主義にもとづく国政改革をめざす」として近衛文麿らと「国維会」を設立した安岡正篤なども参加していた。彼らはいわゆる「復古＝革新派」と呼ばれる新官僚グループに属する[60]。

こうした星野の運動の後景には、多様な「霊術」「修養法」の流行が、たんなる個人的な修養で完結するのではなく、「個人」を超えて社会・国家へと拡大していく時代動向とリンクしていくことが読み取れる[61]。そうした修養法が「近代的なデモクラシーの限界状況の突破」を希求し、必然的に「神権政治（テオクラシー）」への志向性をもったのである[62]。それは近代的な国家を超える可能性を孕みつつ、体制を補完する思想へと変形されていく様相が見えてくる。超国家主義、あるいは「日本ファシズム」運動の再検証という課題といってもよい。

目を向けるべきは、「ファシズム体制」というイデオロギー的認識ではなく、昭和期の運動としての「ファシズム」の実態である。昭和七年（一九三二）の内務省警保局編纂の『ファシズムの理論』[63]によれば、この時代、「ファシズム」「ファッショ」は、内務省の監視対象であったのだ。彼らの定義によれば、「ファッショ」は資本主義経済組織の動揺に際して出現した特異の運動形態」であり「国家主義、反議会主義、反共産主義の三個の特色を有する」。そして「日本主義」とは、「天皇を中心とし、天皇と一般国民との間に介在する一切の中間階級を排斥し、君臣一致の理想を実現せんとする」という「一種の天皇中心主義」であり、「中間階級を排斥するがゆえに、日本主義を拡充発展させれば自から反資本主義」（二九五頁）と位置づけられていた。実際のところ「日本主義者」であった安岡正篤は「ファッショ」の監視対象でもあったのだ。宮中祭祀を管轄する宮内省掌典・星野輝興は、近代国家の官僚でありつつ、その内部には異質な「宗教性」をもつ。それはファシズム運動の一角にも繋がることが見えてこよう。（首相となった近衛もまた一時、監視対象とされた）。

こうした運動としての「ファシズム」の思想史的な再検証という課題は、橋川文三が提起したところである。

かつて天皇制国家秩序の究極の保障者として、現実的には元老・重臣以下、特権者層の地位を正統化する意味をもった天皇は、国民全体の幸福と平等化の欲求を保障する究極者として、かえって既成秩序の革新（＝維新）を正統化する根拠とされるに至った。（橋川文三「日本ファシズムの思想的特質」、一〇八頁）

そして折口信夫との関係を射程においたとき、橋川の視野には入っていなかった、「異端神道」の担い手たちが、「日本ファシズムの思想的特質」を再考していくうえで、不可欠な存在であることが了解されるだろう。(64)

かくして「日本ファシズム」を再考することは、戦後世界秩序、戦後民主主義を「肯定」する論理を相対化し、批判する思想を練り上げていくことにあったのだ。そこに浮かび上がってくるのは、「一九

(60) 斎藤、前掲論文（50）。
(61) 吉永進一「序」（栗田・塚田・吉永編『近現代日本の民間精神療法』国書刊行会、二〇一九年）。また吉永進一「霊と熱狂」（『迷宮』第三号、一九八〇年）も参照。
(62) 栗田英彦「正教分離・自由民権・気の思想」、前掲書（61）。
(63) 内務省警保局『ファシズムの理論』出版警察資料第四輯、昭和七年（『現代史資料四　国家主義運動一』みすず書房、一九六三年）。
(64) この点は、斎藤英喜「異端神道と日本ファシズム」（伊藤聡・斎藤英喜編『神道の近代』勉誠出版、二〇二三年）で論じた。

六八年」で問われ、闘われた課題そのものであったといえよう。

一三　「神、やぶれたまふ」のあとに

すでに紙数は尽きたが、最後に本論をまとめつつ、今後の展望を語ろう。

橋川文三の「超国家主義」への視点は、近代の「国家」(立憲制国家、民主国家)を超越せんとする思想と一体とあった。それを導くのは、「維新運動」の担い手たちがもつ宗教的情動であった。宗教は世俗的、現実的論理を超え出る、というわけだ。そして彼らの「超国家主義」の運動がもつ宗教性の対象は、伝統的な権威でもあった「天皇」に求められた。天皇は「変革のシンボル」とされたのだ。

しかしこの点は、丸山真男が指摘したように、維新運動、超国家主義運動のアポリアであった[65]。超越性をめざす宗教的情動の対象である天皇＝「神聖ニシテ侵スベカラズ」(憲法第三条)とは、憲法に定められた「大臣責任制」によって保障されていたのだ。すなわち「国務各大臣は天皇を輔弼し其の責に任ず」「凡て法律勅令其の他国務に関る詔勅は国務大臣の副署を要す」(憲法第五五条)という規定である。この大臣責任制によって、天皇は政治的責任から離れた神聖性が維持されたのである。神聖なる天皇を戴く「国体」と、近代的な立憲制にもとづく「政体」は、相互補完的な関係にあったわけだ[66]。「天皇」を変革のシンボルとした超国家主義運動とは、まさにこの近代国家の二重性のまえに敗退せざるを得なかったといえよう。超国家主義運動は、ついに帝国憲法を否定することはできなかったからだ。

しかしアジア・太平洋戦争の壊滅的な敗北によって制定された新憲法は、天皇の神格性の否定、「人間《ひと》宣言」を前提としたものであった。これにたいする否定的な主張を作品化した三島由紀夫の『英霊の聲』は、「などてすめろぎは人間となりたまいし」と、二・二六決起の将校たちの死霊に怨嗟の声を挙げさせたのである[67]。

一方、「天皇霊」の思想、「真床追衾」の霊術によって、近代的な天皇システムを超えようとした折口信夫は、「神やぶれたまふ」＝天皇の人間宣言による「敗北」を経て、戦後直後に発表された「神道の新しい方向」、「神道宗教化の意義」、「民族教より人類教へ」などの諸論考で、「天皇」や「民族」を超える、普遍宗教としての神道の再生を試みようとした。それは戦前の体制的神道を継承しようとする葦津珍彦《あしづうずひこ》との軋轢を招くことになるが、そこに展開されたのは折口信夫の「敗北」からの再生といってもいいだろう。

あらためて目を向けるべきは、戦後折口信夫の神道論が展開した超越神、創造神、「既存者」の神学が、「六八年闘争」をへたあとの中世神道研究ともクロスする可能性を孕んでいたことだ。[68] さらに折口の神道論は、八〇年代後半に浮上してくるオカルトムーブメントとも共振していく。[69] そこに見いだされるのは、橋川が捉えた「宗教とか形而上学とかの位相における運動」としての全共闘運動を継承する一面である。

しかしそれらがはたして、この爛熟した時代の「国家」を超える思想を生み出しえるか、否か、われわれの時代は、いまだその問いの渦中にある。

---

(65) 丸山真男「戦前における日本の右翼運動」、前掲書（9）所収。
(66) 小股憲明『近代日本の国民像と天皇像』（大阪公立大学共同出版会、二〇〇五年）を参照。
(67) 三島由紀夫『英霊の聲』（河出書房新社、一九六六年）。
(68) 六八年闘争と「中世神道」研究のかかわりについては、山本ひろ子『変成譜』（春秋社、一九九三年）以下の著作を参照。また折口の戦後神道論と中世神道のとのかかわりについては、小川豊生『中世日本の神話・文字・身体』（森話社、二〇一四年）を参照。
(69) 鎌田、前掲書（24）。また栗田英彦「ポスト全共闘の学知としてのオカルト史研究」（田中聡・斎藤英喜・山下久夫・星優也編『〈学知史〉から近現代を読み直す』有志舎、二〇二四年）

人文書院
刊行案内

2025.7 紅緋色

映画が恋したフロイト

岡田温司著

精神分析と映画の屈折した運命

精神分析とほぼ同時に産声をあげた映画は、精神分析の影響を常に受けていた。ドッペルゲンガー、パラノイア、シェルショック……。映画のなかに登場する精神分析的なモチーフやテーマに注目し、それらが分かち合ってきたパラレルな運命に照準をあわせその多彩な局面を考察する。

購入はこちら

四六判上製246頁　定価2860円

ネオリベラル・フェミニズムの誕生

キャサリン・ロッテンバーグ著
河野真太郎訳

女性たちの選択肢と隘路

すべてが女性の肩にのしかかる「自己責任化」を促す、新自由主義的なフェミニズムの出現とは？果たしてそれはフェミニズムと呼べるのか？アメリカ・フェミニズムのいまを映し出す待望の邦訳。

購入はこちら

四六判並製270頁　定価3080円

人文書院ホームページで直接ご注文が可能です。スマートフォンで各QRコードを読み込んでください。注文方法は右記QRコードでご確認ください。決済可能方法：クレジットカード／PayPay／楽天ペイ／代金引換

〒612-8447 京都市伏見区竹田西内畑町9　TEL 075-603-1344
http://www.jimbunshoin.co.jp/　【X】@jimbunshoin（価格は10％税

新　刊

人文学のための計量分析入門
——歴史を数量化する

クレール・ルメルシエ／クレール・ザルク著
長野壮一 訳

数量的研究の威力と限界

数量的なアプローチは、テキストの精読に依拠する伝統的な研究方法にいかなる価値を付加することができるのか。歴史的資料を扱う全ての人に向けた恰好の書。

購入はこちら

Now Printing

四六判並製276頁　定価3300円

普通の組織
——ホロコーストの社会学

シュテファン・キュール著　田野大輔訳

「悪の凡庸さ」を超えて

ナチ体制下で普通の人びとがユダヤ人の大量虐殺に進んで参加したのはなぜか。殺戮部隊を駆り立てた様々な要因——イデオロギー、強制力、仲間意識、物欲、残虐性——の働きを組織社会学の視点から解明した、ホロコースト研究の金字塔。

購入はこちら

四六判上製440頁　定価6600円

公共内芸術
——民主主義の基盤としてのアート

ランバート・ザイダーヴァアート著
篠木涼 訳

国家は芸術になぜお金を出すべきなのか

国家による芸術への助成について理論的な正当化を試みるとともに、芸術が民主主義と市民社会に対して果たす重要な貢献を丹念に論じる。壮大で精密な考察に基づく提起の書。

購入はこちら

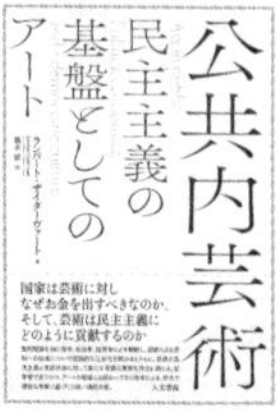

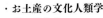

新　刊

英雄の旅
――ジョーゼフ・キャンベルの世界

ジョーゼフ・キャンベル著
斎藤伸治／斎藤珠代訳

偉大なる思想の集大成

神話という時を超えたつながりによって、人類共通の心理的根源に迫ったキャンベル。ジョージ・ルーカスをはじめ数多の映画製作者・作家・作品に計り知れない影響を与えた大いなる旅路の終着点。

購入はこちら

四六判上製396頁　定価4950円

共産党の戦後八〇年
――「大衆的前衛党」の矛盾を問う

富田武著

党史はどう書き換えられたのか？

スターリニズム研究の第一人者である著者が、日本共産党の「公式党史」はどう書き換えられたのか」を検討し詳細に分析。革命観と組織観の変遷や綱領論争から、戦後共産党の理論と運動の軌跡を辿る。

購入はこちら

四六判上製300頁　定価4950円

性理論のための三論文（一九〇五年版）

フロイト著　光末紀子訳　石﨑美侑解題
松本卓也解説

初版に基づく日本語訳

本書は20世紀のセクシュアリティをめぐる議論に決定的な影響を与えたが、その後の度重なる加筆により、性器を中心に欲動が統合され、当初のラディカルさは影をひそめる。本翻訳はその初版に基づく、はじめての試みである。

購入はこちら

四六判上製300頁　定価3850円

第Ⅱ部　一九六八年から新宗教・ニューエイジ運動へ

第四章　神々の乱舞
——一九六八年革命と「民衆宗教」観の変遷

武田　崇元

序論

一九六八年革命は政治的領域のみならず文化領域に決定的なインパクトを与えた。その余波は政治的領域よりむしろ文化領域に与えた影響のほうが決定的であり永続的であったとさえ言える。例えば六八年革命が進行する過程で日共（日本共産党）の権威は凋落したとされるが、狭い意味での政治領域に限定するなら日共はむしろ七〇年代、八〇年代に議会主義政党としては躍進している。凋落したのは文化領域における政治的ヘゲモニーである。もっともその凋落はハンガリー動乱にはじまり六〇年安保で加速され六八年革命で決定的となったとも言える。

ただし、宗教学、宗教ジャーナリズムの世界では一九五五年の六全協以降に日共の政治的影響はむしろ強まり、六八年革命を経過して七〇年代に自然に消滅していくという緩慢な経過をたどった。演劇や映画や文学など主流の文化領域とは異なる周縁領域における不均等性がそこには表出されている。

本稿は六八年革命が民衆宗教に与えた視座の変化を問題にするが、その前提として戦後宗教学における「民衆宗教」観の変遷をたどることになる。

「民衆宗教」という用語を学術用語として定立したのは、村上重良『近代民衆宗教史の研究』（法藏館、一九五八）である。[1]村上は本稿に即していえば第二期を代表する研究者であり、本論で批判的に述べるように、その根底には一神教的かつ自己省察的な宗教を評価するマックス・ウェーバーの宗教社会学と唯物史観があり、そのために金光教の位置づけには大きな倒錯があるが、富士講、黒住教、金光教、天理教、大本という江戸時代中期から大正中期までの宗教運動を神道史の枠組みを超えて前景化させた点に意義があった。

本稿のタイトルを「民衆宗教」とすべきか「新宗教」とすべきかいささか迷った。民衆宗教と新宗教の区分は曖昧であるが、「ＧＬＡ」「オウム真理教」や「幸福の科学」など土着的な伝統とほとんど切断された地平から出現した新宗教を「民衆宗教」と呼ぶのは違和感があるが、そうかといって「新宗教」と言ってしまうと本稿では本願寺のような伝統宗教にも言及し、土俗信仰にも言及する関係上、より不適切であると考え「民衆宗教」とした。

なお、筆者は専門の研究者ではなく、六八年革命の余波として、七〇年代に生起した第三期の視座の転換の洗礼を受け、なかばその渦中にあった「体感」がベースとなっていることをご了承頂きたい。

私見によれば、民衆宗教に対する宗教学／宗教評論の視座の変遷はおおむね左記のように区分される。もっとも第四期は視座の変化というより、六八年革命的な価値観の増殖によって生起した現象と位置づけられる。なお、第一期→第二期の変化は小口偉一ら宗教学者によって代表されるが、第三期は六八年革命に主体的に関わった宗教ジャーナリスト梅原正紀によって代表される。[2]

第一期：呪術排撃と土俗蔑視　一九四五～一九五三
第二期：民衆宗教眼差しの変化　一九五四～
第三期：土俗からの反撃　一九六八～
第四期：神々の乱舞　一九八〇～

第一期：呪術排撃と土俗蔑視　一九四五〜一九五三

小口偉一

この時期を代表するのは小口偉一《おぐちいいち》（一九一〇〜一九八六）と佐木秋夫《さきあきお》（一九〇六〜一九八八）である。小口偉一はマックス・ウェーバーの紹介者として知られる宗教学者で、当時は東洋文化研究所員で東大文学部助教授であった。四六年頃より『東洋文化』など学術誌をはじめ、『世界』『改造』など総合誌にも精力的に寄稿していた。

『日本宗教の社会的性格』（東京大学出版会、一九五三年）は、この期間に発表された小口の原稿を再構成して配列したものである。初出誌は明示されていないが、各稿の末尾に執筆年月が記されている。「あとがき」に明示されているように、小口の問題意識は「日本宗教の呪術性と職業化に対する批判」であり、小口自身が認めるように、ウェーバーの宗教社会学がその参照点とされた(3)。

ウェーバー・モデルにおいては、「呪術からの完全な解放」を実現した合理的宗教である禁欲的プロテスタンティズムこそが宗教のあるべき最終進化形態であった。ウェーバーは儒教もまた、宗教的価値を倫理性におき、呪術的世界から脱却（怪力乱神を語らず）した合理化の方向において、ピュリタニズムとあい通ずる性格を有しているが、ピュリタニズム的合理主義は世俗的なものの合理的統制であるのに

（1）　井上順孝他『新宗教事典』（弘文堂、一九九〇年）、三頁。
（2）　柳川啓一の「異説宗教学序説」も一九七二年である。柳川は宗教学における体系性の放棄を宣告し、「ゲリラ」としての宗教学を唱えた。ここにも六八年革命の影響が感知される。
（3）　小口偉一『日本宗教の社会的性格』（東京大学出版会、一九五三年）、二〇頁。

対し、儒教的合理主義は世俗的なものにたいする合理的順応であるとし、さらに儒教は科挙エリートという支配層の宗教であり、民衆の宗教である道教は「呪術の園」に放置されたとした。

その上で小口は、「日本宗教は中国における宗教とほぼ同様の性格を有し、民衆の現実的生活意欲を養いえなかった」とする。日本社会は今なお「ウェーバーのいわゆる呪術の園にほかならない」とし、「正しい意味での自我の目覚めもなく、個人的な信仰心が素朴な原始的呪術に向った日本の民衆の宗教」に「日本宗教のアナクロニズム」を見るのである。[4]

繰り返し強調されるのは「日本社会の非近代性」である。「天皇崇拝」にしても、「多くの未開社会に類同現象を求め」ることができ、「神国思想も未開人の社会観の根底をなすものである」としたうえで、「他の民族あるいは国家が、いちはやく通過した段階に停滞し、かえってこれを基礎づけるべく、近代思想まで逆用したのが日本社会」であり、「この点において、神道主義的観念形態は、非近代性というよりは、むしろ端的に原始性というべき性格を担っている」とした。[5]

この問題意識は『日本宗教の社会的性格』で執拗に重複して繰り返されるが、小口の民衆宗教観は雑誌『光』一九四八年一〇月に掲載の「お札の降る世界～巷間宗教ノート3」を見れば充分だろう。そこには「俗信」に対する蔑視と啓蒙主義が凝縮して表出されている。

小口はある種の俗信に「かのように」と同様の心理を見る。民衆には実際には神札や護符の効果を信じているわけではないが、信じるふりをするという心理的機序があるとする。戦時中に猖獗をきわめた千人針の習俗も、出征者個々人は千人針の効能など信じていないが、集団心理的機序が作用して銃剣と同じような「制服」になったというのである。また神札の受容にも同様の側面があり、軒並みにお札が貼ってあるのに自分の家にはそれがないのは仲間はずれを意味するという見えざる「集団心理的拘束力」を指摘する。

この小口の指摘は一面において鋭いものがあるが、それを江戸時代の「お陰参り」や幕末の「ええじゃないか」（小口によれば「舞踏狂的な病態」）にまで適用し、「民衆は神札の降下など、何者かがそうした仕業をしているということを知ってはいたが、それを知りつつも「ええじゃないか」と熱狂したところに「民衆の意識」があった」とするところで、小口の民俗的心意に対する極端な無理解が露呈する。

小口の論旨は必ずしも明示的ではないが、日本の民衆は今なお習俗化した「お札がふる環境」にあり、その環境のもとでつねに呪術に対する信憑が再生産される構造を提示したかったようであり、その批判の矛先は巣鴨の「とげぬき地蔵」にまで及ぶ。

小口によれば「どこへ行っても流行神様の近辺には、それと類同のものが群っているのも同一の現象」であり、現に巣鴨のとげぬき地蔵の縁日には露天的売卜者たちが雲集」し、「とげぬき地蔵尊の御影を貼ったり飲んだりする人々、観音様の石像を洗うために行列をなしている女たち、その帰途には売卜者のところへ立寄って身上相談をする老若男女、こういう人々のところへは、いつでもお札が降ってくることであろう」と述べる。

そして、「この世界を打破するためには」として、「とげぬき地蔵」の場合についていえば、「とげぬき地蔵」が曹洞宗の寺院（高岩寺）が祭祀するものである以上、「その寺院が何よりもまず禅的自覚に立つことが必要である」とした。

小口は「この種類の寺院や神社はかなり多」く、「この限りにおいて、寺院や神社は民衆のすこやかな成長にマイナスの働きかけをしている」とし、福澤諭吉が神札を踏んで実験した逸話に触れ、「私たちは、まず身近にあるお札の世界を打破しなければならない。これをなし得たとき私たちはお札につらなる一連の信仰の世界、宗教学者がフェティシズム（呪物崇拝）と呼ぶものから脱却できるのである。そして

（4）同書、二二一〜三〇頁。
（5）同書、二二五頁。

新しい精神の世界に立った人々は、お札の迷妄がいかに怖るべきものであるかを知るであろう」とした。(6)このような記述は現在の観点からするとおよそ宗教学者のものとは思えないが、それが戦後まもない時期の知識人に共通する認識であった。

ちなみに曹洞宗は豊川稲荷をはじめ俗信の宝庫であり、それをめぐって昭和三年に繰り広げられた忽滑谷快天《ぬかりやかいてん》と原田祖岳《そがく》の「正信論争」があったが、この論争は実は国家神道の成立機序とパラレルな問題を内包している。忽滑谷快天は曹洞宗の宗旨は「絶対唯一たる如来」への信仰であり、「正信」は「宇宙的神霊を本尊とし、宇宙的事実を教典として居る」と説き、「雑信」を非科学的な迷信と断じた。(7)

国家神道創出の機序となる動因は二つあった。一つは天皇制国家主義であり、一つは近代合理主義である。左派からの国家神道批判は今もなお前者に集中し、後者は見落とされがちだが、この両者は不可分に結びつき、両輪になって明治の近代化の中で民衆的な土俗信仰が押し潰されていく。(8)

明治以前の神社が忽滑谷がいう「雑信」、ウェーバーがいう「呪術の園」であったことは間違いない。たとえば奈良の春日大社では明治初年まで「土偶首切の法」と称し土偶や動物の首を切る祈禱を行う巫女が莫蓙を広げるなど、それこそ小口が嘆くとげ抜き地蔵以上の状態であった。(9)

神道を国家イデオロギーの精神的支柱に据えるという意図のもとに明治初年の神仏分離令に続き、明治四年には「神社の儀は国家の宗祀」という太政官布告が発布され、「国家の宗祀」にふさわしくない「呪術の園」的光景の徹底排除が求められた。

だからこそ明治六年（一八七三）に教部省通達「梓巫、市子、憑祈禱、狐下げ禁止令」が、翌年には「禁厭祈禱による医療行為禁止令」が出され、明治一三年の刑法では禁厭祈禱は違警罪の対象とされた。

教部省通達をはじめとする一連の呪術弾圧法規は、啓蒙的近代合理主義に沿うものでもあったが、ここで注目されるのは、儒教の日本的変形である水戸学及び水戸学と親近性のある神道津和野派は、維新前から迷信排斥、巫覡排斥という主張を掲げていたことである。このような水戸学を媒介とする近代合理主義と天皇中心の儒教的権威秩序主義のマッチングこそが国家神道の本質であり、明治四年の「神社の儀は国家の宗祀」という太政官布告と翌明治六年の教部省通達による呪術シャーマニズム撲滅宣言とは一対のものとして捉えなければならない。呪術を全社会的に撲滅するのは無理だったが、少なくとも神社空間からはほぼ排除された。

しかし、神社によっては、国家神道と土俗信仰のせめぎあいは続いた。伏見稲荷の神域の山には「お塚」と称し、狐憑きのシャーマンを中心とする講社が建てた石や祠や鳥居が無数に林立している。これらは神社が「国家の宗祀」と定められ、「狐下げ」禁止の布令が出た明治以降に建てられたもので、数の力で押し切るほどの信仰的底力があったともいえる。

その一方で政府は「国家の宗祀」の理想型として、天皇、功臣、大名家の祖先、南朝の忠臣、靖国や護国神社のような戦死者を祀る神社を盛んに造営し、それを近代神道の規範となる神社とした。

内務省神社局（のちに神祇院）の公式見解は「神社とは、日本帝国の天皇、または皇族または、国家社会に特に功績のあった人格者に対して、伝統的な礼法をもって表敬すべき場所」であり、内務省神祇院書記官・武若時一郎『神社法』[10]は、「神社に斎祀せらるる神は、自然神や観念神ではなくして、人格神たることを本義とする」とした。これが、神道は非宗教とする論弁的レトリックの思想であった。

（6） 小口偉一「お札の降る世界～巷間宗教ノート3」（『光』一九四八年一〇月号）、六四―六七頁。

（7） 「正信論争」については吉永進一「忽滑谷快天――常識宗と宇宙の大霊」（『日本仏教と西洋世界』法藏館、二〇二〇年）参照。

（8） 以下の筆者の国家神道観については、「葦津珍彦がつくった『国家管理なき国家神道』」（『週刊金曜日』二〇一九年四月一二日号）、「願わくばこれを語りて平地人を旋律せしめよ」（『子午線――原理・形態・批評』五号、二〇一七年）、三三―四二頁を参照。

（9） 佐々木船山『蝦夷天狗考』（私家版、明治四五年）一八―二〇頁。

仏教、キリスト教側は、当局のこの見解を受け入れたうえで、天皇や国家功労者の遺徳に敬意を表する施設を国家的に保護することは当然であるが、大多数の古来からの神社は「迷信に関係ある神社で、中には婬祠と称すべき者も少なくない」「国家が迷信の本尊たる婬祠を維持するに国費を以てるが如きは決して適当なることとなすことは出来ない」と批判した[11]。

小口の「神社や寺院関係の人々が積極的に不合理なものを打破するようにしないかぎりこのような俗信は容易に根絶しない[12]」という批判軸は、このような転倒した批判と通底する。この当時の小口は神社神道に対する批判は、「神社神道側が好むと好まざるとにかかわらず」「誤れる信仰としての呪術的行為の一つの温床」になっているという点にあり、「日本の近代化の速度は、神社信仰をめぐる人間と制度との近代化に比例するといっても過言ではない」というものだったのである[13]。

小口は天皇崇拝や神国思想の根底にも、「迷信」「盲信・狂信の伝統」「神がかりの世界」との連続性、あるいは「呪縛された人間の温床となってきた」「非近代的な社会」の病理を見るのみで、国家神道に対する切り込んだ批判はいっさいなかった[14]。

佐木秋夫

佐木秋夫（一九〇六～一九八八）は小口偉一と並んで第一期を代表する論客である。小口偉一に「佐木さんほどの秀才はいない」と言われた人物で、おそらく知識人の間での知名度は佐木のほうが高かったと思われる。

佐木が東大宗教学科を卒業した一九三〇年という年は、宗教紙『中外日報』を舞台に「マルクス主義と宗教」論争が華々しく展開されていた頃である。佐木は「ブルジョワ宗教学に愛想をつかし、夜間中学の教師などをやりながら、宗教を社会科学の対象として徹底的に究明していくことをこころざし」、一九三三年に若干二七歳にして、古代ロシアにおける宗教の発生からボリシェヴィキ政権下における宗教の終焉までを詳述した『ロシア宗教社会史』(森山書店)を上梓し注目を集め、「日本戦闘的無神論者同盟」に参画する。(15)

一九三〇年前後の「マルクス主義と宗教」論争は、後述する第三期の六八年革命における宗教者の論争のいわば先駆として注目されるが、一九三一年九月に結成された日本戦闘的無神論者同盟の活動はコミンテルンの方針を受けたもので、その硬直性は際だっていた。反盂蘭盆闘争は死者の霊が帰ってくるということの自然科学からみた荒唐無稽さを説き、さらに初詣り、節分、初午、濯仏会、彼岸といった宗教的習俗行事を一律に否定し「こうした年中行事は、どうして起るやうになったか、どういふ意義をもっているものであるかを明らかにして、そうした影響から大衆を引きはなし更にそれに対して積極的に反対する方へと大衆を目覚めさせて行く」方針が提起された。

それはまさに林達夫が評したように「明治初期の迷信対合理主義の闘争とほぼ相似た」「宗教対一部マルクス主義者の」「闘争」であり、「戦闘的無神論者であると称した一部マルクス主義者は、その粗雑極まる素朴合理主義を振り廻す点では明治啓蒙主義者のそれに優るとも劣ら」ず、結局のところ「一つの笑劇」であり二重の意味で漫画でしかなかった。(16)

このような民衆の宗教心意に対する蔑視と無理解は、そのまま小口と連動する。小口の宗教観を規定

(10) 葦津珍彦『国家神道とは何だったのか』(神社新報社、一九八七年)、一六二―一六四。
(11) 同書、一七四―一七五頁。
(12) 小口「お札の降る世界」、六五頁。
(13) 小口『日本宗教の社会的性格』、六四頁。
(14) 同書、六一―六三頁。
(15) 林淳「一九三〇年代の佐木秋夫」(『IISR国際宗教研究所ニュースレター』(五八、二〇〇八年)。
(16) 田中真人「日本戦闘的無神論者同盟の活動」(同志社大学人文科学研究所『社会科学』二七号、一九八一年)。

したウェーバーの宗教進化論は、日本社会の封建的残滓を重視する講座派との相性がよかった。実際、小口偉一も当時は日共のシンパサイザーであったことは、『日本宗教の社会的性格』からも容易に読み取れる。ちなみに石門心学に着目し日本資本主義のエートスを論じたロバート・ベラーの *Tokugawa Religion: the Values of Pre-industrial Japan* は一九五七年であり、その邦訳は一九六二年である（堀一郎、池田昭訳『日本近代化と宗教倫理』未来社）。

佐木秋夫が実際にどの程度まで「戦闘的無神論者同盟」に関わっていたのかは明らかではない。佐木は早くから親鸞を評価していた。とくに日蓮の行動と思想を当時の社会背景や階級的諸力の拮抗のなかでダイナミックに捉え直した秀逸な人物伝『日蓮』（白揚社、一九三八年）には教条主義的な硬直性はみられない。

しかし、また一方で「神佛分離は同時に神道と宗教との分離、神道の超宗教としての定立にまで進行した。一方では、低俗な俗信的要素は諸神社から決して精算されなかった[17]」という記述からは佐木もまた「俗信」に対しては否定的だったことが窺える。

但し、杉山平助、尾佐竹猛らとの共著『現代日本史研究』（三笠書房、一九三八年）の「宗教」の項において江戸の民衆宗教について次のように言及しているのは、村上重良の民衆宗教論の先駆として注目される。

「農民、小市民からの宗教的抗議は、一揆や打壊しの波と交替的に昂揚した「抜け参り」「ええぢゃないか」の現象に特徴的に現れる。非仏教的な宗教もいくつか発生した。現世利益主義の点では仏よりも農耕宗教的アニマたる神々が打つてつけなので、古きシャーマニズム的形式が勢を得てきた。不況と共に益々増加する乞食的宗教者（山伏など）は、この形式を採上げて原始的な強烈な宗教的興奮を撒き散らし、「神憑り」した異常者の中からは遂に何人かの教祖を生んだのだ（金光教、天理教その他のいはゆる宗派神道は、この期に創唱され、御嶽教の如きもこの勢に乗じて組織されていつた）。そこでは屢々、きはめて微かな錯乱した姿に於いてであるとはいへ、仏教（それを通じて封建的支配）に対する消極的反抗（不信）の跡が見られ、民族的な単一神教的な神が顔を覗かせてゐる。国内統一への必然的要求が、外夷に対する盲目的恐怖を以て裏打されて、一種（例へば艮神―金神など）または一束（天理教の十柱の神など）の神の姿に投影されてゐる。」(18)

次に戦後の佐木の発言をいくつか見ておく。

『世界仏教』（世界仏教協会、一九五一年九月号）に掲載の「新興宗教の性格」は、新興宗教は社会改革への無力感を呪術や神霊的な力で代替し、「正しい解決への科学的実践的な態度」から目をそらせ、「麻薬のように」大衆を眠りこませ、大衆が社会主義、共産主義に目覚めるのを遅らせ阻止する装置であるとする素朴な宗教アヘン論である。

佐木は「新興宗教」の病理は戦前の日本帝国主義の産物であり、その意味での代表格が大本教であり、そこには現代の末期的な社会不安が凝縮的に反映され「思いきりでたらめ夢想と熱病的な興奮とがみなぎり」、「帝国主義的な文化の一つの特徴」として、「うつろなまやかしとこけおどしの権威主義」と「あけすけの企業性」が「伝統的なシャーマニズムの神がかり宗教」としてまとめられていたとする。

また「新興宗教」は基本的に現状追随であるが、一方で世直しや立替え願望として反抗精神が表出される場合もあることを指摘し、この傾向は天理教、大本教、璽光尊などに顕著で、「現状の支配権力機構が大規模な奇跡によつて崩れ去って、信者たちの地上天国あるいは仏国土が実現するという一種の終末思想である」とする。

その上で、反抗精神のこういう歪んだ表出は、「問題の正しい解決を遅らすだけでなく、ファシズム

（17）『日本文化史大系』第一二巻（誠文堂新光社、一九四二年）、一七七頁。
（18）『現代日本史研究』（三笠書房、一九三八年）、二二〇―二二一頁。

に通じている」とし、ヨーロッパの宗教改革において貧農や都市下層民が紡いだ終末の夢には民主主義と平等主義の希求があったが、二〇世紀の日本の新興宗教はむしろ逆に古い天皇制の幻想を終末後に持ち込み、大本教、天理教、天理本道などいずれも教祖またはその子孫が天皇親政さながらに大衆を支配するという夢想に彩られているとし、その原因はこれらが「シャーマニズムの神がかり宗教」だからだとする。

佐木によれば、シャーマニズムは仏教渡来以前の日本の原初的な宗教形態で日本書紀の神功皇后条に示唆されるように、古代天皇制成立の機序であり、シャーマニズムこそは天皇制と新興宗教の共通原理であり、そこに大本教などが「不敬」に陥りやすい「危険」もあったとするが、佐木においてはその「危険性」はなんら評価の対象ではなく、日本女性のおかれている抑圧的状況に起因する「強度のヒステリーや精神異常」の表出という日本社会の後進性の問題へ帰納される[19]。

これが一九五一年の時点における佐木秋夫の新宗教、とりわけ大本への眼差しであったが、一九五三年に刊行された乾孝編『日本は狂ってる――戦後異常心理の分析』(同光社磯部書房、一九五三年)に収録の佐木秋夫「神々のラッシュアワー」ではさらに「新興宗教」に対する徹底的な批判が展開され、大本教も再び俎上にあげれらる。

佐木は、新興宗教がとりわけ異常に感じられるのは、神々の季節はとっくに過ぎ去ったということを多くの人が直観的に摑んでいるからであり、「とうにさかりを過ぎた老樹がけばけばしい狂い咲きの花をいっぱいに咲かせている」のを見るときのような当惑があるからだとする。そして古い宗教がその気味悪さを火口にだけしわ寄せした火山であるとすれば、新宗教の一千万の渦巻きは平原に流れ出たどろどろの溶岩のようなものなのでこれを座視することはできないとする[20]。

北村サヨの天照皇大神宮教(踊る宗教)や今は消滅した植木コユウの世界あじろぎ同盟、璽光尊などに見られる自らを天皇に代わる「神」とする思想も、佐木にとっては異常であり、「この異常性は偶然のものではなく、天皇制の構造に宿命的にひそんでいる」ものと批判される。[21]

神社本庁に対する批判軸も、太平洋戦争のおかげで靖国神社の祭神が二〇〇万柱にもなったという揶揄をもって、「原始的な多神教」という点が強調される。「こんな原始的な多神教が大手をふつて通用しているのは、仏教のもとで生長がとまつた民族的な宗教が、天皇制とからみながら補強されて、いちおう独立のものとして残されてきたという歴史的な事情」があり、それが「明治の祭政一致の天皇制をつくるときに、中途半端な整備をうけて、そのまま国家の制度とされた」からだと位置づけられる。

その上で「多神教にともなって、神がかりする巫女のシャマニズムの儀礼も残された。シャマニズムは山行者にも残ったが、これと仏教とが結びついて、天台や真言の密教の修験者達（山伏）や、さらに日蓮宗の行者ができた。これらの神道系や仏教系のアニミズムとシャマニズムとのは、の広い流れが村や町をひたして、新興宗教のゆたかな補給源を成している」とした。[22]

現実には国家神道体制下ではシャーマニズムは公的には抑圧され修験道も組織的には解体されたことには佐木は触れないし、抑圧されてもなおお土俗は民衆の間に残存し、「新興宗教のゆたかな補給源」になったところに民衆の底力を見ようとはしない。

大本教に対しても、「天皇制のもとで苦悩する大衆を「けだものの国」にたいする排外主義のまぼろしを含むデタラメな夢におぼらせ、資本主義にたいする反感をとんでもない時節おくれの「神の国の共

(19) 佐木秋夫「新興宗教の性格」『世界仏教』（世界仏教教会、一九五一年九月号）、二三―二八頁。
(20) 佐木秋夫「神々のラッシュアワー」乾孝編『日本は狂つてる――戦後異常心理の分析』（磯部書房、一九五三年）、一四五頁。
(21) 同書、一五五頁。
(22) 同書、一五七―一五八頁。

産制」にそらせ、科学を否定して人びとの心を病的な神の妄想でいっぱいにした、その大本教のファッシ的な性格ははっきりしている」というものだった(23)。

第二期：眼差しの変化　一九五四〜

『教祖　庶民の神々』

第一期から反転して、〈民衆宗教〉への好意的な評価が喚起されたのがこの時期である。それを決定づけたのは一九五四年八月から『中央公論』に連載された「教祖列伝」である。この連載は小口偉一、乾孝、佐木秋夫、松島栄一をメンバーとする「新宗教研究会」によるもので、連載終了後、一九五五年一二月に『教祖　庶民の神々』と題して青木書店から刊行された。筆者手持ちの本で確認すると、一九六六年七月までに九刷を数えているから、比較的長期にわたって読まれたものと推測される。青木書店は一九四五年に創業されたマルクス主義系の人文書をメインとする出版社である。

ここには、第一期を代表する小口偉一と佐木秋夫がともに名前を連ねている。

松島栄一（一九一七〜二〇〇二）は早稲田大学史学科を卒業後、一九四〇年より東京帝大史料編纂所に勤務、同僚の家永三郎や遠山茂樹の影響でマルクス主義に傾倒し、敗戦後は歴研（歴史学研究会）の再建に尽力し、民科（民主主義科学者協会）、歴教協（歴史教育者協議会）に所属した日共系の歴史学者である。

乾孝（一九一一〜一九九四）は日共系の民科所属の発達心理学者であり、佐木が「神々のラッシュアワー」を寄稿し、厳しく「新興宗教」を批判した『日本は狂つている――戦後異常心理の分析』（同光社磯部書房、一九五三年）の編者である。ちなみに同書はセンセーショナルなタイトルにもかかわらず、執筆陣はすべて日共ないしはその周辺の知識人で、乾自身が執筆した「犯罪の異常」は、天野貞祐文部大臣が修身や教育勅語の復活を説くという状況こそ異常であるという視点から、当時頻発したさまざまなとは注目される。

「異常」とされる犯罪に対するメディア報道の問題点を暴き、さらに三鷹事件、下山事件、鹿地事件に関連する共産党に対する冤罪を問題にするのが眼目であった。

このように「新宗教研究会」のメンバーはすべて日共の党員ないしはそのシンパサイザーであったことは注目される。

どのような経緯でこの連載がはじまったのか、単行本に付された佐木による「まえがき」は、「新興宗教の教祖というものは、ペテン師か精神異常者のたぐいなのだろうか。頭からそうきめてしまっている人も少なくない。ジャーナリズムは教祖たちを笑いものにあつかい、事ありげに書き立てて、読者の匿越感と好奇心とをくすぐっている。だが、それでいいのだろうか」と疑問をなげかけた上で、現実には「五百万をはるかに越える大衆が、天理教やさまざまな信仰宗教に組織されている。大きな行事のときには、たたちまち数十万人が動員される。その大部分は、まじめな貧しい日本の庶民たち、小市民や農民」であり、「労働者や知識人のあいだにも、かなりの信者がいる」これらの組織された熱心な人びとをのけものにして、民族の生活と文化をどうすることができるというのか」とたたみかけ、「みんなが力を合わせてしんけんに民族の運命を切り開いていかなければならないときに、心からの嘆きと夢とを投げかけた教祖を、単純に割り切ってかかっていいのだろうか。わたしたち同人は、先入観を捨てて教祖の生きた人間に触れ、その歴史の秘密を明かにしていくことが、きわめて大切だと考え」「数年前からその仕事にとりかかった」という事情を明らかにする。

彼らはその研究の過程で「教祖」たちに心情移入している自らを発見する。「庶民の思想史のこのなおざりにされてきた幾ページかを苦心して聞いていくあいだに、わたしたち自身が、何度となく思いがけぬ感動に打たれたことは事実である。わたしたちの教祖観は、ほとんど一変

(23) 同書、一六四―一六五頁。

したとさえいっていいかもしれない。異常な神さまというよりも、重荷を負いあらしによろめく一人の庶民の姿がそこにある。」(24)

しかしながら、佐木は「だからといって、新興宗教のもつ非科学性や権力への迎合の傾向や、そのほかのさまざまな害悪にたいしては、いささかも譲歩することはできない」と釘を指すことを忘れない。『教祖』が対象としたのは、天理教、大本教、生長の家、ＰＬ教団、世界メシア教、霊友会、立正佼成会の教祖たちの列伝である。同人がそれぞれ手分けして各教団を取材し、教祖や教主にも面会し、資料も提供され、それを何度も研究会を開き討論し、それを佐木秋夫が執筆し、さらに全員で修正を加えるという慎重な手続きを取られた。その結果、谷口雅春ですら辛辣な筆致をまじえつつも、可能なかぎり好意的に描かれる結果となった。

六全協の影

このような唐突ともいえる転換の背景には二つのファクターがあったと推定される。ひとつは六全協に至る日共の路線転換であり、ひとつは戦後大本教団が「平和運動」に乗り出し無視できぬ勢力として浮上してきたことである。

野坂参三らが主導する戦後共産党の平和革命戦術とＧＨＱや天皇制に対する融和的態度を批判する一九五〇年一月六日の「コミンフォルム批判」は、日共の党内に大きな混乱をもたらした。当初、主流派の徳田球一らは「〈日本の情勢について〉に関する所感」を発表しこれに反発するが、一月一七日付『人民日報』がコミンフォルム批判を肯定し「議会闘争は補助手段にすぎない」とする「日本人民解放の道」を発表するや、一転してコミンフォルム批判を受容、五一年二月に党を掌握し、同年一〇月の五全協で武装軍事方針が提起され、中核自衛隊、山村工作隊などの戯画が演じられた。

これが一九五五年七月の六全協で覆され多くの党員は茫然自失となるわけだが、おそらく一九五三年の徳田球一の死を受けて、所感派と国際派のあいだでのヘゲモニー闘争に変化があったものと思われる。とくに注目されるのは六全協の一年前、一九五四年一月一日付で「アカハタ」に発表された「平和と民主主義を守る国民の大統一行動をめざして」（一・一決定）という党声明だろう。

一・一決定は三反（反米・反吉田・反再軍備）統一戦線の強化を全党に指示し「国民の平和と民主主義と生活を守るための日常の諸要求を徹底的に取り上げ」「行動の統一を拡大」するという方針が提起された。

田川和夫によれば、この一・一方針以降、党内で「大衆の要求」ということが盛んに言われるようになったが、それは「全戦線にわたって、無原則極まる統一と団結論をはびこらせる結果」を招き、「かかる統一論は理論戦線・文化戦線にも反映」したというから、おそらく「新宗教研究会」は佐木秋夫が主導して「文化戦線」の一翼として立ち上げられたものと思われる。[25]

戦後大本の「平和路線」

佐木や小口の「転向」をもたらしたもうひとつの要因は、戦後大本教団の「平和運動」である。第一期、第二期を通じて、つねに焦点となったのは大本教をどう捉えるかという問題であった。

昭和二〇年一二月三〇日、大阪朝日新聞は鳥取県吉岡温泉に清遊中の出口王仁三郎のインタビュー記事を掲載する。王仁三郎はこのインタビューで「民主主義でも神に変りがあるわけはない」が、国家が「自分に都合のよい神社を偶像化してこれを国民に無理に崇拝させたことが、日本を誤らせた、殊に官国幣社の祭神が神様でなく、唯の人間を祀っていることが間違いの根本だった」と国家神道を厳しく批

(24) 乾孝・小口偉一・佐木秋夫・松島栄一『教祖　庶民の神々』（青木書店、一九五五）五―六頁。
(25) 田川和夫『日本共産党史』（現代思潮社、一九六九）、一一九―一二〇頁。

判し、「いま日本は軍備はすっかりなくなったが、これは世界平和の先駆者として尊い使命が含まれている、本当の世界平和は全世界の軍備が撤廃した時にはじめて実現され、いまその時代が近づきつつある」と述べている[26]。

これは大本教団では「吉岡発言」と呼ばれ、教団と左派の提携が進むと、王仁三郎がいかに戦後の民主化を歓迎したかその証左とされた。

しかし、王仁三郎みずから最高指導者となり、内田良平を副統管に据え、ムッソリーニかぶれの下位春吉を参謀長に迎えた本格的な「下からのファシズム運動」として展開された昭和神聖会運動は、わずか一〇～一五年前のことであった。

知識人にはその忌まわしい記憶、内田良平や頭山満の盟友としての王仁三郎の記憶が色濃く残っていた。だから、すべての施設を破壊され、獄死者まで出した苛烈な大弾圧は敗戦後の大本教団にとって歴史的アセットとなり、なおかつ王仁三郎の「吉岡発言」にもかかわらず、そうストレートに「苦難の道を歩んだ民衆宗教の代表」というポジションが約束されたわけではなかった。

一九四八年、大本教団は折からの食料危機に対応し「愛善みずほ農法」の普及をはかり、全国の農村に浸透していくが、これに対して岡本清一は次のように危機感をあらわにした。

「段当六～一〇石の収穫の可能を主張する長野県に発する黒沢式農法なるものと、大本教の後身たる愛善苑とが結合して〈愛善みづほ会〉なるものを組織し、数万にのぼる会員を全国に有するという。これは超宗派を主張する教団たる愛善苑の理想実現手段の一つであって、増産運動と宗教的精神運動との結合である。かって大本教は、昭和八年から九年へかけて昭和神聖会を組織して極右的ファシズム運動に入ったことがあるが、愛善みづほ会運動もやがて政治化する用意のあることを語っている[27]。」

小口偉一もこれを受けて新しいファシズムの台頭を助ける運動だと批判した[28]。

この時点では、大本がどれほど天皇制国家から過酷な弾圧を受けようが、左派にとっては日本版の

「長いナイフの夜」のようなものとして受け止められていたのである。

大本に対するイメージの変化は、一九四九年、湯川秀樹らと組んで世界連邦運動をはじめたあたりからだと思われる。この種の運動には著名人は名前を連ねるだけで、実質的には世界連邦運動＝大本であり、大本は世界連邦運動を通じてみずからの存在意義を主張するという構図が形成された。そしてその影響力のもとで翌一九五〇年（昭和二五年）一〇月に大本本部のある綾部市が日本ではじめて世界連邦都市を宣言し、続いて一九五二年には亀岡市がこれに続く(29)。

ちなみに日本における世界連邦運動には平凡社の下中弥三郎が深く関わり、下中は一九五〇年には湯川秀樹らと「世界平和アピール七人委員会」を結成している(30)。下中は一九二〇年の第一回メーデーに参加し代表演説をした左派であったが一九三〇年頃より国家社会主義を提唱し、その頃から王仁三郎と交流があったものと思われる(31)。一九三四年、東京の万有社から『出口王仁三郎全集』全八巻が刊行されるが、これをプロデュースしたのも下中弥三郎であった(32)。

世界連邦運動はきわめて理念的なものであり、左翼色は希薄であったが、大本の左旋回と動員力を決定的に印象づけることになったのは原水禁運動であった。

一九五四年にビキニで第五福竜丸事件が起こる。一般に日本の反核運動は、同年五月九日に、東京都

(26) 大本七十年史編纂会『大本七十年史』下巻（宗教法人大本、一九六七）、七三四頁。
(27) 岡本清一「日本ファシズムの崩壊と再建」（『世界評論』一九四八年一一月号）、二八頁。
(28) 小口偉一「権威信仰の構造」（『人間』一九四九年二月号）、二二頁。
(29) 大本七十年史編纂会『大本七十年史』下巻（宗教法人大本、一九六七）、一一一二頁以下。
(30) 下中彌三郎伝刊行会編『下中彌三郎事典』（平凡社、一九七一）二〇四—二三七頁。
(31) 同書、四〇五頁以下。
(32) 『大本七十年史』下巻、二四〇頁。

杉並区の婦人団体やＰＴＡ、労組の代表が杉並公民館で「水爆禁止署名運動杉並協議会」を結成したことが最初とされるが、実はこれより早く大本では四月五日に原水爆実験・製造禁止を決議、二五日には反対署名運動をはじめ、「人類愛善新聞」特集号を発行、たちまちのうちに一五〇万の署名を集めている(33)。

これで大本＝人類愛善会は一躍、原水爆禁止運動のホープとして注目を集めることになる。そして、同年八月に佐木秋夫らの「教祖研究会」の「教祖　庶民の神々」の『中央公論』連載がはじまり、大本は九月号で取り上げられるのである。

記事は「なまなましい弾圧のあと」と題し、「天皇の警察」による「中世的な気狂いじみた」弾圧を弾劾し、「再出発した大本の平和のいとなみ」に触れ、大本は幕末に続いて大正期に出現した本格的な「新興宗教」の最初の「巨大な開花」「新興宗教」の源流であるとし、「戦後のいま、新旧を通じて平和活動のもっともさかんな宗教の一つとして復活している」と述べる。そして大本のこの特質は、出口なお、王仁三郎という二人の教祖の性格や生活との関連を探るということで、大本史を叙述していく。ここで出口なおは「精神異常者」から昇格し、抑圧された生活の中から無意識のうちに「政治の変革」を希求し、それを「一種の神政への復帰」として表出した「女工哀史以前のたたかい」を闘った人として描かれる(34)。

王仁三郎に関しても、一九〇四年の『道のしおり』に記された、戦争は地主と資本家のものであり、「大和魂とは平和、文明、自由、独立、人権を破るものに向かってあくまでも戦う精神をいう」との一節を紹介し、それが排外主義的な神国思想やファシズムに傾斜したことを批判しながらも「王仁三郎の神話解釈の論理的帰結が天皇絶対神の否定にいたることは疑いない」とし、「天皇に対する王仁三郎の内実の意識は明らかにされていない」が、「天皇ににた服装をし、「月の光昔も今も変わらねど大内山にかかる黒雲」とよむなど、反権力の立替え精神は、かれの深部において、消えることなく残っていたものと思われる」とする。

「王仁三郎の思想と行動のうちにみとめられるこの反逆の性格は、当時の絶対主義的抑圧と資本主義的収奪に対する大衆の抵抗に通ずる」ものではあるが、そのような「反逆的性格」とまじりあった「王仁三郎の奇矯とも豪放ともみえる生活態度には、日本浪人に特有の〈清濁併せ呑む〉式の精神形態、行動形式に通ずるものがあった」とし、「こうした、およそ前近代的な態度は、封建的諸制度を払拭せず、むしろ積極的にそれを利用してきた日本資本主義の産物にほかなら」ず、「そのような眼からみれば、王仁三郎はまさに軍事的・封建的日本帝国主義が、民衆の間に産み落した一個の人間類型であったといえる」とし、「民衆の間に生まれたがゆえに（中略）資本主義と封建制のつくり出す悪に対して、反逆し抵抗する精神を宿してはいた」が、「自らの階級的立場の認識と歴史的自覚に立たないで、観念の世界で倒錯し、錯雑したかたちで表現され、そしてまた、そのゆえに封建的諸制度と資本主義機構との民衆の闘いに正しく結びつかなかったがゆえに、全く逆の日本ファシズムにおける民衆組織者としての役割をすら果し、しかも弾圧を受けた」「日本現代史に浮沈した一個の悲劇的人物」であると論じた[35]。

そして「新しい活力――抵抗の伝統がそれをささえるか」として、「日本のすべての宗教のなかで、教団をあげて平和活動を進めているものはほかにない」とし、この特質が「明治時代の最下層の出身だった「二人の教祖」の生活に根ざした教理から直接に連続しているのを思うとき、「教祖」というものの意義を改めて考えてみずにはいられない」とし、「王仁三郎の生涯が悲劇に終ったとするならば、それは、民衆に正しく結びつこうとして結びつけなかった」ゆえであるが「今日の大本青年は〈聖師〉の明るい

(33) 同書、一一三四頁以下。
(34) 『教祖』、五六―六九頁。
(35) 同書、七〇―九三頁。

面、その抵抗精神と豊かな行動性を受けついでいる」とする。「原水爆禁止二〇〇〇万のりっぱな業績にしても、この行動性を民衆との正しい結びつきの中で生かしたところにこそ打ちたてられた」のであり「MSA下の民衆の数多くの苦悩と欲望についても、行動性と反逆性の積極面を、民衆との正しい結びつきにおいて生かすことによってのみ、教えそのものも現在に生きてくるのではないだろうか」と述べ「前進か後退か、民衆のがわかその反対か――〈みろくの世〉の実現をこいねがういとなみについても、二つの道が別れているのを見る。わなはそこにもしかけられている。悲劇は、くりかえしてはならない」と結ぶ(36)。

以上、『教祖』は、日共の路線転換を受けた佐木秋夫らによって、より直接的には戦後大本の左旋回によって成立したと推認されるが、「新興宗教」の信者を「平和陣営」に取り込むべく、生長の家に対してすら好意的に描こうという努力がみられることは注目される。

村上重良の民衆宗教論

宗教研究に「民衆宗教」という視座を定立した村上重良『近代民衆宗教史の研究』も、「新興宗教」に対する以上のような眼差しの変化が背景にあった。

村上は「歴史上の諸宗教は、おおくの場合、そのイデオロギーの本質的性格のゆえに、民衆支配の有効な手段」として機能したが、同時に「新たな宗教の形成や、長い伝統に立つ宗教の改革運動は、しばしば、その社会の矛盾を深刻に反映し、反権力的な性格をもつ民衆組織をつくりあげた(37)」点に注目し、富士講、天理教、黒住教、金光教、大本に「近代宗教」の萌芽を見いだす。

その近代宗教のメルクマールとして村上が理念的に措定するのは、「政教の分離（政治権力からの独立）、信仰の自由（信仰の個人化・内面化）、教義の合理性（非呪術的な教義）」（七六頁）であり、その視座は第一期と同様にウェーバー・モデルと戦後歴史学に通有のシェーマ化された講座派的な進歩史観に規定されていたが、第一期においては、ヨーロッパの宗教改革や宗教反乱の先進性を参照点とする形で日本宗教はつねに低位に置かれてきたのが、ここに至って、富士講から大本に至る宗教の中にそれにかろうじて対比しうる萌芽が見いだされることになったのである。

しかし、村上自身、同書において、明治初期の呪術的宗教者への禁圧が、国家神道を確立するための「示威」であり「地ならし」工作であるとともに、明治絶対主義の有する開明的・啓蒙的性格からきた「近代化」の一環でもあったとしながら、両者が不可分に有機的に結合していたことには無自覚であり、これら「民衆宗教」の基層にある呪術的傾向には否定的であった(38)。

食行《じきぎょう》は、呪術的な秘伝の色彩が濃厚だった富士講に体系的教義を与え、富士講で広く行われていた数々の呪術的な加持祈禱を非難し、信仰を主体的・内面的なものとして理解させようとしたという点で「権力支持の事大主義政治思想」にもかかわらず評価され(39)、一九世紀初頭の身禄派の指導者参行は「信仰の内面化をさらにおしすすめ、たんに呪術的なものの排撃にとどまらず、信仰そのものに合理的な態度をみちびきいれる方向を示した」とされる(40)。

また金光大神の思想は、日本人が、その歴史において有した前進的な宗教思想——宗教イデオロギーとして表現された民衆思想——の一典型であったが、「天皇信仰が君臨し呪術と非合理が横行した日本の〈近代〉は、民衆の宗教がすなおに発展することを許さなかった」とされる(41)。

---

(36) 同書、九四—九六頁。
(37) 村上重良『近代民衆宗教史の研究』(法藏館、一九五八年)、二一—三頁。
(38) 同書、七九頁。
(39) 同書、五七—六〇頁。
(40) 同書、六五頁。

村上重良においては、『教祖』の方向性が「歴史的な前進性」という視点の強調によって整理されたかたちで前景化した。そのため、「民衆宗教」への視点はかえって平板にならざるをえなかった印象がある。『教祖』には「思いがけぬ感動」という素朴な共感が底流に流れ、七〇年代以降の「内在的理解」へと通じる感覚さえ感じられるが、村上においては硬直した講座派史観への回収性が強化されたとさえ言える。

『大本七十年史』

一九五八年に出口栄二が総長に就任すると、大本教団は警職法反対、安保反対闘争にも注力し、一躍、注目を浴び、大本人類愛善会の会員には開高健、木下順二、堀田善衛らも名を連ねる状況になった。また、一九六〇年には梅棹忠夫が『中央公論』に連載中の「日本探検」で大本を紹介し、大本を共産党とならぶ「日本におけるもっとも戦闘的な平和主義者の団体であるかもしれない」とするなど、戦後一五年で、知識人の評価は一変するに及んだ。

以上のような第二期の集大成として登場したのが、大本教団発足七〇年の記念事業として編纂された『大本七十年史』である。

これは『教祖　庶民の神々』にはじまる新宗教再評価のひとつの帰結であり、教団側と外部の学術研究者の協同作業で編纂された点に特徴がある。

編纂委員会は出口栄二を編纂会会長に、教団外の研究者としては編集参与に上田正昭、北山茂夫、岸本栄太郎、柴田実、林屋辰三郎など関西の歴史学者とともに『教祖　庶民の神々』の佐木秋夫、小口偉一、松島栄一、そして村上重良を招き、さらに編集委員として安丸良夫が参加し、一九六〇年に組織された。

この中で実質的な役割を担ったのは、佐木秋夫、小口偉一、松島栄一、村上重良、安丸良夫の五名であった。上巻八二六頁、下巻一三二〇頁の大部に及ぶこの教団史の編纂過程については永岡崇『宗教文化とは誰のものか』（名古屋大学出版会、二〇二〇年）に詳しい。佐木が回想するように、客観性を重視し、教団側との討論を重ね、もちろん妥協もあったが、教団史としては「常識をはるかにこえた。つまり自由な発言や書き方を認めるという形で仕事が進められ」、安丸良夫によれば「会議は多人数の参加者による、かなり錯綜した議論の場となった(42)」。

その詳細は同書に詳しいので省くが、平和運動を領導する出口栄二自身にとって「一番不可解で、正直にいってもひとつ解釈に困っとる問題(43)」であった昭和神聖会に関して『大本七十年史』は詳細にその経緯を追いつつ、非常に屈折した記述ではあるが、弾圧は大本に内在する近代天皇制とは相容れない本質にあったとし、戦後大本の平和運動に焦点をあてることで、全体として平和を求める民衆宗教というナラティブに成功した。

出口栄二は一九六二年にはモスクワ、北京を訪問中に、教団内右派により総長職を解任されるが、編纂事業は継続された。下巻が刊行されたのはようやく一九六七年のことだった。

第三期：土俗からの反撃　一九六八～

邪宗門と『民衆宗教の思想』

『大本七十年史』の編纂と並行して、一九六五年から六六年にかけて『朝日ジャーナル』に高橋和巳『邪宗門』が連載される。

(41) 同書、一一二頁。
(42) 永岡崇『宗教文化は誰のものか』（名古屋大学出版会、二〇二〇年）、一七頁。
(43) 同書、七四頁。

永岡崇は「〈大本〉〈事件〉をめぐる左翼的読み替えは、大本を重要なモティーフとした高橋和巳の小説『邪宗門』においてつきつめられ、新左翼運動の思想圏にも流れこんでいった」とするが[44]、この小説は「封建的諸制度と資本主義機構との民衆の闘いに正しく結び」（佐木秋夫）ついたであろうあるべき大本教団を「ひのもと救霊会」という架空の教団に仮託したものであり、その民衆宗教観は村上重良の講座派的なそれを一歩も出るものではなかった。そういう意味では『邪宗門』の構図はけっして六八年的なものではなかったが、党にかわる宗教的誓約共同体というビジョンにおいて七〇年代のコミューン論を先取りし、さらに山村工作隊的なロマンティシズムと滅びの美学という点において、いくぶんか当時の時代の気分を反映してはいただろう。

民衆宗教に対する宗教学者の評価軸は第一期、第二期を通じて、ウェーバー流の宗教進化論と硬直したマルクス主義（近代主義）によって規定され、つねに宗教の「進歩性」が問題にされ、大本も具体的な原水禁運動の推進で「進歩性」を誇示するかぎりにおいて評価され、その一方で、呪術や土俗信仰は日本社会の後進性の表象として否定され続けた。

村上の民衆宗教論は安丸良夫との共編『民衆宗教の思想』（岩波書店、一九七一年）においてより硬直化される。同書所収の解説論文において村上は、「強力な一神教的最高神による救済の教養」「徹底した現世中心主義」「人間本位の教義」をもって民衆宗教の性格を規範化した[45]。六〇年代を通じて、あらゆる文化領域で日共の文化ヘゲモニーは凋落し、六八年革命で近代主義批判が頂点に達しながら、アカデミアは講座派的近代主義の最後の橋頭堡であり、特に宗教学という人気のない領域においては、村上重良の独壇場であったともいえる。

村上の民衆宗教論に対する決定的な批判がなされるのは一九九〇年代になってからである。桂島宣弘は、村上重良の金光教像を鋭く批判した。明治以降「草創期の金光教がもちえた合理的な開明的な近代性」が放棄され、「呪術的＝現世利益的性格の濃化が明治期の金光教の決定的要因となった」という村上重良の見解がまったく事実の逆転であり、現実には明治国家の禁圧のもとで呪術的性格の放棄を余儀なくされ、近代的合理性が形成されたと指摘し、天理教においても事情は同じことを検証した。(46)

梅原正紀と本願寺闘争

村上の民衆宗教論に対する学術的批判は九〇年代を待つことになるが、すでに六八年革命の余波のなかで、一九七〇年代初頭には、村上重良が反近代的な余剰としてそぎ落とした呪術的世界にこそ民衆宗教の本質を見いだす言説は登場していた。

この転換は在野の宗教ジャーナリストでアクティビスト梅原正紀（一九二九—一九九二）によって主導され、〈土俗からの反撃〉等と称された。本稿では主に梅原の仕事を振り返り、その意義を確認していく。

梅原正紀は昭和初期のエログロナンセンス文化を代表する梅原北明（一九〇一—一九四六）の長男である。仏教雑誌の編集者等を経て、まさに一九六八年を起点として『現代の眼』に軽妙洒脱な文体で各大学の全共闘運動のレポートを執筆をはじめ、一九六九年八月に「独立ジャーナリスト群団」を立ち上げ、(47)反安保統一行動などに参加、一九七〇年五月に「仏教者宗教改革連合」を立ち上げみずから世話人となり、(48)同年夏に「公害企業主呪殺祈禱僧団」を結成する。(49)

---

(44)　同書、五頁。
(45)　村上重良・安丸良夫『民衆宗教の思想』（岩波書店、一九七一年）、五六八—五七〇頁。
(46)　桂島宣弘『幕末民衆思想の研究』（文理閣、一九九四年）第四章「民衆宗教における神信仰と信仰共同体」。
(47)　柳田邦夫「独立ジャーナリスト群団」（『現代の眼』一九七三年一月号）、二四八—二五三頁。
(48)　梅原正紀「業火の中の仏教ラジカルス」（『現代の眼』一九七一年一月号）、二三八頁。
(49)　梅原正紀「呪殺行脚はゆく——公害企業主呪殺祈僧団レポート」（『人間として』一九七一年三月号）、八〇—一〇〇頁。

梅原がこのような宗教に軸足を置いたニューレフトの論客になった背景には本願寺闘争があった。以下、その状況を主に梅原正紀「本願寺と現代ラディカリズム」(『本願寺教団』学芸書林、一九七一年)に沿って見ておく。

一九六九年四月二十四日、真宗大谷派の法主大谷光暢は管長職を長男の光紹に譲るという「開申」を発表する。「開申」とは法主の意向を内局(教団執行部)に伝える書面である。真宗大谷派には大谷家当主は「本山住職」「法主」「管長」を兼任するという「三位一体」の不文律があったが、このうち執行権を有する管長職だけは「宗議会と門徒議員会によって推戴される」と宗憲に明記されていた[50]。従って、この「開申」だけでは譲位は認められないので、光暢は開申を出すやいなや、やつぎばやに全国寺院、住職、門徒代表に「親書」を発送し多数派工作を開始する。

この背景には、一九六一年に発足した改革派の訓覇内局に対する反発があった。

真宗大谷派の教団改革のルーツは、「根本的革新とは真宗人の精神的革新」であると説いた清沢満之(一八六三—一九〇三)に遡る。その理念は翼賛体制下の皇道仏教全盛期を地下水のようにくぐり抜け、戦後にいたって真人社運動として噴出する。その担い手となった中堅メンバーの一人が訓覇信雄で、「生きた教学のあるところに教団の社会性がある」「教学とは時代の苦悩を宗教的実存において荷負することである」「今日の人類歴史の苦悩というものを自己の責任において、自己否定的に荷負するところに教学の生命があり、生ける教団の展望がある」(「教団のいのり」『真人』一九四九年一一月一〇日)と説いた[51]。

ここで「自己否定」という言葉が使用されていることは注目される。この言葉は当時の真人社運動の文献に頻出する。親鸞はニューレフトと比較的親和的であったことを考えると「自己否定」という全共闘的ジャーゴンの起源は、真宗改革運動から密輸入された可能性は否定できない

真人社運動は着実に力を蓄え、五〇年の宗議会選挙では訓覇をはじめ真人社系から五人の議員を送り

出し、五八年の選挙では与党となり、六一年には訓覇を宗務総長とする訓覇内局が成立する。

訓覇内局は「同朋会運動」を発足させる。阿弥陀如来の前で念仏する者は一味平等、「御同朋御同行」であるという親鸞の教えに基づき、僧侶／門徒、本山／末寺という縦系列への依存を改め、「同朋」としてのフェローシップを確立していこうというのがその運動理念であった。それは急速な都市化による家族制崩壊による寺院の経営危機に対応して、「家の信仰から個人の信仰へ」と転換を図る近代化路線でもあったが、ミニ天皇制として教団に君臨し続けてきた大谷家の存立根拠を揺るがす可能性をはらんでいた。実際、訓覇内局は大胆な機構改革に着手し、大谷家の側用人的役割を果たす内事局は縮小され内事部に格下げとなった。

大谷光暢の「開申」は、その訓覇内局の打倒を目指す巻き返し工作の狼煙であったが、これに対して、宗務所に勤務する青年僧侶が中心となって「教団問題協議会」が発足し、宗門大学である大谷大学では院生有志を中心に「大谷大学教団革新評議会」が発足、さらに大谷大学全共闘を巻き込んでの流動的状況となる。

大谷大全共闘は、その機関誌「開拓者」において、訓覇内局主導の同崩会運動を、後期資本主義の発展に伴うプロレタリアートの増大による人口の都市集中化現象がもたらした村落における封建的家族制度に基盤を置く本末寺制度の崩壊に対応するための教団近代化路線であるとして否定し、これに同調する「仏教者闘争会議」が結成され、教団解体論を打ち出す(52)。

この間、大学闘争の波は、真宗本願寺派の宗門大学である龍谷大学にも及んでいた。

---

(50) 梅原正紀「本願寺と現代ラディカリズム」(『本願寺教団』学芸書林、一九七一年)、三〇〇―三〇一頁。
(51) 丸山照雄「親鸞への回帰――真人社運動から同朋の会運動へ」(同書)、二八七頁。
(52) 梅原正紀「本願寺と現代ラディカリズム」、三〇二―三〇三頁。

大学治安立法反対、六項目要求（学則撤廃、寮則撤廃、経理全面公開、学長公選、私大連絡路線拒否）を掲げて六九年六月にバリケード闘争が開始されるが、その求心力となったのは大半が寺院の師弟から構成される仏教学科であった。

六八年革命で提起された「自己否定」というキーワードは仏教者としての彼らのアイデンティティに鋭い問いかけとなった。六九年九月、仏教学科闘争委員会は「敵は本願寺にあり」というビラを撒き、「龍谷大学全共闘の仏教学科闘争委員会のヘルメット部隊を突出部分として一般学生、京都女子大生、平安高校生ら約二千五百人が西本願寺デモを決行」、機動隊の阻止線を突破し西本願寺境内になだれこみ、「ご影堂（親鸞上人像を安置する本堂）前の白洲で集会を開き、リーダーたちはさい銭箱にかけあがり、本山権力の打倒をさけび、寺院出身学生、仏教徒学生らを中心に約二百人が土足でご影堂に突入」する。[53]

一方、大谷派では六九年末の宗議会選挙を経て、大谷光暢派による多数派工作で訓覇政権は崩壊、報復人事の嵐のなか、七〇年三月には訓覇信夫ら同崩会系幹部一六名が審問院に提訴されるが、これに対して門徒末寺住職からの批判がたかまり、宗門裁判が開始されるや、全国から門徒が続々と上洛し、東本願寺・大寝殿に数千名が結集し「全国教団問題協議会」が開催される。これには教団解体派の「仏教者闘争会議」の学生も参加するが、「同崩会運動が官製のものであるという制約」や「単なる近代化路線にすぎない」という「左翼教条主義的見解」が「大衆的に打ち破」られた。[54]

以上の中間報告として一九七一年二月に刊行されたのが『本願寺教団　親鸞は現代によみがえるか』である。その「あとがき」で「編者を代表して」梅原は次にように総括する。

「政治への従属的機能をはたしながら惰性的に現存する教団を否定的媒介として、宗祖の信仰理念に根ざす改革運動を実践することが、先駆的な仏教者の共有課題の一つと言える。その意味で、真宗大谷派東本願寺で発足した〈同朋の会運動〉は、教団の近代化路線という側面を持ちつつも、伝統教団改革への豊かな可能性はらんでおり、その成果は他の伝統教団の改革運動に大きな影響を及ぼすこととなろう。」

同書は梅原正紀と当時は彼の同志であった日蓮宗僧侶の丸山照雄が編集したものと推測される。冒頭に丸山がまとめた上原専禄の講演録「親鸞認識の方法」が置かれ、二葉憲香（当時龍谷大学長代行）「親鸞のきりひらいた地平」、北西弘（当時大谷大助教授）「本願寺教団の成立と展開――宗教性喪失の一断面」、山折哲雄「本願寺教団とその血のよどみ」等の論考を配置し、丸山照雄「親鸞への回帰」と梅原正紀「本願寺と現代ラディカリズム」が一対のものとして敗戦直後から現代に至る真宗の教団改革運動を追い、巻末の真継伸彦と阿満利麿の対談「親鸞と現代」で締めくくる形になっており、当時の真宗改革運動がニューレフトの梅原正紀、丸山照雄が領導するかたちで相当広い陣形が組まれ闘われたことが理解される。

この真宗改革運動の中から梅原正紀と丸山照雄が世話人となって、宗派を横断した仏教者改革連合が結成される。

公害企業主呪殺祈禱僧団

このような仏教改革運動の渦中にあって、梅原の闘争は次のステージ「公害企業主呪殺祈禱僧団」へと突き進む。その契機となったのは、前掲書冒頭の上原専禄の講演であった。七〇年の四月二六日、京都勤労会館で真宗僧侶、大谷大、龍谷大の学生有志らが集まり開かれた「上原専禄先生を囲む会」での講演録で、最終的に学問的アプローチを超えた親鸞の主体内在的理解の必要性を主張したものであるが、そこには上原が辿り着いた思索のあとが刻まれている。

---

(53) 同書、三〇六―三一一頁。
(54) 同書、三〇四―三〇五頁。

上原は人間の死には自然死と虐殺死があり、虐殺死は死一般の中に解消し得ないのではないかと問題を提起をし、ではそこにこだわり「安心」が得られないならどうすればいいのかと問い、社会的不正を許したままで得られる「安心」などありえないにもかかわらず、そのような安心を説く宗教者を批判し、「安心＝成仏」と社会正義の確立という命題を提起する。「迷わず成仏」は権力者とそれにつらなる者たちの言葉であるとし、自ら意志として成仏を拒否すべきであるとし、「死者は死ぬことによって過去のものとはならならず、死者は生者と共鳴し、共存し、共闘する」「死者と生者が共鳴・共存・共闘する場合、主導的立場にあるのは死者である」とし、生者は死者のメデイアとなることによって主体性を確立できると説いた。

ここから梅原は「上原先生の言葉を拡大解釈・俗流化して「死者全共闘」の結成を思いた」ったという。「死者全共闘」とは「死者に領導され」「虐殺の死を死んでいった死者の怨念をわが怨念とし、死者の念いをわが念いとする」[55]運動であり、それが一九七〇年夏の「公害企業主呪殺祈禱僧団」になったとその思想的背景を説明する。

その直前の七〇年六月に書かれた梅原正紀「新しい信仰を求めて――仏教者の闘いと現実」（『人間として』七〇年六月号）は、まさに進行中の真宗教団の改革運動に言及したものだが、その文中で梅原猛の仏教再評価の軸にある「寛容の原理」を厳しく批判している。

六八年革命の余波として近代合理主義への批判が普遍化していくなかで、ラッセルやトインビーなど西欧知識人による「新しい文明の指導原理」としての仏教の再評価が高まり、それに追随する「大手輸入業者」の梅原猛が仏教の真価は「寛容の原理」（トインビー）であるとしたことに対し梅原は猛然と異議を唱える。

梅原正紀に言わせれば、そのような仏教再評価は、人間存在への根源的な問いを通して、人間の回復と解放を目指す仏教的理念を蒸発させたままの旧態依然たる現存仏教に「大年増の厚化粧」を施すようなものであり、梅原猛が立命館大学を退任にあたって「自由な立場から全共闘の諸君と連帯したい」と言いながら、全共闘運動の「否定の論理」からは何も生まれないと批判した発言に対して、「全世界的なスケールで噴出したスチューデント・パワーは宗教的ともいえる自己否定の論理の構築を主題に据えた「根源的な人間解放」と「文化総体の変革」をめざす運動であるとし、そこに向き合わない梅原猛の態度に「非宗教者の運動の中にみられる宗教性を認識しえない彼の非宗教性」が暴露されているとし、「否定の論理」こそが仏教の本流であると論じた。

梅原は「ゴータマ・シッダルータ自体、宗教から導き出される〈否定の論理〉のカタマリのような存在」であり、「王子である身を捨てて、カピラ城から家出したのは、自己否定の論理につき動かされたから」であり、「バラモンの教えを否定し、唯物論者を含む六師外道の思想を批判的に摂取し、それらを否定的媒介として仏教思想」は確立した、つまり「否定の論理による問いかけに」こそ仏教の要諦があり、「否定の論理によって、自己をも含めて歴史的社会的状況と対決した時、仏教はすさまじいまでの人間解放のエネルギーを爆発させ、時代的課題にこたえうる」とし、「鎌倉期に出現した親鸞、道元、日蓮などの祖師の業績は何よりもこの事実を立証」していると論じ、「信仰をぬきにして〈寛容の原理〉を第一義として説く者は打倒すべき対象」とした(56)。

公害企業主呪殺祈禱僧団は梅原猛に代表される「寛容の論理」に対する実践的回答であった。「虐殺の死を死んでいった死者の怨念をわが怨念」となし「死者の念いをわが念いとする」実践であった。七〇年六月に僧侶四名、在家四名で結成され、梅原正紀と日蓮宗僧侶の丸山照雄、真言宗僧侶の松下隆洪が中心となった。宗派的には日蓮宗と真言宗の混成部隊なので調整が行われ、行進中は日蓮宗方式で題

(55) 梅原正紀「呪殺行脚はゆく」(『人間として』一九七一年三月号)、八一―八三頁。
(56) 梅原正紀「新しい信仰を求めて――仏教者の闘いと現実」(『人間として』七〇年六月号)、一五一―一五三頁。

目を唱え、呪殺は真言密教の調伏（阿毘遮嚕迦法）の儀軌に則って行われることになったという。

一行八人は一九七〇年九月、四日市を訪れ塩浜街道沿いに異臭漂う第一コンビナート地帯を行進、四日市合成、三菱重工塩浜支社、昭和石油四日市製油所、石原産業の門前でひときわ高く題目をあげ、鈴鹿川で護摩壇を築き呪殺修法を施行し観音経を唱えた。四日市の裏通りを行進した時には「もっと呪い殺せ」「どんどん呪い殺せ」という民衆の声があがり、工場廃液で漁場を奪われて甚大な被害者を出した磯津町の墓地では呪詛に満ちた死者の声を聞いたという。四日市を後にした一行は三井金属神岡工業所の鉱毒で苦しむ富山県神岡を訪れ、猛暑のなか神通川の河原で、看護師に付き添われて参加のイタイイタイ病の老婆二名も交えて呪殺修法を施行、続いて新潟水俣病の元凶である昭和電工鹿瀬工場を訪れ、工場の裏山に護摩壇を築き祈禱修法した(57)。

仏教改革を主導した真宗には呪術性は希薄で思弁的哲学的な傾向が根底にあり、それゆえに観念的に自己否定の論理とも結びつきやすい要素があったが、ここで梅原正紀が土俗性を媒介に密教を評価したことは示唆的である。

「自己否定」が六八年革命の価値観の一つであるとすれば、「土俗性」もまたその価値観の一つである。梅原の密教再評価はこの二つの概念を架橋する。

梅原は密教の起源とされる「アタルヴァ・ヴェーダ」は非アーリア系先住民の呪術のアーカイブであり、そこに含まれる呪詛の法は「色は黒く、背はずんぐりとして、鼻は低く、いやしい顔だちを被抑圧大衆の怨念」が凝縮されたものであるとした。彼らの神々が密教系の諸尊となって仏教に取り込まれるが、それは阿弥陀如来や文殊などの穏やかな顔つきと異なり荒々しい。その代表が不動明王である。不動明王の忿怒の形相は強々難化、たやすく強化しにくい衆生を強引に救度するためというのが従来の教科書的解釈であるが、梅原は違うと言う。

「右手に利剣を持ち、左手に縄を持つ不動尊像は、いうならばゲバスタイルである。その風貌・体躯・いでたちから思い浮かんでくるのは、インドに侵入したアーリア人を迎え撃つ戦士の姿である……苦悩に耐え、しかも柔和な容貌を失わないという仏教者を、理想像として説くものに対し、不動明王は存在自体で〈否〉とこたえている。忿怒の形相は悟りの姿ではない。ゲバスタイルは安直に悟ることを否定した姿である。衆生を利益することを第一義として、ぶざまな姿を人目にさらしつつ、苦悩の根源に刃を突き刺そうと激怒している不動明王は、あるべき仏教者の極北の姿を示している。」

それゆえに「呪詛の念ないし呪詛の法は、本来、被抑圧大衆のものであり、国家権力に奉仕すべき性質のものではない」「公害企業主を呪殺するという祈りは、正当な行使者である民衆の側に呪詛の法を奪還する行為でもある」としたのである(58)。

公害企業主呪殺祈禱僧団を通過して、梅原正紀は近代合理主義批判を強めていく。

「近代合理性の名のもとに封殺されてしまった大衆の解放へ向かう情念は、文化的伝統に根ざすことで、より強力な抗議行動として結実していくのではないだろうか。水俣病の患者さんが、アカハタを振るよりも、そのまま死出の装束となる巡礼服でチッソの株主総会に臨んだからこそ、政治屋の手慣れたアジ演説などが到底及ぶことのできない衝撃力を持ちえたのだとボクは思う(59)。」

「近代の超克」としての新宗教

梅原は近代合理主義に対抗するものとして密教からさらに呪術的世界に対する関心を深め、新宗教のルポに取り組むことになる。

---

(57) 梅原「呪殺行脚はゆく」、八五―九六頁。
(58) 同書、八五―八六頁。
(59) 梅原正紀「時代の密教化の中で」(『理想』一九七一年一二月号)、一四頁。

一九七二年一月に刊行された『民衆宗教の実像』は猪野健治、清水雅人との共著であるが、梅原正紀は「解脱会」「妙智会」「神ながら教」「四大道」を執筆している。

いずれもその教団の成立過程や特色を可能なかぎり好意的な眼差しで描きながらたとえば修験道から発生した解脱会に対しては、次のようにアドバイスする。

「密教の持つ〈人間の全体性的回復〉という方向を打ち出しつつ、国粋主義的教団体質という政治の呪縛から、まず教団自らが解脱せねばならないだろう。それとともに人間への加害者と化した現代文明の告発を密教的立場から行ない、近代合理主義の名のもとに封じこまれてしまった人間の内奥にひそむ情念の解放を大衆的レベルで展開せねばならない。岡野聖憲の教学的原理にたちつつ、民衆宗教としての展望を切り拓けるか否かは、この点にかかっているといえよう。[60]」

猪野健治、清水雅人のレポートにはこういう視点はなく、梅原正紀は単なるジャーナリストではなく、はやりアクティビストでありイデオローグでもあった。

一九七三年、稲垣足穂との共編というかたちで刊行した『終末期の密教』は、公害企業主呪殺祈禱僧団の活動の総括ともいうべき一冊で、冒頭の「密教時代の開幕」は、一九七一年一二月号の『理想』に執筆した「時代の密教化の中で」の転載であり、巻末の「虐殺の文明を呪殺せよ」は『人間として』一九七一年三月号「呪殺行脚はゆく――公害企業主呪殺祈僧団レポート」の転載である。稲垣足穂を共編者としたのは、冒頭の「密教時代の開幕」で、公害企業主呪殺祈禱僧団に活動に対して「ヒッピー」「アングラ運動」の関係者からの共感の声が多く、当初は「呪殺」という字面やハプニング性からの共感かと思っていたところ、話し合いを重ねるうちに「共有の問題性」つまり「近代合理」よりも「体験合理」の重視があることを知り、彼らの「内在的理解者」になった経緯が語られていることに関係すると思われる。実際、同書には内藤正敏「地底からの怨み・ミイラ――飢饉と一揆と即身仏の歴史」とならんで、斉藤司郎「幻覚からタントラ密教へ」、山尾省二「部族を志向した聖集団――愛と自由と知恵による結びつき」が収録され、巻末座談会は梅原が司会で舞踏家の笠井叡、画家の前田常作、松沢宥が出席している。

一九七三年三月から、梅原は『伝統と現代』誌に「民衆宗教の原像」の連載をはじめ、続いて一九七四年三月号から「法華行者と民衆宗教」という括りで清水雅人と交互に連載するなど主に中小教団を対象とした精力的な調査を行っている。

それらは一九七四年八月に『民衆宗教の世界――叛科学の旗手たちとそのコミューン』（現代書館）として刊行される。

副題「叛科学の旗手たちとそのコミューン」には、真宗改革運動や龍谷大全共闘と関わり、公害企業主呪殺祈禱僧団を経て、新宗教運動に可能性を見いだすに至った梅原正紀の到達点が明快に示されている。

一元ノ宮、希心会、現証宗日蓮主義仏立講、弘法宗弘法苑、光妙教会、璽宇、祖神神道団、大自然教、天壌教、天真教、ほんみち、⊙《まるちょん》の家の一二の中小教団を対象とした同書は、「自覚化された学問的方法論をもって書いたものではなく、フリーの一ジャーナリストが足で稼いだレポート」であり、「土俗から近代を逆照射」する試みであった。

梅原は中小教団にこそ民衆宗教の原像があるとした。大型化した新宗教教団は「小市民的エゴイズムの充足」機能に堕し草創期の宗教的ラジカリズムを喪失している。その結果、直接的には「保守政党の票田化」し、間接的には「小市民社会の秩序意識の維持・強化」によって反民衆的性格を強めつつある。ただし、「政治的革新思想に目覚めないがゆえに反民衆的存在に転落するのではなく、近代合理主義への妥協姿勢がそのような退廃を生み出した」のである。

(60) 猪野健治、梅原正紀、清水雅人『民衆宗教の実像』（月刊ペン社、一九七二年）、六八頁。

「小市民社会の秩序意識を支える根幹の一つは、科学技術文明への信頼感である」が「もともと宗教的体験とは超合理主義的体験であり、科学技術文明を推進させてきた近代合理主義とあいいれるものではない」。にもかかわらず教団が大型化し、既成化すればするほど「教義が科学と矛盾しないと強弁する傾向がある」。それらはすべて「市民権を得るためのいじましい逃げ向上」「迷信といわれたくないための裏返しされた劣等感の表白」である。

梅原は、その背景は「天皇を頂点にすえる国家神道体制」の抑圧と並行した明治六年の教部省達二号「梓巫市子並憑祈禱孤下ケ等ノ所業禁止ノ件」、翌七年の二二号「禁厭祈禱ヲ以テ医業ヲ妨クル者取締リ方」にあると指摘し、日本の近代は「天皇制の科学的根拠は不問にしたうえで、科学技術の振興を図り、科学的なるものは「善」であり、非科学的なるものは「社会悪」であるとの風潮をつくりだしていった」。「新旧を含めて大型化した教団」が「科学文明への批判はなしえても、「もの」に対する「こころ」の優位性を通俗的に説くレベルにとどまり、体制批判に及ぶまでのラジカルな宗教的告発はなしえない」のはその「後遺症」である。

さらに梅原正紀は柴谷篤弘の『反科学論』（みすず書房、一九七三年）を引用する。公害、生態系破壊、原発の問題などを踏まえ、社会的営為としての科学の現状――専門家勢力の維持拡大、エリート主義、帝国主義との結合――を摘出し、科学の客観性・中立性が神話に過ぎないことを指摘した同書は当時の知識層に大きな影響を与えた。

「科学はつねに権力の源泉として利用された」「科学による支配権力の増大は、支配権力による科学知識の増大となって回収され自己増殖するが、富と力のない人々には、知識の獲得の機会はつねに条件つきであり、富と力の源泉に対する協力――他の人々に対する支配への協力または参加――の程度に応じてはじめてそれがわかち与えられる。」

このような体制に対峙できる可能性は大教団にはない。なぜなら「現代社会の支配的原理である近代合理主義にひざを屈している」からである。

それら大教団における「教義の整備」は「近代諸思想との悪戦苦闘の結果整えられていくというよりも「近代への便乗」として行われるケースが多い」。そこでは「近代的なよそおい」をこらすことにウェイトが置かれ、「人間の根源的な回復と解放をめざさねばならない宗教本来の機能」が薄められ、「修養団体化」への道を歩む。

これに対して梅原は中小教団は「教義・組織という面では未成熟であっても「近代」からの浸蝕をまぬがれ、そのことでかえって濃密な宗教性と信仰的バイタリティを保持しえている」とし、「民衆は、抽象的思弁的な教説によって非日常次元に参入し、世俗社会を批判する超越的視座を獲得するケースは少ない。呪術的行為・儀礼を媒介として、非日常的次元にいざなわれ、腐食した日常をさばく」のであり、「非日常的次元＝聖なる世界に人々をいざない、自己変革の道を開示するのが、宗教的マジシャンでもある民衆宗教の教祖たちである」と締めくくり、「シャーマニズムへの再認識」を訴える。(61)

ここに至って、民衆宗教に対する視座は、第一期〜二期を貫く近代主義から完全に逆転したといえよう。

一九七九年には『新宗教の世界』全五巻（大蔵出版社）が刊行される。一巻が総論で二巻以下で個別教団のルポになっている。梅原正紀は一、三、四巻に執筆し、三巻、四巻の解説を執筆している。宗教学プロパーとしては小野泰博が三巻、五巻に執筆し、総論（一巻）には高木宏夫と民俗学の宮田登も執筆している。三巻には出口栄二も執筆している。在野では梅原と並び清水雅人のウェイトが大きく、「現在最も民衆を救済し、生活に密着した宗教を広めている新宗教教団をルポルタージュし、民衆宗教の動向を探るシリーズ」という説明に、梅原正紀によって確立された視座が反映されている。

(61)『民衆宗教の世界——叛科学の旗手たちとそのコミューン』（現代書館、一九七四年）、九—一三頁。

一巻の巻末座談会においても梅原は、こう述べる。

「学者が大型化した新宗教教団の教義づくりに参加する事は必ずしも悪いことではないと思っています。けれども、立正佼成会の場合、原始仏教の教理を取り入れ、論理を整理しながら通仏教化していったのは、スマートではあるけれど、もったいないことをしたと僕は思っています。というのは新宗教はもっとドロドロした要素を持っているべきだとぼくは思うし、そこが新宗教の魅力であると考えているからです。こういうと誤解を招きかねないので説明し直すと、土俗的な宗教観念の見直しを行い、前近代的であるといった理由で切り捨てずに現代の政治悪社会悪からもたらされる疎外の克服につながっていくコースをまさぐらねばならないと言うことです[62]。」

左派的文脈のなかに新宗教の存在意義を明確に位置づける梅原の視点は、新宗連の歓迎するところでもあった。一九八〇年には、新宗連の機関誌「新宗教新聞」編集長の水野義之との共著『新宗教の底流を探る——秘儀と霊能の世界』（紀尾井書房）が刊行される。対象とされたのは、医王山立宗、大本光之道、神一条教など新宗連傘下の無名の教団ばかりである。

梅原は無名の教祖たちが「解放区としての教団」を形成することを期待し、「もちろん実際には解放区となりえていない教団の方が多い。しかし大型教団に比べれば中小教団は秘儀と霊能という教団の原初的形態を濃密に保っているだけに、世俗化を免れ、解放区になりうる可能性を孕んだ教団といえよう」とし、これら中小教団が濃密に持つ神秘主義を社会性を持つために「迷信と思われるのは嫌だから」という理由で後退させる必要はまったくなく、「それはそれで誇りを持ってやっていく」べきであると説いた[63]。

第四期：神々の乱舞　一九八〇〜

梅原正紀は一九七三年に「密教の時代」の到来を予見した。梅原が「密教」という言葉にこだわったのは、同書が梅原にとって公害企業主呪殺祈禱僧団の総括だったからであり、正確には「呪術の時代」の到来であった。彼の予見どおり一九七〇年代の後半からオカルト復興の波やニューエイジ・サイエンスの勃興などと共振しながら、世界真光文明教団やGLA、大山ねずの命神示教会などの躍進が世間の耳目を集めるようになり、その狭間にあって梅原が注目する中小教団の動向も活発化し、一九八〇年代にはそれらは「第三次宗教ブーム」といわれる状況を呈するに至るが、その主役と目された真光、GLA、阿含宗はいずれも「呪術」的要素が濃厚であった。

実のところ、第二次宗教ブームで登場した宗教も「呪術的」であった。梅原自身が指摘するようにあらゆる宗教は発生期は呪術的である。それが巨大化するにつれて社会との折り合いをつけるために合理化されていく。一九六〇年代まではそういう機序が作動したのは、視座の問題であったと考えられる。

その典型は世界救世教（メシア教）である。岡田茂吉（一八八二〜一九五五）はきわめてラディカルな薬毒論者であり、その対象は西洋医療だけではなく漢方医療にまで及んだため、茂吉の在世中にはさまざまなトラブルが頻発した。初期のメシア教は宗教以前の治病霊術集団で患部や急所に手をかざしあるいは直接手をあてて「浄霊」を行った。茂吉によれば病は身体の局所に滞留した霊の「曇り」が毒素と

(62) 清水雅人・梅原正紀他『新宗教の世界』第一巻（大蔵出版社、一九七九年）、二一四頁。
(63) 水野義之・梅原正紀『新宗教の底流を探る——秘儀と霊能の世界』（紀尾井書房、一九八〇年）、五頁及び二一七頁。

なることによって生ずる、だからそこを「人体放射能」によって浄化するのが浄霊という理解であった。さらに病によって急所があり、それは必ずしも患部とはかぎらない。心臓病の場合は左の肩、喘息の場合は横隔膜、糖尿病の場合は膵臓とそれぞれ病気と「急所」が連関していて、そこに浄霊を施した。(64) 岡田茂吉の没後、教団主流派はこのような「呪術の園」からの脱却を志向し、公的な領域から「治療としての浄霊」を排除し、症状に関係なく、ほぼ顔の高さにかざした手のひらから光波を照射する定式化された「祈りの浄霊」のみに限定することで、治病霊術集団からより洗練された宗教化の道を選ぶことになる。

世界救世教のこのような変容は、民衆宗教／新宗教に対する知識人の視座が本論が提示する第一期、第二期の段階にあったことに規定されてのものであり、第三次宗教ブームにおいては、このような近代合理主義的な変容は見られず、むしろ呪術的色彩は保持された。それは知識人の視座がすでに転換していたことと関係あると考えられる。

阿含宗は、平河出版を通じアカデミアの密教教学を密輸入しつつ、ニューサイエンスやニューエイジなど新たなパラダイムによる権威化をはかり、もともと竹内文献を教義に取り込んでいた崇教真光は「超古代史」の聖地である飛騨に本拠地を構えることによる権威化を図った。

同時に八〇年代で注目されるのは、新宗教教団の内部抗争と分裂の加速である。それは六八年革命の残響のなかでの周回遅れの「造反有理」が新宗教に波及したという見方もできる。実際、梅原が新生派（教団改革派）に顧問的立場で与した世界救世教においては新生、再建両派によるゲバルトとバリケード封鎖まで行われた。

世界真光文明教団は一九七四年に教祖の岡田光玉が急逝すると養女の岡田恵珠派と幹部信者の関口栄派に分裂、前者は崇教真光となり分立するが、この過程で無数の分派が発生する。ＧＬＡも一九七六年に教祖の高橋信次の死去により、娘の高橋佳子が後継者となり、作家の平井和正らの協力で『真創世紀』で新路線を打ち出すが、この過程で同じく無数の分派が生成される。

大本では出口栄二があらゆる教団役職を解任されたことを受け、教団改革派の「いづとみづ」運動が、宮田登、栗原彬、丸山照雄など多くの知識人を巻き込むも、闘争の過程で、出口栄二派と出口和明派が分裂し、主流派の大本本部、栄二派の大本信徒連合会、和明派の愛善苑という三派定立の形勢となるが、出口王仁三郎の存在が筆者の『出口王仁三郎の霊界からの警告』（光文社、一九八三年）や『ムー』誌等を通じポップオカルトのアイコン化し、スピリチュアル界においては普通名詞化するなかで、いずれも教団としての活性力はなく衰退の道をたどっている。

敗戦直後に新宗教の乱立は「神々のラッシュアワー」と評されたが、八〇年代のそれは中心軸を喪失した神々の乱舞として現出した。

結語

六八年革命の過程あるいはその余波のなかで「民衆宗教」に対する視点が逆転した。それは「土俗」をめぐる評価軸の逆転であり、旧左翼の村上重良と新左翼の梅原正紀によって対照される。

村上重良が民衆宗教の中に求めた「近代宗教の萌芽」なるものが、明治以降の近代化の過程で土俗的原基を排除して造られたものであることがアカデミアで実証的に対象化されたのは八〇年代の後半あるいは九〇年代になってからのことであるが、梅原は七〇年代はじめに村上が忌避した土俗的原基にこそ民衆宗教の可能性を求めた。

梅原正紀の存在は宗教学のメインラインにおいてほとんど無視されているが、新宗教、民衆宗教をめ

(64) 岡田茂吉『浄霊法講座』上下巻（八幡書店、二〇一六年）。

ぐる言説史のなかで正当な位置を与えられるべきであろう。

非対称性を棚上げにした「寛容の原理」は、現在のいわゆる「スピ」界に蔓延する病といえるが、その源流は一九七〇年代の「仏教再評価」にあり、それに仏教的立場からいちはやく反論した梅原正紀の先見性は評価されるべきであり、その実践としての「公害企業主呪殺祈禱僧団」は、石牟礼道子の平成天皇制への屈服（綿野恵太「石牟礼道子と憐れみの天皇制」『子午線』六号、二〇一八年、参照）を撃つものとして今こそ再評価されるべきであろう。

「民衆宗教」というタームは八〇年代になると急速に言説的有効性を喪失することになる。それは「民衆」という語りのリアリティ喪失である。世界救世教の改革運動の時期になると梅原正紀の言説においても、「叛」はもとより「民衆」という言葉も姿を消している。このことの意味も考える必要があるだろう。

第五章　一九六八年の身体
――津村喬における気功・太極拳

鎌倉　祥太郎

はじめに

「一九六八年」という象徴的な数字によって表される〝世界的な〟反権力運動について考える際、「ポスト一九六八年」と呼べるような時期にまで射程を伸ばし、思考しなければならないのは、おそらくこのテーマに取り組む研究者の共通の認識ではないかと思われる。この点に関して、一九六八年の敗北による社会運動の退潮と結論付けたり、「新しい社会運動」の登場を準備する段階と位置付けたり、あるいは革命が潜在的に継続していると位置づけるなど、様々な立場からポスト一九六八年が語られている。

ポスト一九六八年において、マイノリティの諸権利獲得を求める個別具体的な闘争が広がっていくとともに、現実的にはベトナム反戦運動などに見られた共通の政治課題による大闘争が相対化されていく、という現象が起きている。つまり、社会を一元化したかたちで階級闘争へと社会運動をまとめることはもはや自明のことではなくなり、ジェンダー、人種、民族といった多様なアイデンティティが政治闘争の主戦場となっていったのである。

一方、スラヴォイ・ジジェクはこのポスト一九六八年をやや異なる視点から捉えている。ジジェクが指摘するのは、一九六八年以後に現出した純粋な自閉的享楽への欲動には三つの形態がある、ということだ。一つ目は性的享楽の探求、二つ目は左翼の政治的テロリズム、三つ目は東洋的神秘主義に代表される内的経験の追及である。ジジェクはこの三つの型を「これらの三形態が等しく分け持っていることは、具体的な社会政治的関与から退出し、〈現実的なこと〉との直接的な触れ合い《コンタクト》に引き籠もるという姿勢である」[1]と指摘する。もちろん、ここでジジェクが念頭においているのはフランスやドイツ、あるいはアメリカといった欧米社会における一九六八年であり、例えば一つ目の性的享楽の探求などは、日本ではそこまで表面化しなかった。ただ二つ目の形態は言うまでもなく連合赤軍や内ゲバなどに見られるものであり、ポスト一九六八年における共通した傾向をここにみることができる。そして本稿では、この三つ目の型、すなわち東洋的神秘主義に代表される内的経験の追及、というように一見捉えられる事例から、一九六八年という問題に僅かでも接近してみたい。具体的には、日本の新左翼のノンセクトを代表する評論家の一人と見なされていた津村喬《たかし》（一九四六―二〇二〇）が、一九七〇年代中頃から気功や太極拳、食といった分野にその活動を移していった事例を取り上げる。

津村喬は早稲田大学に在学していた一九七〇年に『われらの内なる差別』を出版するなど、様々な媒体を通じて発信し続けた人物である。一九六八年における彼の大きな役割としては、差別論を導入したことが挙げられるが、それに限らずメディア論や日本の侵略戦争の歴史に関わる論考など、幅広い分野で執筆した。そして、一九七〇年代半ば頃から活動の軸足を徐々に気功や太極拳、食といった分野に移行させていき、その中でニューエイジ思想へと接近していったとされる。この点について、例えば小熊英二は『1968』の中で、「津村は自己の空虚感を満たすべく早大反戦連合を結成したあと、自己の願望を十分に表現できない「コトバ」に疑いをもち、リアリティをもてない闘争に違和感を抱き、差別問題に突破口をみいだしたが、最終的にはそれらをすてて太極拳や自然食にむかった」[2]としている。

こうした動きは、たとえば日本におけるウーマンリブを牽引した田中美津（一九四三―二〇二四）がその後、鍼灸師として活躍するのと相似形であり、ポスト一九六八年の一部を形成するものであったといってよい。とはいえ、それは果たして小熊がいうようにそれまでの政治的な活動を捨てた先のものであるのか。むしろ、そうした非政治的に見える行動を政治的なものとして位置づけていくような実践のありようと、そこに現れる問題について、本稿では論じていきたいと考える。

一　「日常性批判」と浮かび上がる身体

津村の特に初期の活動時期において特別に重要な位置を占めている概念として、「日常性批判」というものがある。これは、アンリ・ルフェーヴルの「日常生活批判」という概念に津村なりのアレンジを加えながら、用いられているものである。津村の「日常性批判」とは、資本主義に対する新左翼の一般的な経済分析とは異なり、消費社会の文化生産という側面から資本主義を批判するための概念となっており、「日常性」という場では、個々の主体も消費行動を通じて資本や権力の意思を内面化していることが指摘される。

六七―六九年の闘争のなかで、大学や街頭といった都市的秩序は、新たな意味でのまつり的なものによって占拠された。男の女装はなかったにしても、覆面＋メット＋ゲバ棒という「異装」は、見物をひどく不安にさせた。それは、どたん場に追いつめられた新左翼の自己弁明にほかならず、闘争それ自身が実験であり、批評にほかならなかった。彼らは、その大真面目な茶番のなかで、はじめて、現

（1）スラヴォイ・ジジェク『ロベスピエール／毛沢東　革命とテロル』長原豊、松本潤一郎訳、河出文庫、二〇〇八年、二一五頁。
（2）小熊英二『１９６８』下、新曜社、二〇〇九年、二七一頁。

代革命の真の課題を、日常性の内在的批判＝解体、そのまつり的なものへの移行を、つかみ出したのである。[3]

自らの意思が貫徹していると思い込んでいる日常生活が、実は資本や権力によって秩序付けられており、そのシステムが先鋭的にあらわれるのが都市であって、一九六八年の意味はその都市に刻印されている秩序の象徴体系を、覆面にヘルメットにゲバ棒という異様な格好で、物理的にではなく象徴的にそれらを壊していったことにある、というのがここでの津村の主張になる。このように、自分の身の回りの日常生活を批判的に捉え返していく、そしてその象徴体系、あるいは記号化されたコードを文化的に解体していく、というのが津村のいう日常性批判であるのだが、これを現在の言葉で言い換えれば、フーコー的な規律訓練型、ディシプリン型の権力をパフォーマティヴに攪乱させていくような闘争として読み替えているといえるだろう。

このように、津村において日常性とは支配と解放を内包する両義的な場として捉えられていた。そこでは、大学でのバリケード封鎖や授業ストライキの戦術面よりも、装いや身振りといった行為性に重きが置かれる。バリケードに用いられる机や椅子は日常的には学生を教室の決まった位置へと配置する秩序化の装置であるが、それがひとたびバリケードの壁となることで、大学当局という権力が持たせた意味を離れ、自由や解放という新たな意味を帯びる。

こうした津村の「日常性批判」という議論が、一種の「文化革命」として据えられているのは、新左翼の他の革命理論と比してもなお特徴的なものであったといえる。その意味で、一九七一年に出版された『戦略とスタイル』の冒頭が、創刊されたばかりの雑誌『an・an』に対する言及から始まっているのは興味深い。津村はこの雑誌を単なる資本主義の産物として見ているのではなく、広告や紙面を通じた日常性の秩序化を構成する役割を有していることを指摘する。その意味で「日常性批判」とは、近代化の進展によって登場した消費社会に対する文化理論という側面をも持っているのである。「日常性批判」という問題意識は、すでにある程度は気功や太極拳の専門家と見なされていたであろう一九八〇年のテクストにも見られる。これは全共闘運動の総括として書かれたテクストであるが、そこでも全共闘運動が日常性批判という性格を持ちあわせていたことを主張する。

言うまでもなく全共闘は、何かのイデオロギーにもとづいてつくられたものではない。それは、大学の中で管理されていること、管理されるのに甘んじていれば自動的にわが身が支配階級のそばに運ばれていくことが心底たえがたいと思った時に出てきた、日常性を拒絶する運動だった。それが造反ということでもあった。わが身の帰属している秩序をどれほど深く裏切ることができるか、が闘いの動機だった。いいかえれば、主体が変ることを通じて世界を変えようとした。権力をとることで世界が変ると考えてきたのが社会党―共産党からすべての新左翼党派であったとすれば、全共闘は、権力をとることこそ最も避けたい、呪うべきことであり、問題は自ら権力になることだという宣言を発した。それは文字で書かれた宣言でなく、バリケードや、さまざまの身ぶりによって、ひとつの新しいスタイルとして、都市に書きこまれた宣言だった。

一人ひとりにとって、それは身体性の発見としてあった。秩序によってからだを定義するのでなく、からだの全体性によって秩序のニセの普遍性を相対化すること。(4)

（3）津村喬「都市に時間の刻印を　日本のまつり・一九七一」『美術手帖』一九七一年一一月号。のちに、『メディアの政治』（晶文社、一九七四年）に収録。

（4）津村喬「持続する〈全共闘〉」『全共闘　持続と転形』五月社、一九八〇年、五三頁。

比較的長い最初の段落は、これまで見てきたような「日常性批判」のロジックを全共闘に当てはめ、総括している文章と捉えることができる。実際、津村が好んで用いた「身ぶり」という行為性を表す用語によって、権力や資本の管理・秩序化を拒否していく運動の流れがここで示される。ここだけを切り取れば、一九七〇年代初頭の議論を繰り返しているように読むことができよう。

だが興味深いのは、この段落の後につけられた短いセンテンスで、唐突に「身体性」や「からだ」という用語が「日常性批判」と結び付けられて登場することである。ここでは「規律／訓練」型の権力に対する行為性を通じた実践的な批判としての日常性批判というロジックが保持されつつも、同時に「身体性」というテーマが急浮上している。初期の活動期から用いられている「身ぶり」という言葉には、行為を機能させる身体の痕跡をとどめているものの、この語の一義的な意味の重心は行為性のほうにあるだろう。そのため、一九七〇年代前半の津村の「日常性批判」において強調されているのは行為を通じた意味体系の解体であり、その源基としての身体は必ずしもクローズアップされたものではなかった。

この批判対象としての日常性から、それを担う身体という問題系がはっきり明文化されて出てくるというのが、一九七〇年代前半にはない、七〇年代中期を通過した津村の特徴である。身体がクローズアップされる、それも文化革命におけるヘゲモニー闘争の場として、日常性という相対的に抽象的な場から、身体というより具体的に見える場へとスライドしているのである。それは言い換えれば、全共闘が身体性を発見した、ということを、この一九七〇年代後半のどこかの段階で津村が〝再発見した〟のではないか、ということだ。

その再発見がどのような過程によってなされていったのか、という点については後段で述べたいが、その前に一点指摘しておきたいことがある。「日常性批判」とは権力や資本によって規律化されている自己自身への内省と解放を志向する点で、自己変革の思想だということもできるのだが、その意味では、東大闘争以降に流行した「自己否定」と共鳴しつつ、自己啓発へと至るような水路がこの概念の中にすでに含まれていたのだともいえるだろう。

ただ、津村の主張する「日常性批判」の自己変革という志向性には、一種の単純化された疎外論としての自分探しの結果としての自己否定や、あるいは連合赤軍などに見られるような他者を排除し殺していくような自己否定でもない、別の種類のロジックがあるようにも思われる。それを、ここでは「脱自己同一化」として捉えてみたい。この脱自己同一化について、フランスの思想家ジャック・ランシエールは次のように述べている。

あらゆる主体化は、脱自己同一化であり、自然な地位からの離脱であり、誰であれ計算されるような主体空間の開示である。(5)

ここで言われていることは、社会のなかに個々人が配置され、与えられている役割の体系そのものを問い直す、すなわち自分自身に与えられた「自然な地位」を問い直すときに主体化がなされるという議論である。アイデンティティに関わる部分、例えば、私は学生である、私は男である、私は日本人である、こういった諸々のアイデンティティを括弧に入れて問いに付し、そうした「自然な地位」からずれていくときに、むしろ政治的な主体が立ち上がってくる、ということだ。それは、先の津村の引用文に出てきた、全共闘運動は「わが身の帰属している秩序をどれほど深く裏切ることができるか、が闘いの動機だった」と非常に相似的である。それはおそらく、日常性批判や身体性の問題だけでなく、津村の議論において最も触れられるところが多いだろう差別論においてもそうなのではないだろうか。津村の

(5) ジャック・ランシエール『不和あるいは了解なき了解』松葉祥一、大森秀臣、藤江成夫訳、インスクリプト、二〇〇五年、七一頁。

差別論の脱自己同一化の過程というのは、内的ナショナリズムへの批判を通して日本社会の差別構造を解体していくこと、つまり日本人という自然なアイデンティティを否定していくことが別種の主体化を促していく、ということとして捉えることができるのではないか。もちろんそれは、ナショナリズムに拘泥するのでも、また一足飛びにインターナショナリズムに飛びつくのでもなく、自分自身のナショナリティとそれに付随する歴史性と向き合い、批判的に乗り越えていく過程として、である。その契機として、津村の差別論の中でよく語られる戦略として、各地域で入管闘争を組織し、その闘争過程で地域のアジア人民と出会っていく、その中で自分自身のナショナルアイデンティティを脱自己同一化していくことが挙げられている。ここで注目したいのは、差別闘争における脱自己同一化の過程においては他者の介在が必要である事、そうした歴史的・文化的背景を異にする他者の存在が、自分自身のアイデンティティを問い直すきっかけとなる、としていることである。そのために、地域入管闘争という中央集権型の「党」とは異なるネットワーク型の組織論が展望されたのだといえる。

日常性という場において、権力や資本によって秩序付けられる自己自身の脱自己同一化が津村における「日常性批判」だったとしたら、そうした主体を基礎づけるような身体がその論理構成に組み込まれたとき、どのような変質を被るのだろうか。事象では、この点について詳しく見ていきたい。

二　津村喬における身体性の政治

津村が気功や太極拳に活動の場を移していく中で、身体はいったいどのように語られていくのだろうか。ここでは、一九七四年に発行された「東洋体育道の基礎」というパンフレットを取り上げたい。このパンフレットは岡島治夫と津村との共著で、一九八一年出版の『新編　しなやかな心とからだ』に収録されている。ちなみに、岡島治夫は野口整体で知られる野口晴哉《はるちか》の近傍にあった人物で、一九七〇年代には津村と共にこの方面で共闘していたものの、一九八〇年の段階では袂をわかっている。

　このパンフレットは、戦後の民主主義文学をリードしたことで知られる新日本文学会で、津村が「健康道場」という公開講座を一九七四年に始めたことをきっかけに発行された。津村はおそらく一九七一、二年ごろから新日本文学会に関わるようになっており、その後編集委員として携わるなかで、『新日本文学』のいくつかの特集を担当している。このことは、一九七〇年代初頭の新日本文学会における武井照夫をはじめとした大量脱会騒動を経て、新日本文学界が新しい若手文学者や評論家を必要としていた経緯と重なると推測される。そしてまた、一九七〇年代の新日本文学会では、それまでにも行われていた市民講座がより積極的に開催されるようになっており、津村もそうした講座に企画者あるいは講師として参加している。「健康道場」もこうした文脈の中開催された公開講座の一つであり、この講座向けに作成された「東洋体育道の基礎」の三分の二あるいは四分の三ほどは津村が執筆している。

　まずこのテクストの冒頭、傍点までふって強調されているのは、「病気でいいじゃないか」ということである。それはつまり、社会の近代化に伴って健康という概念が強迫観念化していること、また体の不調を身体からのメッセージとして捉えることをせずに、薬や医療に丸投げしてしまっている現状を踏まえた、挑発的な主張である。身体が外部の権力、ここでは西洋医療を中心とした医療体制や製薬会社のことであったり、あるいは病気にかかって入院すると会社を休んで周りに迷惑がかかったりといった、社会的な圧迫によって健康を維持しようとすることなどへの批判がある。そうした現状に対して、「東洋体育道」つまりヨガや気功などによって、自分の身体を自主管理していこう、というのがこのパンフレットの大きなモチーフになっている。

　自分のからだにたいして自分に責任をもつ、この決意がすべてのはじまりである。まったく相反する、二つの「身体性の政治」があるのだ。すなわち、外的規範に依存するか、自力更生の立場に立つか、という。自分の健康は〝我流〟にしかつくれない。この孤独をいったんうけいれることによってはじめて、あらゆる権威を相対化しうるようになる[6]。

ここで言われている二者択一の問いかけ、「すなわち、外的規範に依存するか、自力更生の立場に立つか」に対しては、後者を選ぶほかありえない。しかもそれは〝我流〟であり「孤独」なのだという。さらにこうした自身の身体を自立化させることでなされる権威の相対化は、革命の前提条件となるという。

わが政治革命は文化革命に先導されねばならず、文化革命においては、「メディアの政治」は「身体性の政治」によって基礎づけられ、根拠をもたなければならない[7]。

ここでは文化革命の先行性が語られているが、同時にメディアと身体性とのつながりについての注釈が必要であろう。津村の議論において、文化革命の主戦場はメディアに設定されている。このことはとりわけ一九七〇年代前半、津村がジャーナリズム上で文章を大量に発表していたこと、あるいは先に述べたように新日本文学会という、新左翼からすると「ぬるく」感じられるような戦後民主主義を代表する会に深く関わっていたことからも窺える。それは津村が革命を武力闘争による直接的な暴力革命ではなく、メディアを通じたヘゲモニー闘争として捉えていたからにほかならない。そして、その主戦場たるメディアの後方にあってこのヘゲモニー闘争の力量の源泉としての根拠地として、身体が設定されている。ここに津村の革命観が垣間見られるように思われる。それは、「規律／訓練」された身体を解放していく闘争として、日常性批判からの展開としての身体性の政治、という過程を辿っているのをここにみることができる。それは、一九七四年という、政治的な文章を発表していた評論家としての時期から、気功や太極拳を主軸に据えていく時期への過渡期だから、ということではない。例えばもう十分にニューエイジ的色彩を帯びた一九九八年の気功の本において、津村はこのように語っている。

健康が、個人の都合より企業の都合、社会の都合で考えられているのではないか、ということがすごく気になるのです。「病気でいいじゃないか」といいたくなります。会社の期待にこたえなければいけないから、または、病気になると出世できないから必死で健康法をやっている、というのは相当に病的な状態です。(8)

社会が身体を拘束し、そのために健康が追求されることへの批判が、文体はかなり穏やかになっているとはいえ、見て取ることが出来る。身体性の政治、ということが単に〝政治的な〟テクストと結びついているわけではない、ということがここからも理解できよう。つまり、身体を関心とする限り、それを規律化しようとする外部の権力としての社会、という視野は常に持ち続けられていた、ということができる。

このように、消費社会化していく中で人びとの日常性が資本と権力の論理によって秩序付けられていくプロセスの全体を批判するとともに、気功や太極拳といった実践を通じて、対抗的な主体を構築していこうというのが、一九七〇年代半ば以降の津村の戦略だったといえる。それは、先に見たような全共闘運動への評価に典型的に見られる、「身ぶり」という行為性を通じた「日常性批判」の延長にあると同

(6) 津村喬、岡島治夫「東洋体育道の基礎」、津村喬『新編　しなやかな心とからだ』野草社、一九八一年、一二八頁。なお以降の注も含めて、このテクストからの引用部分はすべて津村の執筆担当部分にあたる。
(7) 同上、一三一頁。
(8) 津村喬『快脳気功』サンマーク出版、一九九八年、一六五―一六六頁。

時に、そこに変革の主体を基礎づける身体という領域が再発見されたということでもあった。

三　西洋近代への批判と身体

前章まで、津村の初期テクストに頻出する「日常性批判」という方法論が、気功や太極拳などの活動を下支えする論理にも底流していることを確認した。ところで、津村のこうしたテクストを読んでいて目につくのは、「東洋」や「伝統」といった言葉である。これらの概念が津村の思想においてどう位置づけられているのか、という問題は、西洋近代への対抗とその戦略として見いだされる「東洋神秘思想」との関係を考える上で避けては通れまい。

津村は一九七〇年代前半の新左翼運動に差別論を導入した人物として知られるが、その中でも特に在日アジア人に対する差別が中心的に論じられている。津村の用いる「文化革命」にしても、中国で共時的に起こっていた文化大革命がその思想の下敷きにあり、津村によれば一〇代で二度中国へ訪問した体験がその基礎となっているという。津村の父親は元総評事務局長の高野実であり、津村はいわば労働運動のエリートの家庭に生まれた。国交がない時期の津村の訪中は、中国にも太いパイプをもつ父親に付随してのものであったが、この訪中がきっかけとなりアジアに対する歴史認識問題を考えるようになったという。また、津村が気功や太極拳に触れるきっかけとなったのもこの訪中であり、その後は新日本文学会で会員相手に太極拳を教えたこともあったようだ。

津村はその活動の初期から「中国派」や「毛沢東派」と呼ばれたし、実際に彼自身も（セクト主義的な言及をされる場合を除いては）それを否定することはなく、むしろそうしたスタンスを積極的に受け入れていた。その意味で、津村は初めから西洋近代を相対化する中国という視点を備えていたといえる。

現代資本主義を基礎づけるのが西洋近代の思考様式だとして、それを相対化しようとする試みは津村に限らず一九六〇年代から七〇年代にかけて様々な場面で見られたものである。津村の場合、気功や食といった分野にはその傾向が特に顕著である。

「東洋体育道の基礎」が、先に述べたように西洋医療における対症療法のような物質的な働きかけを否定し、「東洋」を強調するものであったとすれば、そこには西洋近代社会の外にオルタナティヴな社会のありようを見いだそうとする視線があるといえる。例えば、「東洋体育道の基礎」に先駆けて執筆された次のテクストは、そうした西洋近代への対抗が明確にあらわれている。

日常生活批判としての全体性。ヨーロッパのスポーツはいまだに、貴族たちが時折登山や狩猟に行くというパターンをそう出ていない。だが東洋体育道は、慰みに鍛錬するわけではないから、まさに四六時中「道」を追求する。からだの自然なはたらきをまもるのが基本であるから、飲みたくもないお茶をつきあいで飲み、食べたくもない飯を習慣で食べるのは、一種の永続的自殺である。東洋体育道はこうして、日常生活を批判的にカッコに入れ、そこに自律の習慣（毛沢東）をもちこむことをもとめるのだ。(9)

気功や太極拳などを「日常生活批判」の一環としてここでは捉え、レジャーとしてのスポーツではなく、自分自身の習慣を反省的に認識し、自律性を打ち立てることが「東洋体育道」なのだとする。近代スポーツの大衆化が明らかに無視されているなど、津村の西洋認識に怪しい点があることは確かだが、それよりもここで注目したいのは、二元的な西洋と東洋の対立構図である。

(9) 津村喬「からだと文化の革命」（前掲『しなやかな心とからだ』所収）。初出は原題を「〈人民総武装〉への道」として『日本読書新聞』一九七三年七月二六日号に掲載。

これが食の分野になると、その対抗軸は微妙にずれながらも、しかし同型をとるということになる。その対立軸とは、「自然」や「伝統」と消費社会との対比である。例えば、次の一節は象徴的であろう。

この、商品目当ての反自然主義が昂じると、夏ミカンのツヤのためにワックスを塗ったり、本来曲がっているものであるキュウリをまっすぐにするために若いうちに重りを下げたりという理不尽なことが平気でやれるようになる。やはり自然の食物というものは、資本主義とは性が合わないもののようだ。(10)

公害が社会問題化され急速に社会の認識が変容していく一九六〇年代から七〇年代にかけて、自然と資本主義社会とを対立的に捉える視座が広範なものとなっていった。津村のここでの認識もまた、そうした同時代的な枠組みの中にいると考えられるが、エコロジー運動や自然農運動における自身の生活への反省を、津村は日常性批判という形で先取りしていたということはできるだろう。むしろ、こうした分野において、津村の日常性批判は一般性を帯びたともいえる。

ところで、こうした反近代への志向性は、その言論活動の初期から見られるものでもあった。例えば、一九七一年に出版された『戦略とスタイル』では、権力や資本によって管理され、支配されるような近代的生活様式への対抗として津村は「スタイルの復権」を説いたが、その参照先は近代の外部に属するとされる前近代や第三世界に求められていた。象徴的なのは、この著作で柳田国男の文章が日本の前近代を描いたものとしてたびたび参照されていることで、新左翼と柳田民俗学との結びつきを例証するものとなっている。

ただ、『戦略とスタイル』など一九七〇年代中頃までの津村のテクストでは、そうした反近代的な対象への志向性はどちらかといえば抑制されており、むしろ消費行為を通じて人びとの生活を規範化し、差別を再生産していく社会への批判が主要な論点となっていた。実際、『戦略とスタイル』では、近代社会の主体性を乗り越えるような「スタイルの復権」は、柳田のようなフィールドワークからでは発見できず、むしろ実践的に近代主義を否定していった全共闘運動の方にこそ見いだされる、としている。

とはいえ、ここでは全共闘の「近代主義」への批判と、近代的な生活様式に対する否定が意図的に混同されているように思われる。それでも一九七〇年代前半の津村においては、「近代主義」への批判が重視されたのに対し、一九七〇年代半ば以降は徐々に地滑り的に近代的生活様式への否定へと流れていったのではあるまいか。

それを可能にしたのが、身体の再発見であったのではないだろうか。身体が個人性に属す領域だとすれば、そこでの身体の解放とは先に見た脱自己同一化の過程というよりもむしろ、疎外論的なあるべき主体の再構築となるからだ。換言すれば、初期津村の「日常性批判」が自己のアイデンティティへの内省的な脱構築による主体化だとすれば、身体が問題になるときに、そのアイデンティティの側面（特に社会において個人に付与される様々な属性）は所与のものとなり、変えるべきは単に個人の認識や意識、あるいは身ぶりということになるからだ。

「反近代」志向が強調されることで、社会変革に対する視座は残ったとしても、そこに関わる自己の可変性は限りなく低くなる。そしてまたそのことは、心身二元論のような困難さを抱えたものであるともいえよう。「東洋体育道の基礎」には、身体を自己という存在と関わらせてどのように把握するのか、という点について、次のように語っている。一つは、「〔近代西洋医学にとって〕肉体とはよそよそしいものであり、私のうちなる他者、なのだ[11]」というもので、これはデカルト的な心身二元論に対する批判と

（10） 津村前掲『ひとり暮らし料理の技術』、一六三頁。
（11） 津村、岡島前掲「東洋体育道の基礎」、六一頁。

して述べられている。そしてもう一つが、「身体性だけは、決して代理形成しえない「主体」の原基である」[12]という部分で、この二つによれば、身体というのは自己とは分離し得ない、あるいは他者化し得ないまさに「原基」として捉えられている。このことは、自己と身体と社会とが垂直構造において関係しあっており、この関係性の中では横に広がっていくような水平的な展望は望みえない。そして、身体は他者化しえない自己の原基である、という言い方においては、二つの問題がみえてくる。一つは、外部に管理された自己の身体を取り戻す、というかたちで脱自己同一化ではなく自己同一化の過程として機能していく、ということ。そしてもう一つが、自己と身体と社会を貫く垂直構造においては、他者——ここでは文化的、歴史的な差異を孕んだ存在としての他者、という問題は埒外におかれ、そのために身体を有するものなら誰でも一緒、というかたちで組織論も不要になるということだ。

ところが、ここには一つのパラドックスがある。それは、身体は主にメディアを通じて様々な書き込みがなされてその影響を受けるものであるものの、その一方で身体とは自己という主体の原基である、ということで可変的な身体と本質的な身体という間を行ったり来たりしなければならない、ということだ。そうしたパラドックスを抱えた身体を基盤とする主体の同一性を担保するものとして、超越的な存在、例えば宇宙や自然といったものが見いだされていったのではないか。そうした傾向を示す典型的な文章として、次の一文を挙げておこう。

〔気功をしていると〕宮沢賢治が星空を見上げながら、「密教風の誘惑」を感じて星々と淫行してしまったように、あるいは空海が明けの明星と一体化したように、自然と向き合っていると、ある特殊な瞬間に自分が銀河系の不可欠の一部であり、自分の内部にもまた銀河系があるということが、ありありと実感できることがあります。それを中国人は、「天人合一」とか「天人相応」といってきました。[13]

このようなニューエイジ的な捉え方は、一九八〇年代以降の津村のテクストにたびたび登場する。とはいえ、先にも見たように、こうしたニューエイジ的なテクストにおいても、日常性批判を発条とした社会批判の視点は保持されていた。他方、そこで欠落したのは他者という問題だったのではないだろうか。すなわち、七〇年代の津村の差別論における脱自己同一化の過程がナショナルアイデンティティの脱構築を指し、それが過去の日本の侵略の現在性という歴史認識を打ち立てるために必要だとすれば、脱自己同一化の必要性を担保するのはアジアの人びとであるということになるからだ。津村の初期のテクストの特徴は、テクスト中の他者の強烈な存在感であり差別論にしてもメディア論にしても、とりわけ差別論に見られるような他者との困難な連帯をどのように可能なものとするのか、という問いの上で成立するものだった。気功や太極拳といった身体性を中心とした日常性批判の議論に決定的に欠けているのは、この他者という視点であり、その困難性である。もちろん、自己の身体もまた捉えようによっては理解の困難な他者性をそこに見いだすこともできるだろう。しかし、津村の見いだす身体は疎外論的な構成の中で、あるべき身体を求めるという方向でのみ語られるものだ。そうしたあるべき自己の身体を取り戻すという時、他者との連帯において津村が認識していたような遥かな困難さは影を潜め、その道筋は単線的なものとなっていったのである。

四　身体の共同性

気功や太極拳への活動の比重の移動が他者という問題系を欠落させていったのだとすれば、それは身

---

(12) 同上、一三一頁。
(13) 津村前掲『快脳気功』、一一〇頁。

体への注目によって必然的に起こることなのだろうか。

先にも見たように、気功や太極拳、食といった分野での活動が顕著になる以前に「身体」という用語が全く使われないわけではない。ただ、その頻度は明らかに少ないのではあるが、用いられ方は微妙に異なっているように思われる。例えば、次の引用文は一九七二年に発表されたものだ。

主体の形成、というよりむしろ再＝形成はどのようにしてありうるのか？　個人をも、階層をも、消費する大衆をも、「主体」とは考え得ない時に、それはどのようにイメージされるのか？　われわれは、価値の相対性の内部から出発しようと思う。諸々の具体的な差異が存在する。権力と資本が、あらゆる手段を用いて同一化をおしすすめようと、諸々の矛盾と不均等性は、むしろ拡大している。現に存在する差‐異にむかって同一化（同化）が行使される時、そこに差別が再生産される。他者に自己の像をおしつけるという事態がおこるのである。同一化こそが、分離と階級解体をおしすすめるのだ。したがって主体とは、差異の発見である。主体の形成過程とは、身体性（個人、諸々の集団、民族）が差異の相互的発見によって、それ自身の条件における可能なるもの（つまり意味）を私有化する過程である。(14)

この文章は、新日本文学会第一五回大会の報告原稿で、のちに『新日本文学』に掲載されたもので、ここでは、津村の状況分析と戦略との結びつきが端的に示されている。それはつまり、メディアの機能が人びとの間の差異を押し隠す同一化の方向へ進むことで、逆説的に差別が再生産されるという現状と、そのような状況の中で諸々の差異を再発見することが、そうした資本や権力が狙う同一化を解除していくことである、というような認識である。さて、そうした人びとの間に存在する差異を、津村はこの引用の最後で「身体性」という語と結び付けている。そして一層興味深いのは、身体性という語に括弧書きで「(個人、諸々の集団、民族)」と付されていることである。

身体性の問題は、一般的に個人性の問題に還元されがちであるし、気功や太極拳が活動の主軸となってからは、津村自身もそのように捉えているように考えられる。しかし他方で、女性の身体や、皮膚の色が差別のスティグマとなることからも明らかなように、身体性とは必ずしも常に個人に還元されるわけではない。この津村の括弧内の表現は、そうした身体性をめぐる多層性をあらわしているのだと思われる。つまり、津村は少なくともこの時点では、身体性について、共同性を有する場合もある、と考えていたのではないだろうか。

身体が一種の共同性を有するとするなら、身体を梃子とした連帯も不可能なわけではあるまい。次に引用するのは、華青闘告発をおこなったことで知られる在日中国人学生の組織、華僑青年闘争委員会が新宿駅西口地下広場で一九六九年にハンストをおこなったことに関する津村の記述である。

> 例えば、新宿西口の華僑青年のハンストにもっと有効に呼応することもできた筈だった。人が自らプログラムされた一片の情報であることを満足させられることにおいて、職場という直接収奪の空間と家庭という間接的「自己」収奪の空間（その外延としての「ショッピング」）を媒介する〝ひろば〟の日常的コミュニケイションの還流が形成されているのだとすれば、無防備で辱められた、その故に「野生」の意味を回復した数個の肉体は、その存在の重みにおいて〝ひろば〟のこのコミュニケイションを切断した。その裂け目に、権力によってプログラミングされない、コミュニケイションの逆流を形成していくこと――おそらくは「からだを張る」ことで言語に肉声の重みを奪還せしめつつ――は、ほかならぬわれわれの任務であった。[15]

(14) 津村喬「七〇年代文化革命と〈方向転換〉の諸問題」上、『新日本文学』一九七二年五月号、一六二頁。

ここでは批判の対象としての日常性に属するコミュニケーションの空間としてあった新宿駅西口が、ハンストをする華僑学生たちの肉体によって切断されたのだということ、それに対して、体を張って言葉に肉声の重みを与えていくような日本人側の応答の仕方もあったのではないか、ということが記されている。ここに見えるのは、ハンストという身体の開示が空間や他者の身体のありようを変えていくような呼びかけとして機能しているということ、つまり日常性から脱していくことを呼びかける、脱自己同一化への呼びかけとして機能していることを津村が捉えている、ということだ。このように見ていくと、身体は自分のもとに帰属するだけではなく、他者との呼びかけと応答というコミュニケーションを可能にするようなメディア的な役割をもっているのだと考えられる。ところが、気功や太極拳を通じて、身体性の政治という方法で身体が主体を構成する要素の一部に還元されるとき、そうした主体の外に身体がはみ出していく可能性を閉ざしてしまうのではないか。同時にそれは本来的な自分自身の身体を追い求めていくことで、社会秩序の体系をずらしていくような脱自己同一化された主体＝自己否定された主体による運動という戦略を困難にしていったのではないか。

もう一つここで見ておきたいのは、先に取り上げた新日本文学会における「健康道場」の活動についてのテクストである。津村が新日本文学会で講座「健康道場」を企画し、これに関わったのは一九七四年のことである。『新日本文学』一九七四年三月号の「講座『健康道場』中間総括」を見てみると、「毎回一五人から二五人程度の参加者」が集まったという。参加者は主婦、労働者、学生などが主で、講座の内容は製薬業界や民間医療などについての講義や、ヨガなどの実践がおこなわれていたようだ。

このテクストで、津村はこの講座に関する二つの目的を挙げている。一つは、「今や強迫観念になっている「健康」イデオロギーの秩序性、ギマン性をあばき、本当の「人民の健康」とはなにかを考える」こと、そしてもう一つは「薬害・医療被害を告発する戦線と、人民が自ら身体をきたえ、自分の心身の法則性をわがものとして律していくための運動との結合の可能性を探る」[16]ことであるという。

「健康」イデオロギーとは、広告などを通じて資本や国家が人びとの健康を管理しようとするものだと津村はいう。つまり、病気と健康という二つを医療関係者やマスメディアが明瞭に分け隔ててしまうことで、人びとが病気をおそれ、健康にこだわるといった、人びとが自分の身体について外的な情報に振り回されるような強迫的な状態になることを、津村は批判するのである。

ここで述べられている「健康」イデオロギーへの批判は、先にも述べた津村の日常性批判の延長として捉えることができるだろう。つまり、メディアが人びとの消費や生活習慣をコントロールするように、身体や健康も同じように管理されている、ということだ。当然それは、一方的に押し付けられるものではなく、無意識のうちに内面化し、積極的に加担しているものでもある。

さて、これまでの議論を見てくれば、「健康道場」というネーミングがかなり皮肉めいたものであることが理解できる。津村自身も「かなり意図的な冗談」であるとしている。とはいえ、それは誤解を生む表現であったようだ。

会の内外にはこれをまじめにうけとっていきりたったり、「二兎を追う者は」などと言ってしまったりした人もいるらしいが、メディアの戦線と身体性の戦線のどちらが欠けても、文化を革命することも生活を革命することも空文句になることは最早明らかであろう。朝鮮問題も部落問題もじつはその意味では、まさに「わたしの身体」の問題にほかならない[17]。

(15) 津村喬『われらの内なる差別』三一書房、一九七〇年、三九―四〇頁。
(16) 津村喬「講座「健康道場」中間総括」『新日本文学』一九七四年三月号、一一〇頁。
(17) 同上、一一〇頁。

ここでも、津村は明らかにメディア論と身体論とを繋いでいる。つまり、津村にとっての文化革命もあるいは生活革命も、メディアと身体という両輪を不可欠のものとしているのだ。

例えば、言語の文体に注目する津村は、同時に言語における身体性を重要視していた。「スタイルが言語の個人性に関するものであり、しかもそれは無意識的で肉体的な決定をこうむるというバルトの主張は、きわめて新しい主張である」という『戦略とスタイル』での言及は、津村におけるメディアと身体という問題設定が、その言論活動の初期から伏流していたことをあらわしている。

そこでの津村の主張は、メディアは人びとの認識や言語活動にのみ作用するのではなく、その身体や身ぶりにおいても作用しているのだ、ということだった。こうした、津村のメディア論における身体の重要視が、「健康道場」のような活動へと繋がっていったのだといえる。しかし、先の引用文でより注目したいのは、「朝鮮問題も部落問題もじつはその意味では、まさに「わたしの身体」の問題にほかならない」という一文である。

ここでは、津村の身体論が差別問題と明らかに接合されている。ここでの「わたしの身体」の「わたし」とは、一義的には日本社会のマジョリティである日本人を指しているだろう。それでは、差別問題が一方では身体の問題であるとはどういうことなのだろうか。特に一九七〇年代初頭の津村の差別論は、差別を必要とし再生産する社会構造を問題化し、同時にそれを下支えする人びとの差別意識を批判する、という論理構成を基本的にはとっている。だが、そうした議論の中にも、身体というテーマが時折入り込んでいることにここでは注意を向けたい。

「健康道場」への言及の中にあらわれた「朝鮮問題も部落問題もじつはその意味では、まさに「わたしの身体」の問題にほかならない」とは、そうした身体性をめぐるレベルの違いを念頭に置いて読むべきだろう。権力や資本による身体の管理とは、津村の語法に倣えば均質化や同一化といった過程をとる。つまり、皆が同じように健康に気を遣い、皆が同じような身のふるまいをすることが、権力や資本にとっての身体の管理ということになろう。そこでは、身体の個別性は出来る限り捨象されていく。画一化された身体は、管理しやすいからだ。

差別が差異を強調するだけのものでなく、同化を推し進めることもまた差別の形態の一つである、ということは、植民地期の帝国日本による皇民化政策の分析などからも明らかであるが、津村のここでの同一化の議論も同化と差別をめぐる問題を明示しようとしている。そこでの身体性とは形質人類学的なものではなく、例えば文化間の身ぶりの違いであったり、あるいは入管体制によって身体的な拘束を受ける可能性があったりといった、社会構造上の不平等な身体のあり方を指しているのだと思われる。それは、個別的なことであると同時に、共有される経験でもある。

このように、身体はいくつかのレベルで共同性・社会性を有するという認識が津村にはあったと考えられる。一つは、メディアや広告を通じて画一化される身体としてイメージされるものであり、もう一つは文化や歴史的経験の差によって生まれる社会集団のもつ共有された身体の記憶とでもいうべきイメージである。

ところが、そうしたイメージは気功や太極拳といった活動の中で、自己の身体と向き合うことによって欠落していった。こうしてみると、「はじめに」で取り上げた「具体的な社会政治的関与から退出し、〈現実的なこと〉との直接的な触れ合い《コンタクト》に引き籠もるという姿勢」というジジェクの指摘は、鋭く津村に突き刺さってくるように思われる。しかしそのことは、「一九六八年」的な革命への志向性の一部が東洋神秘主義に流れることで必然的に引き起こされるという単線的な語りで把握できるものでもないだろう。本章で見てきたように、身体や気功などをテーマとしていたとしても、それを梃子とした他者との連帯、他者との協働の可能性は決して閉じられていたわけではないだろう。

おわりに

本稿では、津村喬という人物のテクストを通じて、「一九六八年」の一部の帰結と見なされる「東洋神秘主義」への移行の過程がどのようになされたのか、具体的に明らかにすることを目指してきた。改めて繰り返せば、初期の津村のテクストの思想の核となっていた「日常性批判」は気功や太極拳といった活動が主軸となって以降も保持されており、個々人を取り巻き管理していこうとする資本や権力の作用から自己自身を解放しようとする方向性は通底していたといえる。しかし、その過程において、「反近代」への志向性が強まることと並行し、津村の議論から他者への視点が欠落していき、そこで述べられる「身体」が疎外論的なあるべき主体と措定され、自己の身体とのみ向き合うこととなっていった。その中から、宇宙や抽象的な意味での自然といった超越的な存在に対する位置づけがなされて行き、ニューエイジ思想の一端を担うこととなっていった。

こうした津村の活動の移り変わりは「転向」として把握されてきたし、実際のところ「東洋神秘主義」への移行のみならず、新左翼と呼ばれた人びとの変節に対しては、ネガティヴな意味合いを強く込めたかたちで「転向」と呼ばれてきたりもした。しかし、これまで単純に「転向」とみなされてきた把握の仕方では、戦後史における「一九六八年」のありようは摑めないだろう。

おそらく「転向」という断絶の形式によって見えなくなってしまうのは、「一九六八年」と「ポスト一九六八年」、そして現在を繋ぐラインである。これまで議論してきた津村の例でみるなら、彼が論じたライフスタイルの革命・自己の身体の再発見・食の自己管理といったもろもろのテーゼは、消費社会や新自由主義的なものに回収され、実現されてしまったということだ。自己の生活や身体へのケアは「ロハス的生活」と呼ばれ、むしろ最も近代化された生活様式となっている。このことは、エコロジー運動がＳＤＧｓというかたちで、むしろ資本の論理と一体化していることと相似形をなしているといえる。一九六八年の津村の目標は、実現不可能だったのではなく、むしろその裏面から実現されてしまったのだということ、それをどう捉えて、どう議論していくか。個人の自己実現が社会や国家、あるいは資本の維持へと置き換えられたとしたら、それを、社会そのものを問い直していく地平にどうすれば持って行き直すことができるのか。そこではやはり、「朝鮮問題も部落問題もじつはその意味では、まさに「わたしの身体」の問題にほかならない」という視点こそが必要なのではないか。もう一度、他者論を導入し、その困難さと可能性を再考することが、現代社会に積み残された一九六八年的課題の一つなのではないかと思われる。

第六章　革命的抵抗の技術と霊術
——戸坂潤・田中吉六・太田竜

栗田　英彦

わたしには、日本の「抵抗の文学」が、太平洋戦争と同時におわったとは、どうしても信じられないのである。それは、いまだに相次いで、生産されつつあるのではなかろうか。そしてそれらの作品は、いまもなお依然として、今日のジャーナリストの眼には、戦争中と同様、三文の値うちもないもののようにうつっているのではあるまいか。

——花田清輝「解説」『日本帝国文学選』

はじめに——技術論と一九六八年

近代とは科学技術の時代である。指数関数的に発展する技術の只中に生きながら、この言明を完全に否定することは難しい。もちろん、近代は多様な技術批判の言説が生じた時代でもあるが、その文脈からも現代技術の不可避性が言われるに至っている。第二次世界大戦直後のマルティン・ハイデガーの講演「技術とは何か」は、その文脈で度々参照されてきた(1)。

ハイデガーによれば、技術の本質は真理の開示や救い・祈り——現在では「宗教」の範疇に含まれる

(1) マルティン・ハイデッガー『技術への問い』関口浩訳、平凡社ライブラリー、二〇一三年。

事柄——といった人間の尊厳に関わる。しかし、自然科学に基づく現代技術は自然と人間を「挑発」し「集め立て《ゲシュテル》」る手段や道具となり、真理の呼びかけを見失う危険なものとなってしまった。こうした危険の只中では、本来の技術は芸術・詩作の領域で（のみ?）育つのだと言う。ハイデガーの技術論は、安易な技術否定の悲観でも技術肯定の楽観でもなく、むしろ人間の尊厳に関わるがゆえに現代技術は不可避なのだと喝破する。

科学技術の不可避性・圧倒性・危険性の認識は、第一次・第二次世界大戦の総力戦を背景にし、ハイデガーと同時代を生きたシュペングラー、ルカーチ、シュミット、ユンガー、ベンヤミンなどのドイツの思想家も共有していた(2)。第一次大戦の惨劇を直接経験しなかったにせよ、ドイツ思想の影響の濃かった同時代の日本でも技術は思想上の大きな問題となっており、一九三〇年代には京都学派から唯物論研究会まで技術論が大きく花開いていた。

技術論への関心は第二次大戦後も継続したが、核兵器登場と裏腹に、その主旋律はむしろポジティブな方向に変調した。戦後日本の技術論をリードした物理学者、武谷三男（一九一一～二〇〇〇）の技術論が典型である。武谷はマルクス主義の立場に立ち、戦後主体性論に影響を与えて新左翼登場にも寄与した人物であり、現在でも原水爆禁止運動の代表的存在と目される。ニヒリズムを響かせる——ゆえに近代技術全般とその前提にある生産力主義への批判を含む(3)——ハイデガー技術論に比して、武谷技術論ははるかに楽観的である。技術の意識的適用説を説き、科学者・技術者の主体性や社会的責任を問うたが、それゆえに原子力の平和利用を——状況もしくは「意識」に応じて核兵器の使用をも——肯定する。その言説は反核の理論的支柱でありながら、アメリカの「原子力の平和利用」の国連演説の後に進められ、福島原発事故に至る原子力政策とも表裏一体であった(4)。つまり、それは五五年体制の枠組みに規定された、きわめて戦後民主主義的なものだったのである。

絓秀実『反原発の思想史』によれば、こうした戦後民主主義的な反核言説に対して、反原発の論理が登場したのが一九六八年だった。その第一の底流が、六〇年代に前景化した中ソ論争および米ソに対抗する第三軸としての中国と第三世界の台頭、それを象徴する毛沢東主義へのグローバルな参照である。加えて、七〇年代以降、そこに米国の対抗文化《カウンターカルチャー》に由来するニューエイジ——もう一つの底流——が伴走し、雑誌『宝島』や野草社の界隈に生成した八〇年代後半の「反原発ニューウェーブ」に継承され、二〇〇〇年代に「素人の乱」の反原発運動に至る。(5) アルベルト・メルッチの欧州の社会運動研究でも、反核平和運動をポスト六八年の運動として取り上げ、そこで見られる自己再帰性、社会問題のグローバル化、情報をめぐる象徴的闘争といった点に「新しい社会運動」の特性を読み取っている。(6)

だが、「新しい社会運動」の典型と評される反原発運動への絓の評価は厳しい。結局それは、サブカルチャーに終わり、新自由主義の「集め立て」に回収されてしまうからである。その経路と目されるのが第二の底流、ニューエイジである。絓は、日本でのニューエイジ導入に元革マル派知識人（松岡正剛・鈴木貞美ら）の言論活動を剔抉し、津村の毛沢東主義を対比させる——だが津村も前者に飲み込まれて「挫折」してまったという。(7) 一方、鎌倉祥太郎は、日常に他者性を挿入する津村の「脱自己同一化」（差

（2）ノルベルト・ボルツ『批判理論の系譜学』山本尤・大貫敦子訳、法政大学出版会、一九九七年。リュシアン・ゴルドマン『ルカーチとハイデガー——新しい哲学のために』川俣晃自訳、法政大学出版局、一九七六年。

（3）小泉義之「戦時‐戦後体制を貫くもの——ハイデガー（「ヒューマニズム書簡」と「ブレーメン講演」）の場合」『ハイデガー・フォーラム』七巻、二〇一三年。

（4）吉岡斉『原子力の社会史——その日本的展開』朝日新聞出版社、一九九九年。

（5）絓秀実『反原発の思想史』筑摩書房、二〇一二年。

（6）アルベルト・メルッチ『現在に生きる遊牧民——新しい公共空間の創出に向けて』山之内康・貴堂嘉之・宮崎かすみ訳、岩波書店、一九九七年、九三～一〇四頁。

（7）絓前掲書、二七二頁。

異化）のロジックが、現在では「消費社会や新自由主義的なものに回収され」、「最も近代化された生活様式」「ロハス的生活」として資本の論理に同一化していると言う。[8]それは生産過程のみならず、消費、身体、感性など生活のあらゆる側面を挑発する現代技術の帰結だろう。とすれば、ニューエイジ以上に、津村の導入した脱自己同一化論に孕まれた問題だということになる。

しかし、そもそも果たしてニューエイジ転向は本当に「挫折」なのだろうか。筆者自身の近現代霊性運動史研究から言えば、ニューエイジの源流は米国の対抗文化ではなく、一九世紀後半以降にトランスナショナルに形成された「カルト的場」を糧にした「知識人宗教」である。[9]その場には科学・宗教・芸術・政治の前衛的な一部が流入・混交し、そこから生じた諸運動はインド独立、ナチズム、日本主義などに絡み、初期の毛沢東の思想形成にも隣接した。その一部が西海岸の対抗文化と混交したのがニューエイジだが、二〇世紀初頭の日本でも民間精神療法＝心身修養＝霊術として流行を見せていた。さらにカルト的場には「偽史」や「陰謀論」の諸要素も潜在する。[10]陰謀論がパレスチナの反欧米・反イスラエル言説の一角を担い、米国議会議事堂襲撃事件など米国政治にも深刻な影響を及ぼし、日本でも一部の政党や政治家の言説にまで絡みつく現在を見ると、それは一種の対抗的政治運動になっているようだ。津村は六八年闘争のゲバヘル・覆面・ゲバ棒を日常性批判として読解したが、陰謀論にもそうした他者的可能性があるのではないか。だが、管見の限り、津村が陰謀論に陥ることはなかった。

その点で、太田竜（一九三〇〜二〇〇九）に注目する意義がある。太田は、津村と同様、一九六八年以降の第三世界論の導入者の一人であり、八〇年代にはニューエイジやエコロジーに接近したが、[11]霊術系の食養運動や〝偽史〟運動を経由して、九〇年代には極右的な陰謀論を唱えて異なる道を歩んだ。本稿では、一九六八年に至る太田竜の思想形成を、一九三〇年代以降の技術論――具体的には戸坂潤と田中吉六のそれ――の系譜に位置づけ、そのニューエイジ接近を、マルクス主義の外的影響というよりマルクス主義の論理と系譜の展開のなかに見る。そうすることで、六八年闘争を新たな角度から捉え直し、ポスト六八年の「革命」の可能性を考察したい。

一　戦後主体性論とトロツキズム——戦後社会運動史の盲点

太田の思想変遷は、おおよそ次の時期区分に分けることができる[12]。

第一期　日本共産党時代（一九四〇年代）
第二期　トロツキズム時代（一九五〇年代〜一九六〇年代）

（8）鎌倉祥太郎「一九六八年の身体——津村喬における気功・太極拳」（本書所収）

（9）栗田英彦・塚田穂高・吉永進一『近現代日本の民間精神療法——不可視なエネルギーの諸相』国書刊行会、二〇一九年。絓もニューエイジについて「そもそも「全体像」のようなものがあるのかどうか」（絓前掲、一五六頁）と戸惑いながら、島薗進『精神世界のゆくえ——現代世界と新霊性運動』（東京堂出版、一九九六年）を参照して特徴づけている。ただ、筆者の考えでは、宗教史における島薗進のニューエイジ（新霊性運動）理解は刷新されるべきである。詳細については、栗田英彦「カルト的場と総力戦——一九三〇年代の日本心霊学会・仏教・神道の交錯」（『近代仏教』三一号、二〇二四年）を参照。

（10）吉永進一・岡本佳子・莊千慧編『神智学とアジア——西からきた〈東洋〉』青弓社、二〇二二年。栗田・塚田・吉永編前掲書。栗田英彦編『「日本心霊学会」研究——霊術団体から学術団体へ』人文書院、二〇二二年。野村英登「『新青年』と修養法の近代化——静坐から体育へ」『神話と詩』八号、二〇〇九年。Michael Barkun, *A Culture of Conspiracy: Apocalyptic Visions in Contemporary America*, University of California Press, 2013. 横山茂雄・竹下節子・清義明・堀江宗正・栗田英彦・辻隆太朗・雨宮淳『コンスピリチュアリティ入門』創元社、二〇二三年。

（11）太田と津村は「管理された「からだ」——からだ存在・自然食・権力・国家について」（『現代の眼』二二巻二号、一九八一年）という対談を行っている。

第三期　アイヌ革命論時代（一九七〇年代）
第四期　エコロジー・家畜制度全廃・自然食・縄文原住民史観時代（一九八〇年代）
第五期　陰謀論時代（一九九〇〜二〇〇〇年代）

本稿では、第一・二期を分析の対象とする。

この時期に焦点を絞るのには理由がある。まず第一期だが、この頃に太田は戦後主体性論、なかでも特に武谷三男の影響下にあった季刊理論派とそこに属した田中吉六（一九〇七〜一九八五）から大きな影響を受けている。一般的に戦後主体性論については、主に戦中のマルクス主義者の転向や戦争協力に対する反省から、あるいは「客観主義」化した共産党主流のマルクス主義者に対する批判から登場したと見られてきた[13]。本稿ではこの視点を覆し、むしろ戦後主体性論には占領体制批判＝戦後体制批判という問題意識があったと主張する。従来の研究では、管見の限り、このことはほとんど注目されてこなかった。当該期の思想を扱った小熊英二『〈民主〉と〈愛国〉』（二〇〇二年）やヴィクター・コシュマン『戦後日本の民主主義革命と主体性』（二〇一一年）でも、民族主義と民主主義の観点から戦後主体性論を論じているが、占領体制批判という問題については見落とされている。この見落としは、両書が戦後主体性論を『近代文学』同人や梅本克己（一九一二〜一九七四）らで代表させ、季刊理論派を見落としていることに起因している。だが、戦後主体性論において確固とした党派的な存在感を示したのは雑誌『季刊理論』に集った季刊理論派であり、後述するように、『季刊理論』の編集主幹兼、その発行元の理論社社長の小宮山量平（一九一六〜二〇一二）は明確に占領軍批判の意図を持っていたのである。

この『季刊理論』で最も確固とした唯物論の立場から議論を展開したのが、「戦後派唯物論の彗星的存在」[14]とも呼ばれた田中吉六である。田中の「主体的唯物論」は、技術論に絡んで展開されており、田中は同時代の技術論争でも活躍した。戦後の技術論争では共産党系の労働手段体系説――労働手段の体系（機械など）を技術と捉える主張――に対して、先述した武谷の意識的適用説――技術の本質を「生産的実践における客観的（自然的）法則性の意識的適用」とする主張――に田中は立つ。だが、本稿で明らかにするように、田中は戸坂潤に代表される一九三〇年代の唯物論研究会の技術論――通説では労働手段体系説として概括される――を継承しており、単純に労働手段体系説 vs.意識的適用説で片づけられるものでもない。田中の主体性論・技術論の立場には、一九三〇年代／一九四〇年／占領下という幾重にも及ぶ交差が刻まれており、これを解きほぐすことは、太田竜の出発点がクリアになるだけでなく、いわゆる〝転向〟の非転向的側面やその戦後的継承をも考察しうる。

田中が重要な理由は他にもある。小熊やコシュマンの著作が示すように、梅本克己が丸山真男ら近代主義・市民社会派に接近するのに対して、田中吉六はむしろ戦後民主主義批判が前景化し、全共闘運動

(12) 筆者は以前、三期に分けたが（拙稿「世界革命と陰謀論――太田龍の「辺境」の論理」『宗教と社会』二五号、二〇一九年）、本稿の目的から初期の変遷をさらに細分した。なお、太田の経歴は、太田竜『私的戦後左翼史――自伝的戦後史・一九四五―一九七一年』（話の特集、一九八五年）を基本的に参照し、補足的に用いた資料のみ注記している。三期以降の太田については、栗田英彦「マルクス主義的陰謀論の諸相――デリダ・ジェイムソン・太田竜」（怪異怪談研究会監修『〈怪異〉とナショナリズム』青弓社、二〇二一年）、同「一九六八年闘争と統一教会――ポストコロニアリズムから「ゼロ」としての〈日本〉へ」（『情況』二〇二三年冬号）、同「一九八〇年代日本のエコロジーと動物実験全廃運動――太田竜を軸とした試論的考察」（『情況』二〇二三年春号）、同「フランス料理と自然食運動――一九六八年以後のトロツキズムのゆくえ」（『情況』二〇二四年春号）を参照いただきたい。また、レプティリアン陰謀論の系譜に位置付けたものとしては、齊藤竹善「日本におけるレプティリアン陰謀論受容とその役割――太田竜から神真都Qまで」（『都市文化研究』二五号、二〇二三年）を参照。

(13) 岩佐茂「主体性論争の批判的検討」『一橋大学研究年報　人文科学研究』二八号、一九九〇年、一七八～一七九頁。

(14) 『弁証法研究』第一号、一九四九年一二月、一三六頁。

が勃興した一九六八年闘争のなかで学生らによって再評価され、その後、津村喬や柄谷行人にも注目されている。つまり、戦後主体性論――およびそこに内在する一九三〇～四〇年代の交差――と一九六八年を繋げて考えるうえで、田中吉六は不可欠な人物なのである。なお、戦後主体性論で活躍した人物には、他に三浦つとむ（一九一一～一九八九）や梯明秀（一九〇二～一九九六）がおり、前者が吉本隆明（一九二四～二〇一二）、後者が革マル派の領袖、黒田寛一（一九二七～二〇〇六）に影響を与えたことが知られている。従来、一九六八年論に絡んで両系譜には時折言及があるが[15]、田中吉六の系譜は盲点でもあった。

第二期についても同様のことが言える。従来、日本の一九六〇年代のラディカルな政治運動史においては、共産党に反旗を翻して六〇年安保闘争で活躍したブント（共産主義者同盟）が中心的に扱われ、続いて六八年の全共闘運動とノンセクト・ラディカル登場が論じられるというのが主な描かれ方であった[16]。この線に付随して構造改革派や革共同中核派・革マル派が言及されることはあるが、総じて言えば、ブント／ノンセクト中心史観になっているわけである。トロツキズムについては、第一次ブントのイデオローグだった姫岡玲治（青木昌彦）や黒田寛一への影響、新左翼のスターリン批判やレーニン主義導入の文脈においてのみ触れられることはあるが、一九六八年との絡みで第四インターナショナル（以下、第四インターと略）の思想について省みられることはほとんどなかった。

これに対して、本稿では第四インター日本支部の中心人物であった太田竜を扱うことで、六〇年代の政治運動史を、特にその世界革命論＝インターナショナリズムを軸に論じることになる。ここでも鍵となるのは核兵器という科学技術の問題である。先述のように、社会運動史研究でも、ポスト六八年の「新しい社会運動」として反核平和運動が取り上げられてきたが、これに対して、第四インターでは、そうした核技術の調整的取り扱いを否定するかのような、核戦争不可避論が論じられている。本稿では、第四インターの世界革命論と第三世界論を切り口にブント／ノンセクト・ラディカル中心史観を相対化し、新たな座標軸から一九六八年闘争およびポスト六八年の思想状況を考えてみたい。つまり、太田の第一期と第二期を扱うことで、単に太田の思想的ルーツを探るとともに、一九六八年に至る戦後思想史の、新たな系譜を掘り起こすことにもなるのである。

以下、『季刊理論』と占領体制批判の関係を論じ(二節)、そこに内在する一九三〇年代技術論と四〇年代の〝転向〟の内実を戸坂潤を軸にして明らかにし(三・四節)、その上で田中吉六の主体的唯物論・技術論を詳述する(五節)。続いて太田の変遷をたどるため、四〇年代後半の共産党時代の論説を分析し(六節)、五〇年代及び六〇年代の国際トロツキズムの影響を考察する(七・八節)。

二 『季刊理論』の革新的ナショナリズムと占領下抵抗

太田をマルクス主義に導いたのは、次兄の栗原東洋(一九一七〜一九八一)であった。マルクス主義者の東洋は、一九四〇年から『満洲評論』記者として、ジャーナリストの橘樸《しらき》(一八八一〜一九四五)の指導する農村組合運動――満洲国の増産政策で設立した農事合作社を貧農救済の共同組合として利用し、糧桟《リャンジャン》(流通を独占し高利貸・官僚を兼任した地主)の利権打破を企てるもの――に関わっていた。しかし、合作社事件・満洲調査部事件(一九四一〜一九四三)によって検挙された東洋は、病気(結核)を理由に釈放されて帰国、千葉で療養生活を送ることになる[17]。太田竜は次兄のもとに通いつめてマルクス主義関係の蔵書を読みふけり、一四歳にしてマルクス・レーニン主義の正当性を確信したという。太田のマル

(15) 絓前掲『反原発の思想史』、同『吉本隆明の時代』作品社、二〇〇八年。
(16) 絓秀実『増補版 革命的な、あまりに革命的な――「1968年の革命」史論』ちくま学芸文庫、二〇一八年。同『1968年』ちくま新書、二〇〇六年。小熊前掲『1968』。

クス主義が、満洲知識人であった次兄によって養成されたことは留意しておきたい。

東洋は太田に対し、敗戦は迫っており、敗戦後に日本共産党が革命を指導して労農共和国を建設すると伝えた[18]。太田は、それを「一日千秋の思い[19]」で待望し、敗戦と同時に共産党系の青年組織、日本青年共産同盟（後の日本民主青年同盟）に加入する。しかし翌年、東洋は「農民党的偏向」を理由に共産党を除名されてしまう。東洋除名の責任者は、日本共産党幹部で農民問題担当の伊藤律（後の五〇年分裂では所感派に属する）であった[20]。東洋の除名が当時の太田に与えた影響ははっきりしないが[21]、この時点では共産党に留まった以上、少なくとも次兄ではなく党に就いたと言える。太田が党にはっきりと疑念を抱いたのは、やはり一九四七年の二・一スト中止である[22]。以降、太田は党の指導に満足できなくなり、自ら『マルクス・エンゲルス全集』全巻を読み始め、さらに仲間や師を求めていくことになる。

こうして出会ったのが季刊理論派の人々であった。『季刊理論』は一九四七年五月に創刊し、共産党傘下の民主主義科学者協会（以下、民科と略）の機関誌『月刊理論』に対抗した雑誌である（一九五三年七月に終刊して『月刊理論』と合併する[23]）。『季刊理論』が終戦直後ではなく、二・一スト中止を契機に創刊されたことは、その雑誌の意図を垣間見せている。敗戦当初、日本共産党中央は、GHQを「解放軍」と規定し、ブルジョワ民主主義革命を平和的・民主的に進めるという「平和革命論」の方針を取っていた。実際、GHQは上からの「民主化」として財閥解体、軍隊解散、新憲法制定、農地改革などを進めていた。しかし、二・一ストではスト直前に中止の指令を出す。このとき、GHQのスト中止指令を受け入れた日本共産党に対し、批判する党員と支持する党員のあいだで「いまにもつかみ合わんばかりの論争」をしたことが知られている[24]。その後の対日占領政策は「逆コース」へと転換していくが、結果として日本共産党への不満と占領体制への抵抗が顕在化することになった。『季刊理論』は、この不満と抵抗を表明すべく創刊されたのである。

『季刊理論』はその意思表示を、GHQと共産党中央によって否定された戦中日本の革新政策の再評

(17) 東洋については『栗原東洋追悼集』(栗原東洋追憶集編集発起人、一九八二年)を参照。同書によれば、東洋は昭和九年三月に千葉県立佐倉中学校(旧制)を卒業後、昭和一二年三月に北海道帝国大学医学部医類予科を三年で終了し、その後は大学には進学せずに満州に渡っている。農村組合運動では、佐藤大四郎(一九〇九〜一九四三、元日本共産青年同盟員、『満洲評論』第四代編集責任者)とともに活動した(野々村一男『回想　満鉄調査部』勁草書房、一九八六年)。佐藤については、福井紳一「佐藤大四郎の思想形成とその協同組合思想――『綏化県農村協同組合方針大綱』を中心に」(『日本獣医畜産大学研究報告』五一号、二〇〇二年)、橘については、山本英夫『橘樸』(中央公論社、一九七七年)を参照。なお、太田竜は、東洋が大学予科でオルグ活動を行ったために逮捕されて退学となったというが、おそらく記憶違いであろう。ただ、東洋が大学予科で活発に活動していたのは確かだったようだ。学友に『日本資本主義発達史講座』を手引きしたり、学生運動や自然科学研究会(実体は唯物論研究会)を組織したりしている。また荒木貞夫文部大臣の「学生断髪令」をめぐって予科当局と学生自治会が衝突した時、東洋は学生ストライキの計画の主導者となっていた(『栗原東洋追悼集』一五〜一七、二〇〜二一、二二四頁頁)。

(18) 太田龍・早見慶子「太田龍、未来への遺言　第1回」『イチゼロ』第一号、二〇一〇年、四一〜四二頁。

(19) 太田前掲『私的戦後左翼史』、一三頁。

(20) 太田・早見前掲、四二頁。なお、「農民党」とは、北海道・奈良・愛知の地方議員で構成された国政政党「日本農民党」(一九四七〜一九四九年)のことかもしれない。中心となった中野四郎は、GHQ占領下に天皇制護持を主張し、禁止されていた日の丸ビラを撒いて支持を集めて衆議院議員に初当選している。日本農民党は離合集散を経て、五五年体制後はほとんどの議員が自民党に合流した(中日新聞社会部編『あいちの政治史』中日新聞本社、一九八一年、五二〜五六頁)。当時の共産党中央はプロレタリア本体論に立ち、社会党が主導権を握った農民組合を否定し別に農民委員会の組織を目指したが、農民運動内で孤立して一九四六年にはなし崩し的に方針転換していた(横関至「日本農民組合の再建と社会党・共産党(下)」『大原社会問題研究所雑誌』五一六号、二〇〇一年、五六頁)。おそらく、農民運動の経験を持つ東洋は不満を隠せなかっただろう。除名の理由は、この辺りにあると思われる。

価という形で行おうとした[25]。もともと『季刊理論』主幹の小宮山は、戦中に雑誌『統制経済』（一九四〇〜一九四四）を刊行した編集者である。小宮山は戦時体制に対して「反語」「偽装」「抵抗」したというが、同時に「戦争に協力した面がいっぱいある」とも認めていた[26]。そもそも抵抗と言っても、それは日本の侵略や戦争自体への抵抗ではない。『統制経済』の抵抗は、大本営による戦況の隠蔽や「死の哲学」として機能した『戦陣訓』の非合理性に向けられたもので、むしろ満鉄調査部や鞍山製鉄所から情報を得ながら、戦略物資の客観的な数字を提示し、より合理化的な戦争遂行（終戦工作を含む）を促進していたのである[27]。その雑誌に寄稿したのは、大塚久雄や大河内一男の他、杉本栄一（小宮山の大学時代の師）、高島善哉、上原専禄ら東京商科大学（現・一橋大学）の経済学者グループが多く、これらの人々は戦後に季刊理論派の周辺知識人となる（本稿では商大グループと呼ぶ）。

こうした『統制経済』の後継誌として『季刊理論』は生まれており、それゆえ小宮山にとって戦前・戦中の計画や施策は全否定されるはずがなかった。ただし、戦中以上に厳しい言論統制が課された占領下において、それを直接的に表現することは困難であった。例えば、季刊『理論』には、戦後の農地改革が大正期の農林省による小作人設置法の実施に過ぎないと主張する論文の掲載が試みられている[28]。それは、要するに戦前の農地改革の成果を評価することによって、戦前の成果を隠蔽し占領下の「民主化」を称揚するGHQへの批判の意図が込められているわけであり、同時に戦中と戦後を貫く体制の隠蔽体質への批判でもあった——結局はその論文もGHQの検閲によって、単に戦後の農地改革を肯定的に評価する論文に改竄されてしまうのであるが。

ゆえに『季刊理論』にとって、GHQとは「解放軍」どころか、端的に「植民地化」する軍隊であり、占領体制とは「高度に発達した資本主義国が同種の他国を植民地化しようとする試み」に他ならなかった。こうした『季刊理論』に対するGHQの検閲は容赦がなく、小宮山自身が執筆した小説の原稿はすべて掲載不可となっている。その小説のテーマは「統一体質」の主張であり、その「統一」の共通基盤はプロレタリアートといった左派的なものというより、「真にパトリオティックな、右翼的な意味でなく愛国的な、祖国愛に燃えた要素」であった[29]。小宮山によれば、ナショナルな統一戦線の構築こそが、

(21) 後の回想でも、当時の太田にとっては「まるきりなんのことか分からない事件」だったと述べている（太田前掲『私的戦後左翼史』、一四頁）。
(22) 太田竜『辺境最深部に向かって退却せよ！』三一書房、一九七一年、〇頁。
(23) 小宮山量平『自立的精神を求めて——季刊『理論』の時代』こぶし書房、二〇〇八年。
(24) 品川区編『品川区史　通史編　下巻』品川区、一九七四年（六　現代編、(二) 戦災復興期の品川、7　民主勢力の抬頭、二・一スト不発）。
(25) なお、一九四七年に出された『荒地』派詩人による戦争責任論もまた、そうしたコンテクストから読み直せる。敗戦直後の知識人の戦争責任論は、『新日本文学』や『近代文学』同人がそうであったように、GHQの政治的戦争責任追及（「戦争犯罪」「公職追放」）と共産党の非転向神話の構図に沿って、戦争協力した知識人・文学者を道徳的に非難し、その排除を企図したものだった。しかし、『荒地』の戦争責任論は、戦争協力そのものを悪とするのではなく、それを単純に否定・隠蔽することを問題とし、戦後にどのように引き受けるかを問うていた（高橋伸一「「荒地」派詩人による戦争責任論についての一考察」『千葉大学社会文化科学研究』一号、一九九七年、六一頁）。高橋は、荒地派のスタンスを「純粋に文学的な問題意識をもって」（五四頁）「非政治主義的」（五九頁）とするが、言うまでもなく、これは何が「文学」で何を「政治」と見るかで異なる問題であり、単純に荒地派を政治と無関係な文学と考えることはできないだろう。
(26) 小宮山前掲『自立的精神を求めて』、六六頁。小宮山量平『戦後精神の行くえ』こぶし書房、一九九六年、五五頁。
(27) 小宮山前掲『自律的精神を求めて』、六五〜七五頁。
(28) 小宮山前掲『自立的精神を求めて』、五七頁。論文は、小池基之「農業民主化への道」（『季刊理論』一号、一九四七年）である。

GHQが怖れたものだったというわけである。この点でも、プロレタリア本体論だった当時の日本共産党と違っていた。革新的国民＝民族主義《ナショナリズム》とでも言うべきエートスが『季刊理論』を覆っていたのである。

そのエートスは、多かれ少なかれその場に吸引された論客たちに共有されていたと言ってよいだろう。『季刊理論』周辺において、最も市民社会的立場に立ったのがアカデミズムに籍を置く商大グループである。商大グループは、マルクス主義に、マックス・ウェーバー、アダム・スミス、フリードリヒ・リストらの理論を組み合わせて議論を展開する点に特徴がある。講座派的歴史観（後述）を踏まえ、戦後は国民的＝民族的主体性を駆動して民主主義を追求することを念頭に経済史の研究を行っていたが、それは戦中に説いていた国民の主体的戦時動員を促す経済統制研究の戦後的展開だったという指摘がある。[30]

西田幾多郎・田辺元・三木清といった京都学派の影響を色濃く受け、哲学的アプローチで主体性論を論じた梅本克己や梯明秀らも『季刊理論』に寄稿した。周知のように、京都学派もまた近衛内閣や海軍のブレーントラストとして、あるいは「近代の超克」座談会や「世界史的立場と日本」座談会での主張において、戦時下の革新的イデオロギーとして機能していた。そして、占領下において梅本らは、マルクス主義と京都学派哲学を折衷する議論を打ち出しており、マルクス主義を国民的主体に接続するという意図を垣間見せていたのである。

これらに対して戦前の技術論と唯物論を継承し、在野において主体性論を打ち出したのが武谷三男、田中吉六、三浦つとむらであった。彼らこそが特に季刊理論派と呼ばれた人々である。

三　技術と霊術――一九三〇年代の唯物論研究会と日本主義哲学

1　戸坂潤と自然弁証法の「神秘」

ここで季刊理論派の継承した含意を探るため、一九三〇年代の唯物論と技術論に立ち返りたい。

戦前の技術論争は、唯物論研究会（一九三二年創立・三八年解散、以下、唯研と略）の創始者・第二代編集長の戸坂潤（一九〇〇～一九四五）の論文「技術に就いて」（『思想』一九三三年四月号）に始まり、続いて唯研メンバーの相川春喜、岡邦雄、永田広志らがそれぞれの技術論を発表して繰り広げられた。戸坂はもともと京都学派の三木清の影響からマルクス主義を知るが、唯物論哲学を徹底して堅持し、一九三〇年代の「唯物論的立場総くづれといふ敗軍の中に、毅然として殿軍をつとめると云つたやうな慨のあるところ、華々しい一将[31]」と評される（獄中で病没）。共産党が弾圧と転向によって実質的に壊滅するなか、唯物論の党派性＝「思想上の節操」を堅持し、自由主義や社会民主主義、京都学派などを「観念論哲学」「ブルジョア哲学」として批判し続けていた人物である。

当時、技術論は第一次大戦と世界恐慌によって惹起された西洋近代と資本主義に対する危機意識のなかで世界的に流行していた。そうしたなか、戸坂の技術論はマルクス主義内の論争を意識し、ソ連のブハーリン『史的唯物論』（一九二一年）による客観主義的・機械論的技術論と、それを批判したルカーチ『歴史と階級意識』（一九二三年）の意識主義——福本和男や三木清らに影響を与えた——の双方を批判して提出された[32]。戸坂は、ルカーチの資本主義社会批判とそれに対置されるプロレタリア社会の全体性という論点を継承しつつ、主観的意識ではなく、客観的物質において全体性を捉えるべく技術に注目す

---

(29) 小宮山前掲『戦後精神の行くえ』、九三頁。小宮山は、「理論」という言葉に込めたのも、「祖国と民族」であり、実際に住井すゑや五味川純平とともに、一九五二年、近衛内閣で司法大臣や内閣書記官長を務めた風見章を担いで「祖国党」を結成している（小宮山前掲『自立的精神を求めて』三二頁、同前掲『戦後精神の行くえ』一七五～一七六頁）。

(30) 中野敏男『大塚久雄と丸山眞男——動員、主体、戦争責任』青土社、二〇〇一年、六三頁。野原慎司『戦後経済史の群像』Kindle版、白水社、二〇二一年。

(31) 杉山平助『街の人物評論』亜里書店、一九三七年、二二〇頁。

る。戸坂の言う技術とは、労働過程の三要素——労働・労働手段・労働対象——を媒介するものである。換言すれば、技術の主観的存在様式（知能・技能）が、その客観的・物質的存在様式（道具・機械等の労働手段）を通じて「組織的な統一的な労働過程（乃至生産過程）の内に横たわっている」と考えられている。(33)

戸坂は技術を論じる際、労働過程だけでなく、それを包み込む社会の意識形態＝イデオロギーを重視する。戸坂の用語で言うならば、社会の自然発生的な意識形態が「世界観」と呼ばれ、「範疇」（定着して普遍的な通用性を持った概念）と「範疇組織」（範疇の体系）は、通例は世界観に規定されてある。そうした世界観と範疇組織に埋め込まれて人々は生きるが、それらを自覚し対象化して秩序付けると「世界知識」となる。「世界知識」化で活用されるのが「学的方法」であり、なかでも「実験」と「数学の適用」を備えたのが「自然科学的方法」である。自然科学的方法のみが実験によって世界観を変革し、数学の適用によって世界観に影響を与える。数学的操作と実験的に実証可能な事物関係を代言するのが技術的範疇であり、それと相互関係を持って発展していくのが技術的世界観である。(34)

近代以降、技術の発展によって生産過程は大規模に統一的・組織的となり、技術的範疇は全体的範疇となりつつある。だが、資本主義社会ではそれが不十分であり、自然科学は技術的制約を顧みずに「発見」や「発明」を強調し、資本や企業が特許権《パテント》を占有し、そのイデオローグは「機械文明」「物質文明」による「文化危機」を呼号して反技術主義・倫理主義的に技術を批判し、技術肯定論であっても生産関係と切り離して論じる——結果として技術の発展を阻害する。対して、ソ連のような社会主義国家は、技術的世界観で統一的・全体的な社会を実現し、制約なき技術の進歩＝生産力の増強を遂行している。ゆえに同じ技術でも社会体制の総体において技術はイデオロギー性もしくは階級性を持つと主張する。(35)

要するに資本主義＝観念論の技術論は虚偽意識《イデオロギー》であり、社会主義＝唯物論は真正のイデオロギーだと言っているわけである。戸坂の技術論は、イデオロギー論と深く結びついており、その問題意識を外して云々してもあまり意味はない[36]。戸坂の技術概念は労働手段も労働過程をも越えて極めて社会的・政治的な全体性を帯びており、これを労働手段体系説に含めるのは誤りだろう（むしろ知能や技能に技術を認める点で意識的適用説にいくらか近い[37]）。唯研内で相川や岡らが採用した労働手段体系説は、当時のソ連の公式見解であった[38]。この立場は、技術をイデオロギーと切り離して労働手段に限定する。当時のソ連では、労働手段の合理化や拡充を重視し、論争を引き起こすイデオロギー論は抑制したかったと思われる。しかし、資本主義社会のなかで対抗的に唯物論を掲げるならば、ブルジョワ哲学との差異を明確にした技術論を提出し、知識人やプロレタリアートに対して変革への主体的参与を呼びかける必要がある。戸坂やルカーチの問題意識はここにあり、ゆえにソ連本国以上にイデオロギーの党派性の問題を重視することになった。

だが、そもそも人間はなぜ生産力を増強しなければならないのだろうか。従来は生産力の発展に〝人類の解放〟とか〝人類の進歩〟といった人間的《ヒューマニスティック》な目的が設定されていたが、第一次大戦と世界恐慌

---

(32) 戸坂潤『技術の哲学』時潮社、一九三三年。同「技術と科学の概念」『帝国大学新聞』一九四一年六月九日号。同『イデオロギー概論』理想社、一九三二年。ルカーチによるブハーリン技術論の批判については、角田修一「経済過程における意識とイデオロギー――ポスト・マルクス（その2）」『立命館経済学』六三巻一号、二〇一四年。

(33) 戸坂前掲『技術の哲学』、二一一頁。

(34) 戸坂潤『現代唯物論講話』白揚社、一九三六年、一九一頁～二一四頁。

(35) 戸坂前掲『技術の哲学』、九〇～九二、一三〇～一四二頁。

(36) 従来の技術論争の整理では論者の各々問題意識や言説の実践性を抜きに、技術論だけ切り離して整理者自身の基準や分析から評価する傾向にある。たとえば中村静治『技術論論争史 上』（青木書店、一九七五年）、初山高仁「三木清の技術論とその技術論争における位置づけについて」（『科学史研究』六〇巻、二〇二一年）など。

の衝撃は、その楽観的見通しを根本から掘り崩した。それでも、ブルジョワ技術論はヒューマニズム的見地から生産力・科学技術発展一辺倒を批判し、修正を試みるが、戸坂から見れば、そうした修正自体が資本主義の「破壊的危機」を導くのである。[39]

それでは戸坂にとって技術の目的は何か。その答えは自然弁証法にある。戸坂によれば、「物質」は人間の働きかけ以前から有と無を媒介して弁証法的に自己運動し、それによって「自分に形式を与えて行くような内容」なのである。[40]生産過程もまた技術によって物質に形式を与えるという、物質の自己運動に他ならない。戸坂は言う。

> 人類を解放するのも又人類を無能にするのも（実際人間は羅針盤やバスのために伝書鳩や犬よりも無能である）、技術の目的と云えよう。しかしそういう目的論ではなくてそれ自身の内部的目標が今問題だ。[41]技術というカテゴリーが問題なのだ。すると技術の目標が生産にあることは、当然すぎることである。

技術が人間の進歩や解放ではなく、物質の発展のためにあると明言する——マルクス主義が近年の加速主義的人間否定論の先駆たりうるのは、こうした側面にある。[42]戸坂は反戦論者だったとされるが、それはヒューマニズムからではなく、戦争が（偏重的な技術発展を促すことを認めつつも）全体として破壊によって生産力発展を阻害するからに他ならない。[43]

だが、自然弁証法そのものは、実験や実証によって検証されるものではない。唯物論的立場から遡及的に措定されるものである。ゆえに戸坂自身も認めるように、自然弁証法は、対立する立場からは「神秘的」ともみなされる。[44]新カント派を経由した戸坂にとって、これが認識の限界を超えた実践的な言明——カントの言葉を借りれば「道徳的信仰」——であることは理解されていただろう。しかし、だからこそ自然弁証法によって人間的な善悪の彼岸に思想的根拠を置き、技術の（人間から見た）否定的側面を

(37) 戸坂を「労働手段体系説」に位置づけたのは、相川春喜『技術論』(一九三五年)の総括である。そして戦後に武谷が「意識的適用説」を提唱するに当たって、戦前の唯研の技術論争が一括して「労働手段体系説」とみなされて批判された。こうした見解は中村前掲『技術論論争史』や嶋啓『技術論論争』(ミネルヴァ書房、一九七七年)などに継承されているが、渡辺雅男はそれを「誤解」だと明言している(渡辺雅男「技術論の反省」『一橋大学研究年報　社会学研究』二四号、一九八六年、二〇六頁)。渡辺は、『戦後精神の行くえ』の小宮山へのインタビューの際に、占領期の『季刊理論』などが担った「啓蒙」を「菅孝行さんの『戦後精神』などにみられるように、ある人々は簡単に「解放の幻想」と切って捨てるようにいいますが、「解放」にしろ、「幻想」にしろ、やはりそれらは二重性を持って見なくてはいけないわけでしょう。歴史的現実はつねに二重性をもっていたのですが、その一方は消えて、一方だけが現実に残っているわけです」(二四一頁)と述べている。この視点は本稿に通じるものであり、また技術論争にも言えるだろう。なお、星野芳郎『技術論ノート』(真善美社、一九四九年)では、意識的適用説と戸坂の技術論との異同を論じている。

(38) 当時の唯研で受容された技術論は、ヴィクトル・ダニレフスキーやアナトーリー・ズヴォルィキンのもので、技術を「社会的生産システムにおける労働手段」と規定していた(市川浩「ハイム・ガルベルの技術論」『科学史研究』五九巻、二〇二〇年、二〇一頁)。

(39) 戸坂前掲『技術の哲学』、一~五頁。

(40) 戸坂前掲『現代唯物論講話』、九七~九八頁。

(41) 戸坂潤「生産を目標とする科学」『帝国大学新聞』一九四一年九月八日号。

(42) 加速主義については、マーク・フィッシャー『資本主義リアリズム』(セバスチャン・ブロイ・河南瑠莉訳、堀之内出版、二〇一八年)、木澤佐登志『ニック・ランドと新反動主義——現代世界を覆う〈ダーク〉な思想』(星海社新書、二〇一九年)などを参照。

(43) 戸坂前掲『技術の哲学』、二八~三〇頁。

(44) 戸坂前掲『現代唯物論講話』、二四頁。実際、永田広志や岡邦雄ら唯研の他のメンバーは、この困難を避け、自然弁証法の成立は史的唯物論および弁証法的唯物論の成立以降だと考えた(田中吉六『史的唯物論の成立』こぶし書房、二〇〇五年、二一一~二二頁)。

も肯定するがゆえに、戸坂は人間主義的欺瞞に対抗し、イデオロギー批判を徹底しえた。さらに、その確信犯性を考慮すると、戸坂にとっての自然弁証法——その徹底した生産力主義——は、生産力主義へのアイロニーだと言えるかもしれない[45]。

2 霊術的世界観とファシズム

ゆえに戸坂のイデオロギー批判は、主に言説の政治性・立場性・物質性を回避する折衷的な観念論・自由主義・解釈哲学に向けられ、もしそれらが唯物論に至らねば、その「文化的自由の観念」——社会的・政治的観念からの自由——は宗教意識に高まって宗教的世界観を構成し、宗教的—政治的な日本主義に帰着すると論じる[46]。「宗教的・神学的・範疇」は、戸坂にとって「技術的範疇」ではありえない。なぜなら、「事物の科学的認識」ではなく「宗教的意識」を形成し、「地上の範疇」の代りに「天上の範疇」を導入するものだからである[47]。

宗教概念批判を踏まえて言えば、戸坂の「宗教」概念は近代主義的・キリスト教的バイアスが強い[48]。ゆえに「尤も原始的宗教」については「元来実践的な認識を目的としたもの」であり、「一つの低級な科学的認識に外ならなかった[49]」と述べ、「神学的範疇」と「技術的範疇」の境界を曖昧にする。だが同時代に流行したのは、「天上の範疇」の宗教ではなく、戸坂の言う「原始的宗教」の近代版、言わば観念論が「地上の範疇」——物質性・身体性・政治性——と結びついて展開したものだった。戸坂はそこに唯物論的相貌さえ認めていた。

ラディカルな解釈哲学＝観念論思想は、もはや世界の解釈をさえ脱却する。そればかりではない、観念論であることをさえ止めるように見えるのである。と云うのは一身上の肉体的実践主義となって現われるのである。頭よりも肚を、知識よりも人物を、理論よりも信念を、絶対的に上に置くことから、思想は柔道や剣道や禅のように道場に於て鍛錬すべきものとなる。そして之が実践だというのである。だから政治的活動も直接行動の形を取ることにならざるを得ない[50]。

これは同時期の仏教復興、そして皇道大本や霊術（民間精神療法・心身修養）の隆盛を「ファシズム思想のサンチョ・パンザ」と揶揄する文脈で述べられている[51]。霊術とは、精神力を統御して力能を発揮させる身体技法――呼吸法・坐法・手当て・体操法・自動運動など――による治病術の総称である。明治後期から大きな流行を見せ、戦後のニューエイジ・精神世界の、戦前日本における一つの源泉となっている。戸坂の活躍した時代には、皇道大本とともに当時「新興宗教」「類似宗教」「邪教」「インチキ宗教」とも呼ばれていた。

(45) 戸坂潤『思想としての文学』三笠書房、一九三六年、一四八～一五八頁。戸坂によれば、「優れた弁証法家」は、アイロニー・ユーモア・パラドックス――いずれも弁証法的本質を持つ――に巧みであり、「優れた批判家」でもある。このうち、アイロニーは否定の側に立って肯定との関係を規定するものである。
(46) 戸坂潤『日本イデオロギー論――現代日本に於ける日本主義・ファシズム・自由主義・思想の批判』増補版、白揚社、一九三六年。
(47) 戸坂前掲『技術の哲学』、八八～八九頁。
(48) 宗教概念批判については、磯前順一『近代日本の宗教言説とその系譜――宗教・国家・神道』（岩波書店、二〇〇三年）、タラル・アサド『宗教の系譜――キリスト教とイスラムにおける権利の根拠と訓練』（中村圭志訳、岩波書店、二〇〇四年）などを参照。
(49) 戸坂前掲『技術の哲学』、八九頁。
(50) 戸坂前掲『日本イデオロギー論』、三四八頁。
(51) 戸坂前掲『日本イデオロギー論』、三四八頁。

戸坂の「類似宗教」への眼差しは屈折している。戸坂にとって、そもそもどんなブルジョワ社会科学も宗教も「インチキ」である。教養系宗教はそれを隠蔽して精神的利益を説くが、物質利益を追求する「インチキ宗教」は「合理的で理性的で現実的な社会的根拠」を持ち、それゆえ逆説的に「宗教」として「純化」した「新鮮さと魅力」があり、ゆえに「社会の最も自然な而も痛烈な風刺」があると評価さえする。[52] 批判と物質性の追求を備えた「宗教」——それは戸坂の考える弁証法的唯物論の鏡像のようである。

実際、霊術は、単なる東洋的宗教実践の残存物というより、欧米諸国で流行したニューソート運動やエソテリシズムの日本版という側面が強い。それは、スピノザ、ライプニッツ、ドイツ観念論などの近代哲学（およびその影響を受けた近代日本哲学）とメスメリズムや身体鍛錬《フィジカル・カルチャー》といった近代に生じた治病的・保健的実践とが結びついたものだった。[53] 標準的な霊術的世界観では、宇宙全体を「大精神」（霊術家によって「太霊」「大我」「真我」「大生命」など様々に表象されたが）として捉え、人間（「小精神」「小我」）をその部分的現れと見る。「小精神」の働きは、「大精神」の現れであるとともに、「大精神」の分裂でもある。分裂は対立を生み、心身や社会・国家の不調・歪み・停滞を生じる。霊術家は、心身統御技法＝技術によって「大精神」に合一（＝心身合一）することで、心身をケアし、社会や国家が適切に生成・発展しうると主張した。マルクスもまたヘーゲルの理性＝絶対精神（大精神）の自己実現という思想を踏まえ、理性の現存在を商品、その人格的形態として労働力商品に見出した（小精神）。[54] 労働者は労働過程を通じて疎外（分裂）されるが、戸坂によれば、技術的世界観に生きることで、生産力発展（生成）に十全に寄与し、組織的・統一的に社会と結合し、疎外から回復するというわけである。このように、霊術と唯物論には、系譜的かつ構造的な類似がある。

もちろん違いもある。最大の違いは、唯物論か観念論かとか、科学か宗教かとかではなく、イデオロギー批判か「直接行動」かにある。戸坂は弁証法的唯物論のイデオロギー（＝技術的世界観）によって技術的全体性を完成させられると考えており、ゆえに社会全体（といっても戸坂の言説に耳を傾ける層）に向けたイデオロギー批判が重要なテーマになる。対して、昭和期の霊術では、イデオロギーは心身技法の実践を通じて修養／表現されるとみなされている。[55]要するに、霊術は社会批判に終始するのではなく、個々がまず「主体的」「能動的」[56]に変革的行動を開始するのである。

実際、一九四〇年代になると霊術的身体論から倫理・社会・国家構想を論じつつ、教育行政・言論統制・思想戦に関わる人物が登場してくる。日本主義哲学グループ「日本神話派」のイデオローグ、佐藤通次である。佐藤の提唱する「生み」の哲学では、霊術の一つとされる岡田式静坐法を基礎に主体的行為の倫理学を練り上げ、天皇への奉行《ほうこう》を主体的かつ具体的な倫理の終極点として、日本を肇国以来の尊

(52) 戸坂潤『思想と風俗』三笠書房、一九三六年、三〇六～三一四頁。
(53) 栗田英彦「心霊と身体技法——霊動するデモクラシー」島薗進・末木文美士・大谷栄一編『近代日本宗教史第三巻』春秋社、二〇二〇年。栗田編前掲『「日本心霊学会」研究』。シェリングは自然と精神、物質と有機体を媒介するものを「世界霊魂」＝エーテルと捉え、さらにシェリングの自然哲学を継承したシューバートはこれを動物磁気と捉えてメスメリズムの実践とも結びつけている（長島隆「「世界霊魂」と自然構成の原理——自然の超越論的基礎づけと「無制約者」問題」〈『モルフォロギア』一八号、一九九六年〉、能木敬次「「世界霊魂 Weltseele」の系譜とドイツ・ロマン派における受容について」〈『福岡経大論集』三八巻一号、二〇〇八年〉）。このように、ドイツ観念論の実践化における霊術的展開は日本に限られたものではない。
(54) ヘーゲル法哲学と資本論の関係については、対馬斉『人間であるという運命——マルクスの存在思想』（作品社、二〇〇〇年）およびアンドレアス・アルント「マルクスとヘーゲルの弁証法——絶対的にあらゆる哲学の最後の言葉」（『阪南論集　社会科学編』四八巻一号、二〇一二年）を参照。
(55) 霊術と修養の関係については、栗田・塚田・吉永編前掲書参照。身体技法による修養を「表現」と捉えるものは、筧克彦の日本体操が典型的である（西田彰一『躍動する「国体」——筧克彦の思想と活動』ミネルヴァ書房、二〇二〇年）。
(56) 佐藤通次『皇道哲学』朝倉書店、一九四一年、二一〇～二七六頁。

皇の実践（勤労・防衛）で生成してきた共同体と解釈する。「生み」の哲学を核とした日本神話派は、解釈学的・文化自由主義的な京都学派や他の日本主義に対して思想戦を仕掛け、東條内閣期に大日本言論報国会や文部省などを通じて思想的ヘゲモニーを掌握、革新官僚や転向左翼と連携して総力戦体制下の思想動員や技術的—経済的合理化を推進した(57)。唯研会員だった相川春喜も言論報国会会員となり、技術論の「決戦的形態」の課題として、技術と精神の相互規定とその媒介から立ち上がる組織の問題、すなわち「日本の精神、即ち皇国体の貴き滲みとほつた精神が如何に日本の技術に規定されつ、それを決定してゆくかを見究めねばならない(58)」と論じていたのである。

ここで言えることは、ニューエイジ類似運動の源流——霊術——は、アメリカに限定されるものでも、サブカルチャーに留まるものではない。少なくともヨーロッパ哲学という根を持ち、一九四〇年前後の日本ではメインカルチャーと言うべき位置にまで上昇し、唯物論哲学ともまじりあいながら、対「帝国主義」イデオロギーの一部を構成していた。もちろん、それらは、戸坂によれば「日本ファシズム」に他ならなかっただろうが、しかし、一九四〇年前後の錯綜した状況のなかで、唯物論の技術的世界観が、ファシズムの霊術的世界観との交差していくロジックが唯物論派のなかで準備されていくのである。

四　一九四〇年の交差——三二年テーゼとコミンテルン第七回大会

戸坂は、一九三七年末に検挙されて執筆禁止処分を受け、翌年に唯研事件で検挙され、一九四〇年まで獄中にあった。この頃、唯物論陣営の〝転向〟が加速していく。しかし、果たしてこのとき、唯物論派は本当に転向したのか？　もし転向だとしたら、いかなる意味で転向したのか。

例えば、相川春喜は、特高警察による検挙を経て一九四〇年に転向するが、その際に戸坂らの技術論に応答して、技術論に人間主体のモメント（技能）を組み込み、精神と技術の統一に「物質」ならぬ「実践的一者《アインハイト》」＝「東洋的一者」の概念を提示している。これは「天人合一、物心一如、主客渾融、知行合致」などを意味し、従来は「アジア的封建」と否定されたが、近代科学・技術の輸入――「科学的「植民地」」――とその分化・機械化――「分化的アナーキズム」――に陥るなかで、それを克服すべく、「東洋的一者」の立場を反省的に発展して「近代批判的に、且つ実践的に再構成」するのだという(59)。一方、京大人民戦線グループに関わった武谷三男は、一九三八年に検挙されて転向、四一年に理化学研究所に入所し原爆開発に関わっていた。武谷が意識的適用説を着想したのも一九四〇年であり、ここには、総力戦体制下において資本主義を抑制しつつ産業の合理化を進め、また生産力増強において技術者の地位向上と主体的動員（技術者運動）を促そうとする生産力主義的意図があったことが指摘されている(60)。

つまり、両者とも唯物論の課題として、戦時下の技術進歩・生産力増強を徹底するために、戸坂が主張した主体的契機を組み込み、それが〝転向〟と目されているのである。もちろん、戸坂は、その主体的契機を包むイデオロギーを問うたのだが、しかし唯物論の主体化が霊術的世界観に組み込まれるのは、先述の戸坂の議論を踏まえれば紙一重でもあった。

そのような論理的条件以上に考慮すべきは、一九三〇年代／一九四〇年代に発生した革命戦略の交差《キアスム》

(57) 栗田英彦「日本主義の主体性と抗争――原理日本社・京都学派・日本神話派」石井公成監修・近藤俊太郎・名和達宣編『近代の仏教思想と日本主義』法藏館、二〇二〇年。同「昭和一〇年代の文部省と知識人――日本神話派（「生みの哲学」派）周辺人脈を中心に」『藝林』七三巻一号、二〇二四年。

(58) 相川春喜『技術及び技能管理――多量生産への転換』東洋書館、一九四四年、跋三頁。

(59) 相川春喜『現代技術論』三笠書房、一九四〇年、一、一〇～一一、一九四～一九六頁。金山浩司「実践的生産過程での媒介としての技術――１９４０年代初頭における相川春喜（1909–1953）の理論的諸著作」『科学史研究』五四巻、二〇一五年。

(60) 中村前掲『技術論論争史 上』、八一頁～九三頁。

という歴史的条件である。主体的契機の強調は状況へのコミットメントを促すが、一九四〇年前後、すなわち近衛新体制成立と日中戦争から日米開戦の移行期は、唯物論陣営が「ファシズム」陣営に合流するさまざまな理由が生起していた。それは概略として以下の三点が指摘できる。

①まず、経済的観点からは、総動員による生産関係の合理化と失業率の低下があった。これは資本主義の危機という経済的動機を、弥縫的であれ解消する。『統制経済』に集ったアカデミズム系の論客——マルクス主義の影響はあるが必ずしもマルクス主義者ではない研究者——たちが、しばしばこの論点から総力戦体制に与していた。

②次に、革命戦略上の理由であり、これがおそらく最も複雑で重要である。周知のように、コミンテルン三二年テーゼでは、日本の支配制度を、絶対主義的天皇制、地主的土地所有、独占資本主義の三要素の結合した半封建的な絶対主義国家——ゆえに資本主義の発展形態の帝国主義やそのテロ独裁であるファシズム国家ではない——とみなして当面の課題をブルジョワ民主主義革命とし、一方で社会民主主義とファシズムを同一視して敵対・打倒を目指す社会ファシズム論（社民主要打撃論）を主張していた。日本共産党はこの方針を受け入れるが、日本資本主義の分析をめぐってマルクス主義経済学内で論争が起こる。三二年テーゼ＝共産党を支持する見解を取った講座派（封建派）に対し、明治維新はブルジョワ革命であり、昭和初期には資本主義が高度に発達して独占・金融資本の支配する帝国主義段階に至っており、政治課題は社会主義革命だとする労農派が対立したのである。ちなみに戸坂は基本的に三二年テーゼ＝講座派の立場に立っていたが——戸坂には社会ファシズム論の視点が色濃い——、維新以降に封建制を残しながらも資本主義が発達し、一九三〇年代現在は経済的には独占・金融資本の支配する帝国主義段階であり、政治的にはファシズム段階に移行しているとした点では労農派にも部分的に近かった。(61)

しかし、トリアッティらヨーロッパの構造改革派が台頭したコミンテルン第七回大会（一九三五年）

では、対「ファシズム」「帝国主義」闘争として人民戦線戦術を新たに採用し、それまで「社会ファシスト」と敵視した社民勢力との共闘を呼びかけていた（人民戦線事件に労農派が多数参加したのも、講座派的なブルジョワ革命方針から対「帝国主義」闘争という目的の転換との関係が考えられる）。社会ファシズム論に立っていた戸坂も、一九三七年には社会民主主義政党の社会大衆党（社大党）の党員になっていた。この時期、近代資本主義路線を否定した近衛新体制運動が発足し、社大党は大政翼賛会へ合流することになる。つまり、人民戦線戦術で社民政党と連帯した場合、そのまま大政翼賛会に雪崩れ込む事情があったのである。

もちろん、大政翼賛会を「ファシズム」、大日本帝国を「帝国主義」と見なすならばコミンテルンの指示とも矛盾するのだが[62]、そもそも三二年テーゼにおいて日本は半封建性の絶対主義国家と規定されており（コミンテルン第七回テーゼで日本の規定が転換したかは曖昧）、「帝国主義」を資本主義国家の独占資本・植民地主義的発展形、「ファシズム」をブルジョワ国家のテロ独裁的形態とするコミンテルンの見解からすれば、日本は「帝国主義」「ファシズム」の国家ではないことになり、筋も通る。つまり、三二年テーゼとコミンテルン第七回大会方針の組み合わせ次第では、半封建性規定を逆転し、帝国主義打倒の革命国家日本という規定も成り立ち、講座派・労農派のいずれの立場に立っても、前者は半封建性規

(61) 戸坂前掲『日本イデオロギー論』、一八〇〜一九〇頁。後藤靖「戸坂潤の日本ファシズム論について（上）」『関西大学経済論集』三二巻四号、一九八二年。

(62) 例えば、山口定『ファシズム』（有斐閣、一九七九年）などが一九四〇年の日本をもって「天皇制ファシズム」とするが、これ自体、戦後になって強いて主張しなければならないものであり、戦前において日本の体制が「ファシズム」とみなすことができるかどうかについて統一的な見解はなかった。なお、山口らのファシズム概念については、伊藤隆『大政翼賛会への道――近衛新体制』（講談社、二〇一五年）などで反論がある。

定を通じて、後者は人民戦線戦術をつうじてここに合流しうるのである。この場合、日本の封建的性格（＝天皇制）はむしろ非資本主義的なものとして肯定的なニュアンスさえ帯びる。このとき、近衛内閣のブレーンだった昭和研究会——三木清や元唯研の唯物論者が多数加わっている——が唱えた東亜共同体論、さらに東條内閣期の日本主義哲学に接続する道も用意される。実際、日本神話派近傍にあった経済学者の難波田春夫は日本資本主義論争を踏まえ、講座派理論を支持して「封建的残滓」を「民族的・日本的なもの」と読み替え、そこに近代的産業の急速な発展と植民地主義—西洋資本主義に対抗する力を見出していた[63]。

③このことは、外交的・軍事的方針からも裏付けられる。盧溝橋事件以降、英米協調的だった社大党までも「英米資本主義」から「東洋民族を解放」し、「社会主義の建設を指導する世界的使命を日本の勤労大衆が帯びてゐる」と主張していた[64]。一九三九年の独ソ不可侵条約は、さらに経済体制・政治体制規定の混乱に拍車をかけただろう（もし独ソが共闘できるなら、社民と同様にファシズムもまた味方であり、敵は帝国主義に一本化する）。この延長線上においては、植民地解放（東亜解放・東亜諸民族の自立）を掲げた対英米闘争としての「大東亜戦争」の開戦（一九四一年）は、対「植民地帝国主義」闘争としてむしろ積極的に肯定されうる。たとえ、その国家的実態が資源確保の植民地侵略戦争にすぎないとしても、むしろそうであるからこそ、主体的にその大義を実質化すべく、唯物論派は人民戦線戦術を徹底せざるをえないことになる。それは構造改革派＝グラムシのいう「陣地戦」でもある[65]。

概して言えば、①が大学アカデミズムの経済学・経済史学者の事情だったのに対し、②や③の事情は、とりわけコミンテルンの指示やマルクス主義＝唯物論に深くコミットメントした人々の抵抗を交差させるロジックとなった。一九四〇年の転換について、戸坂は、アカデミズムや唯物論哲学の友人たち＝かつての「文化的貧民」たちがたくさんの本を刊行し、学位を取り、就職し、所帯を持つという「文化的勇気」の横溢する時代状況として、皮肉と祝辞を込めて描きだしている[66]。相川や武谷の〝転向〟、さらに栗原東洋の満洲行きは、この状況にピタリと当てはまる。

だが、「戦後」という事態は、世界大戦下の統一戦線を新たな位相で分裂させるものであった。技術論争に焦点を絞って言えば、相川は「在ソ民主運動[67]」を経て共産党に入党し、武谷は共産党から距離を取った。相川＝共産党は一九四〇年の転換を誤りとして民主主義革命＝天皇制打倒（三二年テーゼ）に回帰したが、季刊理論派は一九四〇年代の転換を継承して植民地帝国主義＝ＧＨＱ打倒（コミンテルン第七回大会）を維持したと見ることができよう（武谷自身は戦後民主主義に回帰したにせよ）。後者の観点からは、前者および占領体制に迎合した天皇と戦後体制こそが対「帝国主義」闘争を貫徹しない〝転向〟に他ならなかった。意識的適用説と労働手段体系説の対立は、単に主体性論か否か、あるいは共産党批判か支持かというより、とりわけ『季刊理論』の圏域においては、特に占領体制＝植民地帝国主義に対する容認か抵抗かに重なる。

つまり、『近代文学』同人を除く戦後主体性論者は、敗戦と占領軍に依拠した「戦後」ではなく、転向や戦争協力に対しての部分的反省または偽装的反省をしながら、むしろ日本の「戦前」「戦中」の延長線

---

(63) 難波田春夫「日本経済の理論　おぼえがき」鹿子木員信編『皇国学大綱』同文書院、一九四一年、七六二～九八一頁。

(64) 有馬学「日中戦争と社会大衆党──一九三〇年代における「運動」と「統合」(二)」『史淵』一二九号、一九九一年。

(65) トリアッティ選集編集委員会編『トリアッティ選集4』合同出版、一九六六年、二〇八頁。グラムシ『グラムシ選集　第一巻』合同出版社、一九六一年、一七一～一九六頁。

(66) 戸坂潤「友情に関係あるエッセイ」『改造』一九四一年二月号。

(67) 相川春喜「在ソ民主運動の一決算」『前衛』四七号、一九五〇年。シベリア抑留時に発生した「民主運動」については、栗原俊雄『シベリア抑留──未完の悲劇』（岩波書店、二〇〇九年）など、多くの証言や研究がある。

で変革を考えようとしていたのである。季刊理論派の革新的ナショナリズムの戦略的意義はここにある。それは第二次大戦末期の対立構造から言えば、米国とソ連が手を組んだ連合国に対峙した枢軸国―大日本帝国の批判的継承とならざるをえない。連合国は、実質的に米軍で構成されたＧＨＱとコミンフォルム（コミンテルンの後身）の指導下にある日本共産党との連携として持続していた。占領下において、世界大戦はいまだ継続中だったのである。

五　田中吉六の主体的唯物論――一九三〇年から一九六八年へ

1　『スミスとマルクス』と商大グループ

さて、季刊理論派に立ちながら、先述の唯研と戸坂の系譜的影響を最もダイレクトに受けていたのが田中吉六である。現在では岩波文庫版『経済学・哲学草稿』（以下『経哲草稿』と略）の訳者としても名を遺している田中は、日本大学予科を中退して独学で研究した在野研究者である。一九三四年に唯研に入会して相川春喜の知遇を得るとともに、戸坂潤全集を買い込み、その唯物論哲学を深く学んでいた。また、木材通信社に勤めていたときに花田清輝（一九〇九―一九七四）と意気投合し、毎日のように『資本論』や日本資本主義論争（両者とも講座派を支持）について議論していた[68]。

一九四〇年の交差では、田中は明確に②または③の経路を通って抵抗の交差を遂げている。田中は、大正デモクラットからファシズムに至った中野正剛が主宰する東方会の機関誌『東大陸』に論文「日本経済の性格改造と南方経済建設」を寄稿している（元編集長だった花田の口利きで同誌に書き始めた[69]）。この論文では、「東亜民族解放」と「大東亜共栄圏」のスローガンに経済的実質を充当すべく、日本資本主義の半封建性規定（講座派）を踏まえ、その否定的性格を英米型自由主義・資本主義への対抗性と被植民地国との連帯可能性＝共同体原理として転換し、「階級対立の原則」ではなく「共同体原理に基づく計画経済」の確立を主張している（橋樸の「国体主義による奉仕関係の完成」も参照している）[70]。花田と同様、田中に転向の意識はなく、これはマルクス主義的視座からの経済時評に他ならない。実際、田中は戦後になってもこの時期の諸論考を隠すこともなければ、恥じてもいない[71]。

戦後、無名だった田中の名を知らしめたのが、最初の単著『スミスとマルクス』（真善美社、一九四八年）である。刊行元の真善美社は花田が編集顧問を務めた出版社であり、同書のタイトルも花田の提案による。同書は戸坂を精読していた一九三六年頃のノートを元にして、戸坂の技術論、イデオロギー論、世界観論を応用しつつ、スミスとマルクスの経済学形成を科学思想史的に検証した著作である。生産技術の発展→自然科学的世界観の成立による哲学の自然法概念の成立（一七世紀）→スミス経済学の成立（一八世紀）→産業資本確立後の階級対立を反映したマルクス経済学の成立（一九世紀）という思想史的プロセスを詳細に描写する[72]。マルクス解釈ではなく、その思想形成の追体験を試みる点で当時としては斬新なものだった。太田が同書を読んだのは、二・一スト中止後、みずからの疑念を解くためにマルクスを読み、さらにスミスやリカードの研究を始めていたときだった。一読して問題意識の「完全な一致」があると「直観」したという[73]。共産党内において田中の著書が、どういった人々に読まれていたか

---

(68) 田中吉六『わが哲学論争史——労働と思索』農山漁村文化協会、一九八一年、二八～五二頁。
(69) 田中前掲『わが哲学論争史』五〇～五六頁。中野正剛と花田清輝については、千坂恭二「中野正剛と東方会——日本ファシズムの源流とファシスト民主主義」（『思想としてのファシズム』彩流社、二〇一五年）を参照。
(70) 田中吉六「日本経済の性格改造と南方経済建設」『東大陸』二〇巻五号、一九四二年。
(71) 田中前掲『わが哲学論争史』（五二～五三、五九～六九頁）で、堂々と当時の業績として紹介している。花田清輝の戦時下非転向については、中島誠「花田清輝の非転向的修辞学」（『季刊世界政経』六九号、一九七九年）を参照。
(72) 田中吉六『スミスとマルクス』真善美社、一九四八年、一四～一八頁

が窺える。

一方、アカデミズムで同書に積極的に反応したのは、商大グループである。同書を書評で高く評価しつつ、丁寧な批判も加えている。批判は期待の表れであり、田中をグループに取り込もうとしていた節もある。田中を小宮山の『季刊理論』に紹介し[74]、講演や講義の講師として招き、一九五二年には杉本栄一が横浜市立大学経済研究所に推薦までしていた。『スミスとマルクス』は、資本主義＝民主主義確立期の革命的イデオロギーとしてスミスを再評価する側面があり、この点を商大グループは注目した。同グループは民主主義確立を日本の当面の課題とし、スミスやウェーバーの理論を摂取していたからだ。一方、同書への批判は、生産技術や自然科学に優位を置きすぎ、社会科学や経済学が持つ社会変革的役割が適切に評価されていない点に向けられた。例えば、水田洋は、自然科学と社会科学の影響関係は「円環的」ではないかと問うた[75]。

商大グループの批判は、マルクス経済学という社会科学の実践的意義への問いかけでもあった。ゆえに田中は批判を受け止め、花田の編集する『綜合文化』に「自然弁証法の論理的主導説批判」(一九四八年)を寄稿、史的唯物論(社会科学・歴史法則)は自然弁証法(自然科学・自然法則)よりも歴史的・論理的に先だって確立したと主張した[76]。これにより、自然弁証法の先行を言う戸坂の唯物論哲学から袂を分かち、総体的に技術を捉える戸坂技術論から、生産技術に限定して人間主体から技術を捉える武谷技術論へと移行する。

田中は言う。人間は「自然法則」を目的意識的に適用して自然を支配し、「かくて、自然の桎梏から徐々に解放されて人間が自由になりうる[77]」。ここには武谷技術論の人間主義的性格が如実に現れ、戸坂が斥けた人間解放のスローガンが復活しているようである。だが、田中は晩年まで戸坂の著作の研究ノートを手元に置くほどの、筋金入りの戸坂シンパであった[78]。実際、戸坂が口を極めて批判した西田哲学を援用し、マルクス主義の「空隙」(＝「無」)に主体性を見るような梅本克己に対しては、田中は徹底批判する(79)。そうではなく、唯物論の「思想上の節操」を堅持し、あくまでも唯物論的に人間を理解し、技術論の徹底によって自然弁証法と史的唯物論のジレンマの乗り越えを図るところに田中独自の唯物論理解が生じるのである。

2　主体的唯物論と全共闘運動

田中の技術論の要諦は、技術論を武谷三段階論で分析するところにある。武谷三段階論とは、量子力学の発展を背景に提出された物理学の理論研究モデルであり、現象記述の「現象論的段階」、実体的概念を導入する「実体論的段階」、方程式・法則などで記述される「本質論的段階」というステップで科学が発展するという主張である。田中＝武谷によれば、労働手段体系説は「実体論的段階」で足踏みし、資本主義的生産様式で重点化された労働過程の一要素（労働手段）にしがみついている。だが、実際には技術は労働過程の三要素のいずれにも対象化され、それを実体（要素）間の動的な関係から把握しなおすと、技術とは「生産力と生産関係の交互関係」あるいは「主体と客体の交互作用」になる（おそらくこの見解は戸坂技術論が踏まえられている）。この交互作用をさらに本質論的に捉えると、主体（人間）

(73)　太田前掲『辺境最深部に向かって退却せよ！』、一三～一四頁。
(74)　田中前掲『わが哲学論争史』、六九～七七、一六〇頁。
(75)　水田洋「経済学成立史の問題と方法――田中吉六氏の『スミスとマルクス』について」『アダム・スミス研究入門』未来社、一九五四年、二一五～二一七頁。
(76)　田中前掲『わが哲学論争史』、七三頁。
(77)　田中吉六『史的唯物論の成立』こぶし書房、二〇〇五年（初版一九四九年）、一四四頁。
(78)　田中前掲『わが哲学論争史』、一七二頁。
(79)　梅本克己『過渡期の意識』現代思潮社、一九五九年。同『唯物論と主体性』現代思潮社、一九六一年。

もまた「自然的本質」である以上、「自然的物質の運動」に他ならない。だが、だからと言って（戸坂のように）自然弁証法先行説ではなく、あくまでも人間実践によってこそ自然法則は「開示」される。この必然と偶然を弁証法的に把握して、「人間実践（生産的実践）における客観的法則性の意識的適用」という技術規定が確立すると言う[80]。言い換えれば、実践→自然法則→実践という円環関係で技術が捉えられている。

この技術論から『経哲草稿』の実践論に迫り、実践（労働）とは、主体の客体化と客体の主体化、あるいは人間の自然化と自然の人間化という「円環的運動」であると把握する。これが田中の言う「主体的唯物論」である。実践によって自然は「環境的自然」と「人間的自然」に分裂する。環境的自然から否定を突きつけられる「受苦的存在」が人間的自然であり、その状態の克服を求めて人間はさらに「情熱的」に実践し、さらに環境からの否定を生む[81]。実践とは、そうした「対立→統一→対立への螺旋的円環運動[82]」である。

田中の主体的唯物論は、人間主義というより、戸坂の自然弁証法を継承しつつ、戸坂において実体的だった自然＝物質を「本質論」的に解体し、円環運動として捉えなおしたと言える。別言すれば、自然弁証法の「神秘」を「感性」に転換したのである。そもそも、自然弁証法が人間を完全に支配しているならば、技術を巡って党派性が生じる理由が説明できなかったが[83]、田中の理解であれば、むしろ党派性＝対立が生じることこそ必然だと言える。

通例、『経哲草稿』で示された労働本質論では、労働過程を通じて人間同士や労働生産物との統一がなされる――しかし資本制生産においてはその本来性が見失われる（＝労働疎外・人間疎外）――と理解される[84]。これに対して主体的唯物論では、疎外は資本制生産に限らず、実践者＝人間であるかぎり常に発生することになる。意識的適用としての技術も、常にその目的意識と適用結果の対立を生じる。例えば、合理的な生産力増強を目的にしても、恐慌や戦争を引き起こし生産力の減衰や破壊を招くこともある（現在なら環境問題も加えられよう）。田中の技術論は主客の交互作用による「自然法則」（＝「真理」）の「開示」という技術の本質規定を含め、ハイデガー技術論に近く、そこにはニヒリスティックな響きがある。ただハイデガーが詩作（広くは哲学や評論）に拠り所を確保したのに対し、田中は「受苦／情熱」を伴う実践（特に労働）を肯定する積極的ニヒリズムである。[85]

自身の理論に促されるように、田中は「情熱」的に、民科理論家のみならず、梅本、梯明秀、遊部久蔵など主体性論陣営の論客とも論争を繰り広げる。先述の商大グループによる就職斡旋を辞退して日雇の肉体労働者の道を歩むのも、その思想と無関係ではないだろう。[86] 主体的唯物論は「史的唯物論の世界へ自己を没入せしめ」、「アカデミシャンにみるごとき純粋学究的態度ではなくて、プロレタリアートの非人間的不幸を真に自己の不幸と感じ、それに涙と怒りを発する立場においてのみ可能にされる」[87]と言っているからである。しかしそれは、「統一体質」を目指した小宮山には「分裂体質」[88]としか見えなかっ

(80) 田中前掲『史的唯物論の成立』。一三〇～一四五頁。
(81) 田中吉六『主体的唯物論への途』労働文化社、一九五〇年、三九、一一七～一二〇、一二四～頁。田中吉六『マルクス、再出発』三交社、一九七五年、一三～一四頁。
(82) 田中吉六『マルクス理論の解明――その追体験的再構成』理論社、一九五二年、二二四頁。
(83) このことは、戸坂と同じように自然弁証法を支持する加藤正（共産党員・唯研メンバー）から、自然弁証法（＝科学的真理の唯一性）を認めるならば、党派性はありえないとして批判されていた（『加藤正全集　第一巻』山田宗睦編、現代思潮社、一九六三年、一三五～一六五頁）。
(84) 通例的理解の一例として、野地洋行「マルクスにおける労働概念の展開――「理念」から「労働」へ」（『三田学会雑誌』六七巻一一号、一九七四年）がある。
(85) この点で民科の唯物論者には「実存主義的偏向」と批判されていた（森信成「最近における唯物理論の実存主義的修正について」『月刊理論』一九五〇年一～四月号）。

た。

ただ、それを「体質」で片づける前に、季刊理論派も共有した一九四〇年代の対「帝国主義」闘争から考える必要がある。なぜなら、共産党のみならず商大グループもまた変革主体を「民族」「国民」に実体論的に固定し、占領体制後は市民社会派として戦後民主主義に接続するからである（両者の基盤には講座派のブルジョワ民主主義革命論がある）。経済的合理性で「国民」の民主化や主体化を基礎づける商大グループは、そこに定位する限り資本主義を超えることはない。これに対し、田中は「統一体質」（革新的ナショナリズム）に分裂的に背を向けることで、対「帝国主義（＝資本主義）」闘争を継続していたとも言える。

なお、後述のように六〇年安保闘争時のブントもまた対「帝国主義」闘争を採択したが、しばしば指摘されるように革新的ナショナリズムも継承しており、戦後民主主義批判にまで行き着くものではなかった。[89]一方、田中は六〇年安保闘争にはほとんど関与せず、むしろ前衛党批判と戦後民主主義批判の巻き起こる全共闘運動で大きく評価される。[90]つまり田中は、津村も認めるように脱自己同一化の論理の先駆なのである――田中は一九六八年に東大で講演して受苦的―情熱的の根拠を「身体的組織」に見出しているが、津村はそれを「時代を象徴するできごと」と評価する。[91]柄谷行人『マルクス　その可能性の中心』（一九七八年）でも、田中の主体的唯物論は、「現象と本質」の二分法や疎外論ではなく、そうした思惟形態で「隠蔽された根源的な差異」――「身体的組織」によって与えられる「ある欠如＝遅延化によって生じるような「関係」」――をマルクスから見出していると高く評価されている。[92]

一方、八〇年代の太田は、田中の主体的唯物論を振り返って「非常な昂奮を覚えた」と述べ、[93]人間／自然／主体／客体の相互転換にニューエイジ的・神秘主義的なエコロジー思想を読み込んでいた。それは太田の誤読というより、田中自身に（そして津村や柄谷にも）見られる、脱自己同一化の論理の裏面に張り付いた人間解放論―ニューエイジ的思想の直視だろう。[94]構造的に言っても、〈本質／現象〉の二元

(86) 太田は田中の選択に対し「自己の開始したマルクス主義哲学の世界史的意義を持つ中央突破の戦いが、体制化され、俗物化されることを、拒否した」と評し、「私もまた、彼のように生きなければならない」と心に銘じている(太田前掲『辺境最深部に向かって退却せよ!』、一五頁)。なお、田中は辞退後の一九五二年頃に民間の日雇労働者となり、この時に初めて共産党の居住細胞に入党し、翌年に失対手帳を入手して失業対策事業に就労、職安細胞に籍を移している。五〇年代は職安細胞でチューターを行ったりしていたが、六〇年代には活動から遠ざかり、一九六八年頃に党費滞納による除名通知を受けて脱党した。この頃には練馬区役所の維持工事で長期労働をしており、始めは失対労働者だったが途中で区の土木部維持作業員として雇用されて失対手帳を返還している(前掲『わが哲学論争史』、一六二～一七七頁)。

(87) 田中吉六「ヒューマニズムの理論的解明」高島善哉等著『人間の自由と誇りと』理論社、一九五〇年、理論社、五五頁。

(88) 小宮山前掲『戦後精神の行くえ』、一五〇～一五五頁。

(89) 絓前掲『革命的な、あまりに革命的な』、三九二～三九七頁。絓前掲『1968年』、四五～五二頁。小熊前掲『〈民主〉と〈愛国〉』、四九九～五四八頁。

(90) 一九六八年、季節社の中原しげるの手によって『主体性唯物論への途』が再刊され、同年五月には東大に講演に呼ばれた。東大講演に尽力したのは中原の親友で東大独文出身の吉沢功司である。中原と吉沢の努力によって、この時期の『情況』に田中の過去の論文や講演のテープおこしがいくつか掲載されている。また一九七三年には『三田新聞』グループも田中の未発表論文を発掘してパンフレットとして発表している(『わが哲学論争史』一八九～一九一頁)。さらに三田新聞グループの尽力によって、一九六八年から七四年の大学での依頼講演や未発表原稿・新稿をまとめた『マルクス、再出発』(三交社、一九七五年)が刊行されている(同書「あとがき」、四〇〇頁)。

(91) 田中吉六「マルクス身体論序」(田中前掲『マルクス、再出発』所収)。津村喬「身体性が喚起する「群衆」」『現代の眼』一六巻五号、一九七五年。同「全共闘経験における「身体性の政治」」田中吉六・長崎浩・津村喬・神津陽・黒木龍思・小野田襄二・花崎皋平・池田浩士『全共闘――解体と現在』田畑書店、一九七八年。

(92) 柄谷行人『マルクス　その可能性の中心』講談社、一九七八年、九六～一〇五頁(傍点引用者)。

論を批判するときに「隠蔽された根源」を持ち出すように、たとえ実体化していないにせよ、何かしらの〝実相〟を肯定せざるをえない——隠された根源とは隠秘学《オカルティズム》のコア概念である。しかもその根源を「身体的組織」に求めていくとき、身体の解放—統御を求めて身体技法に行き着く。津村が岡田式静坐法を高く評価し、柄谷も野口整体を実践したように、[95]霊術的世界観に足を踏み入れるのである。

以上のように、人間解放論から脱自己同一化論、大学アカデミズム批判や戦後民主主義批判、そしてニューエイジ的転回まで、田中吉六は一九六八年を先駆的に体現していた。太田竜はこうした田中の思想を全面的に継承しつつ、トロツキズムに至る。次節以降では、その時にトロツキズムによってもたらされたものを探りたい。

六　共産党時代の太田竜

1　五〇年分裂と季刊理論派の消滅

太田は一九四八年から翌年にかけて田中に傾倒していたが、一九五〇年頃には袂を分かっていた。田中と別れた理由ははっきりしない。[96]太田自身の回想に照らせば、『唯物史観の再生をめざして』と題されたパンフレットを執筆し、「武谷にも、田中にもたよらず、ただ一人の責任において、敢えて現代革命の根本問題に一つの理論的総決算を出してみよう」としていたらしい。[97]残念ながらこのパンフレットは散逸し発見には至っていない。ただ、後の自伝で田中を高く評価しながら、次のように述べている。

田中は「哲学者」らしく、あくまでもこの問題（「円環の論理」—引用者注）を哲学論の枠内にとどめようとしていた。恐らく当時の私にはこのところが不満だったのであろう。私は哲学問題としてでなく、革命論として、実践論、運動論としてマルクスをとらえようとしていた。私には、「マルクス学

者」になるつもりはまるでなかった。私は革命家になること、現実の資本主義搾取体制の根本的変革

(93) 太田前掲『私的戦後左翼史』、七三～七四頁。
(94) 田中は後に『マルクスからルソーへ』(農山漁村文化協会、一九八〇年)では、ルソーの「同化の原理」を市民社会と対比させている(二五三～二六三頁)。
(95) 津村喬は、リブロポート社の「民間日本学者」シリーズで「岡田虎二郎」について執筆する予定だった。岡田虎二郎についての研究は鶴見俊輔から促されており、刊行はされなかったが、晩年まで関心を抱き続けていた(筆者自身の津村への聞き取りによる)。また柄谷行人は、書評「近現代日本の民間精神療法 不可視なエネルギーの諸相」(『朝日新聞』二〇一九年一一月一六日付、一六面)において、「私は学生の頃から、催眠術、西式健康法、野口整体、手かざし、静坐法などをやってきた」と述べている。これらの霊術実践と自身の思想との関連は明示されていないが、こうした霊術の起源がグローバルな霊性思想(「グローバル・スピリチュアリズム」)にあることを踏まえ、「私の考えでは、それはグローバル資本主義と切り離せない。しかし、それに対抗するためにも、本書のような研究が不可欠である」と結論づけるとき、少なくとも霊術が「帝国主義」(＝グローバル資本主義)との統合と対抗という弁証法的関係にあることが認識されている。
(96) 三浦つとむによれば、この頃に太田は田中と三浦の仲を裂き、三浦から田中を奪い取ろうとしたのだという。だが、田中は太田の思い通りにならず「栗原のところから、田中を罵倒し攻撃するガリ版の声明書が左翼ジャーナリズムその他各方面にばらまかれ」、そこには「田中は自分をあざむいたとか、三浦も被害者だとかサンザン悪口がならべてあった」という(三浦つとむ『レーニンからうたがえ』芳賀書店、一九六四年、一六四～一六九頁)。時期から見ると、この声明書は後述のパンフレット『唯物史観の再生をめざして』かもしれない(未入手)。ただ、太田も田中も多方面に論敵を作った人物だが、互いを強く批判した文章は残っておらず、太田は以降も季刊理論派のなかでは田中を特に評価している。逆に三浦に対しては、太田は武谷と並べて「近代主義者」と批判的に言及している(太田前掲『私的戦後左翼史』、七四頁)。声明書がない以上は明言できないが、太田の批判は三浦が言うほど対立的なものではなかった可能性はある。
(97) 太田前掲『私的戦後左翼史』、七八頁。

をめざす運動こそ、中心的関心事であった。マルクスの労働本質論、これを現実に適用するとどうなるか。これが私にとっての関心事であった(98)。

つまり、田中の技術論・円環運動論を、革命論に応用しようとしていたのである。

ところで、当時の太田の目前には、季刊理論派全体を巻き込んだ現実の変動が展開していた。すなわち「五〇年分裂」である。周知のように、一九四九（昭和二四）年、ソ連が核実験を成功させ、米ソの核開発競争がスタートする。同年には毛沢東率いる中国共産党が中華人民共和国を建国、翌年には朝鮮戦争が勃発する。この後方攪乱を期して、五〇年一月にコミンフォルムから、日本共産党のGHQ解放軍規定や平和革命論に対する批判がなされた。この批判に反発した徳田ら党中央は「政治局所感」で反論し、これに対して宮本顕示ら非主流派はコミンフォルムによる批判の受け入れを主張する。徳田ら所感派と宮本ら国際派の対立である。しかし中国共産党もコミンフォルムを支持したため、所感派は方針転換して批判を受け入れながらも、国際派に対しては左遷するなどで応じたために両派の対立は継続する。加えて、日本共産党幹部に出された逮捕状を拒否した所感派は、地下潜行して臨時中央指導部（臨中）を組織、徳田や伊藤は中国に亡命して九月に北京機関を建設する。一方、国際派は地上に残って「日本共産党全国統一委員会」を結成するが、所感派はこれに対して国際派の除名で応じる。除名された国際派は新たに「全国統一会議」を結成し、日本共産党は分裂状態になる。以上の混乱が「五〇年分裂」である。

翌年、所感派はスターリンや毛沢東の指示を確保し、コミンフォルムは国際派を分派として認定、この打撃を受けた国際派は所感派に屈服して「全国統一会議」を解散、形式的には再統一する（実質的な復党には数年かかった）。同時に所感派は、日本共産党第四回全国会議や第五回全国会議（五全協）で武装闘争の方針を定め、学生党員を基盤に「山村工作隊」や「中核自衛隊」などの非合法武装組織を作ることになる。五全協で採択された五一年綱領では、日本をアメリカ帝国主義の隷属下にある半封建的「植民地国家」と捉え、その支配から解放するため「民族解放」と「民主革命」を任務とした。

これは、季刊理論派の掲げたＧＨＱ「植民地化」規定と革新的ナショナリズムのスローガンを共産党中央が採用したに等しい。つまり、五一年綱領、およびサンフランシスコ講和条約の発効による占領体制の終結は、ＧＨＱ評価をめぐる共産党中央と季刊理論派の対立軸の消失でもあった。それを象徴するのが、一九五三年になされた共産党中央の『月刊理論』と『季刊理論』の統合である。こうしたなか、田中吉六は（もともとは共産党員ではなかったが入党し）、スターリンおよび党中央支持の立場に立っていた。(99) 現在のスターリン批判以後の視点から見ると、主体性論者ないし季刊理論派のこうした帰結には〝主体性〟の不徹底を感じるかもしれない。そのことが主体性論争の先駆性を評価しながらも、同論争の矮小化あるいは歪曲につながった可能性があるが、本稿のこれまでの論述を辿れば、むしろ「五〇年分裂」から五一年綱領に至る党中央の判断については、我が意を得たものと考えた季刊理論派が少なくなかったのではないかと思われる。(100)

2 円環運動論の革命運動への応用

こうしたなか、太田竜の言論活動が始まる。出版媒体における「栗原登一」の名は、両『理論』誌合併に並行して刊行された季刊理論別冊学習版シリーズ（全四集、民科編・理論社発行）の第一集『弁証法研究の現代的課題』（一九五一年）に初めて登場するのである。

---

(98) 太田前掲『私的戦後左翼史』、七六頁。改行は省略した。
(99) 田中は一九五二年に共産党に入党し、翌年にはスターリンの論文「ソ同盟における社会主義の経済的諸問題」（一九五三年）を全面的に肯定する論文を書いている（田中前掲『わが哲学論争史』、一六六〜一六九頁）。

栗原＝太田の論文「大衆とは何か」は、（東洋を除名した）伊藤律が宮田千太郎の筆名で党中央の機関誌『前衛』五一年三月に発表した「勝利の道「長期かつ困難な闘かい」にすすむ党生活の刷新」へのコメントである。伊藤＝宮田の論文は、臨中の所感派の立場から国際派の分派活動を非難し、党の基本方針の「大衆路線」から逸脱する「形式主義」（マルクス主義文献を抜粋した非実践的批判）や「経験主義」（個人の狭い経験を党の方針の上に置くこと）を戒め、党員に「骨身をおしまぬ」活動と「一生涯の修養」を強く促していた。

太田は、伊藤の「党生活の刷新」を表面的には称賛しつつ、「大衆」と「前衛」の意味を問い直すことで（ある意味で真逆の）ラディカルな結論を引き出す。まず、「大衆」とはプロレタリアからブルジョワまでを含む、「民族の敵に対しては共通の味方となりうる一切の日本人」である。一方、「前衛」とは「現在の状態に満足できなくなった大衆」である。「大衆」を「現実」「事物」「活動対象」とすれば、「前衛」とは「意識」「彼岸」「希望」「観念」である。ゆえに「大衆と前衛とがあるへだたりを以て存在する必然にある」が、「前衛」は「大衆」のための「骨身をおしまぬ」活動のなかで「両者はそれぞれ他者を自分のうちに包容」し、「観念を事物となし事物を観念となすこと」「希望を現実に、現実を希望にすること」がなされなければならない。それが前衛党と大衆を一致させることであり、「この過程こそ党が客観的法則性を発見し、進んで世界を改造する過程である」という。(101) ここに客観的法則性の意識的適用という武谷＝田中の技術論が、労働過程ではなく闘争過程に応用されていることが見て取れるだろう。

〈前衛／大衆〉あるいは〈知識人／大衆〉の「へだたり」は、マルクス主義革命運動におけるアポリアであり、党組織論という技術的問題の源泉でもある。外部注入論（レーニン）、階級意識論（ルカーチ）、分離・結合論《福本イズム》（福本和夫）から自然発生論（ルクセンブルク）、有機的知識人論（グラムシ）、協同戦線党論《山川イズム》（山川均）までさまざまな議論が提出されたが、完全にへだたりが解消されたことはない。太田の議論は、福本＝ルカーチに近いが、福本イズムでは、総体性の認識（＝階級意識）を持つ「前衛」が大衆と分離して党を形成することをまず言うのに対して、太田は分裂した意識を持った「前衛」が大衆に結合して革命的対立を現実化させようとする。ゆえに、大衆に結合すると言っても、山川イズムのように大衆の現実的要求に同化しようとするのではない。例えば、太田は言う。

> 生活斗争とは何か？　それはつねに観念を事物となし事物を観念となすことに他ならない。……それは絶えざる矛盾とそれの解決であるが、いう所の矛盾とは願望と現実の矛盾であり、先進的要素と現状維持要素との矛盾斗争である。この斗争は中途にして止めることができない。無限に進行してゆくというこの事実、この力のうちにこそ現実と希望の両項が共に揚棄される萌芽が存する。まず第一に認識や合理的方法が存するのではなく、現存するものが絶滅されるまでは決して止めることをしない矛盾斗争の過程が最初の前提である。……それゆえすでに一切のものを失った労働者のみがこの斗争に勝利できる。労働者は永久斗争・永久革命に賛成である。彼らはそのために血を流すであろう。（傍点原文）[102]

---

(100) 当時の『季刊理論』は民科の『月刊理論』とは対立する論陣を張ったが、基本的に日本共産党に対立したわけではない。小宮山は日本共産党員ではなかったが、共産党員の高倉テルの指導下のもと、長野県塩尻村における農民委員会の形成に現場レベルで関わっている（小宮山前掲『戦後精神の行くえ』、九九～一〇〇頁）。それは田中吉六にとってもそうであり、その主体的唯物論の主張は日本共産党へ向けたアピールに他ならなかった。このあたりは、花田清輝の「対立を、対立のまま、統一する」（花田清輝『アヴァンギャルド芸術』講談社文芸文庫、二〇一三年〈初版一九五四年〉）という弁証法への田中の共鳴にも関わるだろう（田中前掲『わが哲学論争史』、五四～五五頁）。

(101) 栗原登一「大衆とは何か」理論社理論編集部『弁証法研究の現代的課題』理論社、一九五一年、九七～九八、一〇一頁。

太田の考えでは、革命＝対立性こそが根源的であり、それは何かの経済的要求に還元できるものではない。生活闘争さえ生活資料獲得ではなく矛盾闘争が先立つと見る。また、革命も武谷の用語でいうところの、「実体論的」ではなく、「本質論的」に捉えている――つまり革命の根拠を「労働者」や「民族」に実体化するのではなく、矛盾闘争の意識的適用に置く。こうした革命＝対立性はまず「前衛」の意識に現象し、「活動対象」たる大衆に働きかけて一体化し、あらたな矛盾闘争を生産するというわけである。

こうした「永久斗争・永久革命」に向けて「党生活の刷新」が再解釈される。刷新の指針は「法則」や「科学」ではなく、闘争の現場にある。「民族が危急存亡のとき」における闘争の課題は「民族の自由と独立」である。この闘争に献身することが新たな「党生活」であり、民族が闘争的となっているときには、「苦痛のなかで自己の立場が完全に溶解し、事実過程が要求する程度に於ける基礎単位（闘争の主体と客体―引用者注）に還元することが必要なのである。革命について語るだけでなく、革命的に行動するものは必らず宮田氏の教える如く、何者にもたよることなく、一切を自分の内から作り出さねばならぬ」[103]。ここでは、「苦痛」の共有が闘争過程における前衛と大衆の同一化のカギであることが言われる。

太田のコメントは、分派闘争を批判して臨中への忠誠を促す伊藤論文の支持を偽装しながら、むしろ党の方針に頼ることなく、個々の党員＝「前衛」に対して闘争に献身することで行動指針を「自分の内から作り出」すことを促している。季刊理論派―党中央を継承して「民族の自由と独立」が言われるが、その前衛論に照らせば、「民族」「民主」はあくまで過程であり、本質は「矛盾斗争」にあり、闘争は独立獲得で終わるものではないだろう。少なくとも、帝国主義＝資本主義との対決が視野に入っている。ゆえに、「前衛」が革命的であるならば、闘争が収束に向かうときには新たな闘争の場を求めて転戦する。太田が、トロツキズムに接近するのは、朝鮮戦争の休戦協議が始まる一九五一年後半であった[104]。日本共産党そのものは火炎瓶による武装闘争を各地で繰り広げているさなかではあったが、太田はもはや朝鮮戦争を契機とした武装闘争が「永久革命」の戦線ではなくなりつつあると見て取ったのだろう。こうして太田は、新たな矛盾闘争の場を求めて日本共産党を離脱することになる。

七　五〇年代の太田竜と国際的トロツキズムの動向(105)

1　トロツキズムへの転身と日本トロツキズム連盟（革命的共産主義者同盟）の結成

すでに太田は田中と別れた頃から、マルクスの思想形成や革命史を独習して『革命的自己批判の総過程』と題したガリ版刷の論文を製本・配布し、続いて将来の資本主義打倒と社会主義実現の過渡期の分析（『過渡期社会論』）を始めていた(106)。この過程でソ連共産党内の論争と分派闘争を知ってトロツキー問題にぶつかり、戦前に出版されたトロツキーの著作『裏切られた革命』（荒畑寒村訳、一九三七年）を読むこ

(102)　栗原前掲「大衆とは何か」、九九頁。
(103)　栗原前掲「大衆とは何か」、一〇〇～一〇一頁。
(104)　のちの回想で次のように述べている。「日共の武装部隊が活動しようとしたその時に、潮流はとうとうと逆の方向へ、「平和共存可能」、「改良による平和可能」という小ブル的幻想があたかも真実であるがごとく、すすみ始めたのである」（太田竜『日本革命の根本問題』風媒社、一九六九年、三〇頁）。
(105)　七～八節の事実的な記述は、太田前掲『私的戦後左翼史』、党史編纂委員会編『日本革命的共産主義者同盟小史——日本トロツキズム運動の二〇年』（新時代社、一九七七年、絶版のため電子化版を参照 http://red-mole.net/bunko/15/bunko15f.html）、織田進『三多摩社青同闘争史——一つの急進的青年運動の総括』新時代社、一九七六年 http://red-mole.net/bunko/bunko00.html）、津田道男『現代のトロツキズム——それは敵か味方か』（青木書店、一九六〇年）、湯浅赳男『トロツキズムの史的展開』（三一書房、一九六九年）に依拠している。
(106)　太田前掲『私的戦後左翼史』、九一頁。

とで、トロツキーと第四インターこそがマルクス・レーニン主義の正統を継承していると確信するようになる。

太田はスターリン批判とトロツキー評価において、田中から学んだ技術論を活用している。太田によれば、スターリニズムは、ブハーリン『史的唯物論』で労働手段体系説が確立されたところに始まり、その「機械論的思考方法」や「因果性、実体の論理」によって、ロシアの「永久革命」は「逆転」を始めた。この社会的背景には、「ロシアプロレタリアートの有力な部分が官僚化し、保守化し、永久革命の情熱、意思、目的が減退していった」ことがあり、そこで「哲学」は「信仰」に堕落し、「科学を神学の侍女たらしめた中世イデオロギーへの復帰」、すなわちスターリン崇拝とスターリン支配に至る。このスターリニズムの「問題の枢軸」は、革命の担い手と「特定の階級」とを機械的・実体的に一体化することにある。これに対してトロツキーは、「特定の階級」ではなく「レーニンの思想方法、マルクスの思想方法」を守り、「新たな革命思想の胎動」を導いたのだという[107]。太田は、スターリニズムの問題の根源を労働手段体系説という技術論に帰し、対してトロツキズムに革命過程における意識的適用説―円環運動論を読み取っているのである。

こうして太田はトロツキズムに転身する。一九五二年初頭、共産党と決別した太田は、トロツキストの翻訳家の山西英一（一八九九～一九八四）を訪ねて教えを乞い、ビラやパンフレットを配布する活動を始めている。一九五七年には、日本トロツキスト連盟（トロ連）を結成、創設メンバーは太田竜、黒田寛一、群馬の共産党員の内田英世・富雄の兄弟であり、ここに京都の共産党員（京大職員細胞）の西京司と岡谷進が合流する。同年末に革命的共産主義者同盟（革共同）と改称し、ブントに並ぶ日本の新左翼の源流となる。

ここで国内外の情勢変化も一瞥しておこう。一九五三年、スターリンおよび徳田球一が死去（公表は五五年）、米国でもアイゼンハワーへと大統領の交代があって、朝鮮戦争は終結する。五五年、日本共産党は第六回全国協議会（六全協）において武装闘争方針を放棄（「民族解放・民主革命」方針は維持）、国際派の指導権のもとで所感派と再統一する。だが、この方針変更は、非合法武装組織に参加した学生党員に衝撃を与え、少なからぬ学生党員が離脱する。共産党に反旗を翻した学生党員たちが集ったのが、一九五八年一二月結成のブントである。ブントは、民青が握っていた学生自治会の連合組織、全学連（全日本学生自治会総連合）の主導権を掌握する。一方、一九五六年には、ソ連の第二〇回共産党大会において、米ソ「平和共存」路線とスターリン批判——スターリンの個人崇拝、大量粛清、民族大虐殺、軍事的・内政的失策への批判——が提出される。スターリン批判は、同年に起こったハンガリー事件——ハンガリー自由化を求める大規模デモに対するソ連軍による軍事的弾圧——とともに、世界中の共産主義者を揺るがし、左派におけるソ連の無謬性を崩壊させ、日本の思想界にも深刻な影響を与えることになった[108]。六全協からスターリン批判・ハンガリー事件という一連の事態が、トロツキズムへの再評価や革共同やブントへの加入者やシンパの増加につながっていたのである。

2　五〇年代の第四インターナショナルの論争と分裂——パブロ派とキャノン派

ここで国際的なトロツキズムの思想と運動について概観しておきたい（以下、日本国内のトロツキズムと区別する場合は、国際的トロツキズムと呼ぶ）。ロシア革命の立役者トロツキーは、レーニン死後にスターリンとの政争に敗れて失脚、一九二九年にはソ連を追放された。両者の争点は、トロツキーが「永久革命論」＝「世界革命論」[109]を唱えたのに対して、スターリンが「一国社会主義」を主張したことにある。永久革命とは、もともと民主主義革命を社会主義革命へと直接に転化させることであり、具体的にはロ

（107）太田竜『世界革命論』第四インタナショナル日本支部、一九六七年、二六～三二頁。
（108）小島亮『ハンガリー事件と日本——一九五六年・思想史的考察』現代思潮新社、二〇〇三年。

シア革命の際に共和政体の臨時政府から十月革命を経てプロレタリア独裁に移行したことを意味したが、スターリンとの論争においては、一国内での社会主義革命完成はありえないため、必然的に革命は国際的に発展して「世界革命」となるとされた[110]。その観点からは、一国社会主義論は、十月革命の成果に対する裏切りとなる。追放後のトロツキーは各国の「左翼反対派」(共産党内トロツキー派)を組織し、第三インターナショナル《コミンテルン》に対抗して第四インターナショナルを結成する(一九三八年[111])。一方、スターリンはトロツキーを「裏切り者」と規定し、トロツキストは共産党からも迫害され、トロツキー自身は一九四〇年に暗殺される。少数派のトロツキストは「加入戦術」——社民政党や共産党に加入して組織掌握や分派工作によって自派拡大を図る戦術——を駆使するようになる。

なお、トロツキズムではスターリニズム打倒を主張するが、ソ連そのものは必ずしも否定しない。スターリニスト官僚に「堕落」させられているが、あくまでもソ連は「労働者国家」だと見る(堕落した労働者国家論)。ゆえに、資本主義=帝国主義と対峙するときは、ソ連そのものを「労働者国家」として無条件に擁護する(労働者国家無条件擁護論)。このあたりは理想主義的なトロツキズムの戦略的リアリズムを示しているが、ソ連自体の展開によってこの規定が揺らぎ、第四インター内の論争と分派を引き起こすことになる。

このなかで、山西や太田に対して重要な影響を与えたのが、フランスで活躍したギリシャ出身のトロツキスト、ミシェル・パブロ(一九一一〜一九九六)の思想、パブロ主義である。パブロは短期間で大規模な工業化を達成した点でスターリンを評価し、結果として労働者階級の発言力が高まってスターリニスト官僚の弱体化と政治改革が進むと予測した[112]。さらに第二次大戦後、中国革命、朝鮮戦争、アルジェリア独立戦争など世界的な革命の昂揚があったことから、資本主義陣営と社会主義陣営の最終的な「戦争=革命」、すなわち第三次世界大戦が切迫していると主張し、独自の党建設が間に合わないならば、トロツキストは加入戦術を徹底して社共両党内で長期的に活動し、反戦運動などで社会主義陣営を後方支援すべきと論じた。英米のトロツキストの主流は、これに対してスターリニストに屈服する修正主義であり、第四インターを解散させる解党主義だと批判し、なかでも米国のジェイムズ・P・キャノンは欧米先進国の社会主義革命なくしてソ連の政治改革も第三世界のプロレタリア化も達成されないと主張した(113)。

こうした対立の結果、五三年、パブロらは第四インター国際書記局（欧州・中南米で主流）、キャノンらは第四インター国際委員会（英米で主流）として分裂する。山西と太田は、パブロらの国際書記局を支持し、一九五七年一〇月には南フランスで開催された第四インター第五回世界大会に出席、トロ連は第四インター日本支部として正式に加盟することになる。

だが、国際トロツキズム運動と同様に、日本でも分裂を繰り返す。トロ連結成直後には太田と内田英世とソ連規定を巡って論争し、結果としてキャノン派に近い内田兄弟は離脱している(114)。さらに一九五八

---

(109) 対馬忠行「永続革命論解説」（トロツキー『1905年革命・結果と展望』対馬忠行・榊原彰治訳、現代思潮社、一六五頁）には、トロツキーの the Revolution in Permanent は「永久の革命」を構想したわけではなく、「社会的変革の段階的および世界的連続性＝持続性」を示しているので「永続革命」と訳すべきだという主張がある。しかし、太田は明らかに前者の意味で「永久革命」と述べているため、この訳語を用いる。

(110) トロツキー『永続革命論』森田成也訳、光文社、二〇〇八年。

(111) 湯浅前掲、六六頁。

(112) 太田前掲『私的戦後左翼史』、一三六頁。

(113) パブロが一国的な発展段階論を捨ててイデオロギー闘争としての世界大戦を開示するのに対して、キャノンはあくまでも発展段階論を維持し先進国のプロレタリア革命をめざす（太田前掲『私的戦後左翼史』、一三二頁）。

(114) 前掲『日本革命的共産主義者同盟小史』第一章。太田は「労働者国家無条件擁護」、対馬忠行の影響下にあった内田は「半資本主義的労働者国家」を主張して対立した。

年七月にはパブロ主義に基づき社会党への加入戦術を提案する太田に対して黒田が対立[115]、今度は太田が革共同を脱退して「トロツキスト同志会」（以下、トロ同と略[116]）を結成することになる（革共同第一次分裂）。なお、残った革共同は、さらに五九年一月に西らの革共同関西派（＝第四インター日本支部）と黒田らの革共同全国委員会に分裂している（革共同第二次分裂[117]）。

日本の第四インター分裂で重要なことは、それが単なる理論的対立に終わらず、対立の根拠に国際的トロツキズムの動向があったことである。この点が世界革命を標榜しながら国際的根拠を持たないブント諸派[118]や革共同（中核派や革マル派）、さらに一九六一年には自主独立路線を採択した日本共産党とも決定的に異なる点だった。実際、次に見るように、六〇年代の太田の思想と行動は、国際書記局内の論争を踏まえて展開していくのである。

八　六〇年安保闘争・核戦争・第三世界

1　六〇年前後の第四インターナショナルとポサダス派

トロ同結成時、国内情勢は、六〇年安保闘争に向けて大きなうねりがあった。パブロ主義に基づくトロ同は社会党への加入戦術と労働組合運動に専念していたが、学生活動家中心のブントは安保闘争に直接飛び込んで華々しく活躍していた。しかし、五九年一一月のブント率いる全学連の国会突入デモの後、太田は方針を急転換して安保闘争への参入を決定する。トロ同の学生活動家[119]たちが対応しきれないうちに、六〇年六月一五日――全学連と警察隊の衝突によって樺美智子が死亡した日――の直後、太田は「国会に再突入し、占拠せよ。……安保闘争を暴動に転化せよ！」と呼びかけるビラを一人で配布するのである[120]。この単独行動にトロ同多数派は太田の除名を決定、トロ同を解消して西・岡谷らの革共同関西派に合流する。さらに、トロ同少数派からも距離を置かれて、太田は孤立することになる。

指導者の太田の独断専行ともいえる方針転換は、党員にとっては許容しがたく、除名も当然だろう。党に反してでも闘争現場に飛び込むのは、先述の「大衆とは何か?」論文に沿ったものかもしれないが、太田自身が指導者である以上、やはり情状酌量の余地はない。だが、それでも考慮するべき点があるとすれば、同時期の国際的トロツキズムにおける論争である。

(115) 西京司と黒田寛一はキャノン派支持だったため対立したとも言われるが(板橋真澄「パブロ主義」戦後革命運動事典編集委員会編『戦後革命運動事典』新泉社、一九八五年、二三四頁)、むしろ黒田はトロツキストというより「反帝反スタ」であり、西の立場は太田に近く、分裂に際して西は仲裁しようとしたらしい(前掲『日本革命的共産主義者同盟小史』第二章)。しばしば太田のみがパブロ主義や加入戦術を強行に主張して対立したとされることがあるが、パブロ主義は当時の第四インター国際書記局の主流であり、加入戦術そのものはトロツキズムの方針でもあったため、西らトロツキストが一概に否定するとは考えにくい。実際、西らは後述の革共同第二次分裂で黒田と別れたのち、六五年二月には太田のトロ同と再統一している。

(116) 同年に国際主義共産党、五九年七月に第四インター日本委員会へと改称する(前掲『日本革命的共産主義者同盟小史』第二〜三章)が、本稿ではトロ同で表記を統一する。

(117) 分裂の理由は、「反スタ」の一貫で民青の情報を公安に売ろうとした黒田を、西が「スパイ行為」と批判して、五九年一月に除名したためである。除名された黒田が革共同全国委員会を結成している。

(118) ブントが掌握した全学連は国際学連に所属しており、国際的戦略や連携を取ることは不可能ではなかったが、六〇年安保闘争の後に島成夫らが赤の広場でスターリン批判を行って除名されているように、実質的には連携する機運はまったくなかった。そのことが、世界情勢とはまったく別に安保闘争において活躍できた理由でもあった。

(119) トロ同(太田派)の学生活動家は日比谷高校、東京学芸大学、東京大学に拠点を置き、学費値下げや学生自治の要求などの運動を展開していた(前掲『日本革命的共産主義者同盟小史』第三章)。

(120) 前掲『三多摩社青同闘争史』第一章。

この時期、第四インター国際書記局内では、中ソ対立を巡ってソ連と中国のどちらを支持するかで論争があった。平和共存路線の採択以降、毛沢東はソ連を陰に陽に批判し、一九六二年のキューバ危機の対応については「敗北主義」「大国主義」と公然と批判、翌年の中ソ会談も決裂した。六四年には、中国は独自に原爆実験を成功させ、第三世界の台頭を背景に社会主義陣営内で覇権争いを仕掛けていた。中ソ論争を太田の言葉でまとめるならば、ソ連が「人類の滅亡」に至る全面核戦争を回避し、「平和共存」の確保を各国共産党の任務だとしたのに対して、「毛沢東派は……全面世界核戦争を帝国主義が仕かけてきたとして、人類の半分は死に、半分は生き残り、共産主義は勝利し、五十年もたてば新たな生活を築くことができる」と主張したのである(核兵器=「張り子の虎」論)[121]。

六〇年代は、世界の新左翼の参照先として毛沢東主義が脚光を浴びた時代である。毛沢東の文化大革命や第三世界論は、ニューレフトーカルチュラル・スタディーズを活性化し、ポストコロニアリズム批判導入の嚆矢となったことが知られている[122]。しかし、日本での毛沢東主義導入は遅れていた。その理由には、ブントや革共同全国委系の諸派が、日本共産党と繋がりの深い中国共産党をスターリニズムの亜種とみなしていたことがある(日中共産党の決裂は一九六六年[123])。第四インター日本支部でも、第四インターの国際的指導者がほとんどソ連支持だったため、毛沢東主義はほぼ考慮されていない。

そうしたなか、太田のみがいち早く国際書記局内で中国を支持したラテンアメリカ・ビューロー指導者、ファン・ポサダス(一九一二〜一九八一)に注目した。もともと熱烈なパブロ支持者だったポサダスだが、一九五九年、第三次世界大戦切迫論から核戦争不可避論へと議論を進め、核戦争が不可避ならば、加入戦術ではなく植民地革命に直接献身し、労働者国家は帝国主義に先制核攻撃をして世界革命戦争を開始すべきである——そして核戦争の廃墟から立ち上がるものこそがプロレタリアートである——と主張した。ポサダスは言う。

彼ら（欧米のトロツキスト・引用者註）は、つねに植民地大衆の「後進性」を革命の巨大なハンディキャップとして誇大にとりあげる。彼らは保護者的なヨーロッパ中心的発想を発展させ、それによって彼らは世界革命の一切の希望をヨーロッパ革命に、ヨーロッパ革命のみに賭けることで終わるのである。(124)

ポサダスの叫びは、第三世界における代理戦争の切迫感と南北格差を反映して余りある。しかし、第四インター主流派にはそれを受け止める余地はなく、ラテンアメリカでは大いに支持されつつも、ポサダス派は六二年に国際書記局から分派する(125)。

少数派とはいえ、ポサダス主義はトロツキズムにおける第三世界論受容の先駆であった。太田は、核戦争と植民地を巡るこれらの議論を「今日の事態にもっとも深く切り込んだ、最前衛的な革命論争であ

(121) 太田前掲『辺境最深部に向って退却せよ！』、四九～五〇頁。
(122) リン・チュン『イギリスのニューレフト――カルチュラル・スタディーズの源流』渡辺雅男訳、彩流社、一九九九年。
(123) 六〇年安保ブントに随伴者した吉本隆明による津村・太田批判に見られるように（吉本隆明『「情況への発言」全集成1 1962～1975』洋泉社、二〇〇八年）、ブント主流は第三世界論やポストコロニアリズム批判に対して相対的に冷ややかだった。
(124) 湯浅前掲、三〇八頁。
(125) 本稿では紙幅の都合から詳述を避けるが、ポサダス派は後にＵＦＯとの連帯とそれによる人類の進化を主張したことでも知られている。その後、第四インターポサダス派は衰退するが、近年、サブカルチャーにおけるポサダスの終末論的核戦争観やＵＦＯ研究の再注目により、ネオ・ポサディズムと呼ばれる思潮が生まれてきている（A.M. Gittliz, *I Want to Believe: Posadism, UFOs, and Apocalypse Communism*, Pluto Press, 2020）。

った[126]」と評価し、この頃にパブロ主義からポサダス主義に移行しつつあった。六三年に国際書記局と国際委員会が統一して第四インター統一書記局を結成したことを背景に、日本でも同年に太田とトロ同少数派が再合流、六五年に革共同関西派と統一して太田は第四インター日本支部の全国的指導者（中央執行委員長）に返り咲くが[127]、その際、太田は党の第一方針として「国際的にはポサダス派を志向する」と提案したという（ただし「論理的にみても、現実性から考えても不可解」として却下される[128]）。つまり、六〇年安保闘争における太田の行動は「情熱」的行動だっただけでなく、新たに登場したポサダス派の立場を、先駆的かつ鋭敏に反映して行動しようとしていたと考えられるのである。

2　六〇年安保闘争から一九六八年闘争へ

周知のように、日本共産党は、安保条約によって日本は対米従属を深めるとして「民族解放・民主革命」を掲げてデモを組織し、「進歩派」の丸山真男は安保闘争を民主主義の理念の運動として捉えた。対してブントは世界革命・社会主義革命を目指したが、指導部は六〇年安保闘争を革命情勢ではなく前哨と位置付ける一方、現場判断で国会突入デモが行われたため、闘争後の総括で四分五裂した[129]。様々な相違はあるが、総じていえば、共産党・進歩派・ブントのいずれも日本一国の政治・経済過程として六〇年安保を見ていた。

対する太田は、革命情勢を世界情勢から、しかも経済や政治ではなくイデオロギー論的な戦争形態から判断しており、この時点で完全に経済決定論も国内政治状勢判断も放棄していた。むしろ日本一国で見れば経済発展と政治的安定が実現しているが、世界的に見れば「革命と反革命、プロレタリアとブルジョアの互いに対抗する二つの権力の闘争の時代」であり、「革命的情勢が存在する」と断言する。その根拠が、「帝国主義者が推し進めている核戦争の準備」である。かつては、資本主義衰滅の極点は経済恐慌であり、そこで革命が発生すると考えられたが、今や戦争がその位置に変わった。ゆえに、安保破棄と自衛隊解散を掲げた安保闘争とは、「プロレタリアートの生存と解放」のための緊急の任務、すなわち「帝国主義の武装解除」という革命的内容を孕んでいた。だが、社会党や共産党を始めとする「日和見主義者」は、「非武装中立」という「奴隷根性まるだしのスローガン」を掲げ、「合法的大衆行動」と「議会闘争」の路線に終始する。帝国主義打倒を目指す「人民の〔プロレタリアの〕武装」こそが「根源的かつ「主体」的なスローガンであり、そのために日和見主義を打倒し、対帝国主義の武装闘争準備という方向で統一行動を強めなければならない。しかし、ブントは「その理論と経験の未熟さゆえに」分解した。ゆえに安保闘争の失敗は、「武装ゲリラ闘争を開始する革命的前衛がなかったからである」と総括する。(130)

(126) 太田前掲『辺境最深部に向って退却せよ!』、五〇頁。
(127) 前掲『日本革命的共産主義者同盟小史』第四章。
(128) 前掲『日本革命的共産主義者同盟小史』第四章。条件は三つであり、他は「組織形態は非合法中央集権主義とする」「中央機関の構成は、双方、同数ずつとする」であったが、すべて却下されている。
(129) ブントの革命戦略は、姫岡玲治の国家独占資本主義論――安保改定により日本は帝国主義として再起するという主張――を採用したことによる。安保闘争後の分裂の諸相は以下の通り。ブント指導部を継承したプロレタリア通信派(プロ通派)や戦旗派は、革命情勢ではなかったと判断して党建設を重視する革共同全国委に合流していく。逆に革命の通達派(長崎浩ら東大本郷支部のグループ)はプロ通派に反対して、安保闘争を「一大階級決戦」と捉え、そうした分析を可能にする岩田宏の理論を摂取してマルクス主義戦線派を結成した。関西ブントもプロ通派の方針に反対するが、経済理論の確立というよりは、政治過程をなしうる党建設を主張した。以上、『全世界を獲得するために――共産主義者同盟文献集　第二』(戦後思想叢書編集委員会、一九六五年)から整理した。
(130) 太田竜「日本革命の根本問題」(一九六二年五月にパンフレットとして発行、前掲『日本革命の根本問題』所収)一五〜二九、三四頁。

太田は、そもそも社共両党が革命を後押しせず、日和見主義しか採用しない理由の根源には核兵器があると見ていた。ビキニ事件（第五福竜丸被曝事件、一九五四年）をきっかけに両党によって進められた原水爆禁止運動によって、広島長崎の死者の苦しみは「日本人民の心の底に沈殿」し、核兵器の「恐怖」を植え付けることになったと言う。[131] つまり、原水禁運動こそが平和共存論を支え、恐怖で人民と革命を抑圧し、核兵器を通じた支配の現実を隠蔽しているというわけである。しかし、太田にとって核兵器の「恐怖」は両義的である。そのように「死が普遍的にわれわれに押しつけられるがゆえにこそ、われわれ奴隷には一挙に反乱に立ち上がる条件が与えられていると考えられる」からである。このとき、「革命的前衛」の課題は、「恐怖」を「憤激と叛逆」に転化し、「奴隷のオリ」から「我々の仲間を解放し、搾取者たちから悪魔の火を取り上げてしまう」ことだと言う。[132] それは、戸坂が主張していた技術の特許権《パテント》の労働者人民への解放を、核兵器製造技術を含む軍事技術にまで適用したものだと言える。

「革命的前衛」の戦術について、安保闘争直後の総括ではこれ以上の言及はないが、六〇年代末の冊子にそれを窺わせるものがある。そこでは、社会党に期待をかけた「「加入戦術」なるものは、こうした官僚（＝「社共官僚」、引用者注）の対応策を左から補完しようとする「戦術」以外のなにものでもない」と自己批判したうえで、「直接行動を占拠へ、のスローガンを中心課題として断固として提出する前衛組織が必要である」と述べ、占拠から反乱、武装蜂起、革命戦争への展開を描いている。[133] 太田が六〇年安保闘争で「占拠」を扇動するビラをばらまいた戦術的動機がここに見える。太田においては、革命情勢とは判断されるものではなく、情勢が革命的でないなら「つくり出すことができる」と考えられているのである。[134]

実際、太田の革命情勢生産戦術は六〇年安保闘争後も繰り返されている。太田は第四インター日本支部に合流した後、「米中対決、第三次大戦の切迫、革命的反戦闘争の重要性」[135] を党員に訴え続け、一九六五年には「五・一八闘争」という陰謀めいた計画まで実行に移していく。これは平和的な大衆デモを米軍が駐留する立川基地内に導き、米軍の銃撃を誘って死傷者を出して反米革命闘争を発生させるというものであった。ただし、当日は基地内に雪崩込めたが、米軍は静観し、機動隊に排除されて終わっている。

確かに太田の戦術はリアリティに欠けている。党員が太田の壮大な戦略に魅了されながらも、現実的方針としては却下したのもやむをえない。ただ、太田が共鳴したポサダス派の叫びはそれでも無視できないものがある。革命運動のうちにさえ孕む、第三世界に対する先進国中心主義を告発したからだけではない。技術の進歩を掲げながら革命を志向した唯物論哲学において、「帝国主義」（先進資本主義諸国）が「平和共存」や「平和利用」として核技術を用いるとき、それに対する革命的抵抗とはいかなる事態かを示唆しているからである。その革命的抵抗が垣間見せるものこそが、現代のロハス的生活の全き他者なのである。

しかし結局、太田は通常の加入戦術で組織の維持拡大を目指す第四インター日本支部の主流と相容れ

---

(131) 太田前掲「日本革命の根本問題」、一四頁。佐藤卓己は、被爆国ナショナリズムの形成は、広島・長崎の直接的体験からではなく、ビキニ事件をきっかけに両党によって進められた原水爆禁止運動によって始まった（広島・長崎は遡及的に起源とされた）ことを論証している（佐藤卓己『増補　八月十五日の神話――終戦記念日のメディア学』ちくま学芸文庫、二〇一四年）。太田の日和見主義批判は、この知見と一致している。
(132) 太田前掲「日本革命の根本問題」、一四頁。
(133) 太田竜「学園占拠・叛乱の構造」（一九六九年三月執筆、前掲『日本革命の根本問題』所収）、一九九～二〇五頁。
(134) 太田竜「革命的情勢はつくり出すことができる」（一九六七年一〇月執筆、前掲『日本革命の根本問題』所収）、一七二頁。
(135) 前掲『三多摩社青同闘争史』第四章。

なくなり、新たに革共同ボリシェヴィキ・レーニン派（BL派）を結成して分裂する。BL派は加入戦術と手を切り、六七年に「武装蜂起準備委員会」に改称し、六〇年代末の学生叛乱に突入していくことになる。[136]

3　ポスト六八年と霊術

一九六七年、太田は初の単著『世界革命』を刊行し、独自な思想家《イデオローグ》としての決定的一歩を踏み出す。同書は、古代の複数の「帝国」＝「文明」による「辺境」＝「原始共産社会」の収奪の物語として始まる。資本主義は、一つの資本による一つの「世界帝国」を生み出し、その外部たる「辺境」もまた世界的な環となる。ロシア十月革命は、世界史上初めて帝国同士ではなく、帝国と辺境の「世界革命戦争」を開始した。「以後一瞬も地上にこの戦火が止んだことはない」。しかしソ連は「西側文明の土俵の上にのせられ」、「帝国主義の代弁者」たるスターリニスト官僚に支配された。世界革命戦争の戦線は第三世界に移り、拡大する帝国を包囲する。現代の「革命国家」の本質的任務は、植民地革命戦争の消耗戦に帝国を引きずり込み、その富・生産手段、出来合いの国境や経済構造を破壊することなのだという。[137]

ここにおいて太田は、一九六八年に先駆的に合流する。社会主義国家も「帝国」の支配下にあるとして近代主義批判を鮮明にし、ポストコロニアリズム批判やマイノリティ運動に掉さす第三世界革命論に達しているからである。さらに、この頃に太田は革共同BL派からも離れてノンセクト的に活動を始め、七〇年代はアナキズムやアイヌ革命論を主張する。『世界革命』やその後に続く太田の諸著作は当時の急進的な活動家によく読まれ[138]、東アジア反日武装戦線など、ポスト六八年の運動に重要な思想的影響を及ぼすことになる。

だが、こうした思想的展開自体が国際的トロツキズムの動向を反映していた可能性を、取り急ぎ指摘しておこう。パブロは一九五九年からアルジェリア解放戦争に個人的に深く関与、独立後に民族解放戦線のベン・ベラ政権（一九六三〜六五）のメンバーとなっており[139]、平和共存論支持ではあるが、ポサダスと同様、植民地革命を最重要課題としていた。このとき、ローザ・ルクセンブルク『資本蓄積論』を取り込み、第三世界を世界資本主義システムの下部構造ないし外部と見て植民地革命戦争を理論化していた（それはウォーラーステインらの世界システム論に先行する[140]）。そしてポサダスの核戦争待望論を「待機的[141]」と批判しつつ、植民地闘争を核戦争への抵抗と捉え、反戦運動を軸に革命的大衆との、「党」を媒介しない直接的結合＝長期加入戦術を主張する——パブロによればこれこそが「永久革命」なのである[142]。解党主義の極みともいうべき新パブロ主義は統一書記局では到底受け入れられず、パブロは孤立し、六

（136）同組織は法政大学に拠点を移し、学生組織「プロレタリア軍団」も結成、機関紙『世界革命』を発刊、二〇〇号まで続くこととなる。この頃、平行して、松田政男、山口健二らとレボルト社を設立しており、こちらも太田の展開において重要である。ただし、本稿では思想分析に焦点を絞り、六〇年代末の太田の活動については別稿に譲りたい。
（137）栗原登一『世界革命』三一書房、一九六七年、二〇、二〇九、二一六〜二二〇頁。
（138）太田によれば『世界革命』は二万部売れた（太田前掲『私的戦後左翼史』二〇七頁）。
（139）Robert J. Alexander, "Trotskyism in Algeria". *International Trotskyism, 1929-1985: a documented analysis of the movement*. Duke University Press, 1991, p. 34.
（140）アミンやフランクに始まる世界システム論の系譜は、一九六〇年代後半に始まる（植村邦彦『ローザの子供たち、あるいは資本主義の不可能性——世界システムの思想史』平凡社、二〇一六年、六二〜六五頁）。なお、太田とともに社会党への加入戦術をしていた湯浅赳男もまた太田の影響を受け、世界システム論の積極的導入者となっている。湯浅については、栗田前掲「フランス料理と自然食運動」を参照。
（141）湯浅前掲、三三二頁。
（142）湯浅前掲、三三〇頁。

五年頃には実質的に袂を分かっている。

『世界革命』のあとがきには「本書をミシエル《ママ》・パブロにささげることは、その内容が彼の理論体系と鋭く対決することになるにもかかわらず、無意味なことではない」と記されている[143]。同書はパブロの世界システム論を継承しつつ、潜在的にポサダス主義[144]を採用して平和共存論を打破し、近代文明／原始共産制の非和解的対立と読み替えることで成立している。一方、理論的孤立を深め、党と決別していくところは、新パブロ派的解党主義に後押しされていたかもしれない。太田への国際的トロツキズムの影響は、それほど大きい。

もちろん根底にあるのは、やはり田中の影響である。『世界革命』は、植民地解放戦争の担い手を「マルクスの唯物史観の主テーゼである生産力と生産関係の弁証法における生産力の主導性を、生産手段と労働力の関係における生産手段の主導性という社会民主主義的テーゼに歪曲することを拒否する」者と見る。「歪曲」しているのは、つまり田中の論敵たる労働手段体系説であろう。それは議論の枠組みから、生産手段を持たない植民地従属国の土地なき農民を放逐してしまう。そうではなく、「アジア、アフリカ、アメリカの共産主義思想は、マルクスがその思想形成の初期に略述した抽象的形態における共産主義の理想に立ち返りつつそれを具体的実践に移すことを課題とせざるをえない[145]」。ここには、主体的唯物論の実践論が、世界システム論的認識に接続されている。

もちろん、ここまで戸坂から田中を通じて論じてきたように、ここでの「生産力の主導性」を生産力主義と単純化はできない。太田は一九七〇年以降、辺境論から在韓被爆者問題やアイヌ問題に取り組み、すでに八〇年代以降に主題化するエコロジー問題に及んでいる。太田は数千年に及ぶ世界の階級闘争には「自然弁証法の問題」があるという。後期マルクスやエンゲルスも肯定した「支配階級の発達させた自然科学」による「生産力の発展・技術の発展」とは、「自然の分断」「細分化」であり、結果として「自然の完全なる破壊」を導く。つまり、自然弁証法＝自然科学の主導による社会発展＝史的唯物論を批判する。対して、「唯物史観と自然弁証法を結びつける媒介は、ぼくは芸術的な活動の領域だと思う」と述べる。[146] すでに田中とハイデガーの技術論の近さには触れたが、田中が労働に媒介を見たのに対して、太田はよりハイデガーに近づいている。だが、ハイデガーが芸術を現代技術とは異なる領域にあるように読める書き方をしているのに対して、太田はそれを全体的な（戸坂的な）世界観として提示する。その対抗的全体性を示すときの概念が「呪術」である。

例えば太田は、哲学者の市井三郎が、富士講の食行身禄について「呪術的思考をはげしく否定した」[147] と評価したところを厳しく批判し、そのような発想に「魔女狩り」＝「革命の敵」を見出し、そして逆に「呪術の世界に生きる人々こそ、生得の唯物史観と自然弁証法の統一としての弁証法的唯物論者である」と断言する（六八年を通じた「呪術」の再評価については本書所収の武田崇元「神々の乱舞」を参照）。太田によれば、「呪術の世界」は「原始共産制社会に生きる人々の思想」であり、そこでは「唯物史観と自然弁証法という二つの領域が、呪術者たちの世界において、すなわち労働過程において一つに結び付けられ

（143）栗原前掲『世界革命』、二四〇頁。
（144）太田がポサダス主義を理論的に維持していることは、後の『辺境最深部に向って退却せよ！』でも、核武装する帝国主義との世界革命戦争において革命側も「敵から奪取した核兵器を使用」し、「タブーをふみにじり、敵の核脅迫の呪縛を断ち切る」という点で、「ポサダスを継承しなければならない」と述べていることから窺える（五〇～五一頁）。
（145）栗原前掲『世界革命』、二三七頁。
（146）太田竜・菅沼正久「永久革命としての中国革命」『現代の眼』一二巻九号、一九七一年。
（147）市井三郎「民衆信仰と出版」『展望』一五七号、一九七二年。なお、身禄を「呪術」否定において評価する言説は、安丸良夫・ひろたまさき「「世直し」の論理の系譜（上）——丸山教を中心に」（『日本史研究』八五号、一九六六年）などに典型的に見られる。

ている」。これに対し、階級社会の登場によって、「支配階級による宗教、科学、技術、哲学、芸術などの思想の専門家官僚集団」が形成され、「被支配奴隷たちの信奉する呪術絶滅作戦」が開始された。六千年の階級闘争の歴史は、呪術的世界と搾取者の宗教／科学技術／芸術の闘争であり、革命の勝利とは「前者の大爆発と復権による後者の破壊」であるという。[148] ここで呪術と対比されているのは、専門分化された宗教・科学・芸術であり、逆に言えば呪術には全体性がある。この全体性が重要なのであり、ゆえに、太田の言う呪術は単に土着的なものだけではなく、その歴史化・制度化されたものとしてイスラーム・神道・仏教・道教など東洋宗教の一部につながり、ニューサイエンスとして普遍化されもする。[149]

太田が至ったのは、自覚的か否かは別として、結果として霊術的世界観の再生であった。つまり、一九四〇年代の交差を経た対「帝国主義」闘争の系譜の継承である――実際、太田は一九八〇年前後に昭和初期に登場した食の霊術家たる桜沢如一の思想と実践に革命性を見ることになる。霊術は、狭義の芸術や批評、あるいは現場の労働ではなく、直接行動を選択したときの、一つの必然的帰結なのかもしれない。もちろん直接行動には、太田自身も採用したように、デモからテロリズムや武装蜂起まで多様な戦術がある。だが、問題が資本主義社会の全体性に及ぶとき、一時的な直接行動だけではなく、持続的な戦線維持という課題が生じる。とりわけ、戸坂（や一九五〇年代までの田中）の時代とちがってソ連が世界観を保障しない場合はそうである。その際、身体レベル・生活レベルの技術の変革によって「辺境」＝「呪術」＝「原始共産社会」を現実化する必要が生じ、その第一の取り組みとして身体技法が立ち上がる。霊術の重視する自覚的な身体技法は、太田＝田中の視点を借りて言えば、「客観的法則の意識的適用」を自己の心身において実践するものであり、自己において自然弁証法（自然法則）と史的唯物論（社会法則）の相互浸透ないし合一を確証するものである。それこそが、労働力の商品化と世界の物象化として成立するもう一つの合一である資本主義社会に対して、いわば労働力の芸術化もしくは呪術化（労働力の非数量化）によって対抗するものなのである。

おわりに――技術・霊術・戦争

技術・霊術論を導きの糸にしながら、以上をまとめるならば、戸坂潤における技術とは、イデオロギー批判としてあったが、それはあくまでも「信念」としての自然弁証法とソ連に実現されたとされる技術的世界観を前提にした、唯物論の抵抗と闘争であった。戸坂は霊術＝「インチキ宗教」に対しては、自由主義批判・観念論批判の文脈でアイロニカルに評価しつつ一線を引いたが、一九四〇年の交差は生産力増強を実践的天皇主義＝霊術的世界観のもとで実現しようとし、唯物論陣営は、一方では帝国主義下の陣地戦論で、他方では帝国主義に対抗する半封建性の肯定的評価としてここに合流した。

田中吉六は戦後の主体性論の高まりのなかで武谷技術論を導入するが、科学の進歩を称揚した武谷三男とは逆に一九四〇年代の交差における半封建性＝反近代の肯定的評価を徹底して（潜在的に霊術的世界観を継承して）、技術の本質に遡及した主体的唯物論を主張した。それは田中の近傍にあった一九五〇年前後の革新的ナショナリズムを突破し、一九六八年闘争の脱自己同一化論に先駆的に至る。田中の議論はイデオロギー批判から知識人批判に至り、労働に没入することになるが、そうした脱自己同一化論と労働実践は、しかし、ソ連と共産党の存在によって対立的世界観が保障されることでイデオロギー的意義がありえた。

これに対して田中の主体的唯物論を革命運動にまで展開したのが太田であった。トロツキストとなった太田は、脱自己同一化論を本質論的（＝非実体論的）二項対立の革命論として展開し、資本主義＝帝国

(148) 太田竜『革命・情報・認識』現代書館、一九七四年、四三～四六頁。
(149) 太田竜『琉球弧独立と万類共存』新泉社、一九八三年、一八頁。

主義の拡大に応じて唯物論の戦線を維持しながら、不断に転戦していった。その過程で帝国主義のかなたに措定された「原始共産制」を現実化すべく、顕在的に霊術的世界観に至ったのである。

三者が一貫しているのは、対「帝国主義」（＝資本主義）の革命的抵抗を維持し続け、資本主義の問題を技術論的に考察したところである。三者における資本主義は、技術を巡って位相を転換している――資本主義の技術とは、戸坂においては不徹底な技術であり、田中においては技術の実体論的疎外をもたらす技術であり、太田においては自然と人間を奴隷化する技術であったが、対する唯物論が全体性を持つことは共通している。太田においては、科学技術が資本主義と結びつけられつつ、全面的に批判されており、ここにおいて反核や反原発の問題に至っている。

初めに述べたように、こうした問題意識は、六八年を経て前景化し、「新しい社会運動」として今に至っている。だが、そのなかで、国際的トロツキズム経由の核戦争論と第三世界論を踏まえたことが、太田に独自性を与えた。それは二点にまとめられる。

まず、グローバルな資本主義＝科学技術の外部として、生活と身体レベルの技術＝霊術から実践的な歴史的共同性を構築することを常に重視し続けたことである。その点では、太田はアナキズムを名乗ることはあったにせよ、運動をノンセクト的なシングルイシューの、あるいは自然発生的な大衆運動としてのみ捉えたことはなかったし、ブント系の一部の論者のように、アジテーターと大衆の弁証法によってユートピア的に現象する「叛乱[150]」と考えただけではなかった（もちろん、黒田の革共同＝革マル派のように革命と共産主義社会を未来に設定して党建設を第一とも考えなかった）。ノンセクトやブントが失ったのは、革命的対立の世界史的な歴史性である。革命運動は社会運動へと解消されたのでもなければ、無歴史的に〝今ここ〟に組織されるものではない。世界革命戦争は変わらず進行中なのであり、たとえ反原発運動であれ、占拠や叛乱であれ、それは世界史的な革命史のなかに位置付けられなければならない。それこそが太田がトロツキズムから継承した視点であった。次々と形象――〈資本主義／社会主義〉、〈帝国

／辺境〉、〈宗教／呪術〉、後に〈ユダヤ国際金融／日本原住民〉、〈レプティリアン／地球原住民〉[151]――を変えながら、常に二項対立的な世界革命／反革命史を叙述する。第三世界やアイヌさえ、その二項対立のなかでこそ意味を持った。太田は、自然弁証法＝歴史的必然を否定したのではなく、田中がそうであったように、むしろ技術＝社会実践の変遷（＝史的唯物論）によって、自然弁証法の実体は更新されると考えていたのである。このような史的唯物論と自然弁証法の相互的結合は「芸術《フィクション》」――奴隷が抵抗するときに敵をだますウソの技術[152]――とも呼ばれるが、それで終わるのではなく、そのような〝偽史〟的自覚を持ちながらも、生活レベルでの対立的実践の継続によって現実化し、現代技術に歴史的に対峙する。こうした歴史性の現実化という問題意識が、ノンセクトから大衆へと解党したブント－ノンセクトの流れとは異なる。

次に重要なのが、反戦ヒューマニズムとの距離である。すでに戸坂の唯物論においてヒューマニズム批判が展開され、それは田中の主体的唯物論のニヒリズムとして、トロツキズムにおいては理想主義の裏面にあるリアリズムとして、太田に流れ込んでいた。トロツキズム内の核戦争論は、平和共存や平和利用こそが帝国主義＝先進資本主義の繁栄の礎であることを暴露した。それゆえ太田は、ある種の反原発運動に対しても、「原子力発電には反対しながら、原発、あるいは核兵器を前提としてくみたてられ

（150）長崎浩『叛乱論』合同出版、一九六九年、三八～五〇頁。
（151）栗田前掲「マルクス主義的陰謀論の諸相」、二一二～二一五頁。
（152）太田は芸術にフィクションとルビを振り、「それはウソの話をつくること」「敵をより上手にだますための技術」「奴隷が権力者に抵抗するときに、ときとして見せねばならぬ「スキ」の技術」と規定し、歌舞伎作者たちは史実を素材としながら歪曲し、「民衆の権力者に対する復讐とテロル、殺人を、白昼堂々、煽動した」と高く評価し、一方で史実に忠実なモダニストを「革命性、反権力性を、ことごとく抹殺し去る」と批判した（太田前掲『革命・情報・認識』、五一～五五頁）。

ている自分の生活体系、生活感覚そのものには自己批判の眼を向けようとしていない」として、「無力な自己満足」と痛烈に批判する。[153] それを乗り越えるべく、太田は原住民、ニューサイエンス、そして諸宗教の、資本主義＝現代技術に対する生活レベルからの抵抗を評価する。だが、それだけではない。革命過程においては円環運動論的に核兵器の使用さえも肯定するのである。

原子力エネルギーとは結局なにものなのか、と言えば、それは地球の原始時代のエネルギーであるにすぎない。それを全面的に爆発させれば、地球の表面の状況は、必然的に原始時代に向かって数百万年か、数千万年か、数億年か、核爆弾の使用程度に応じて退化するであろう。[154]

もちろんこれは原子力批判の文脈で論じられているのだが、ポサダス主義を踏まえれば、あるいはこれを「芸術《フィクション》」だとするならば、それは一概に批判の文脈だけでは読めない。つまり、原子力が原始共産制をもたらす可能性である。太田は間違いなく反原発運動・反核運動の主張者であった。現代科学技術は人類を破滅に導く破壊力の科学であり、核兵器についてはその帰結として否定的である。だが、その究極の破壊力は同時に原始共産制を生むかもしれない。太田の記述からは、こうした核兵器への両義性がしばしば見て取れる。[155] つまり太田は、技術的世界観と霊術的世界観の強固な二項対立を維持しつつも、科学技術の霊術性と霊術の科学技術性という交差を直視、かつ肯定さえしているのである。このような反核としての核の肯定こそが、ロハス的生活やサブカルチャーの枠内の反原発運動の外部にあるものであることは確かである。もちろん、それが言説で終われば、サブカルチャーではないにせよ、アングラカルチャーとして、やはり新自由主義＝資本主義の商品と流通するだけかもしれない。だが、一九四〇年代の交差と霊術の繋がりは、その時に生じた「戦争」との関係において、カルチャーを超えた次元を開き続けているのである。

(153) 太田前掲『琉球弧独立と万類共存』、一九頁。
(154) 太田前掲『琉球弧独立と万類共存』、一四頁。
(155) 栗田前掲「マルクス主義的陰謀論の諸相」、二一六~二一七頁。

第Ⅲ部　一九六八年の宗教——キリスト教から考える

第七章　東大闘争における無教会運動の活動とその背景

エイヴリ・モロー

はじめに

一九六七年七月三日。他の多くの学生と同じように、東京大学の三年生・北原和夫は日本社会の方向性に不安を感じていた。非公開資料『同志会日誌』には、次のような文章が見られる。「ここに第二のヒットラーが誕生する可能性が高まっている。世の良識はどこに埋もれているのか。現代人は今日平和に生きているから、明日も平和に生きて行けると決め込んでいる。」

北原は学生以外の人々にも訴えかけていた。東大本郷キャンパス近くのキリスト教系男子寮「同志会」で毎週行われている「金曜会」において、そのＯＢたちにも語っていたのである。このＯＢたちは、自分たちはキリスト者である、ゆえに日本社会一般とは違った倫理に基づいているとはっきり述べていた。

その日から一年も経たないうちに、東大全共闘は無期限ストライキを宣言し、キャンパスにバリケードを立てた。その後の東大闘争において、北原らキリスト教系学生たちは活発に討論し、毎日バリケード越しに向こう側にいる学生たちと議論した。バリケードと大衆団交を行った全共闘に疑問がないわけではなかったが、保守やリベラルのクラス連合にはほとんど関わらなかった。キリスト教系の学生組織ができた時、その目的は闘争を止める「封鎖反対」ではなくセクト間の調停であり、その標識は「流血回避・非暴力連帯」（以下、非暴力連帯と略す）であった。

東大周辺のクリスチャン・ネットワークは、北原のような学生にとって、自分の声を伝え、また様々な世代の意見を聞く機会となった。それは日本で独自に発展し、東大に影響力を持った無教会運動を基盤としたネットワークであった。学生寮同志会は、特定の教会と関係を持ってはいなかったが、戦前から無教会運動に関係した自治寮である。内村鑑三（一八六一～一九三〇）が創始した無教会運動は教会の外での自由な宗教思想を促進してきたが、東大闘争の時、このネットワークは非暴力連帯のきっかけとなったのである。

過去の研究では、無教会派キリスト者は「左派学生の活動を平和運動と名乗る権力闘争に過ぎないと見ていた」としているが（Caldarola, *Christianity, The Japanese Way*, p. 178）、これは学生運動への無教会派東大生の共感を軽視しており、より詳細に検討されるべきだと思われる。全共闘の学生は相手の話を聞かないと批判するキリスト者がいた一方で、キリスト者こそがバリケードの中の討論を改善する義務があると信じた学生もいた。後者は闘争の当事者となり、無教会主義の教授とともに東大闘争の運命を変えたのである。

本稿では、非暴力連帯の分析を通じて無教会キリスト教の学生と教授の思索のプロセスを明らかにする。全共闘によるバリケード封鎖が激しくなっていくなかで、無教会キリスト教の教師と学生は「暴力」の意味を深く考え、キリスト教倫理に立脚して全共闘を批判していった。結論では、闘争後の悲劇を描いて考察を加えたい。

一　無教会における非暴力主義の源流

内村鑑三の独自の非戦論には、非暴力主義のきざしが見られる。内村は日清戦争の後に非戦論者となり、明治の日刊新聞『萬朝報』でこの主張を行った。内村は徴兵制を前提として、「もし世に「戦争美」なるものがあるとすれば、それは、生命の価値を知らざる戦争好きの猛者の死ではなくして、生命の貴さと平和の楽しさとを十分に知りつくせる平和主義者の死である」とし、そういう意味で「神に感謝して、死に就かんとする……非戦論者が最も善き戦士を作る」と述べる（「非戦主義者の戦死」一九〇四年）。つまり、内村によれば、声を上げて戦争に反対するべきだが、やむをえず暴力に直面させられる時は「神に感謝して」打たれる方がよいのである。

内村を継承した無教会第二世代の中には、この視点を絶対化して極端に推し進める者がいた。伝道者の政池仁《まさいけ》（一九〇〇〜一九八五）は、「絶対無抵抗主義」を旗じるしに掲げ、一九四七年の計画された（がマッカーサーの命令で中止になった）二・一ゼネストを前に「イエスの無抵抗主義は明確にストライク（＝ストライキ）を否定する。ストライクは戦争の一種である」（『内村鑑三を継承した人々』上、二四三頁、丸括弧内引用者注）という批判を提出した。政池は内村の独特な非戦論を根拠にして、どのような「抵抗」に対してさえも反対すべきだと言い、キリスト者の政治離れを促したのである。

同じく無教会第二世代の東大教授、矢内原忠雄（一八九三〜一九六一）は戦前に軍国主義反対の学生運動を支持したが、一九五〇年には教養学部長として、大多数の学生が賛成したレッド・パージ反対闘争を非難し、対話を拒否して警官隊の出動を要請し、その学内導入の手引きまでおこなった。これに対しては「大学が国民に対して持っている義務があり、責任である」ると説明している。翌年に矢内原は東大総長に選出され、その後、学内ストライキの決議を代議員大会で提出した学生、それを議題として受理した議長、ストを実行した自治会委員長を必ず退学処分させる「矢内原三原則」という厳しい規則を遵守していく（『内村鑑三の末裔たち』一七〇～一七二頁）。

　政池も矢内原も占領下で国家の動揺を感じたようだが、無教会主義の東大教授の中では社会科学を理解する重要性を認識した人もいた。赤江達也が示すように、一九四七年に東大ＹＭＣＡで「キリスト教社会科学研究会」が発足し、マックス・ヴェーバーや民主派神学者のラインホルド・ニーバーが読まれた（『紙上の教会』二七八頁）。この研究会を始めた無教会主義の社会学者、大塚久雄（一九〇七～一九九六）は、安保闘争を背景として、『東京独立新聞』一九六〇年六月号で「暴力より悪いもの」という記事を投稿し、「三百代言的ないいくるめとか、言葉のあやでのごまかしなど」の話し合いを決裂させる不正な手段は暴力より悪い場合があると批判した。内村の「二つのＪ」――イエスと日本――を引きながら、キリスト者は孤立して生きるものではないから同胞と連帯して偽善的な政治家と戦うべきだ、と大塚は主張する。

　「二つのＪ」は、もともと内村が国家主義と国際主義のはざまを歩むために提唱したスローガンである。だが、大塚は自国への義務を民主主義と関係付けて「二つのＪ」を再定義し、若者に新しい主体性を与えようとした。師弟関係が強い無教会運動で、こうした変化は深い意義を持つ。大塚は学生との緊密な関係を通じて、若い世代にとって当局への抵抗の重要性を理解するようになっていた。

　今井館聖書講堂における矢内原の聖書集会に参加し、無教会第三世代として知られる法学者の藤田若雄（一九一二～一九七七）も、一九六八年春、学生運動の拡大を背景に抵抗の戦術を考えるようになった。彼は、自分の雑誌で「平和を作るもの」を問うた。

> 　心の底からの平和主義で戦前戦時中を通じてこられた優れた人々のいることを知っているのであるが、それらの人々の戦いが自成《ママ》的に今日の平和体制をもたらしたものではない。右翼天皇制が左翼天

皇制に裏返されたのと同質の問題があるのではないか。

ガンジーがインド的な無抵抗非暴力主義をキリスト教的なものによって積極的性格に改質したというが内容はどういうことか。キング牧師がアメリカプロテスタントの限界を超えたというがその内的な事情はどういうことか。私にとっては、その内側の変革そのものに関心がある。(『東京通信』昭和四三年五月一五日)

東大教養学部のある駒場キャンパスでは、同じく矢内原集会の参加者で無教会第三世代の西村秀夫(一九一八～二〇〇五)が学生の進路指導をしていた。一九六七年、西村は藤田とともに東大でキリスト教社会思想研究会を発足した。つまり、東大闘争の直前、無教会主義の影響を受け、矢内原を尊敬しながらも学生の関心に引き寄せられた数名の若い教授がいたのである。

二 「流血回避・非暴力連帯」の創立までの経緯

六〇年代、東大周辺のクリスチャン・ネットワークは広かった。矢内原集会は矢内原の死後から柏蔭舎聖書研究会として続いていた。柏蔭舎とは駒場キャンパスの西部にある茶室である。そこで西村秀夫・鈴木皇・杉山好といった無教会派の東大教授が、座布団の上に座って十数人の男女学生に聖書を説いていた。西村の自宅で行われた日曜聖書集会にも、学生は参加していた。本郷キャンパスの近くには、同志会と東大ＹＭＣＡと呼ばれる二つのキリスト教系男子寮があった。

一九六八年の東大無期限ストは、全学生に深い影響を及ぼした。キリスト者の学生は学生同士の交流によって闘争の原因を理解し、問題を解決していかなければならないと感じていた。その年の秋には本郷キャンパス内の闘争は激しくなっており、近くにあったキリスト教男子寮の寮生は、キャンパス内で急進派の学生と何時間も何日も対話を続けることがあった。筆者が聞き取りをした同志会のOBによると、一日中キャンパスで議論を行い、夕方に寮に帰って金曜会に参加し、その後キャンパスに戻り、夜まで議論が続く日もあったようである。

一一月までに全共闘は、東京大学の二つのキャンパスのほとんどの建物を占拠した。日本共産党の日本民主青年同盟（民青）は全共闘に反対し続け、両陣営は時々ヘルメットをかぶって互いに衝突した。全共闘は、自分たちの活動が台無しにされる可能性を感じ、民青への憎しみは日々高まっていた。駒場キャンパスの隅の柏蔭舎では、西村らによる聖書集会が静かに続いていた。

一一月一二日の夕暮れ、本郷キャンパスで大規模な衝突が発生した。バリケード封鎖阻止に集まった数百人の学生・院生・職員に対し、「ヘルメットをかぶった学生約六〇〇人が」図書館の前に「硫酸や消化液をまき、ビンや石をなげつけながら二メートル余の棍棒で武装しておそいかかってきた」。衝突に加わった者は約二〇〇〇人に及び、被害は重傷者五人、軽傷者六〇人ほどになった（『東大変革への闘い』二四二～二四三頁）。藤田若雄はこの事件を目撃し、帰宅後に「教官の責任」について深く考えたという。そして、「T助教授」と「W助教授」と相談し、政治学者の石田雄（一九二三～二〇二一）に連絡することにした（藤田「十一月二十二日日記」）。石田はキリスト者ではないが、ガンディーとトーマス・マートンが唱えた非暴力主義の思想の影響を受けた、進歩的なリベラル派の東大教授である（「東大の片すみで」一五〇～一五一頁）。また石田は、藤田若雄と東大社会科学研究所（社研）の同僚であった。社研は南原繁が創設に関わり、矢内原が初代所長を務めた研究所であり、無教会と関わりが深い。

一四日の駒場キャンパスで全共闘は一部のバリケード封鎖を試みたが、他の学生が止めに入った。西村は、全共闘と民青の間に身を寄せている「サンドイッチのハムのような」クラス連合のピケラインを観察している。クラス連合は武装していなかったが、ゲバ棒を持っている東大の外からの応援部隊――いわゆる外人部隊――の攻撃を阻止することに成功した。ただし、二〇人ほどの学生が負傷している。

封鎖については賛成でも反対でもない西村は、衝突を目撃しながら個人的な責任を感じていた(『教育をたずねて』一四三〜一四六頁)。

無教会第三世代の原島圭二(一九二八〜二〇一二)は内村鑑三の講義の編集に関わった人物だが、当時は本郷キャンパスの東大農学部で働いていた。原島は全共闘の問題提起に共感して「理念」として「内なる東京大学の否定」を認めたが、卒業し職業に就くことは「神の前にトータルに義しいことだ」と考え、「ゲバルト闘争よりも、地味な学習活動の方を重要視する」ようになっていた(原島「一クリスト者として」『展望』一九六九年四月号)。一五日に藤田は原島と会い、矢内原集会の元参加者を連絡網として利用したが、「生命に危険のある行動であるから慎重に自発性を重んずべし」としたところ、数人のみが反応した、と藤田はいう。そうして、藤田、原島、西村、石田、そして農学部の高井康雄が非暴力連帯の創立者となった。高井は東大YMCA卒寮生で後にその理事長となるが、当時は近くの西片町教会に通っていた。「T助教授」と「W助教授」は参加しなかったようで、本名は不明である(藤田「十一月二十二日日記」、藤森『大学とキリスト教運動と私』一四五頁)。二〇日には、石田とキリスト者らは非暴力連帯の創立を発表し、さらなる暴力を防ぐための調停を求める七〇〇〇枚以上のビラを両キャンパスに配布した(「東大の片すみで」二三九頁)。

「流血回避の一点における非暴力の連帯を」と題するビラは石田が執筆したもので、非キリスト教の学生を説得して、二二日に全共闘が予定していた襲撃を防止するための準備会に誘うことを目的としていた。その主張は、次のようにキリスト教の影響を示している。

流血回避だけをまずとり上げよう。理由は簡単である。間違いはなおすことができるが、失われた生命はとりかえすことができないからである。建物の破壊は補修することによってつぐなうことができる。何によって生命のつぐないをすることができるのか。議論をするためには人間が生きていることが必要である。この最低限の前提を確保するという自明の課題から出発しよう。(『教育をたずねて』一五一頁、「東大の片すみで」二三九頁)

内村鑑三がいう「生命の貴さ」を踏まえた「生命のつぐない」という言い回しは、個人の生命を軽視しうる自己否定の論理を拒否しているのである。

二一日の夜に準備会は行われ、多くのリベラル学生と保守派学生が出席した。非暴力連帯として団結するために、八つのグループが二二日に「封鎖反対」や「外人部隊帰れ」などの独自のスローガンをやめ、代わりに共に「流血回避」の単一のスローガンを終日まで維持することに合意した(「東大の片すみで」二四二頁、『教育をたずねて』一五三頁)。

二二日の午後、予定通りさまざまなセクトと全共闘がゲバ棒を持って安田講堂前に集結し、全学バリケード封鎖の強行に向けて「東大・日大闘争勝利全国学生総決起大会」を開催した。対立している民青の学生たちも総力を結集し、反撃する準備を整えていた。非暴力連帯の約二〇〇〇~三〇〇〇人の学生と教師は、武装せず、ヘルメットを被らず、「流血回避」と「非暴力連帯」が入った白い腕章を身に着けて地面に座り込んだ(「東大の片すみで」二四一~二頁)。途中から、著名な国文学者の中西進――後に「令和」の元号の考案者として知られることになる――も最前列に座り込み、身体が不自由な大塚久雄が二二時半に自動車に乗り構内に入った(「十一月二十二日日記」)。全共闘と民青の大対決となる予定だった日は、ほぼ怪我がなく過ぎた。夕暮れに、あるデモ隊はゲバ棒を地面に置き、撤収する非暴力連帯に安全な通路を提供した(『教育をたずねて』一五四頁)。

三　「非暴力連帯」への反応

非暴力連帯の成功は、さまざまな方面からの反応を引き起こした。これらの反応はいずれもキリスト教に直接言及はしていないが、整理してみると、非暴力主義の帰結が見えてくる。

二二日昼、すでに全共闘は「ブルジョア・ヒューマニズム」として批判するパンフレットを発行していた。石田のガンディー的倫理に応えて、「ガンジーの背後は数千まんの農民がひかえており、彼を死なせるということは直ちに農民の暴動発生を意味したのであって、かかる状況の中で彼がハンストをやるのは〝死んで見せるぞ〟という、まさに権力にとっては戦慄すべき恫喝だったのだ。これは〝非暴力〟などではなくて抑圧の暴力に抵抗する暴力なのだ」と主張した（『砦の上にわれらの世界を』三五一頁）。二六日発行の全共闘系『スト実ニュース』は、非暴力連帯は「体制打破のエネルギーを敵とみなす」と批判した（『砦の上にわれらの世界を』三五四頁）。この批判は、個々の学生の理性ではなく集団的な「エネルギー」を闘いの主体としているようであり、妙にアニミズム的である。どちらの反応も、生命を尊重するという非暴力連帯の基本的な「前提条件」には応答してはいなかった。

大手新聞社は、「良心派」「一般学生」が暴力を防ぐ可能性を示したとして非暴力連帯を持ち上げた（小熊英二『1968』上、新曜社、二〇〇九年、八六八頁）。このリベラルなバイアスは、全共闘を非合理的な過激派として描いてしまい、人間の生命の価値についての非暴力連帯の宣言に関わる議論を回避するものであった。保守系雑誌『経済往来』は人間ドラマに焦点を当てた。

むなしい抵抗にも見えた。数が少ない。ヘルメットもない。入れ代わり立ち代わり押し寄せる反代々木系の学生たち。角材が、鉄パイプが迫る。一瞬とまどい。ひるむ学生たち。だが、その先頭には教養学部、工学部などの教官たちが仁王立ち。「ヘルメットを捨てろ」「ゲバ棒を捨てろ」。そして「帰れ、帰れ」の連呼。（中略）そのままUターン。「勝った、勝った。」一人の学生が、声をふるわせながら訴えた。「ぼくたちの非暴力が、暴力に勝ったんだ。ぼくたちでも、一つにまとまれば、暴力より強いんだ。流血を回避させることができるんです」。（「留年賭ける赤門の戦い」『経済往来』二一巻一号、一九六九年一月、二九〇〜二九一頁）

しかし、非暴力のレトリックの戦略的有効性を見抜いた全共闘学生もいた。あるノンセクトの学生は、民青からバリケードを守る支援が得られることを期待して、二一日の準備会に出席した。だが、そこで聞いたことにショックを受けた。「非暴力連帯のスローガンをクラ連や有志連合が盗んだ。そして「封鎖反対」と結びつけた、何ということだ。もうこの運動もこれでオシマイだ。――助手共闘からゲバルキーとからかわれる。チクショウ、だけど仕方がない、ののしられておくだけだ。――この頃からなんとなく全共闘との距離がせまくなって、仕事が手につかなくなる」（『東大全共闘』一七二頁）。

「非暴力のスローガンが盗まれた」という反応には見逃してはならない変化がある。この学生は、全共闘が非暴力主義を自分たちで採用することで、一般市民の支持を得ることができるのではないかと思ったらしい。実際には、全共闘は武力攻撃を組織する決定を行い、すでに非暴力主義を拒否していた。西村らの準備会が非暴力の概念を現実化しようとしているのを見て、この学生は初めて非暴力戦術の不十分さ、もしくはその政治的意味合いに気付いたのである。つまり、「流血回避・非暴力連帯」の結成は、全共闘がガンディーとキング牧師のグローバル・スタンダードから逸脱したと強調することにより、全共闘と一般市民との間の矛盾を加速させたと言えるかもしれない。

当日の成功は、無教会派教授と石田の正しさを立証した。右に示したように、彼らの手本はガンディーとキング牧師であり、望んだ目標を達成したと言える。しかし、先述の矛盾はさらに加速していった。

暴力に対する「一般市民」の反対を呼び起こすことで、全共闘が議論によって解決できない危険な過激派であり、自分たちとは無関係な存在だと「一般市民」に思わせることになり、結果として機動隊の暴力的な導入は不可避だとされていったのである。後述するように、東大のキリスト者にとって、これは非常に苦しい帰結であった。

四　東大闘争の燃え尽きとクリスチャン・ネットワーク

「造反教官」として知られる社会学者の折原浩の回想では、非暴力連帯はその後「たびたび」東大闘争に介入した（『東大闘争総括』未来社、二〇一八年、二〇四頁）。しかし、北原和夫によると数千人の集まりが一一月二二日にあっただけで、その後、非暴力連帯は主に無教会派学生と教授の、非組織的な小グループに縮小したそうである。

一二月一三日、全共闘は駒場キャンパスでストの終結を交渉しようとする民青とノンポリ学生の集会を妨害した。西村と非暴力連帯は両陣営の間に立っていたが、北原の回想ではその人数は非常に少なかったらしい。連帯に参加したのは約二〇〜三〇人の学生と教授であり、ほとんどがキリスト者だったそうである。この時、全共闘はすでにセクト指導者に主に指導されるようになっていた。全共闘学生のほとんどは武装しておらず、西村は立ち上がって話し合うように懇願したが、今回はセクトがゲバ棒を持って非暴力連帯のラインを突破し、民青がゲバ棒で反撃したため、衝突を止めることができなかった（「教育をたずねて」一六九頁）。

これが非暴力連帯の終わりであった。年末になると、セクト間でも連日のようにもみ合いがあった。非暴力的な解決を目指すキリスト者にとっては、緊張の時だった。クリスマスの一二月二五日、『同志会日誌』で北原は、次のような見解を残している。

東大闘争の解決の道として残されたのは、λόγος（ロゴス＝言語を指す。引用者）の力を信ずる人々が、全共闘の大学側及び学生に突きつけた提起を受け継いで、λόγος の戦いへと変えて行くことである。現時点に於いて全共闘の暴力批判として、彼らに武装解除を要求することのみに走ることは、彼らに東大から出て行けというに等しく、学生連帯を困難にするものである。（中略）私自身この闘争で痛切に感じたことは、敏速性の問題です。何か不満、反感がある場合それを速く鋭く λόγος 化する必要がある。λόγος 化してないと他からの λόγος でその不満が規定され、ずるずるとその論理にまかれてしまう。

北原によると、西村秀夫は機動隊の導入に落胆し、矢内原集会の伝統を継承した柏蔭舎聖書研究会を中止した。一九六九年から駒場キャンパスで「自主講座」を行い、在留資格に問題が生じた留学生や、脳性麻痺の人の話を聞く集会を開催して、一般学生に人権問題を紹介するようになった。しかし、学生運動に参加した息子が自殺した後は、西村は東大を辞めて北海道に転居している。

藤田若雄は機動隊の導入を知り、「東京大学は精神的に死滅した」と言った。一九六九年一月より内臓疾患で何度か入院したが、回復後は全共闘が提起した問題を考え、他の伝道者と一緒に無教会の戦争責任研究会を設立した。

結び――近代的な、あまりにも近代的な

一九六八年、東京大学には、学生の公式の代表がなかった。学生の声が確実に大学に届けられるようにするメカニズムもなかった。対照的に、同志会は毎週の金曜会を通じて、ＯＢが学生の声を聞き、お互いに話し合うことができた。同志会の学生とキリスト者の教員は、非暴力的な対話についての確信を

キャンパスに持ち込み、激しい闘争のさなかに学生の主体性を認める改革を続けていく可能性を示した。ここでキリスト者が示した意志には、ドイツのリベラルな社会科学者ハーバーマスの理論との類似が見られる。ハーバーマスの言葉で言えば、キリスト者は東大闘争を「正統化の問題」だと認識し、「コミュニケーション的行為」（λόγος）に通じて解決しようとしたのである。

しかし、同志会がデジタル化した『同志会日誌』を見て、筆者は不思議なことに気がついた。『同志会日誌』は、年別にひとつのワードファイルとして保存されている。そこには学生たちが瞑想、祈り、思索について書き記しており、一九五〇年代から一九六八年に向かうにつれてファイルは次第に大きくなっている。一九六八年には、ファイルサイズは数メガバイトにも及んでいた。一九六八年のワードファイルをスクロールすると、学生たちはキリスト、マルクス、社会科学、哲学に関する文章を毎日執筆し、一日分の日記の内容も多岐に及んでいるのを見ることができる。一九六八年以後、ファイルサイズは著しく減少し、最終的に『同志会日誌』は中断する。筆者が同志会の屋根裏部屋に保管された一九九〇年代の『同志会日誌』原本を調べると、学生たちはそのページに漫画風のイラストを描いていた。

当時の無教会系の学生寮ではそれほどまでに真剣にコミュニケーションによる問題解決に取り組んだにもかかわらず、不思議なことに、寮生たちを東大闘争へと結集させたコミュニケーション的行為そのものに対する信頼を皆が失っていったのである。一九六八年以降、「一般市民」は学生反乱との連帯という方針を徐々に放棄していったと言われている。暴力的抵抗が促されるというより、むしろ日本は学生動乱に疲弊していき、より秩序立った、国民全体の利益を代表するような政治を求めるようになった。結果、アメリカの「自由民主主義《リベラル・デモクラシー》」陣営に歩調を合わせていくことになる。しかし、一九六八年は、自由民主主義国家について何を教えるのだろうか。自由民主主義は「西洋的」概念とみなされうるが、しかしキリスト教的な信仰とはどのように作用しあっているのだろうか。

東大の「流血回避・非暴力連帯」は、内村鑑三が無教会に吹き込んだ「生命の貴さ」の信念のために命を懸けた。しかし、非暴力連帯は、生命の貴さを理由とした全共闘との真っ向からの対峙によっては、命を救い、大学に平穏を取り戻すことはできなかった。代わりに、全共闘をテロリストとして描いたマスコミの語りを助長するのみだった。ゆえに、機動隊の暴力が全共闘に行使されたとき、大衆は必要なものとしてこれを受け止め、その後に続いた過激派学生の負傷や死亡に対する政治的責任は軽減されていったのである。

筆者の調査では、東大のキリスト教徒はこの問題について確かに認めていた。また、柏蔭舎聖書研究会の中止や『同志会日誌』の衰退が示しているのは、「非暴力的連帯」の失敗が自分たちの知的伝統に内在する深い問題を反映していることを、彼ら自身が認めていたということである。ひょっとすると「二つのJ」は初めから失敗であり、イエスの永遠の要求を日本の近代構造に従属させるものだったのではないだろうか。東大のキリスト教徒は、正義のための非暴力的闘争においてガンディーやキングの非暴力主義と結びついたが、全共闘が理解していたように、これらの非暴力主義は一つの全体的ヘゲモニーに吸収されてしまうために、自由民主主義国家の構造変化を引きこすことはできなかったのである。

では、全共闘は非暴力連帯のもたらす危険性を、どのように考えたのだろうか。全共闘が議論を重視していたことは、学生たちが無期限ストの妥当性について延々と討議を繰り広げたことからも分かる。だが、議論によって行動の自由に制限をかけた結果、非暴力連帯は「体制打破のエネルギーを敵とみなす」であろうということを、全共闘は懸念していたのであった。すでに数十名の学生が負傷する暴力事件が発生する中で、これは非暴力連帯と同じレベルで真剣な態度である。大きな物事を成し遂げるために緊急を要する場合に、注意深いコミュニケーションではこうした敏速な行動の機会を奪ってしまう――ハーバーマスのようにリベラルな哲学者は、この懸念が理解できない。けれども、人生は短く、善行の機会は限られているという認識こそが、伝統的に宗教活動の原動力だったのである。

全共闘が示したエネルギーは、善、集団行動、宗教について我々自身が考えるべきことを教えている。

我々が望むことが、革命ではなく、なんらかの伝統や価値の保守であったとしても、「二つのJ」のように近代国家に従属して、これらの価値の防衛を放棄することはできないはずである。我々が自由民主主義のヘゲモニーの外部で根拠地を固めることができるならば、そこで真のエネルギーは成長するのである。

参考文献

・一次資料

「留年賭ける赤門の戦い」『経済往来』二一巻一号（一九六九年一月）

藤田若雄「平和を作るもの」『東京通信』昭和四三年五月号『藤田若雄キリスト教社会思想著作集二』復刻

藤田若雄「十一月二十二日日記」『東京通信』昭和四三年一二月号『藤田若雄キリスト教社会思想著作集二』復刻

東京大学全学大学院生協議会東大闘争記録刊行委員会編『東大変革への闘い』労働旬報社、一九六九年

東大全学助手共闘会議編『東大全共闘――われわれにとって東大闘争とは何か』三一書房、一九六九年

東大全学共闘会議編『砦の上にわれらの世界を』亜紀書房、一九六九年

石田雄「東大の片すみで――流血回避のための非暴力連帯」『世界』二七八号（六九年一月）

西村秀夫『教育をたずねて――東大闘争のなかで』筑摩書房、一九七〇年

藤森元『大学とキリスト教運動と私――世俗なる聖なる生』日本ＹＭＣＡ同盟、一九八三年

非公開寮内資料『同志会日誌』

・二次資料

稲垣真美『内村鑑三の末裔たち』朝日新聞社、一九七六年

藤田若雄『内村鑑三を継承した人々』木鐸社、一九七七年

Carlo Caldarola, *Christianity: The Japanese Way*. Leiden: E. J. Brill, 1979.

ハーバーマス『コミュニケイション的行為の理論』上中下、河上倫逸ほか訳、未来社、一九八五〜七年
赤江達也『「紙上の教会」と日本近代』岩波書店、二〇一三年

付記 本章の草稿を注意深く読み、その後の加筆修正のために有益な助言をくださった編者の栗田英彦氏に感謝を申し上げます。

第八章　観念と現実のはざま
――田川建三における大学闘争と宗教批判

村山　由美

はじめに――聖書学者＝思想家としての田川建三

本稿では、一九六〇年代末から七〇年代前半にかけての全共闘運動のなかで、「キリスト教と権力」の問題がどのように論じられたのかについて、新約聖書学者、田川建三の思想と行動を通して考察する。

従来日本において、「キリスト教と権力」というテーマは、戦前の帝国主義・天皇制に具現化される国家権力との関わりで論じられることが多かった。そこでは「教会」が行為の主体としてとらえられ、国家権力に迎合したか、あるいは抵抗をみせたかが論点とされてきた。そして、戦後のＧＨＱ主導の宗教政策において「信教の自由」と「政教分離」が保障されたことにより、宗教教団の存続をかけた国家権力との緊張した関係は終わりを告げたかのように語られがちであった。だが、「キリスト教と権力」というテーマを戦後も継続的にとらえたばあい、新しい対象がみえてくる。一九六〇年代前後、「キリスト教と権力」の問題は、たとえば靖国国家護持運動からはじまった「靖国神社法案」、学校での管理教育、人間の疎外や差別など、新たな課題となってたちあらわれた。ただし、これらをよりラディカルなかたちで問題化したのは、いわゆる「教会」ではなく、一九六八年を契機に全国の大学に広がっていく大学闘争をとおして、その権力や社会的悪の問題に取り組もうとした学生たちだったといえるだろう(1)。

キリスト教系大学においても他大学と同様に、各大学の「全学共闘会議（全共闘）」が中心となって、国家や資本制に奉仕する権力を徹底的に批判し、「大学・学問」とはなんであるのか、さらに社会とは、人間とは何者であるのかを、「当事者」の「立ち位置」から問いなおすことが目指された。時代は、大学がエリートのみにゆるされた特権的な場所から中産階級の人々に広く門戸を開いた過渡期であり、それにともなって「学者」や「知識人」の様相も変化の時期をむかえていた。そこにはキリスト教精神にのっとって建学された大学もふくまれており、「キリスト教」自体が、根底的にとらえなおされることにもつながっていった。

新約聖書学者の田川建三は、全共闘運動の最盛期に国際基督教大学専任講師としてこの運動にかかわり、その結果、三五歳で大学を解雇された。本稿で田川建三を取り上げるのは、彼が「真のキリスト教」を対置して教会の体制を批判したからでも、世俗的な立場から宗教を否定したからでもない。結論を先取りすれば、当時の田川建三は、自身の新約聖書研究の成果と一貫した行動によって、同時代の権力批判を貫徹しようとしたのである。彼が何を批判し、何に抗ったのかを理解するうえで、全共闘時代の田川の著作はきわめて重要であり、その思想と行動にある「一貫性」をみていくときに、知識人としての責任、学問論といったテーマが浮かび上がってくる。

田川は、宗教が現実から乖離した観念論として、現実の人間の生のあり方を「抱えこむ」ものであることを批判的に指摘しており、その批判の論理はマルクスの宗教批判にみられるものである。宗教だけでなく、あらゆる思想がもともとは現実をうつすものだったところが、観念論的に現実から乖離して、現実を規定する言説として作用することへの批判である。人間は「観念」を手放すことはできないし、する必要もないのだが、それが「観念論」的に現実から乖離して現実の占めている場をのっとることが問題であると、田川は繰り返し語っている。(2) こうした田川の批判は、キリスト教だけではなく、教条主義的マルクス主義や、「民衆」や「大衆」概念を理想化する知識人にも向けられていく。(3)

ではその批判のなかで、キリスト教、あるいは「イエス」はどう位置づけられたのか。そして、宗教批判を徹底していく過程でそれらは思想的に乗り越えられたのだろうか。それを紐解く作業は田川の大学批判、そして、宗教批判を分析することで可能となるが、彼の全共闘運動との関わりとその時期に紡がれた思想を抜きにしては、なし得ない。

この課題と取り組むときの資料として、「キリスト教脱出」をめざした赤岩栄がはじめた月刊誌『指』を用いる。田川建三は赤岩の死後、その編集を引き継いでいる。[4]『指』に掲載された論考は、全共闘運動のさなかの田川の思考を現在進行系で追うことを可能にしてくれる。

田川建三については、神学的、あるいは文学的な観点からの分析がいくつかあるものの、全共闘運動との関わりのなかで彼が生み出した思想や実践について論じたものは、管見の限り未だない。また、書

（1）なにをもって「教会」とするのかは議論の余地があるだろうが、ここでは教団当局をさしている。

（2）田川建三の宗教批判と知識人批判の中核にこの「観念論化」ということがあり、随所に見られる議論だが、たとえば赤岩栄の「思想よ、さようなら」という論考を批判した、「キリスト教的疑似知識人の悲劇」（『赤岩栄著作集別巻』教文館、一九七二年、二〇八―二五九頁）が、「キリスト教脱出」を目指したとされる赤岩栄との違いも含めてわかりやすい。

（3）教条的マルクス主義についてはたとえば「キリスト教とマルクス主義その一」および「その二」（『思想的行動への接近』呉指の会、一九七二年）、知識人の「大衆」観については、「知識人論への一視覚――谷川雁をめぐる」、「民衆理念の観念的浮上」（ともに『立ち尽くす思想』勁草書房、一九七二年）がある。また、田川の吉本隆明批判の根底にも流れているテーマである（田川建三『思想の危険について――吉本隆明のたどった軌跡』インパクト出版会、一九八七年）。

（4）赤岩栄が中心となって編集していた第一期の『指』は、一九五〇年一二月に創刊し、六七年一一月に赤岩の死をもって休刊にはいったが、同年一一月から田川と宮滝恒夫の編集チームによって再刊された。

評などにおける田川建三の論じられ方を見る限り、「聖書学者」と「思想家」としての田川建三がそれぞれ別個のものとして存在しているような印象を受ける。本章では、とくに一九六〇年代から一九七〇年代前半にかけての田川の諸著作に一貫した思想が流れていることを示したい。この時期の思想や実践は、主著『イエスという男』(一九八〇年)をはじめ、その後の重要な仕事にも結びついていくが、その点については限定的な言及にとどめ、別稿を期したいと思う。

一　キリスト教系大学における全共闘運動

まずは、そもそも全共闘運動とは何だったのか、またそのなかでのキリスト教系大学の位置づけを簡単に確認しておきたい。全共闘運動の象徴的なシーンとしてしばしば回想される、一九六九年一月の東京大学の安田講堂攻防戦は、前年六月の医学部による安田講堂占拠に端を発している。医学部のインターンがいわゆる無償労働である現状にたいして、研修契約を求めたことからはじまったこの学生運動に、大学当局は機動隊を導入した。「大学の自治」、「学問の自由」を謳っていた大学の欺瞞を糾弾する学生の集会は五千人という大規模なものとなった。六八年七月には東京大学全学共闘会議(東大全共闘)が結成され、闘争は他学部にも広がっていく。当時東京大学で全共闘運動にかかわった小阪修平は、次のように振り返っている。

東大闘争の発端はきわめてささやかな事件であり、大学内部の不条理ともいえる当局の傲慢さに対する学生の抗議だった。なぜ機動隊の導入が学生の憤激をよんだかというと、当時の大学は社会から中立で真理を探求する場所だというタテマエをもっていたからだ。(5)

（大学当局が）口先では進歩的なポーズをとり反権力的なことを言いながら、実際の行動ではそれとまったく逆で機動隊に頼ってしまうという落差が学生を憤激させたのである。この発端からわかるように、東大闘争の出発点は、学生と教官の間に対等な関係をもとめる要求であり、それを支えた感性は戦後民主主義が育てたものだった。（括弧内及び強調点引用者）[6]

小阪は、戦後民主主義的な感性が、全共闘運動を指導部や組織系統のない、「当事者性や個人の自発性を重視するリゾーム型の組織」として存在し、機能することを可能にしたとしている。[7]全共闘はメンバーシップのない、闘う有志の会として、他大学でも次々と結成され、六九年に全共闘運動は全国の大学で最盛期をむかえる。しかし、その個人の自主性による組織のあり方は、責任の所在の不明瞭さから、運動の着地点の見極めを困難にしてゆくことになる。

キリスト教系大学における全共闘運動を組織論から考察した齋藤崇徳によれば、キリスト教系大学でも全共闘は結成され、運動は激しさを極めたが、かならずしも「キリスト教的」なものが批判の対象になったわけではなかった。しかし、キリスト教が批判の対象になった大学では、キリスト教と大学が結びついていることが批判された場合と、キリスト教自体が批判の対象となった場合があり、後者ではそれが教会批判へと展開されていったという。運動の帰結もさまざまで、神学部が廃部になった関東学院大学と青山学院大学の例はしばしば象徴的にとりあげられるが、いずれの場合においても、全共闘運動が廃部を要求したというよりも、むしろ学内の対立や政治的な力がはたらいた結果であったようだ。[8]た

（5）小阪修平『思想としての全共闘世代』ちくま新書、二〇〇六年、七〇頁。
（6）同右、七一頁。
（7）同右、七五頁。

とえば関東学院の場合は、「神学とはいったい何だ」という意義が問われる中で、「経済的な問題ともからんで」教授会がひらかれ、かねがね神学部の存在に対して懐疑的であった人々の動きもあり、神学部廃部という方向が理事会から出されたと、当時神学部助教授であった高尾利数が七一年に述べている[9]。

田川は一九六五年四月から七〇年三月まで国際基督教大学に所属していた。同大学は戦後に「日本と北米のキリスト教界の指導者」を中心に設立の計画が進み、ニューヨークにできた財団への募金をもとに一九五三年四月に発足したキリスト教系大学だが、全共闘運動時代もその以前も、「キリスト教」が学生たちの側から直接問題とされたことはない。当時は在籍学生数が千人ほどの小規模な大学で、専任教員は「キリスト者」でなければならないという「キリスト者条項」があった[10]。

二　国際基督教大学における闘争

田川建三は一九六五年にパリのストラスブール大学から帰国し、国際基督教大学の常勤助手、及び非常勤講師となっている[11]。田川が解雇されるにいたった直接の契機は、六九年二月から翌年まで続いた闘争で、最終的に、田川は大学側から「一度も事情聴取することもなく、会って話をすることすらなく」、大学当局から一方的に三ヵ月間休処分を言い渡され、そのまま教授会の決議を経ずして解雇されたと証言している[12]。この経緯を追うことは全共闘運動を理解する上でも、田川の思想を理解する上でも重要だと思われるので、主要な部分を確認していきたい。

一九六九年二月八日から一一日まで行われる予定であったICU祭り・反戦討論集会には、ガードマン二〇名が学生の監視のため、警棒とヘルメットといういでたちで配置されていた[13]。国際基督教大学全共闘が要求したのが、この「ガードマン体制」の撤廃、教授会議事録の公開、そして、「能研闘争」の処分白紙撤回であった。この「能研闘争」というのが、いわば六九年の闘争の前史となっている。

当時、国際基督教大学には「能力開発研究所(14)」と関わる教員たちがおり、マークシート方式の試験を開発しようとしていた。それで、六七年、能研テストを入試の一次試験に導入することを決定したのだが、能研反対者同盟のメンバー約七〇人は本館の出入り口に内側から机を針金でゆわえたバリケードを積上げ、ろう城し、能研テストの採用とそれに伴う受験料の値上げに反対を唱えた。四月一〇日、機動

(8) 齋藤崇徳「戦後日本におけるキリスト教系大学の組織論的研究――宗教的適応とその変動に着目して」東京大学、二〇一八年、学位請求論文、特に第一三章。
(9) 高尾利数・谷川健一・田川建三「キリスト教的ラディカリズムとは何か」『現代の眼』一二(四)、一九七一年、現代評論社、一三二頁。
(10) 「ICUのキリスト教理念――ICUのキリスト教理念検討委員会　最終報告と解説」〈http://www.icu.ac.jp/about/ICU_ChristianIdeals/index.html〉(二〇二三年一月一日閲覧)。
(11) 立場としては「常勤助手」なのだが、助手は授業を担当できない立場であったため、授業をするときは「非常勤講師」として教壇に立っていた。田川建三「授業拒否の前後――大学闘争と私」『批判的主体の形成　増補改訂版』(洋泉社、二〇〇九年)、二五八―二五九頁。
(12) 田川建三「何故私はここまでやったのか」『指』二二三、一九七〇年、一二頁。
(13) 田川建三「弾圧者となったキリスト教」『朝日ジャーナル』一一月七日、一九六九年、四五頁。
(14) 文部科学省の白書、『学制百年史』には、「昭和三十八年一月中央教育審議会は「大学教育の改善について」答申を行なったが、その中で大学の入学試験の改善を重視し、具体的改善方策として信頼度の高い結果をうる共通的・客観的テストの研究・作成および実施とその主体となる専門の機関の設置を提案した。この答申に基づいて、三十八年一月、大学、高等学校、文部省の関係者が発起人となって、財団法人能力開発研究所が設立され、三十八年度から四十三年度までの六年間、大学入学者の選抜と高等学校の進路指導に役だつ共通テストの開発と、それに関する専門的な調査・研究が行なわれた」とある。文部科学省ホームページ〈http://www.mext.go.jp/b_menu/hakusho/html/others/detail/1317828.htm〉(二〇二三年一月一日閲覧)

隊出動のもと、不法占拠排除が行われ、大学は九月まで休講となり、学長は辞任した(15)。

この「能研闘争」、及びその後の展開については、田川も『批判的主体の形成 増補改訂版』(二〇〇九年)にある「授業拒否の前後――大学闘争と私」の註でくわしく説明している。当時はまだ常勤助手だった田川は、教授会には出席を許されていなかったが、「封鎖」された本館に学生たちを訪ねて話し合った結果、彼らが「知識の国家管理」に結びつきかねない、能研テストのようなものの全国化を危惧していたことを知る。このとき、六〇名以上の学生が退学、無期停学、けん責等の処分を課されたが、これが能研闘争処分にあたる。一年後に学生たちは復学をゆるされたものの、二年後の学生運動ではこのときの大学側の対応が問題とされた。

翌一九六八年の二月から、田川は、六六年に制定された「建国記念日」が、大学の祝日となっていることに反対する運動をはじめ、教授会にはたらきかけて、建国記念日を授業日としようと試みた。「建国記念日」は、戦前の「紀元節」にあたる日をあらためて制定したものであり、その反動的な性格が批判の的となっていた。また、キリスト教界では、政教分離がおびやかされるという危惧が表明されていた。田川は、もしキリスト教系の大学が本当にその精神に基づくならば、「国家神道」という異なる宗教の祭日をまもって、建国記念日に休むというのは看板と食い違うはずだと指摘した。しかし、この日を祭日として休みにしている時点で、大学としては所詮文部省のきめた枠組みの中でのみ自己の存在を担保しているということが明らかになる。それはつまり、キリスト教の理念ではなく、現在の資本制社会の中で居場所をもっているということにしかならない。大学のその自己矛盾をついた上で、その限界を乗り越える道をさぐるために、田川は学生と共闘するようになる(16)。その意図について、一九七一年四月『現代の眼』に掲載された高尾利数と谷川健一との鼎談では次のように述べられている。

現在の高度成長が進んできたあとの日本の帝国主義再編成の過程のなかで、ナショナリズムの問題が何ほどか処理されていかなければならない、というそういうところで出てくるわけですから、そういう位置づけの問題としてとらえて、そしてそれをたたいていく。実体としてはそういうものなわけです。二・一一の問題にせよ、あるいは最近、宗教界で常に問題になってきた靖国法案の問題にせよ、本質的には「信教の自由」というような問題じゃないわけで、もっと徹底して現在の日本帝国主義の再編成の過程の中に出てくる一つの民族主義的イデオロギーの問題なんですね。(17)

つまり、田川はキリスト者として国家に対峙しているのではなく、あくまで、キリスト教の表明するところを議論上の戦略として利用したのである。既成のキリスト教を支持するわけでも、その思想的優位性を説くわけでもないが、何か別の強力なイデオロギーに対して、戦略的にその表看板でうたっていることをぶつけていくという姿勢である。この手法によって、民族イデオロギーと宗教的観念論という両者を一度に批判しようとしている。

同様のレトリックは、キリスト教系大学の意義についての議論でも用いられている。関東学院大学で神学部の存続が教授会内で議論されるなか、いわゆる「キリスト教主義大学」というものは可能なのか、そうであればどのようなかたちであるのがよいのかということが、他のキリスト教系大学の教員や学生のあいだでも議論されるようになった。たとえば、先述した高尾利数は、国立であろうと私立であろうと、「大学」の理念というのは「特定のイデオロギーや理念」ではなく、非宗教化された「人間性の尊

(15)「鵜飼学長が辞表出す・紛争つづく国際基督教大・根の深い学生の不信感」朝日新聞、一九六七年五月四日夕刊、一〇頁。
(16) 高尾利数・谷川健一・田川建三「キリスト教的ラディカリズムとは何か」、一二八―一二九頁。
(17) 同右、一三〇頁。

重」や「自由・平等・博愛」のようなものであるべきだという立場をとった[18]。それに対して田川は、「高尾氏の進歩的な姿勢にもかかわらず、案外これでは古典的な大学の理念をそのままかかえ続けているのではないだろうか。そして、そういう中に設定されたキリスト教というものが、キリスト教理解としてそもそも正しいかどうかを問わねばなりません」と批判した[19]。高尾が論じる普遍的に「開かれた大学」は「少なくとも言葉づかいとしては中教審と同じことを言っている」というのである。つまり、「キリスト教」大学を批判するあまり、現代の「大学そのもの」を批判しそこねてしまう。学問の中立性とか、開かれた大学という理念は「無原則的に支配階級のイデオロギーに奉仕してしまう」危険性をはらんでいるという[20]。そして、「むしろ現在の大学革命で問われていることは、正しい思想のあり方というものは、思想が観念におわるのではなく、現実の中に実質化していかなければならない、ということです。つまり大学なら大学という場所、制度機構が思想の実質化として働かねばならないのです」と述べている。キリスト教主義の大学が良いのか悪いのか、どのようなキリスト教主義がよいのか、ということよりも、実際の場にあって思想を生み出すことで、政治や経済が求める大学像を批判していこうということだろう。

同様な理論から、田川は「信教の自由」「思想の自由」という概念を称揚することを是としない[21]。このとき大学側は、全共闘を批判する際に、全共闘の学生こそが、大学の「思想の自由」を脅かしているとした。つまり、全共闘運動を「特定のイデオロギー」として位置づけ、自らをそれ以外の「価値観、学問・思想の自由、人間の尊厳を厳守」する立場として位置づけたのである[22]。それは「思想の自由を口にしつつ反動的「進歩」学者は国家権力と結びついて学生の思想を抹殺」しているにすぎないと田川は言う[23]。

以下、国際基督教大学での紛争の経緯を、田川が機動隊導入の渦中で執筆した「弾圧者となったキリスト教」(『朝日ジャーナル』一九六九年)に沿って追っていく。すでにのべたように、一九六九年二月八日から一一日の国際基督教大学祭では、反戦討論会のために二〇人近くのガードマンが配置された。増員で挑発された学生は、大学に、一、ガードマン体制撤廃、二、教授会議事録の全面公開、三、能研闘争の処分白紙撤回の三点を挙げて自己批判をせまり、その主体として全共闘が結成された。その後、三月いっぱい、三回の全学集会と五回の大衆団交を経て、五つの確認書がかわされ、五月二日から新学期が始まる予定となった。

田川は新執行部の学生部副部長代理として、二回目の大衆団交の後に姿をくらました旧執行部にかわって、新執行部の教員たちと、学生との話し合いを続けた。ところが四月になって事態が落ち着いたころ、旧執行部が理事長の意思をたずさえて帰ってきて、四月二四日、新執行部を凍結する。そして授業

---

(18) 高尾利数編著『キリスト教主義大学の死と再生』(新教出版社、一九六九年)、六一―八一、一二七―一六五頁。

(19) 古屋安雄・荒木享・田川建三「特集キリスト教大学の現実と未来 討論：キリスト教大学の可能性と限界」『福音と世界』二四(八)(新教出版社、一九六九年)、五〇―五一頁。

(20) ここでは、高尾の議論が中央教育審議会の意見と似ているかということは議論しない。すくなくとも、高尾が「無原則的」に大学の「中立」を思考していないことは別稿で論じたい。

(21) これは田川が、というよりも、戦後民主主義批判の典型であり、大学のあり方に対する批判のなかで言及された。たとえば九州大学で全共闘運動にかかわった滝沢克己も、「「民主主義」とか「思想・学問の自由」とか、そのための「大学の自治」とかいって、自分の所有(もちもの)のために「安全地帯」を作り、その中でいい気になっておしゃべりをしてきた――それが人間として、学者として、どんなにひどいこと、空しいことか、そんな「安全地帯」の「存在」は許せない」と述べている。滝沢克己「言葉と武器と」『福音と世界』二四(七)、一九六九年、七頁。

(22) 「ICUを守る会教授有志の見解」高尾利数編著『キリスト教大学の死と再生』、二七一頁。

(23) 田川建三「中身のある問答」『指』二一五、一九六九年、七頁。

の無期限延期を宣言した。それから一〇月まで、当局は学生を無視し、一〇月二〇日早朝、機動隊が導入されたのである。国際基督教大学の機動隊導入とその後の学生への暴力は、べ平連が当時発行していた『週刊アンポ』にも写真付きで報じられている[24]。このとき、盾で頭を殴られ、長期入院を強いられたとして、一九七〇年一月、女子学生が大学関係者と機動隊員を暴力致傷罪で告訴し、七五年二月、東京地裁が学生の訴えを認めた[25]。

大学当局は構内の主要な建物の周りを上部に有刺鉄線を張り巡らせた鉄の壁で囲み、授業登録をして、機動隊が常駐する（二ヵ月以上常駐した）なか、狭い入り口から、「検問」を通過したものだけが授業を受けることができ、授業登録をしないものは退学になると告げられた。検問制度によって数百名の学生を「教育地域」に立入禁止にしたまま再開された授業に協力することを最後まで拒否したのは、田川と数学者の弥永健一であったが、それを理由に二人は六九年一二月二二日から三ヵ月間休職処分となり、そのまま事務手続きのみをもって解雇された。

三　「何故私はここまでやったのか」――知識人としての田川

一般的に「教員が授業をすることを拒否」したときけば、誰しもその教員が解雇されるのは当然だと考えるだろう。しかし、田川と弥永の授業拒否は、大学執行部が機動隊による暴力と退学を導入して大学を正常化したことに対する抗議としての性格をもっていた。もちろん田川らとしても、解雇という結果を全く想定していなかったわけではないだろう。この点について、一九七〇年二月発行の『指』に掲載された、田川の「何故私はここまでやったのか」という論考をみてみよう。

現在の思想的状況においては、自分の語る思想がどこまで自分自身の実存に実際に現実化しているか、あるいはまた、自分自身の現実を実際につき動かしていくものとして自分の思想が提示されているか、あるいは逆に言うとすれば、このようにしてつき動かされていく自分の現実を正しく表現したものとして思想が語られるのか、それとも、そういう現実とは無縁の場所で観念論的に思想が語られるのか、ということが徹底して問われるのである。(26)

つまり、田川によれば、思想と行動は二つの別々のものであってはならず、彼自身の闘争も、思想の結果ではなく、思想そのものであるべきであったため、その結果、職をなくすという帰結は、思想の一貫性を保つかぎりにおいて、必然であった。

さらに、「何故」という問いに答えるために、この論文で田川は三つの要因をあげている。

一つは現在の大学問題の特質であり、一つは全共闘運動の持っている歴史的役割であり、一つは、これは特に私の場合問題となることだが、イエスとの関わりにおける殉教の意味である。(27)

大学問題と全共闘運動の歴史的役割というのが、直接的要因として「何故」に答えるものであるのに

(24) 学内の雑木林で機動隊の攻撃を受けた学生のうち四名が病院送りになったという(「大学公認の警察暴力」『週刊アンポ』三号、一九六九年)。
(25) 「タテで殴られ長期入院「機動隊員に過失」東京地裁女子学生の訴え認める」朝日新聞、一九七五年二月二八日朝刊。
(26) 田川「何故私はここまでやったのか」、一二頁。
(27) 同右、一三頁。

対して、「イエス」は、要因というよりは、闘争の中で類比として現れてくる。これを「イエスに対する私の信仰がそのように行動することをうながした」というような、キリスト教徒の信仰告白としてとらえることを田川は拒否する。福音書という古文書を研究する「歴史家・文献学者」である田川にとって、「イエス」は研究対象であり、その研究は、イエスという歴史上の人物を徹底的に追求することを目的とする。つまり、彼の研究は、「キリスト」として教義化されたイエス像および、現代のキリスト教の立場からの「イエス像」への読み込みを批判する営みであった。しかし、イエスが歴史上の人物であるとはいえ、田川にとってもイエスが特異な存在であったこともまた事実である。たとえば「立ち尽くす思想」(『指』一九六八年)では、田川はイエスの「強烈な個性をもって時代に語りかけた精神と行動」を評価している(28)。

イエスとの「関わり」あるいは「歴史的連帯」と呼ばれているものについては、次のセクションでさらに踏み込んで考察するとして、ここでは、田川が、歴史上の人物としての「イエス」について授業で語り執筆しながら、一方で機動隊を導入し、検問所をもうけて、従わない学生を「退学」をちらつかせて支配しようとする大学の方針にしたがって授業をすることができなかった、ということを確認しておく。肯定的に捉えられるべき歴史の類型を示唆しておきながら、現実においてその類型と無関係に行動することが否定されているのである。

では、「大学問題の特質」および「全共闘の持っている歴史的役割」とはなにか。授業拒否に至った背景について中心的に論じたものには、「授業拒否の論理」(『構造』一九七〇年五月)と、「一つの教師論」(『構造』一九七一年四月)がある。前者は、田川の置かれた状況で授業拒否が不可避な決断であった理由を、後者は、ではそのような問題意識の中で教師であるとはいかなることかということを論じている。

「授業拒否の論理」では、田川にとっては、授業を拒否するという行為が、闘争という文脈で、執行部に反抗して正常化をさまたげるという「しばらくの間の象徴的示威行為」以上の意味をもったということとが述べられている。[29]つまり、個別の大学の問題を超えて、「大学というものの存在自体を問題に」しようという、まさに全共闘運動が担ってきたテーマを具体化したのが、田川の授業拒否だったということである。

田川は、全国の大学で全共闘が問題提起したのは、教授にもっとよい教授になってくれという提案ではなく、「教授が「教授」であることを拒否する思想」であったと捉えている。[30]ここで田川のいう「大学の問題」とは、「授業」という「形式」が、学生に単位をさずけて卒業させ、いわば彼らの商品価値を学位によって保証する形で、大学は産業界の中に居場所を得ている現実を指す。「産学協同」というのは建前である。実際は「大学の機構と存在自体が、すなわち「学」が「産」の中に位置づけられている」(傍点田川)。大学を成り立たせているのは学問の内容ではなく、学問は「大学という労働力再生産機構の中に、いわば居心地悪く間借りしている」のだという。[31]

そのような大学で教育・研究をする教師を、田川は「教育労働者」と呼ぶ。それは賃金をもらって働いているからというだけではなく、「資本主義の機構そのものに奉仕する位置にあるのが教師」であって、「その意味で、教育労働は、人間を物化していく過程である、ということができる」というのである。[32]「教師」という立場と学問の「内容」は、こうした現実に規定されているという事実を認めることが批判の第一歩である。では、次にどうするべきか。「体制内で固定した知識体系を次の世代に継承させてい

(28) 田川建三「立ちつくす思想」『指』二〇四、一九六八年、二頁。
(29) 田川建三「授業拒否の論理」『構造』八九(五)、一九七〇年、一三七頁。
(30) 同右、一三八頁。
(31) 同右、一四一頁。
(32) 「一つの教師論」『構造』一〇〇(一六)、一九七一年、一一四頁。

く」という体制の保守に貢献する役割を担いがちな知識の受け渡しを、「体制内で固定された知識の体型を打破する、という水準で」行なわなければならない[33]。そのためには、「教師たることを告発するものが教師でありつづけ」、体制の中にくさびを打ち込んでいくしかないと田川はいう[34]。以下の文章は批判者としての田川のあり方を総括している。

個人的に縁を切るという発想を徹底的に退け、他方、改良主義的にふるまうことによってその存在の場自体を肯定してしまう姿勢も排除し、あくまでも内部に異質物として存在し続ける、自己矛盾を担い切る、ということこそ、まさに全共闘運動がすぐれて保ってきた姿勢ではないのか。その姿勢の故に、全共闘運動の現代における歴史的な新しさがあるのではないのか[35]。

この「教師論」は妥当だろうか。というよりも、可能だろうかと今日我々は考えざるを得ない。だが、可能不可能を論ずる前に、田川が発言を行動によって、行動を発言によって説明していったことに注目したい。職を失うとわかっていながら授業を拒否するという破滅的な行動の理由が言語化されているのである。

田川は「教師論」を「知識人論」へとさらに発展させていく。七二年一二月に出版された「新しい知性の創造」(『立ちつくす思想』収録)では、六六年に来日したサルトルが、支配階級に対して普遍的学問の立場から異議申し立てをする「(本当の)知識人」と「実践的知識の技術者(サルトルによれば、学者、技術者、医者、教師など)」を曖昧にかさねあわせつつ区別していることを批判する[36]。田川によれば、サルトルが保持しようとした「知識人」という概念にあたるものは、もはや存在しない。そこに実在するのは、資本制の中で労働力を売ることによって生活している「知的労働者」なのである。したがって問題は、「知識」を増やすことではなく、知識人の存在を規定している状況に目を向けて批判的に取り組んでいくことだと田川は指摘している。

四　類比としてのイエス

　ここで、田川の資本制批判をふまえながら、あらためて彼のイエス論に目を向けてみよう。田川の研究対象はイエスであってキリストではない。キリストでなければ、イエスとは何なのか。全共闘運動の文脈で田川が言及するイエスの輪郭は、六八年八月に出版された『原始キリスト教の一断面』に描かれている。田川によれば、四福音書のなかでもっとも古いとされるマルコ福音書は、原始キリスト教のなかでもエルサレムを基盤に活動していた宗教的エリートに対立する視点から、ガリラヤという辺境にあって民衆の一人として、民衆とともに活動したイエスを描いたものである。田川によれば、ガリラヤという地域の民衆はとくに、宗主国のローマとユダヤ教の宗教的権威の両方から抑圧されていた。そのなかで、ガリラヤ出身のイエスという人物がその権威に対して独自の抵抗運動をおこしたために、最終的には処刑されたというのが、田川のイエス像である。その人間イエスに、田川は「歴史的連帯性とでも呼ぶべきもの」を読み取っている。

(33)　同右、一一六頁。
(34)　同右、一一四頁
(35)　田川「授業拒否の論理」、一四四頁。
(36)　田川建三「新しい知性の創造」『立ちつくす思想』勁草書房、一九七二年、一四六―一五三頁。ジャン＝ポール・サルトル『知識人の擁護』（佐藤朔ほか訳、人文書院、一九六七年）を参照。

イエスはイエスとして生きた。だがそこには実に見事にイエスの主体性が確立されていた。それも主体性の確立などという抽象的なことが認識されていた、というのではなく、イエスがその時代の歴史的社会的場において具体的に自己の主体を確立して生きた、という事実が重要なのです。そのイエスと人格的に向い合う時に、我々もそのように生きよう、という意欲がわいてくるのではないでしょうか。いわば、イエスの生の事実に触発されて、「そのように」という方向づけが生れてくる。しかし、そのように「生きよう」という時には、私はもはや私の場にもどっている。(37)

この言葉はＩＣＵの闘争が本格的に始まる一年以上前に書かれたものであるが、ここで田川は「イエスでなくてもかまわない」ということを認めて、「イエスでなくともいいのです。しかし、その決定的な向いあいを果たせるのはやはりイエスなのではないでしょうか」と述べている。(38)

全共闘運動がはじまると、この田川のいうイエスとの「関わり」が、批判の対象となってくる。当時、東京神学大学助教授であった大木英夫は、田川ら（学生もふくめて）がしていることは、イエスへの「信従の論理、模倣の論理」であると言って批判した。(39)「模倣」するべきイエスの原像は、どんなに客観的に歴史研究をほどこしたとしてもたどり着くことはできないと、大木は言う。それならば、彼らが言うところのイエスとは「自己投影」であり、それを追求するところに「強烈な自己陶酔」があるという。つまり大木の理論では、原像の「模倣」は自己陶酔に帰結するのである。

大木が「模倣の倫理」のかわりに提示するのは「証《あかし》の倫理」である。証の倫理とは、自己投影を教会の「聖典」としての聖書を基準に律することで克服し、大衆に同一化したイエスを真似るのではなく、教会が告白してきたキリストを証言する「倫理」だという。もし「まねび（＝模倣）」があるとすれば、この証の中にある。それは、「証言的な方法において」イエス・キリストを「暫定的に画く」からであるが、「このイエス・キリストへの模倣は、たえず証しをめざして不断にそれ自身を乗り越えようとするゆえ、自己陶酔を許さない」性質のものであると、大木は論じる。[40] 要するに、イエスを模倣することとの大きな違いは、大衆と同一化したイエスと同一化するのではなく、イエスがキリストであるというイエスによる自己同一化を証言することを目指しているという点だということになる。大木の議論から導き出される実践とは、人間的な倫理の確立によるのではないし、ましてや「ゼロテ党」[41] のように政治運動を実行することではない。契約社会の失敗をうけて、十字架の犠牲と贖罪愛を証しすること。血縁や経済的なつながりなど、すべての「自然的なもの」を超えた「新しい共同体」としての教会を形成し、伝道することなのだということになってくる。[42]

大木の指摘は、「イエス」及び「共同体」の定義が田川と異なっているだけでなく、明らかに議論が嚙み合っていない感がある。要するに大木の「イエス」は、教会で語られる「イエス」である。言い換えるならば、歴史上のイエスそのものを証言するのではなく、聖書という書物の中で使徒たちに証言された「イエス」を証言することが倫理的な実践であるということであろう。

以上のような批判をうけて、田川は「イエスの対話のもたらすもの」(『指』一九六九年一〇月)として応答している。田川は大木が、「我々がイエスとの関わりについて主張していることを何ら知らぬままに、それに対する批判を試み」(傍点田川)ており、「その結果として、「愛の倫理」などと称して体制擁護の

(37) 田川建三「主体性と連帯性」『指』一九八、一九六八年、七頁。
(38) 同右。
(39) 大木英夫「ゲバルトと愛」『福音と世界』二四(七)、一九六九年。
(40) 同右、四九頁。
(41) 新共同訳では「熱心党」。
(42) 大木「ゲバルトと愛」、五二―五三頁。

イデオロギーをたくみに庶民の心にしのびこませようとする」と糾弾する。[43]

田川によれば、「イエスとの関わり」とは、「イエスが彼の時代、彼の歴史的場において知的対話に際して示していた姿勢が今日の我々にとって一つの問いかけ、一つの課題を提供する……それも、根本的な問いかけを提供する」ことを意味している。そして、そもそも「我々の生きている歴史的な場は我々独自の場なのであって、……ほかのいかなるものも、我々自身のこの歴史的責任を代って担ってくれるものはない」。だから、「模倣」などという方法では立ち行かない現実に対峙している。そこで、イエスの「方向」に「共鳴」する者たちは、イエスの中に自らとの類似をみているのではなく、イエスの「創造的新しさに触発される」のである。[44] では、イエスの創造性とはなにか。田川が例にあげているのは、「対話」、つまりマルコ福音書のイエスが、パリサイ人など出会った人との会話のなかで、質問や提示された議論に、まともに答えるのではなく、むしろ、相手の議論の水準をくつがえす返答をしているという点である。イエスはそれによって、パリサイ人たちが用いた伝統的な議論の図式にのりかかることを避けている。そして、それが「イエスの創造性」だとここでは言われている。それは「創造性」であって、論理ではない。「イエスには変革の「論理」はない」と田川はいう。[45] 論理やプログラムは、「伝統的な図式」を継承せざるをえず、「改革」するためには有効でも、「革命」のためには役に立たないからである。イエスと田川に関係があるならば、それは「共鳴」ということ以外にはなく、それは「イエスの創造的新しさに対する驚き」である。そして、そこから創造的新しさを生み出していくべきだという。その瞬間を充分に生きるとは、何かの模倣や原則への寄りかかりではなく、「自分自身の迷いと決断」をかけていくしかないと、田川は述べている。[46]

しかし、「共鳴」と「模倣」はどう違うのだろうか。田川の議論からは、それは「我々の生きている歴史的な場は我々独自の場」であるという意識に根ざすことができるかどうかという違いであると読み取れる。つまり、思想と現実の接点がみいだせるかどうか、ということが基準になってくる。「模倣」が、自己投影された対象のマネをするという自己陶酔である一方で、「共鳴」というのは、あくまでイエスと田川が各々の歴史上で実際の問題に取り組んでいるという点においてのみ成り立つのであって、なにか原点とみなされるような存在を「証し」するということは、その「原点」が歴史上のイエスであっても田川の論理のなかでは拒否される。それではイエスが観念化されてしまう。田川にとってイエスはあくまでひとりの人間であり、歴史上で我々と同様に生まれて死んだ人物であり、歴史上の問題と闘った人物なのである。

五　宗教批判へ

田川は東京神学大学の闘争の際にも機動隊導入を批判したし、とくに雑誌『指』の読者のなかには、自己批判する牧師たちもいただろう。この時期の著作から読み取れる田川の宗教批判の根本はどのようなものだったのだろうか。

世俗化された近代社会では、往々にして、教会のような宗教団体というのは、産業界の中にしっかりと組込まれている「大学」に比べて、合理主義や利益至上主義を否定して存在しているかのような、あるいはそれ以上のなにかがあるかのような印象を与える。しかし、田川によれば、この考え方には二つの問題がある。ひとつは、宗教と体制のイデオロギーの関係がうやむやにされること。もうひとつは

(43) 田川建三「イエスの対話のもたらすもの」『指』二一九（一九六九年）、一二頁。
(44) 同右、一二―一三頁。
(45) 田川建三「イエスにおける変革の「論理」」『指』二二〇（一九六九年）、四頁。
(46) 田川「イエスの対話のもたらすもの」、一三―一四頁。

「それ以上のなにか」が、定義されないままになにか重要なものであるかのようにみなされて、人間の現実を疎外すること。この二点についての田川の議論を詳しくみていきたい。

たとえば、「平和」という言葉が例に挙げられている。佐藤栄作であろうと、スターリニストであろうと、機動隊を導入した大学当局であろうと、だれもかれもが「平和」を称揚する。しかし、歴史の具体的な場に位置づけなければ、「平和」は飾り物であり、イデオロギーだと田川は言う。キリスト教信仰の責められるべき点は、歴史的現実に関わっていく一つの側面であるべき「平和」を、概念として抽象化して「飾り物」にしてしまったところにある。

俗に言うキリスト教信仰なるものは、こういうイデオロギーの麻薬的性格に更に睡眠薬を加えて、犯罪的な精神に美しげな幻想を与えつつ眠りこませる役割を果している、ということです。[47]

この比喩の意味するところは、実際には体制のイデオロギーにすぎないものを、キリスト教信仰の概念だとみせかけて、それがあたかも「現実」であるかのように思わせている、ということであろう。「平和をつくるものは幸いである」という言葉をもって、批判する者を黙らせようとするキリスト教。「赦し」「和解」「悔い改め」「さばくなかれ」など、神学上の概念が、あたかも現実であるかのように繰り出されてくることが糾弾される。

キリスト教信仰とその神学的論理づけが果たすイデオロギー的役割は、決して、体制の論理をいきなり直接的にイデオロギーとして表現している、という風に把握されるべきではなく、むしろ体制の論理のイデオロギー的な表出（平和、民主主義、人権等々）を欺瞞的に覆いかくしていく役割を果たしている[48]

『ユダヤ人問題によせて』におけるマルクスを彷彿させるところだが、田川の批判は宗教的観念だけにとどまらず、戦後民主主義のイデオロギーにもむけられていく。以下では「自由にして平等な民主主義」の観念性を指摘している。

しかし宗教批判をやらないそういう部分をかかえこむことができる代々木共産党の政治思想の構造は、まさに政治的観念を現実と取り違えているから、マルクス主義の正統であるはずの彼らが、相変わらず「平和と民主主義を守れ」というブルジョワ的近代民主主義国家のイデオロギーを平気でやって行ける理由は、政治的観念がまさに観念として分裂しているところをすでにわからないでいるのであって、それが現実それ自体であるとけろっとして思い込んでいるわけです。(49)

重要なのは、観念的疎外を指摘し、その構造をあばき、現実を変えることだというわけである。

興味深いのは、このことに関連して、田川が「非合理なもの」に傾倒することに警鐘を鳴らしていることだ。「「新左翼」、というよりも評論家的心情的に左翼を口にする部分」の人々が、「神話」などの非合理性に傾倒することは、それが近代的合理性への反発であるとしても、「本能的な反撥は、もう一度自分の中で意識的にとらえ直されないと、結局のところその問題の根深さに足をすくわれてしまうことになる。……ずぶずぶに感性の世界に眠りこけようとしてみたところで、「合理性」のもっている問題性を具体的に明らかにしつつ、それを掘り返して転倒していくことはできない」と批判している。(50)合

(47) 田川建三「「神学」の犯罪性」『指』二二二、一九七〇年、三頁。
(48) 同右、五頁。
(49) 田川建三『思想的行動への接近』、二七八頁。

理性の反対としての非合理をぶつけただけでは合理主義の問題は解決しない。合理性の克服を目指す行動が、知性の働きである言葉を排除するものである必要はない。「本来、革命的な運動はこういう意味で新しい知性の創造を常ににになうべきものである」というのである。[51]

それはなぜか。体制の権力が生活のあらゆる側面を支配しようとしているからである。我々が生きていかなければならない生活の具体的な側面で容易にはのがれられない拘束力をもっているのが体制の論理だからだ。体制の論理自体は論破できたとしても、そこにある生活への影響という現実は強風となって吹きつけてくる。それに対して「反知性」をぶつけることは、自らの立場の囲い込みにしかならない。体制に対峙するときは、言葉、しかも自分自身の言葉をもって闘うしかないということであろう。

六　立ちつくす知識人

たとえ今日的知識の構造が人間を物化するものであったとしても、田川はそれを切り捨てるわけではない。むしろ、知識人は、「体制社会の中で自らに力を与えている知識を問題にしていく責任」があり、知識の「構造を明らかにしつつ、自らそれを叩く必要がある」、「知識人は自らの知識に対して否定的にとりくめ」（傍点は引用者）と言っている。[52] 知識人は「大衆」を理想化して「知識」をこき下ろすのではなく、「知識」にたいして責任を持ってそれを切り崩して乗り越えていく必要があるということだろう。

知識に対して否定的に取り組むというのは大層難儀なことのように思えるが、それが今日に至るまで、田川が新約聖書研究をつづけた動機と言えるのかもしれない。「縁を切るのではなく」「自己矛盾を担いきって」「否定的になんども食い込んでいく」という田川の抵抗のスタンスがここにも見られる。そしてそれは、田川のキリスト教への態度ともかさなる。『指』に発表された論説の中でも最も秀逸なもののひとつに、六八年七月号に載った「立ちつくす思想」がある。この題名は後に出版される単行本のタイトルにもなっている。イエスのゲッセマネの祈り、「わたしの欲するところでなく、あなたの欲することを」と、十字架上の神への叫び、「わが神、わが神、なんぞわれを見捨て給いし」について、前者は宗教的諦めの姿勢であり、後者は抹殺されつつあることへの抵抗の叫びであるという。田川は、この宗教的諦念と絶望的抵抗のはざまで、諦めを克服しつつ、絶望しきらずに立ちつくすことができたときにのみ、人は目の前の巨大な不条理に抗い続け、ついに崩壊させることができると考えた。諦めだけでは不条理に抗うことを回避することになり、抵抗するだけならば、自分をとりまく現実の厳しさを見失う。七二年一二月、この文章が単行本として出版されたが、そのなかで田川は「わたし自身は、やはり、宗教的諦念はあくまでも拒否します。しかし、宗教的諦念が常に常に《ママ》語られざるをえなかった人間の状況までも拒否するわけにはいかないのです。」という一文を書き加えている[53]。田川が宗教の問題に取り組み続けたひとつの理由を指し示している文章といえるだろう。

七　表象されたイエスとどう向き合うのか

以上、全共闘時代の田川建三における大学批判とキリスト教批判を検討してきた。本稿の目的は、学生運動に教員である田川が加担し、職を失うところまでいったということについての、「一体なぜ」という問いに、田川の思想を追うことで答えることであった。思想があったからその行動をしたのか、行

(50) 田川建三「「非合理」ということ」『指』二二四、一九七〇年、三―四頁。
(51) 同右、六頁。
(52) 田川建三「知識人論への一視角」『立ちつくす思想』、九七頁。
(53) 田川建三「立ちつくす思想」『立ちつくす思想』、五七頁。

動があって、それが後に思想化されたのか、その境界はさだかではない。田川は全共闘運動の問題提起を自らのものとして受け止め、知識人として、聖書学者として、教育者として体制を批判することを選んだ。大学批判、そしてキリスト教批判の根底には、人間が資本制のなかで主体性をうばわれ、観念が現実を覆い隠すことによる人間の疎外への抵抗があった。田川のイエスは、歴史上の一人の人間である。そして、「キリスト」という観念によって歴史の人物がフィクショナルに語られ、現実から乖離することによって、「イエス」の発した問いが骨抜きにされている、ということが指摘され、歴史上の民衆の一人としてのイエスに抵抗の共鳴がみいだされた。

しかし、田川の主張にも疑問の余地がある。たとえば大木秀夫が指摘した、歴史的イエスの再現不可能性というのは簡単にのりこえられる批判ではない。いかなる手段と議論がかさねられようとも、歴史的に再構築された「イエス」は「表象されたイエス」である。その「イエス」を模倣するにしても、連帯を試みるにしても、意味世界のなかでのイエスという表象の優位性が主張される場合、それは「権威」としての性格をおびる。そして統一性のある単一のナラティブによって生や現象を説明しようとする。これこそがマルクスや田川が批判したところであるはずだが、強力な表象は、思想の観念論化と党派性を助長するとも考えられる。イエスという表象が思想の中で相対化されなければ、それもまた、現実から乖離するのではないか。

同時代である一九六〇年代のアメリカでは、公民権運動を背景にフェミニスト神学や黒人の神学がうまれ、それまでの神学における「キリスト」という表象のあり方についてそれぞれ異議申し立てをした。たとえば、フェミニスト神学の可能性を切り開いたメアリー・デイリーは、男性であるイエスをキリストとして崇拝することは「キリスト偶像崇拝 Christolatry」であり、それが女性の抑圧につながっているとして退けた[54]。のみならずデイリーは、「モデル」を想定すること自体が、それに当てはまらない者たちを必然的に前提としているとして批判している[55]。このデイリーの議論は、イエスの「模倣」はもちろん、「連帯」にも「証の倫理」にもあてはまる理論的限界を鋭く指摘するものであるが、つきつめると宗教批判にもつながるものだろう。たしかに、イエスを歴史的に再構築することは学界で学問的意義があり、五〇年前ならばなおのことそうであっただろう。しかし、すべての価値を教祖に読み込んできた宗教は、教祖（田川はイエスを教祖だとはいわないにしても）の優位性を確保するために、その優位性を共通の理解としない者たちを排除する物語にならざるを得ないのである。

もっとも、田川も無批判にイエスを称揚したわけではない。ICU時代の問題意識を深化させつつ一九七〇年代に執筆した主著『イエスという男』において、田川はイエスがときに当時の階級支配を前提とし、「世間の常識」にとどまったままで発言していたことを指摘する。田川によれば、「大衆の一員」であるイエスがそうした常識にとらわれるのはむしろ当然のことなのだが、彼は常識の「こちら側」と「あちら側」の「分水嶺」へと登り詰め、そして「あちら側」へと踏み越えることがあった。イエスが「逆説的反抗者」としての輝きを放つのは、その踏み越えの瞬間においてなのである。(56)

この「分水嶺」論においては、イエスが多くの同時代人から隔絶した存在ととらえられてはいない。彼も弱さを抱えた大衆のひとりであり、「イエスの主体性」には揺らぎがあったのだ。イエスの重要性は、その存在自体にではなく、「分水嶺」を越えていくプロセスにこそあったのだと考えることもできるだろう。それもまた、デイリーの批判する「モデル」に他ならないと言えるかもしれないが、田川自身が「表象されたイエス」を相対化する視点を開こうとしていたことには注意を払う必要がある。

---

(54) Mary Daly, *Beyond God the Father* (Boston: Beacon Press, 1973) 69-97.
(55) Ibid., 74-77.
(56) 田川建三『イエスという男』三一書房、一九八〇年、二三六―二三七頁。

おわりに――田川建三のたじろぎから

一九七〇年一月、ほんの数人の学生をのぞいて、全員が授業登録をすませるということになり、ICU闘争は収束した。団交で時間をついやして作成した確認書が反故にされるという経験をしたのは田川も彼らも同じだった。並んで闘っていた教員や仲間が一人ひとり消えていくのも経験したことだろう。彼らも「退学」をちらつかされて脅されたとき、資本主義社会のシステムの中で「商品」として労働力を売って生きていかなければならない自らのあり方をあらためて思い知らされたのではないだろうか。

言うまでもないが、機動隊導入をきめた教授たちも、機動隊員たちも、給料をもらって、勤務時間がおわったら帰宅する場所があったのだ。それに対して、運動に関わった学生にとって、闘争を継続するか「退学」かという選択がつきつけたものはあまりにも大きかった。後に田川は四十年前を振り返って、くびになる道を選び取って、本当に良かったと語っている。

彼らの前に立っていた教師が一人ぐらい（結果においては二人になったが）、節を曲げずに頑張って、去っていったよ、ということになれば、せめて、彼ら自身、自分たちが担ってきた運動は、つぶされたにせよ、正しかったのだ、という思いを保つことができる。せめて、彼らに無残な挫折の思いだけを残すようなことはしたくなかった。[57]

本稿の最後に、田川が免職になって間もない一九七〇年七月、西荻南教会で行われた討論集会でのエピソードを紹介したい。この集会では、吉本隆明と高尾利数、そして田川建三が、福音書の解釈をめぐって議論を交わした。「わたしよりも父や母を愛する者は、わたしにふさわしくない」（マタイ一〇・三七）という一節を取り上げ、宗教的な観念の共同世界と、家族・親族の世界という次元の異なる領域を混同して対立させているところに福音書作者の自己矛盾があり、党派性が生じるという吉本の指摘に賛同しつつ、田川は次のようにいう。

けれどもただ、一世紀のあの連中の立っていた情況に立つと、たしょう同情したくなる面もあるということです。つまり彼らはそこのところをごっちゃにせざるをえないような情況にたたきこまれちゃっていた。（中略）ここにも国際キリスト教大学の学生もしくは元学生がいますけれど、たとえば闘争のまっただなかで、ときどき家に帰るわけでしょう。（中略）学生があす自分の家に帰るというときに、（中略）「お前、闘争をとる気か親をとる気か。よく考えてこいよ。帰って日和るんじゃねえぞ……。」なんていいたくなるわけですよ。（中略）それは実際その場合、学生自身いやでもそこのところを〝あれかこれか〟を迫られざるをえない情況におかれちゃっていて、僕はその前でたじろいじゃうのです。だから、せいぜいいえる言葉は「おい、しっかりやれよ。」―笑―とか、そんなセリフしかでてこないわけです(58)。

田川は、闘争に身を投じた学生たちに真摯に向き合おうとするなかで、彼らの状況を「一世紀のあの連中」――福音書記者たち――と重ね合わせたようだ。ここでの田川の「同情」は、イエスではなく福音書記者の置かれた状況に注がれている。ユダヤ教による迫害、そしてエルサレム教会との緊張関係(59)のな

(57) 田川「授業拒否の前後」、二〇七―二〇八頁。
(58) 『マルクス者とキリスト者の討論――7・25〝自立の思想〟ティーチイン』止揚の会出版部、一九七〇年、六六―六七頁。

かで党派的思考に陥った福音書記者と同様、ＩＣＵの学生たち、そして田川自身も「闘争をとる気か親をとる気か」という二者択一の思考に接近していく。だが、そこで田川はたじろぎ、「おい、しっかりやれよ」としか言うことができない。ここで田川はこのたじろぎの意味をそれ以上分析していないが、イエスという「モデル」に収斂するのではなく、党派的思考のなかでもがく福音書記者への「同情」を通して、みずからの置かれた状況や課題を照らし出そうとする志向性が垣間見られるように思う。

本稿で論じたのは、限定された時期、限定された視点からの田川建三にすぎない。一九七〇年代以降、田川の聖書研究がどのような展開をみせたのか、そのなかで全共闘運動時代の経験がどのような意味を持ってきたのか、という問題については、さらなる検討が不可欠である。それは、戦後日本の「キリスト教と権力」をめぐる思想史においてきわめて大きな課題になるだろう。

付記　本稿は、拙稿「田川建三における大学闘争と宗教批判――観念と現実のはざま」（『南山宗教文化研究所所報』三〇号、二〇二〇年）に加筆修正を施したものである。

(59)　たとえばマルコ福音書とエルサレム教会の関係について田川は、『原始キリスト教史の一断面――福音書文学の成立』（勁草書房、一九六八年）で論じている。

第九章　日本基督教団の「一九六八年」
——万博をめぐる闘争から

塩野谷　恭輔

一　はじめに

一九七〇年に大阪で開催された日本万国博覧会は、一九世紀から二〇世紀初頭の万博ブームが過ぎさった後の開催にしては空前絶後の動員数を誇り[1]、現在にいたるまでしばしばノスタルジアの対象とされてきた。大阪万博それ自体については、すでに浩瀚な研究史が存在しているが、本稿では必要に応じてのみ触れることとする。

大阪万博におけるキリスト教館の出展、およびそれをめぐる一連の動きについては、当時より推進派・反対派双方の当事者によって資料編纂がなされ、また現在にいたるまで媒体を問わず回顧的に論じられてきた。また近年では闘争当事者ではない研究者による研究も増加しつつある。これらはキリスト教の万博参加反対運動を、万博研究や教団史研究の内部に位置づけようとするものが多い。たとえば万博研究の文脈では、大阪万博に限らず近代以降の日本で開催された博覧会と宗教文化の関わりについて論じた濱田陽の研究があるが、そこでは推進派に焦点を当てつつ、日本のキリスト教会に地域文化に根

(1)　吉見俊哉『博覧会の政治学——まなざしの近代』、二二六頁。

ざした十分な伝統がなかったがゆえに、神道や仏教といった日本の他宗教のように文化センター的に機能することができず、万博に対するその関わり方を特殊なものへと限定してしまったのだと論じられている。また、推進派・反対派双方の論理を追いつつ、それを戦後キリスト教史の文脈に位置づけようとしたものとして、川口葉子や増田斎の研究を挙げることができる。

一方で本論集のテーマであるような「一九六八年革命」という文脈においては、一般に万博をめぐる闘争はあまり注目されてこなかったように思われる。当時の情勢において万博問題はむしろ、一九七〇年の日米安全保障条約自動延長に対する反対運動とリンクするところが大きかったのである[2]。すなわち、七〇年の万博が安保条約自動延長から目を背けさせるための施策であるという批判が、当時の様々な反万博運動の通奏低音となっていたのである。あるいは、日本の六八年革命の直接の当事者たちにおいて万博に対する問題意識は比較的希薄であったとも言われる[3]。

だが少なくとも日本基督教団に限れば、「一九六八年」において万博がもたらしたものは非常に大きかったと言える。それはしばしば、「一九六八年革命」と呼ばれるものがあくまで「学生主体の革命」であったことに重点が置かれるとしても、である。本稿では詳述できないが、東京神学大学における全共闘運動は万博問題を発端とする教団闘争が起点となっている。またそれは、神学大学という組織それ自体も、国家や教団と独特の緊張関係を孕んでいるということを露呈させるものでもあった。

なぜこのような温度差が生じたのか。私見によれば、教団内部において反万博闘争が持ちえたインパクトは、単なる万博批判の枠を超えて教団それ自体の存立を揺るがすほどのものとなったにもかかわらず、あるいはそれゆえに、その後の批判先が万博から教団のあり方自体へと移り変わっていった結果──クリスチャンが人口の一パーセント前後にとどまる本邦においては特に──教団外の人間にとって関心を惹く対象とはならなかったからであろう。だが同時に、その批判の矛先の遷移自体は、闘争の当事者たちが日本のキリスト教徒として一連の闘争のなかで思考し、戦い続けてきた以上は必然でもあったのである。

本稿では、日本基督教団における反万博闘争の経緯とそこに宿る論理を追い、いわゆる「一九六八年革命」の文脈に位置づけることを試みる。

二　キリスト教の大阪万博参加と、反万博運動の勃興についての経緯

万博キリスト教館の建設、もとい日本基督教団の大阪万博への参加は、どのような経緯で決定されたのか。また、それに対する反対運動はどのようにして起こってきたのか。以下に簡潔に素描する。

一九六七年三月六日から九日にかけて、日本キリスト教協議会（National Christian Council in Japan, 以下NCC）主催の日本宣教協力協議会において、キリスト教の各派協力の一環として万博参加の問題が協議されている。NCCとは、日本のプロテスタント界の横のつながりと海外の教会との窓口として、一九四八年に設立された機関である。後述するように、日本基督教団（以下、教団）の万博参加は教団の主体的な企図ではなく、むしろそのイニシアティヴを有していたのはNCCであった。六月五日には、NCC教会部委員会にて、モントリオールと大阪の視察から帰還した山田忠蔵総幹事が報告を行う。それからまもなく、万博会場の中でも良好な立地を確保する必要があるという実際的な理由から、NCCは先んじて大村勇議長名で万博当局にキリスト教館出展を申し込み、九月八日のNCC常議員会で正式に参加が決定された。ちなみに万博キリスト教館には、会場中央の最も良い場所が無償で提供されている。

（2）　宮内嘉久「万国博――芸術の思想的責任」、『われわれにとって万博とはなにか』、八五―九九頁。
（3）　絓秀実「万国博覧会と癌（cancer）」、『天皇制の隠語』、四〇八頁。

一方教団では、七月四日から六日にかけて軽井沢で開催された年度協議会で、のちに万博キリスト教館事務局長を務めることになる西村次郎らによって初めて万博参加が提起され、これは拍手で迎えられたという。しかし、翌六八年一〇月二二日から二四日にかけて開催された第一五回総会では、議案第四七号「日本万国博「キリスト教館」建設に参加並びに募金に関する件」は、依田駿作議員らの反対に押され否決されてしまう。だが、NCC内で大勢力を占める教団が参加しないとなれば大きな責任問題が生じると危機感を抱いた西村次郎・船本坂男ら万博推進派は、休憩を挟んだ後、鈴木正久議長を提案者として議案第五五号「一九七〇年に開催される日本万国博に、NCCが主唱してキリスト教館を出展することに賛成し、本総会はこの推進運動を支持する件」を立て、同総会にて強引に可決した。このことは、一事不再議の原則に反するとして後に問題化することになる。とはいえ、概括すればこのような経緯によって、教団の万博参加は決定されたのである。

教団における万博反対運動の動向を見れば、この万博推進決議がなされた直後から万博批判が高まっていったことがわかる。この背景について教団宣教研究所の森田恒一は、一般ジャーナリズムにおける万博批判の書籍の出版や雑誌・新聞等の特集に並列して、より重要な点として一九六七年に教団が発表した「戦争責任告白」の精神と著しく矛盾する点が人々に疑問を抱かせたと述べている[4]。しかし、直後に森田も記しているように、第一五回総会以前の六八年九月三〇日の時点で、大阪教区青年・教師両専門委員会主催「社会活動家との対話」において、保田社会党員から万博は七〇年安保問題の目くらましであり、教会もこれに加担しているという指摘があったようである[5]。またそれに先んじて六八年七月九日の大阪教区伝道部全体協議会では、後に反対派の中心的論客となる桑原重夫によって万博問題の討議が提起されている。

しかし大阪教区のかかる提起は万博キリスト教館事務局には誠実に受け止められることはなく、一九六九年六月には六〇名の議員名において、万博キリスト教館について大阪教区の態度を決定するために、教区規則に基づく臨時総会開催が要請されることになる。この臨時総会は七月七日に開催されるも、反対派青年たちの会議参加に嫌悪を示した一〇一名に及ぶ議員のボイコット（通称「一〇一人問題」）等により、流会を余儀なくされる。この結果、大阪教区では以後一一年にわたって、教区総会の開催が不可能になる。

一方の東京では、一九六九年九月一日に万博問題を討議する常任常議員との〝懇談会[6]〟が開催された。この討論集会は、当初は一三時半から一七時までの予定であったが、討議は紛糾し翌二日の午前八時一五分まで続いた（九・一、二集会）。後に触れるように、この集会は日本基督教団と反万博闘争において大きな意味を持つものとなった。しかし、この集会中に東京神学大学教授も務めていた北森嘉蔵常議員に複数回暴行が加えられたとして、これを批判する「九・三東神大教授会声明」が発出される。この声明は、万博キリスト教館問題の是非について棚上げしている点などが糾弾され、東神大問題の発端になったとさえ言われるが、これらの事件を契機に教団中央の態度はより一層硬化し、反対派牧師や青年たちとの衝突は激化していくことになる。

（4）『ふるわれた教団』、八二頁。

（5）『万博・東神大・教師検定問題年表1967-1976』、一五頁。もっともこの後、社会党は党として万博自体には容認の姿勢を見せ、教団の万博参加推進派の論理に援用されるようになるとともに、反万博派の牧師や神学生らから批判を受けるようになる。

（6）この集会冒頭において、「単なるお話し合い」や「懇談」ではないことが、反万博派青年らによって繰り返し強調・確認されている。

三　万博をめぐる神学――「にもかかわらず」と「主体」の在処

前節では、教団の万博参加に至るまでの経緯と、それに対する反対運動の初期の経過を略述した。本節では、万博の参加推進／容認派と反対派とは、それぞれどのようなロジックを有していたかを当時の記述から確認する。

まず参加推進派について見ていこう。「目と手――人間の発見」という万博キリスト教館のテーマは、東京神学大学教授の北森嘉蔵による私案から起草されている。以下にその一節を引用する。

一九七〇年は丁度、安保改定の年にあたります。人びとの眼を万国博のお祭さわぎに向けさせることによって、安保問題からそらしてしまう意図もあるのではないか、ともうたがわれます。また、東南アジアからもこの万国博を見にくる人びとが数多くいることと思います。戦争中の日本がアジアでやったことが、華やかな繁栄ムードの影に忘れさられてしまう危険性も決して少なくはありません。その中でこそ、わたしたちはいわば万国博の良心として積極的に日本の繁栄の背後にある問題点を指摘して人びとに訴える〈物見の役〉を果すために参加しなくてはならないでしょう。

ここには既に、「七〇年安保の目くらましとしての万博」や「戦争責任告白との矛盾」といった反対派の論理を包摂しようとした痕跡が見られるが、このテーマが万博キリスト教館中央委員会によって承認されたのは一九六八年八月一九日であり、大塩清之介が述べているように、かかる「「批判的参加論」は、NCCの万博キリ館決議後」に各地で起こった「反対運動に対する学者らの「情況対応的弁明」であって、もともとの本心ではないと見なければならない」[7]。また、ここでは万博におけるキリスト教特有の使命が強調されているが、推進派によるこのような「情況対応的弁明」は、やがて「にもかかわらずの神学」として〝昇華〟されていくことになる。

〈にもかかわらず〉ということは、私たちがどうしても容認することのできないこの世界をも、どんな人のどんな罪をもゆるすことのできるキリストの福音の光の下で……神の世界としてあえて認めることにほかなりません。……しかし、現実の世界は神の世界とは似ても似つかないものになっていることもたしかです。キリスト者だけがこのずれを明白に示されているのであり、キリストにおいて〈すでに〉神の世界〈である〉この世界が、〈いまだ〉現実にはそれにふさわしく〈なっていない〉ことを知らされて、そのためにたたかう課題を与えられていることがけっしてあいまいにされてはなりません。……他方、今日の万博キリスト教館反対運動の中には、〈すでに〉と切り離された〈いまだ〉の理解があるように見うけられます。……〈にもかかわらず〉ということはこの二つの極の間に立ち、すでにという究極的な肯定の下にあって、万博を粉砕し、体制を変革しても、神の国がけっしてそれで実現されることはないのであり、それはただ恵みによって実現されるのだということを望みつつ、終わりの日まで、いまだ果たされていない課題ととりくむ〈終末論的な姿勢〉です。(8)

『信徒の友』(一九六九年一二月号)に掲載された熊沢義宣東神大助教授(当時)の「にもかかわらずの神学」についての記述を以上、一部抜粋した。熊沢がここで述べていることをパラフレーズすれば、次

(7) 『ふるわれた教団』、二二一―二二三頁。
(8) 熊沢義宣「そうだんしつ 万博キリスト教館の論理〈にもかかわらず〉を問う」、『信徒の友』(六四)、一九六九年一二月、三一頁。

のようになる。すなわち、この世界は矛盾と不正に満ちているにもかかわらず、すでに「神の世界」として認められている。それはイエス・キリストが人々の罪を無条件で赦したことからもわかる。キリスト者として我々はこのことを忘れてはならず、この世界が神の世界であることを前提にして、終末の日まで課題に取り組み続けなくてはならない、というものである。

だがここでは、「この世界がすでに神の世界である」という認識が万博反対派には欠けていると述べられる、その根拠が示されることはない。また、「終わりの日まで、いまだ果たされていない課題ととりくむ〈終末論的な姿勢〉」というのは、変革を無限の未来へと先送りにするような姿勢であるようにも思われる。

これに類似し、かつ補完的な議論としては、長谷川保常議員の「堕罪」の神学がある。「九・一、二集会」において長谷川自身が雄弁に語っている。

まず万博になぜ賛成であるか、この点については諸君と大分考え方が違うのでありまして、私は万博が悪であるという考方はもたないのです。この世の《(ママ)》が悪であるという意味でならそういうことは言えます。しかしこの社会の在り方、文明の進歩、こういうものを私は認めるのです。……でありますから、万博の中でキリスト教館があるのは、この世の中にキリスト教会があって、そして宣教をし、奉仕をしているのと、同じ意味だと思います。……そういう堕罪において、堕罪という意味においてはこの世は悪であり、万博もまた悪といえるのであろう。しかしこの世にキリスト教会が存立するごとく、我々はその中に入っていって宣教と奉仕をするというのである[9]。

長谷川のこの見解では、万博そのものに固有の問題があるという視点――〈にもかかわらずの神学〉においても存在していた視点――は消失している。長谷川の論理では万博の悪は、この世そのものの悪へと還元されてしまう。ここでは万博と世界とは、キリスト者がその中に存在する場として等置されている。万博にキリスト教館が設立されることは、この世にキリスト教会が存在することとアナロジーに語られ、所与のこととして、いやむしろそうでなければならないものとして論じられているのである。

その他の推進／容認派の論理としては、「万国博参加についての基本的見解」（三）に示されているように、キリスト教館の出展参加がカトリックとの合同事業であることから、これを「わが国最初のエキュメニカルな働き」への参加であるとして言祝ぐもの等が挙げられる。たしかに、大阪万博におけるキリスト教館の設置はＮＣＣが当初から主導してきたように、キリスト教の各派協力の一環という性格をもっていた。濱田陽が指摘しているように、「同館の設置は、分裂したキリスト教界を調和に導こうとするプロテスタントのエキュメニカル（教会一致）運動やカトリック教会刷新をめざした第二バチカン公会議の流れのなかで浮上してきた事業である」[10]。しかしながら、森田によって指摘されているように[11]カトリック・プロテスタント「両教会の歴史への分析・評価・目的意識をふくむ神学」等を全く欠いたものであるため、ここでは特筆しない。

では一方で、反万博の牧師・青年たちは、どのような論理で万博参加ひいては万博自体を批判し、またどのように推進派の議論に応接していったのか。東京神学大学「靖国・万博共闘会議」による公開質

（9）『九・一、二の記録』、六九年発行のガリ版には頁数表記なし。七九年の活字版では三七頁。ただし、ガリ版は反対派の岸本和世による編集であったが、一〇年後に出された活字版には六九年当時より万博推進派であった市川恭二と佐伯洋一郎による反動的な序文とあとがきが付されている。以下、引用テクストはガリ版に依拠したが、頁数は便宜上、活字版のものを付した。
（10）濱田陽「宗教と博覧の近代史」、梓出版社、一四七頁。
（11）『九・一、二の記録』、三〇―三一頁。

問状および、反対派牧師・青年らによる「九・一、二集会」における討議を参照する。

公開質問状

教団総会議長殿

私たち東京神学大学「靖国・万博共闘会議」は、以下の項目について、教団の見解を確認したく、公開で質問しますので、明瞭に、公開で答えていただきたく要請します。

一．教団は、戦後日本の、政治的、経済的一連の動きの中で七〇年「万国博」を、どのように位置づけていますか。

二．教団は、靖国神社国営化法案反対の立場と「万国博」を、どのように位置づけていますか。

三．教団は、一九七〇年という安保条約の改訂期に当たって「万国博」をどのように位置づけていますか。

四．教団は、「万国博」にキリスト教館のあることを、どのように位置づけていますか。

五．教団は、エキュメニズムとはいったい何であると考えていますか。

六．教団は、「万国博」が伝道の機会となるとの説明が一部でなされていますが、〈伝道・宣教理論〉をどのように考えていますか。

七．教団は、「万国博」に関する教団総会の議決の意図に、一貫した態度を保っていますか。

質問者　東京神学大学「靖国・万博共闘会議」執行部(12)

以上に瞥見しうるように共闘会議の公開質問状では、各々の「位置づけ」が主に問われている。では、この「位置づけ」とはいったい何を意味しているのだろうか。あるいは、ここにはどのような含意があるのだろうか。この問いについては「九・一、二集会」での討議内容が参考になる。

古谷：
自分の反対の主体性といったものは全然そこでですね、ボウキャクした形でですね、賛成があったんだという形で自分の観点を姿勢を全然明確になってないまま、多数であるからということで、こういった問題はですね、反対した、自分が反対した主体というものはどっかにいっちゃってるわけです。そこがはっきりしないから反対の根拠が全然明確になってないわけです。………自分自身の持っていた反対というものがですね、いったいどこに主体があったのかという自分自身の主体において考えるか……[13]

小林：
またあなたはね、問題を単に命をかけるとか、かけないとか、そういった問題に矮小化しているけれど、あなたの主体的なね問題として、あなたはどういう位置づけでもって、どういう観点から、その万博キリスト教館全体に対して反対されている立場をもってらっしゃるのか、その点二点を明らかにして下さい。[14]

ここでは反万博派青年らによって、総会では自分は反対したと述べた常議員らに対して、「主体はど

(12)『教団新報』三五五九号、一九六九年六月一四日。
(13)『九・一、二の記録』、九頁。
(14)同、一二頁。

こにあるのか?」という問いが繰り返し問われている。ここでいう「主体」とは、先の公開質問状(七)でも触れられていたように、その行動に論理的な裏づけと一貫性があるということを意味しているように思われるが、それだけではない。また、増田斎はこうした「主体」について戦責告白の延長線上のものとして捉え、戦時下に犯した罪について加害者として責任を負う主体と考えている。[15] だが、ここではそれらに加えて、キリスト教特有の「主体」論を見いだすことができるように思われる。引き続き討議内容を見ていこう。以下は、反対派の大塩清之助らと飯清日本基督教団総会議長との応酬である。

大塩:
木村先生は反対といわれますけれど、そこに自分の存在がかかっているかということが問われていると思います。(イギナシ!)自分の立場上、そうであると言われますけれど、戦時中の指導者の態度がそうであって……そこには自分の主体というものが、真理に対してあくまでも従順に従ってゆくという自分の信仰の主体はそこで欠落しているわけです。[16]

飯:
とにかく決議が、内容が曖昧であったということは何度も繰り返しているように曖昧であった事は確かなのです。で、この時点でですね、その公開質問状などで問われていますけれども、……神学的な論理を展開した上で決めたというかとそうではなかったのです。[17]

小林:
要するにキリスト教館を賛成するにもね、一切、神学的な論拠といわゆる論拠ですよ、そういうものが存在してなかったという事を議長みずから認めたということで僕は知って欲しいと思うんです。

（イギナシ！）このことをもしいったならばね、やることは一つだと思うんですよ。論拠のないものをやったんなら撤回するしかないでしょ。（ソウダ！）(18)

ここでの論理とは、単なる論理ではなく神学的な論理のことである。すなわち、日本基督教団として万博に参加することの神学的な根拠づけとは何なのか、ということを彼らは問うているのである。また、北森神学のような「批判的参加論」は、この討論中において大塩清之助より次のように反駁されている。

大塩：
私はですね、批判的に参加するといわれるけれど、それが論理的に不可能であるということをいったわけです。参加するためにはですね、必ず相手の団体のもっているワクものまなければ参加出来ないワケです。さそわれないわけですよ。ですから体制内批判、ワクギリギリの批判はできますよ。ワク自体を批判したならばですね、ワクからしめ出されるのですよ。(19)

(15) 増田斎「一九七〇年キリスト教界における戦後主体性論争——大阪万博キリスト教館と万博反対運動」、三三八頁。
(16)『九・一、二の記録』、一一頁
(17) 同、四二頁。
(18) 同、四二頁。
(19) 同、二七—二八頁。

以上、反対派のロジックをまとめると、次のようになるだろう。彼らは、万博推進派が万博がキリスト教に対してもつ神学的意義を熟議することなく、ただ宣教の好機としてのみ、万博参加を決定したことを批判した。すなわち、この時点で彼らのいう責任ある「主体」とは、様々な行為や決定に対してそれを基礎づけるキリスト教的な認識、いわば妥当な神学的議論を有しているということを意味している。では、彼ら自身はその後どのようにして、自らの議論を神学的に根拠づけていくことになるのだろうか。もっとも次節で論じるように、彼らの試みは実際には神学的な根拠づけを超えて、宗教批判を通じて神学・キリスト教批判にまでいたることになる。

四　パウロ主義批判に見られる内在的批判について

前節では、反万博グループの牧師や神学生らにとって重要であった「主体」の問題とは、それを根拠づける神学的論拠の問題であったことを確認した。では、彼らはいかにして自分たちの「主体」を維持したのか。換言すれば、いかにして自らの見解を神学的に根拠づけていったのだろうか。本節では、彼らの神学的な根拠づけの試みの一例として、自立的牧師連合（以下、自牧連）が提起した「パウロ主義批判」という問題を扱う。パウロ主義批判についてはすでに川口葉子による包括的な研究が存在するので[20]仔細はそちらに譲るが、本稿では反対派の神学的基礎づけとしての「パウロ主義批判」の意義とその機能に着目して論じる。

自牧連とは、野々村耀伝道師に対する不信任が、神戸イエス団教会定期総会にて強行採決された（一九六九年三月三〇日）ことへの抗議を発端として、「キリスト教を自己批判する七人の会」が同年五月三日に名のりはじめた名称である。[21]ここでの「自立」という語には、吉本隆明の「自立思想」的な含意もあるが、教団からの牧師の経済的自立といった意味もあったという。[22]

ここで具体的に取り上げるテクストは、自牧連のメンバーである桑原重夫によって『自牧連は発言する』第一三号（一九七一年二月二八日）に発表された「「パウロ主義批判」の方向――名古屋集会で何を討議するか」である。この桑原の問題提起を受けて自牧連主催で名古屋集会（一九七一年二月二八日／三月一日）も開催されている。本節で参照するように桑原のこの文章の狙いは教団の既存の神学的基礎を撃つことであり、それは本稿の趣意に従えば、反万博グループの議論の神学的基礎づけでもあったとみなすことができる。実際、この桑原の文章について、大阪教区常置委員会は教団において信仰告白その他に関する事項を司る信仰職制委員会[23]に、教憲第一条および第二条に違反の疑いということで諮問を決定している（一九七三年二月一九日）[24]。もっとも、名古屋集会に「七〇年の会」から参加した堀光男からの、桑原への批判提起やそのあとの活発な討論からも看取しうるように、桑原の議論が反万博グループ全体のコンセンサスとして受け入れられていたわけではない。とはいえ、自牧連以外からも参加のあったこの時の名古屋集会に限れば、「参加者が、このテーマのもつ方向性について、肯定的であれ、否定的であれ、自らの思想的立場を、このテーマを媒介にして明らかにするという仕方で、討論が可能[25]」なものではあった。

以下、桑原小論の論旨を追う。冒頭で桑原は、「ここ数年の歴史情況との関わりにおいてキリスト教

(20) 川口葉子「日本基督教団の戦前・戦後史――教会合同・戦争責任・万博問題を中心に」、第五章。
(21) 自牧連は実際、吉本隆明を合宿に招いて学習会を行っている。
(22) 久保田文貞・千葉宣義両氏からの聞き取り。
(23) 日本基督教団教規第二章第四四条。
(24) 『万博・東神大・教師検定問題年表 1967–1976』、一〇七頁。
(25) 千葉宣義「テーマ解題」、『パウロ主義批判――その義認論をめぐって』、二頁。

がつきつけられたものは」、「宗教批判」の問題であり、自牧連もまたこの宗教批判という意識を「基底に据えてのキリスト教理解の討論と、その実践過程で克服しなければならない現実的課題にとりくむための、幅広い運動体形成と運動論の構築」を目指すのだと述べている。桑原は東神大教授会などの現実をパウロ主義の現れであると考えており、そこでパウロ主義批判が出てくるのだが、ここで試みられようとしているのはそのような教団の現実に現れているパウロ主義を抽出することではなく、本来パウロ主義がどのようなものであったかを取り出すことである。

さて、このようなパウロ主義批判とは、桑原によれば次のようなものでは断じてないという。すなわち、パウロについての正統な解釈の決定、つまり、いわゆるパウロ釈義であるとか、あるいはイエスの福音とパウロの神学を比較して、イエスの地点からパウロを批判するといったものではない。桑原はここで、自分たちはこのような「原点主義」を、すなわち、何らかの神学的内容を確定してそれをキリスト教の原点とするような姿勢を、批判してきたのだと述べている。どういうことか。まずここでの前提は、パウロ神学が体制補完神学として規定されているということである。桑原小論においてパウロは、ローマ帝国の支配下において、「信教の自由」の保障のもとに「積極的に体制補完の役割を果す教会の形成を考えた」存在であると前提されている。聖書正典や信仰告白や礼典の制定とは、この延長線上のものであり、それゆえにこれらを原点とするような教会の革新運動はことごとく反動的なものにならざるをえないというのが桑原の主張である。なんとなれば、こういった原点主義は「観念による現実の逆転」をもたらすからであるという。では、「観念による現実の逆転」とはどういう意味か。ここで補助線とされているのは、「観念的に獲得された自由は、仮象とみなされた現実における奴隷制を積極的に維持、承認するものとなる[26]」と述べる田川建三の宗教批判である。田川は、宗教信仰とは観念と現実の逆転の構造にほかならないと規定しており、このような構造は体制批判を無効化するとともに、積極的に体制秩序に加担していくのだと考えている。田川－桑原は、現実の問題を観念上の問題へと遷移させた結果、現実の問題を捨象してしまうこと自体を、宗教信仰の本質であるとして批判したのだった。反万博を通じて自らの議論を神学的に根拠づけようとした彼らの試みが、パウロ批判を通過しキリスト教の根底的な批判へと帰趨した所以である。
以上のようなパウロ[27]神学の要をなすのが「信仰義認」であると桑原は述べる。信仰義認批判は反万博グループの大塩清之助にも共有されており、のち一九九一年に大塩はこの観点から北森神学批判を試みている。

北森氏の問題性の根源は、その信仰義認論にあると思われる。同氏の理解では、人は信仰によって義とされるのであるから、もし信仰が正しくないことになれば、義とされないことになり、信仰によって成り立つ教会は、「教会」でなくなることになる。そこで戦時下の教会はあくまでも「教会」であって、その上で犯したあやまちが戦責告白の内容であると言うためには、戦時下の教団の「信仰」は「正しい信仰」であったと言わねばならず、その「正しい信仰」(真の福音宣教)によって義とされているのだと弁明しようとしているわけである。……北森氏の信仰義認論のあやまちは、人間の信仰が、「義とされるに価するもの」=「功績」に転落してしまったところにある。……われわれは、自らの信仰の正しさを主張するのではなく、悪いこの世にあるゆえに、不完全な悪い実しか結びえない悪い木(不信仰)であることを告白し、ひたすらに「主の義=あわれみ」にすがってたえず悔い改めつつ、聖霊にみちびかれてよい実を結ぶように祈り努める他はないのである。[28]

(26) 田川建三「解放とは抵抗の言語である」、『構造』一九七〇年一一月号。
(27) 万博反対派の大塩はまた、教団の戦責告白起草に当初より関わっていた人物でもある。

大塩の議論をパラフレーズすればこうなる。北森の義認論では、教会が教会たり得る条件とは、その信仰が正しいものである、ということである。それゆえ、戦争協力をおこなった戦時下の教会が、確かに教会であったと言うためには、その行状がどうあれ信仰は正しかったのだと言わざるをえない。しかし、そうであれば「良い木」（正しい信仰）が悪い実（戦争協力）を生じた」ということになってしまい、「良い木は良い実を生じる」という北森の前言と矛盾する。そうではなくて、戦争協力という悪い実を結んだ以上、信仰も誤っていたのである。われわれは自分の信仰が正しいのだと傲慢になることなく、この世が悪いがゆえに不信仰に陥らざるを得ないことを自覚し、たえず悔い改めに努めることこそ信仰である、と大塩は述べているのである。

以上のべたような北森神学の立場は、そのまま万博宣教論として展開されて行った。すなわち、……中に入って「福音宣教をする」ことによって教会は義とされるのであるから、……万博参加の問題性がどのように批判されようとも、福音宣教によって義とされている万博キリスト教館は正しいのであり、それを批判する者は神にそむく輩ということになる。……したがって……北森神学は、どんなに神のみこころに反したサタン的な国家や社会の中でも、――その中で福音宣教をするゆえに義とされるという立場から――これに同調し協力してゆける妥協の神学である。(29)

もっとも、大塩の議論はここでは北森神学批判に終始しており、上で提起されていた大塩の神学それ自体が万博批判を根拠づけているわけではない。だがその理由は、先述の田川‐桑原の宗教批判を想起することで了解することができる。彼らの宗教批判は、現実にある問題を観念上の問題へと溶解・転倒してしまうことに対してなされていた。現実の問題に対しては、観念ではなく現実に即した批判で応接しなければならない。ならば、神学という観念の出番はどこにあるのか。それは、「悪い実を結ぶ悪い木

（＝不信仰）」を――しかし自らもまた不信仰にとどまっているのだという悔い改めの自覚を持ちながら――批判するときに要請されるものなのである。ここに表れているのはすでに赤江達也によって同様の指摘がなされているように[30]、単に正しさの保証された外部から対象を批判するというのではなく、不信仰にとどまりながらも内部からそれを批判するという姿勢であると言える。その意味で、万博反対派の思想的な到達点はここにいたって、かつて万博推進派の「批判的参加論」に形骸的に看取しえた「内在的批判」というあり方を、徹底的に深化させたものであったと評価することもできよう。

五　「一九六八年革命」におけるキリスト教の反万博

さて、ここまで論じてきたキリスト教団の万博闘争は、「一九六八年革命」という文脈から見ればどのように評価することができるだろうか。

六八年革命論でも知られる文芸批評家の絓秀実は、六七年と六八年の間に決定的な断絶を見てとっている[31]。それは、前者は戦後民主主義の枠組みを維持しながら遂行された闘争であったのに対し、後者はその枠組みの破壊が目指されていたというものである。では、六八年当時における戦後民主主義の問題とはなんであったか。絓の論に従えば、戦後民主主義もとい戦後憲法の正当性を担保する最も有力な学

(28) 大塩清之助「戦責告白の意義と、その限界としての「万博キリスト教会館賛成」決議案」、『ふるわれた教団』、一一七頁。
(29) 同、一一七―一一八頁。
(30) 赤江達也「宗教／批判の系譜――吉本隆明・田川建三・柄谷行人」、八四頁。
(31) 絓秀実「付論　戦後‐天皇制‐民主主義をめぐる闘争」、『増補　革命的な、あまりに革命的な』、四五五頁。

説は、一九四五年八月一五日に革命が起きたとみなす「八月革命説」（丸山真男／宮澤俊義）であったが、実際には八月一五日に革命など起こっていない[32]。したがって国民主権その他の戦後の〝成果〟もまた、ポツダム勅令の一変奏という形で、GHQにより天皇の名の下に配給された「恩賜」に過ぎないということが暴露されるわけである。戦後民主主義の成立過程において革命が擬制されたということは、天皇制問題の隠蔽でもあった[33]。これは逆言すれば、戦後民主主義を肯定する運動は、必然的に天皇制護持に行きつくということでもある。

さて、教団において戦後民主主義的な構造を共有していたものこそ、戦争責任告白（以下、戦責告白）である。この文書は万博参加決定の前年に発表されたもので、告白文中でも触れられているが教団の成立事情に関わるという性格をもつものであった。経緯について略述すれば以下のようになる。

日本基督教団は一九四一年六月に日本の三四のプロテスタント各派が合同して成立したが、これは日本政府が戦争遂行の必要から諸宗教団体に統合と戦争協力を要請するという、国策に沿ったものであった。敗戦後もGHQの占領政策においてキリスト教は制度的／物質的に優遇され、教団の戦争協力に対する反省が大々的に行われることはしばらくの間なかった。この趨勢が転換する契機となったのが、六〇年安保である。全国的な安保改定反対運動の盛り上がりに比例して、それまでも教団内にわずかながら存在していた、戦時下における教団の戦争協力を批判する動きが活発化していく。一九六七年三月二六日に鈴木正久総会議長名で発表された「第二次大戦下における日本基督教団の責任についての告白」（戦責告白）は、その一つの帰結であったのだ。

しかし戦責告白は、各教区や諸教会のレベルでの議論の積み重ねの上に成立したものではなく、議長名で発表された「宣言」であり、いわば〝下賜〟されたものであった。だがそれでも、戦責告白というものが出されたこと自体の意義は大きかった。告白は教団の戦争加害者としての自覚を促すものであったし、それゆえに社会問題や平和運動に関わっていた教団内部の勢力からは歓迎する向きもあり、あるいは逆に戦時中に教会合同を推進した勢力からは、戦責告白に対して積極的な反対運動が展開された。とはいえそのような経過を経て、戦責告白はその後の教団の基本的な方向性を規定していくものと見なされることになる。その意味で戦責告白の発表は、戦後民主主義の枠組みを維持したままの闘争でもあった。奇しくも一〇・八羽田闘争の同年である。

翌六八年には戦責告白についての五人委員会答申が総会で承認されるが、この総会こそ教団の万博参加が決定された第一五回総会であった。初期の万博参加反対運動では、万博への教団の参加は戦責告白の精神と矛盾するという批判が盛んになされたわけだが、右記のような経緯で成立した戦責告白は内実の伴わないものであり、その内実の欠如という点において戦責告白と万博参加可決とは共通の土台を有していたわけである。折しも当時、国会には靖国神社の国家護持に関する法案が提出されており、教団においても反靖国運動が活発に展開されていた。東京神学大学では「靖国・万博共闘会議」が結成され、その他の大学の神学部や教会教区においても、戦責告白の内実化として運動が取り組まれていく。万博への「批判的参加論」という〝お題目〟の内実化としての「パウロ主義批判」のように、である。万博反対に始まる一連の闘争とは、その運動実践を通じて「戦責告白」に見られるような欺瞞的民主主義を粉砕し、教団に真の民主主義を打ちたてようとする側面を持っており、その意味で戦後民主主義批判を含意する極めて六八年的な闘争であったと言える。

では、ここまで見てきた範囲で教団における六八年闘争の特殊性はどこにあったか。一つには、彼らが「ポツダム自治会粉砕」という全共闘スローガンに表されているような、中間共同体の破砕を目指し

---

(32) 事実、天皇裕仁が戦後においてもなお主権者かつ政治家として振る舞い続けたということは、「沖縄メッセージ」などに示されているように、周知の歴史的事実である。
(33) 絓前掲書、四六一―四七〇頁。

たわけではなかったという点であろう。間接民主主義についての批判的議論がなかったわけではないが、反対派はあくまで会議制の再構築（あるいは内実化）を目指していた。闘争に際して会議制を破壊したのは、大阪教区の「一〇一人問題」のように、むしろ教団体制派の側であった。これによって教区横断的な公式の会議や活動は不可能となるが、このことは結果的に各教区における自主的な活動や議論を促すことになる。

ところで、以上から教団の「一九六八年」闘争を、日本の六八年闘争全体における〝後衛〟の類として理解してよいだろうか。すなわち、会議制の再構築・再活性化を目指す姿勢にとりわけ見出すことができるような万博反対派の特徴は、全学連から全共闘へと向かう「一九六八年革命」の直接民主主義志向という一般的傾向のなかに位置づけるとすれば、ややラディカルさに欠けるものとして。そのすべてにここで応答することはできないとしても、こうした問いは、教団の六八年闘争において追求された「真の民主主義」とはいかなるものであったかに関わってくるものである。

たしかにここには、代表／表象をめぐる問題がある。そして、日本の六八年闘争、もとい新左翼はその始まりから代表／表象をめぐる問題をうちに孕んでいた。ここで代表／表象とは、マルクス＝レーニン主義における前衛の謂いである。かつて古典的な前衛理論を奉じる戦後日本共産党は、革命へと向かう人民の意志を代表／表象する前衛を自任し、宮本顕治ら幹部の獄中非転向神話もこれに一定の説得力を与えていた。だが、一九五六年のスターリン批判を契機として各国共産党の前衛としての権威が崩壊すると、それは革命党が人民の前衛たりうるという前提そのものをも失効させることになる。これはすなわち、政治における代表／表象機能の失調を意味する。だが、代表／表象とは、既存の現実の政治制度に目を向ければ、とりもなおさず議会制度のことである。全共闘運動の「ポツダム自治会」批判などは、表象機能の失調が必然的にもたらした、代議制民主主義に対する不信に裏打ちされたものであった。

さて、たとえ政治的な表象機能が失調した状況においても、たんに議会を排してしまうことがそれ自体でただちに政治的ラディカルさを保証するわけではない。対立や敵対線の存在が政治を要請し生じさせるのならば、交渉の場として議会の存在が担保されてあることは、戦術上必ずしも否定されるべきことでもない。そして、万博反対派は会議制の再構築をめざしてはいたが、決して議会主義にとどまっていたわけではなかった。それはあくまで、議会外の直接行動ありきの運動姿勢であった。すでに述べたように、反対派の人々は教会のヒエラルキー構造のもとで上から降りてくる合意をただ拝受するのではなく、下からの民主的な議論の積み上げに重点を置いたのである。その上で、教会内における既存の議会制度をあらためて位置づけなおそうと試みたのであった。

その後の闘争の経過のなかで、結果的にそのような場は失われてしまうことになったとはいえ、反対派は既存の教会と自分たちのあいだにはっきりと敵対線を引くのではなく、あくまで教会内部にとどまろうとした。反対派の当事者たちが、「教会解体論」という彼らの運動に向けられた呼び名に対して強い拒絶を示すのもそのためである。少なくとも、世俗の新左翼党派である革共同が日本共産党に代わる真の前衛党として自らを位置づけたように、万博反対派は既存の教団を離脱して真の教会（＝党？）として自己規定するということはなかったし、そのようなことは起こりえなかったのである。なぜなら、万博反対派の「内在的批判」とは信仰義認批判を要とし、不信仰のうちにとどまりながらも内部から批判するという姿勢であったのだから。

当時の教団総会議長を務めた経験のある戸田伊助は後年の回想で、反対派の青年・牧師らも教会の破壊ではなく再生を目指していたのだと述べている[34]が、こうした背景には、体制派にも教団への国家権力の導入に対する忌避感を有する人々が多くいたことに加え、反対派も教団を離脱するのではなく、あく

（34） 戸田伊助「高度経済成長とキリスト教——大阪万博キリスト教館出展を巡る紛争は何を語っていたか？」、『福音と世界』（六四）。

までキリスト教内部にとどまりつつこれを批判するという、内在的批判の姿勢を貫いたということが大きいように思われる。この方針はその後の「教団問題」をめぐる闘争においても貫徹され現在にいたるが、その意味と成果は「九・一、二集会」がその直後にもたらした出来事において既に片鱗を現している。

「九・一、二集会」は、その場で飯清議長が万博参加反対の意志を示し臨時総会開催の意向を表明したことによって終わるが、翌日に「九・三東神大教授会声明」が出された後も、飯は集会での自身の発言は強要されたものだとは思わないと主張し、その後も万博反対運動に関わり続けていく。

かつて埴谷雄高は「もし与えられた条件が変革されれば、それまで敵と見られたものも敵でなくなってしまうばかりか、味方にさえなるのであって、敵は与えられた条件自体である[35]」と書いた。六八年の一般の大学闘争においても造反教員は確かにあった。しかし、教団での闘争のように、体制派の人物を反対闘争に取り込んでいくという試みが功を奏した例は珍しかったのではないか。「一九六八年革命」における教団の万博闘争が持ちえた可能性とは、このようなところに見出しうるのである。

【謝辞】

本稿に関わる一次資料を閲読・複写させてくださった日本基督教団の教団出版局および宣教研究所のみなさま。とりわけ、星山京子さんと新名知子さんに厚くお礼申し上げます。

また、聞き取り調査に応じてくださった千葉宣義さんと、元東神大全共闘の久保田文貞さん、それからZoomでの調査にご協力くださった谷口ひとみさん、大阪教区問題に関わる膨大な資料を提供してくださった安田和人さんにもお礼申し上げます。ありがとうございました。

【参考文献】

〈一次資料・抄〉

「キリスト教を変革する集会」名古屋集会実行委員会編『パウロ主義批判――その義認論をめぐって』、一九七一年。

教団新報三五五九号、一九六九年六月一四日。

基督教世界社『基督教世界』三七六二―三七六三号、二〇一九年。

自立的牧師連合『自牧連は発言する』一号―四二号、一九七〇―一九七六年。

戸田伊助「高度経済成長とキリスト教――大阪万博キリスト教館出展を巡る紛争は何を語っていたか？」、『福音と世界』（六四）、三〇―三七頁、二〇〇九年。

土肥昭夫『日本プロテスタント・キリスト教史論』教文館、一九八七年。

――『日本プロテスタント教会の成立と展開』日本基督教団出版局、一九七五年。

日本基督教団宣教研究所委員会編『ふるわれた教団――「万博キリスト教館問題」とは何か』、非売、一九九一年。

日本基督教団宣教研究所『万博・東神大・教師検定問題年表1967-1976』、一九八二年。

日本基督教団宣教研究所『九・一、二の記録』（全三分冊）、一九六九年。

〈二次文献〉

赤江達也「宗教／批判の系譜――吉本隆明・田川建三・柄谷行人」、野上元・北田暁大編『カルチュラル・ポリティクス1960/70』せりか書房、六八―九〇頁、二〇〇五年。

川口葉子「日本基督教団の戦前・戦後史――教会合同・戦争責任・万博問題を中心に」、大阪大学博士論文、二〇一六年。

絓秀実『天皇制の隠語《ジャーゴン》』航思社、二〇一四年。

――『増補　革命的な、あまりに革命的な――「1968年の革命」史論』ちくま学芸文庫、二〇一八年。

埴谷雄高「政治のなかの死」、『埴谷雄高政治論集』講談社、二〇〇四年。

（35）　埴谷雄高「政治のなかの死」、四三―四四頁。

針生一郎編『われわれにとって万博とはなにか』田畑書店、一九六九年。

濱田陽「宗教と博覧の近代史」、福間良明・難波功士・谷本菜穂編著『博覧の世紀——消費／ナショナリティ／メディア』梓出版社、一三一—一六〇頁、二〇〇九年。

増田斎「一九七〇年キリスト教界における戦後主体性論争—大阪万博キリスト教館と万博反対運動」、佐野真由子編『万博学——万国博覧会という世界を把握する方法』思文閣出版、三三三—三三四頁、二〇二〇年。

——「〈踏絵〉と〈転向〉の交差——遠藤周作『沈黙』と大阪万博キリスト教館出展問題」、坪井秀人編『戦後日本文化再考』三人社、三九四—四二二頁、二〇一九年。

吉見俊哉『博覧会の政治学——まなざしの近代』講談社学術文庫、二〇一〇年。

——『万博と戦後日本』講談社学術文庫、二〇一一年。

終章　もう一つの全共闘以後

栗田英彦

はじめに――社会運動史研究との接続

一九六八年闘争とは何だったのか。本書の序章では、宗教研究の観点から、一九六八年に注目する意義を述べた。あとがきでは、本書の各章で得られた知見を踏まえつつ、社会学系の社会運動（社会運動史）研究への貢献を考えてみたい。

ただ、社会運動史、特に一九六〇年代研究に絞っても先行研究は膨大であり、その分野の専門家ではない筆者には、それを広範に網羅して論じることは困難である。そこで、近年『東大闘争の語り』を出版し、国立歴史民俗博物館の企画展示「「1968年」――無数の問の噴出の時代」の「東大闘争」を担当し、さらに『社会運動史研究』の編集にも携わり、日本の一九六八年研究の最先端の議論を提供していると思われる社会学者、小杉亮子の議論を下敷きにして本書の位置づけを論じ、社会運動史研究との接続の端緒を探りたいと思う。

小杉は主著『東大闘争の語り』を始めとする諸研究において、東大闘争に関わった当事者にインタビューを行い、ライフヒストリー研究の手法――いわゆるシカゴ学派の都市社会学から続く社会学の「経験的」手法――によって、東大闘争を通じて一九六八年闘争の実態に迫ろうとする。小杉には東大闘争や全共闘運動に対する「否定的な集合的記憶」を乗り越えようとする意図がある。そこで小杉が問題としているのが、次の三つの「史観」である。

① 革新史観：社民左派と共産主義の政治勢力・労働運動の動向を重視
② 市民運動史観：「革新運動から市民運動へ」という行為主体の交代を主張
③ 新しい社会運動史観：「新しい社会運動」の登場を重視

このうち、①は明確な戦略的な獲得目標を持ち、その成否が重視される。その視点からすると妥協することなく、結局敗北に終わったとして全共闘運動は否定的に評価される。②は小熊英二『1968』に代表される見方である。べ平連などの市民運動に重きを置くため、全共闘運動は「自分探し」などとして貶められる。

そして③の「新しい社会運動」は序章でも述べたが、小杉の整理に従って再掲するならば、後期資本主義社会に出現する運動であり、「学生運動や女性運動、環境運動やマイノリティの運動などが含まれ、その特徴は、論者によって違いはあるものの、草の根志向、公私の区別への疑義、脱物質主義的価値観、日常的実践の重視にまとめられる[1]」。社会学ではこれが一つの「史観」として導入されたため、新旧の運動史を切断する歴史像が広がって歴史叙述が平板化したという。しかも、「日本の〝一九六八〟が新しい社会運動を形成した動きは微弱なものであり、新しい社会運動が制度政治に与えた影響も小さ」く、「一九八〇年代以降、日本では新しい社会運動は衰退したと考えられてもいる[2]」。

これに対して、小杉は、東大闘争参加者の聞き取りから、「新しい社会運動」に繋がる「予示的政治」がノンセクトを中心に登場し、民青や新左翼系学生の一部を代表とする「戦略的政治」と鋭く対立したと論じる。ここでの「予示的政治」は、「社会運動の実践そのもののなかで、運動が望ましいと考える社会のありかたを予め示すような関係性や組織形態、合意形成の方途を具現化し、維持することがめざされ」、「自己変革や自己解放をも射程に入れるようなミクロな範囲での変革に価値が置かれる」――これに対して「戦略的政治」は、「既存の政治・経済・社会体制に大きな構造的変化を引き起こすにはヒエラルキカルな組織と戦略的行動が必要だと考え」、そのために「運動の中での行為を目的達成のための手段として位置付ける」とされる(3)。

小杉は警察庁のポリシング戦略の強化・巧妙化に加え、この「予示的政治」と「戦略的政治」の対立が一九六八年闘争と「新しい社会運動」の連続性を不可視化し、西ドイツの例とは違って、目に見える形で制度政治上の改革へと繋がらなかったと指摘する――日本において全共闘運動が評価されない理由がここで明らかにされる。さらに、そうした対立が発生した理由として、後期近代の移行について、第一の近代と第二の近代への移行が段階的に行われた西洋近代、そして第一と第二の近代に移行期間がなく入り混じっている「圧縮近代」であったアジア的近代に対して、西洋近代とアジア的近代の中間に位置する「半圧縮近代」であったことに求めている(4)。これは確かに単に〈一九六八年〉を「新しい社会運

（1） 小杉亮子「〝一九六八〟の脱政治化と社会運動論における敵対性の分析をめぐって――一九六八から一九六九年東大闘争から考える」『社会学研究』一〇四号、二〇二〇年、四〇頁。

（2） 小杉前掲、四一頁。なお、新しい社会運動が日本でも一九六八年と接続し、一九八〇年代以降も「微弱」だったわけでも「衰退」もしていないことは、外山恒一『改訂版　全共闘以後』（イーストプレス、二〇一八年）が膨大な事例から全面的に論証し、筆者もまた太田竜の環境運動・動物保護運動・自然食運動を事例として論じていることを付言しておきたい（栗田英彦「一九八〇年代日本のエコロジーと動物実験全廃運動――太田竜を軸とした試論的考察」『情況』二〇二三年春号、栗田英彦「フランス料理と自然食運動――一九六八年以後のトロツキズムのゆくえ」『情況』二〇二四年春号）。

（3） 小杉前掲、五一、五三頁。小杉亮子『東大闘争の語り――社会運動の予示と戦略』新曜社、二〇一八年、二一一～二一二頁。

動」への移行という西洋の図式に当てはめて論じるより、はるかに豊かな分析である。本書の議論と重ねるなら、半圧縮近代の特性は、アジア的近代たる講座派と西洋的近代たる労農派の両立として表れていると思われる。ただ、そうであれば、むしろその歴史は単線的に理解するのではなく、複線的に理解するべきかもしれない。

一　予示的政治と世界革命

さて、こうした社会運動研究への本書の貢献はどこにあるだろうか。まず本書の知見から、小杉の言う「予示的政治」――自己変革・自己解放を含みこんだ社会変革運動――は、明らかに宗教系および民族派／新右翼の、特に小規模な諸集団を含むことでより広い視野で〈一九六八年〉を捉えうることが指摘できる。本書の四章・五章・六章・七章・八章で取り上げた新宗教・ニューエイジ・無教会・キリスト者のいずれもが、まずは自己変革と社会変革が一体となった「予示的政治」の志向を持つ。そもそも通例「宗教」と呼ばれるものは、まず自己の救済を志向し、それが社会救済や社会変革につながるという性格があり、それは日本基督教団のような大組織でも変わらない――それゆえにこの組織の内部においても「予示的政治」と「戦略的政治」が対立しつつ連携しているのを九章で確認できる。同じような「予示的政治」と「戦略的政治」の邂逅の例として、本書では取り上げられなかったが、戦前ニューエイジともいうべきニューソート運動（自己啓発の源流の一つ）系の新宗教団体「生長の家」の学生組織、生長の家学生会全国総連合（生学連）は、新左翼・全共闘運動の刺激を受けて全国学生自治体連絡協議会（全国学協）の結成を主導、日本学生同盟や日本学生会議と並んで、親米保守の戦後旧右翼に対抗し、戦後体制（「ヤルタ・ポツダム体制」）打倒を掲げて民族派学生運動の一翼を担った。その後、生長の家本体は環境保護や菜食運動に傾倒していく一方、生学連の流れの一部からは小規模組織を維持しつつ、マクロな「戦略的政治」に取り組んで自民党政治に入り込み、全共闘・民族派が共有した戦後民主主義批判を「戦後レジームからの脱却」という名で実現しようとしていた[5]。

だが、従来の社会運動研究は、一九六八年闘争のこうした広がりにはほとんど視野が及んでいない[6]。「新しい社会運動」論の問題は、史観に終始して「戦略的政治／予示的政治」の分断を煽るだけではなく、この概念で取り上げられるものが特定の運動に限定される点にもある――この点では小杉の「予示的政治」概念も、「新しい社会運動」に引きずられていると言える。実際、マイノリティ運動などに領域を取ったとしても、マイノリティ運動を制度的に少数民族やセクシュアル・マイノリティとされるものに限定し、逆に保守的とされる価値観を擁護したり復興しようとしたりする運動は〝バックラッシュ〟として視野に入れていない。だが、あらゆる立場・状況・時代において該当するマイノリティや変革などはありえない――誰もがある特定の価値を保守し、その価値に沿わないものを変革しようとする。例えば、あまりに当然のことだが、アメリカ社会でマイノリティのアジア人は、日本ではマジョリティである。日本人のほとんどが町内会や年中儀礼を通じて関わる神社神道は、世界規模ではたった一～二パーセン

(4) 小杉亮子「1960年代学生運動の形成と展開――生活史にもとづく参加者の政治的志向性の分析」博士論文（東北大学）、二〇一六年、三一九～三二九頁。
(5) 塚田穂高『宗教と政治の転轍点――保守合同と政教一致の宗教社会学』花伝社、二〇一五年。菅野完『日本会議の研究』扶桑社新書、二〇一六年。
(6) ウォーラーステインらも「反システム運動」に、メルッチも「新しい社会運動」に民族主義運動や宗教運動も含めてはいるが、若干の言及にとどまっている（G・アリギ／T・K・ホプキンス／I・ウォーラーステイン『反システム運動』〈太田仁樹訳、大村書店、一九九八（一九八九）年〉、アルベルト・メルッチ『現在に生きる遊牧民（ノマド）――新しい公共空間の創出に向けて』〈山之内靖・貴堂嘉之・宮崎かすみ訳、岩波書店、一九九七（一九八九）年〉）。

トに満たない宗教的マイノリティに他ならない。マイノリティも大きな権力を握れば、抑圧者へと転化する。近年ならば、フェミズム運動と弱者男性との、あるいはトランスジェンダー権利擁護運動と女性権利擁護運動との衝突が前景化しているが、それが前者の主張を制度化・法制化していく動きとリンクしているのは、その衝突の是非はともあれ、事実だろう。

さらに、こうした権力バランスの転換を世界規模で捉えたらどうだろうか。〈一九六八年〉で出現したのは「予示的政治」だけではなく、ウォーラーステインもいうように「世界システム」／「世界革命」という超国家性である。それはさらに脱中心家されてマイケル・ハートやアントニオ・ネグリの〈帝国／マルチチュード〉の政治哲学的認識にも継承され、歴史学では「グローバル・シックスティーズ」として議論がなされてきた。一方、小杉は先に見た圧縮近代とも重なる問題意識から、「グローバル・シックスティーズ」を「ヨーロピアン・シックスティーズ」と見なし、日本の一九六八年闘争をアジアの一九六八年——言わばアジア的シックスティーズ——のなかでも位置づけることを提唱する。確かに、多くの土地を植民地にしてきた欧州諸国と、被植民地化されてきたアジアでは、そもそも前提となる近代経験が異なる。日本の〈一九六八年〉で外すことのできない、戦争責任論やアジアへの加害といった問題意識は、津村喬＝華青闘告発や太田竜＝在韓被爆者運動のように、アジアにおける歴史的前提と人的交流のなかで生じた。

一方、津村がフランス現代思想に、太田が国際トロツキズム運動に深く親しんでいたのも事実であり、高度経済成長の只中にあったという点でも、「ヨーロピアン・シックスティーズ」に位置づけてこそ理解できる文脈もある。また、オリエンタリズム批判―ポストコロニアリズム批判が、アジア的シックスティーズにおける日本の加害的立ち位置を、広くヨーロピアン・シックスティーズに位置づける理論として機能した。さらに言えば、六〇年代には中国と毛沢東主義の台頭があり、それが世界中の一九六八年闘争やフランス現代思想に大きなインパクトを与えていた[7]。これを重視するならば、アジア的シックスティーズをヨーロピアン・シックスティーズが飲み込み、グローバル・シックスティーズを構成したことこそが、革命運動—社会運動史として六〇年代を見たときに重要な出来事だったのではないか。

アジア的シックスティーズ／ヨーロピアン・シックスティーズの交差は、アジアへの連帯がヨーロッパへの連帯に、ヨーロッパへの連帯がアジアへの連帯になるという事態であった。これがヨーロッパ主導で行われた場合、アジアへの連帯には先進国意識が潜在し、必然的に「良心の疚しさ」（ニーチェ）を伴う。そうした反省的連帯は現実的には連合国の主導による冷戦体制という現実を超え出るものではなく、その意味で〈一九六八年〉とはやはり戦後的なものなのである。だが、この「良心の疚しさ」とアジア的シックスティーズの連携が第二次世界大戦の戦勝国が抱え込んだものであるならば、敗戦国はそのはざまに存在している。この点ではヨーロピアン・シックスティーズ（米国も含むとして）は英米と独伊に差異があると言わねばならない。さらに、フランスが戦中のヴィシー政権や対独協力者《コラボラトゥール》を隠蔽して戦勝国の一員となったところに、フランス現代思想の覇権の現実を見ることもできる(8)——つまり、フランス現代思想とはあくまでも戦勝国—戦後体制—戦後民主主義の「良心の疚しさ」以上のものではないということである。九〇年代ポストモダニズムとは、まさにこれであった。

一方、この連合国的連帯の欺瞞を明るみにし、戦後体制・戦後民主主義を徹底的に批判するものとして一九六八年闘争を受け止めるならば、東西および南北の分業を固定する連帯の追認ではなく、後発先進国によるその転覆や突破として現れる。このとき、それは戦後ではなく一九四〇年代という隠蔽され、

（7） 本書第六章参照。

（8） ジェフリー・メールマン『巨匠たちの聖痕——フランスにおける反ユダヤ主義の遺産』内田樹訳、国文社、一九八七（一九八三）年。福田和也『奇妙な廃墟——フランスにおける反近代主義の系譜とコラボトゥール』ちくま学芸文庫、二〇〇二年。

抑圧された戦中の交差の再演として捉えうる。思想史的には、吉本隆明による津村喬や太田竜の否認、廣松渉による「近代の超克」の再評価、そして第三章で論じられたように橋川文三の超国家主義論や民俗学の再評価に垣間見ることができよう。エリアーデ・中沢新一的な八〇年代ポストモダニズムもまた、このラインで捉えると理解しやすい。

〈一九六八年〉以降、これらの複数の交差の在り方を経て、現在に至っている。先進国的な「良心の疚しさ」――九〇年代ポストモダニズム――は、八〇年代ポストモダニズムを規制し続けている。だが、日本が先進国か否かということは、その経済的覇権が揺らぎを見せるほど繰り返し問われるようになってくる。ここに「日本」とその歴史・伝統を巡る語りが分裂し、公私の区分を前提とした近代的宗教概念を超えた宗教の問題が立ち現れてくるのである。

二　新しい社会運動・政教問題・人権

さらに踏み込んで政教関係の問題を取り上げてみよう。そもそも「新しい社会運動」や「予示的政治」という観点は「公私の区別への疑義」が含まれている。これの直接の含意は身体と生のミクロな管理によって構成される生権力の問題だろうが、同時に公私の区分を前提とした近代的宗教概念をも突破する視点である。それゆえ「宗教」の枠に閉じ込められてきた思想的・運動的諸潮流が、既存の政教関係を突破し、それを通じて戦後体制や現状の国際秩序に対して実力行使を含む文化的な異議申し立てをなしうるのは、それ自体がポスト〈一九六八年〉的な、日本のコンテクストでいえば、極めて全共闘運動以後的な現象であろう。

だが、ここでいう「文化」とは何か。「人権」に基づく異議申し立てとの違いから説明してみたい。現在、一九六八年闘争の流れを組む左翼系の諸団体や諸個人がパレスチナ問題において、パレスチナ支援・連帯の立場でデモやイスラエル製品不買運動（ＢＤＳ）を行っている。だが、果たしてそれを支援・連帯しうるのは、いかなる立場からだろうか。アラブ社会主義政党は冷戦崩壊以降凋落し、新たなイデオロギーとしてイスラームが復興した。パレスチナ解放人民戦線（ＰＦＬＰ）と連携していた日本赤軍は拠点を失っており、レバノンに亡命した赤軍派の岡本公三はイスラームに改宗している。つまり、社会主義をパレスチナとの連帯の根拠とすることには、困難が生じているのである。この時に持ち出される連帯の理由は「人権」や人道主義だろうが、ハマスもまたイスラエル市民を殺害し、そしてパレスチナにおいてハマスが一定の支持を集めている以上、どうしてもジレンマが生じる（イスラエル建国の事情を考慮したうえでも、である）。パレスチナ人がマイノリティだから、より「人権」が認められるべきなのだろうか。しかし、アラブ社会やイスラーム全体と比較すれば、依然としてユダヤ人のほうがマイノリティではある（米国に支援されるイスラエルに軍事的優位があるのが明らかであるにせよ、である）。

そのような権力バランス問題以上に、重要なのは「人権」そのものの持つ権力の性質である。人類学者のタラル・アサドは問う。

国民国家の集まりである世界において、いったい誰が、人権を促す条件と、人権が支持する「人間」とを解釈する権威および促進する権力をもつのであろうか？　二年前のある会議で、中国の世界貿易機関（ＷＴＯ）加盟を協議していた米国通商代表部が、記者の質問に答えて、即席で次のように述べたことがあった。「民主的政治改革といっそうの人権尊重とが、西洋および西洋的規範への加入によって奨励されることは確実だ」。このように、自由貿易、人権、「西洋的規範」が相互に直接に結びつけられている。何らかの種類の主体性に関わる生活様式と考えたとき、こうした規範はいったいどのようなものなのであろうか？(9)

この問いには、フランスのジャーナリスト、イグナシオ・ラモネの米国批判の言葉を引きながら、次のように答えられる。

好きなように行いたい（好きなことを行いたい）という欲望が、マーケティングの言説より喚起される、というラモネの認識自体は、すでに十分知られていることである。〔中略〕また、近代市場文化が想定している人間なるものが、快を求め、苦痛を避ける、自律的個人であるという彼の示唆もまた、なじみのものだ。なぜなら、選挙民主主義が各党派内の市民の等価性（各人は単なる一名である）を仮定しているように、市場戦略は各市場分野内の買い手の等価性（各人は単なる一名である）を仮定しているからである。どちらの場合も、選択する主体は、ターゲットとしての統計的客体、足し算・引き算の対象である。古い規範に換えて「西洋（つまり米国）の規範」を獲得することで、さらなる人権尊重が促される――西洋との自由貿易の開始と市場社会の発展は、人権を強化する――との米国通称代表部の主張の意味は、ここから説明できる。〔中略〕

文化は、〔中略〕生の個々の形態を構成する実践を――適切にであれ不適切にであれ――追い出し、非合法化し、有罪とする権力、種々のタイプの人間の育成のための諸条件を創り出す権力である。〔中略〕以前には問題とされなかったあれこれの実践を非正当と見なすことを学ぶ過程は、そしてそうした実践に対する社会的反対運動を組織する過程は、人間なるものの再構築の諸段階なのである。(10)

そうだとすると、パレスチナを「人権」の概念で擁護し、連帯することは、結局、自由貿易と西洋的規範――リベラリズムであれネオリベラリズムであれ――の権力に根差した「文化」を学ぶことだと言えてしまう。ここには必然的に欺瞞が生じる――インドはヒンドゥー教の敵（イスラーム）の敵としてイスラエル支援の旗幟鮮明にしているが、（その対立自体が英国の植民地支配の産物だとしても）このほうが欺瞞は少ない。ここで言っていることは、ポストコロニアル批評や「新しい社会運動」・「予示的政治」の議論を積み重ねれば、行き着かざるを得ない議論である。

三　敵対性と死の問題

人権と文化をめぐるこの問題は、左派の社会運動における党・党派性（あるいは共同性）の困難とも関連がある。本書の第一章は、一九七〇年のノンセクトと前衛芸術の運動を転機に天皇制だけでなく左翼の党もまた「芸術宗教」化して資本制国家に対抗できなくなることを論じている。小杉は、同様の事態を社会運動の「脱政治化」として捉え、政治性の回復のために、社会学者の酒井隆史に倣って「敵対性」を指標として持ち込む――その概念によって「予示的政治」を近代的主権や近代国家に対抗するものとして捉えようとするのである。(11)

「予示的政治」は、酒井が部分的に依拠するネグリ&ハートの〈マルチチュード〉に重ねうる。だが、そうだとするとそれ自体が国民国家衰退期に表れる、グローバルで脱中心的・ネットワーク的な新たな主権＝〈帝国〉と表裏一体のものである。〈帝国〉と〈マルチチュード〉が相互に依拠しているのならば、〈マルチチュード〉の「敵対性」は近代国家（国民国家・主権国家）に対峙しえたにせよ、〈帝国〉＝グローバル資本主義に対しては「敵対性」たりえないのではないか。

（9）　タラル・アサド『世俗の形成――キリスト教、イスラム、近代』中村圭志訳、みすず書房、二〇〇六（二〇〇三）年、一九四頁。
（10）　アサド前掲書、一九六～一九七頁。
（11）　小杉前掲「〝一九六八〟の脱政治化と社会運動論における敵対性の分析をめぐって」、四四頁。

では本書の知見からは、何が「敵対性」を引き起こし、「党」＝「宗教」を構成すると言えるのか。一九六八年闘争で共通の前提になっているのは資本主義および帝国主義に対する敵対性である。だが、「好きなように」したいという「欲望」を持ち、「快を求め、苦痛を避け」、しかし欲望追求や賃金獲得のためには禁欲や受苦もする自律的個人を要請・養成する近代市場文化に対しては、生の欲望と快楽を抑制し、苦痛をも引き受ける自律的個人を養成する文化を、敵対性の考察において視野に入れる必要があるだろう。ここに生権力の外部としての、死と死者の問題が生じてくる。本書第二章では、全共闘運動を死・死者との共闘（闘争と共同性）として捉え、その「伝統」をめぐる「思想戦」が試みられていたことが論じられている。

近代世俗社会において「宗教」と呼ばれる事象は、死・死者についての言説と実践を提供してきたが、原則的には私的領域における選択の問題として処理されている。だが、世俗的公共性とはズレを孕みながら、現実的には歴史的な言説や習慣を通じて死・死者をめぐる別種の文化的公共性を構成している。これを「宗教」と呼ぼうが呼ぶまいが、ここではどちらでもよい。ここでの問題は、その文化的公共性が個としての死を超えた歴史的生命を想起させ、犠牲や敗北を超えて闘争的行動に駆り立て続け、そしてそうした行動そのものが歴史的生命の現実性を保証し続けているということである。現代ではイスラームの「自爆テロ」が容易に想起されうるが、近代日本でも数々の政治的テロリズムから、神風特攻隊や新左翼・全共闘の暴力闘争まで、たびたび目にすることができる。それらは、「天皇」、「民族」、「浄土」、「神（の）国」「労働者の祖国」、「社会主義共和国」といった歴史的生命の概念抜きには論じられないはずである。

酒井隆史は、「絶対的敵対関係」に基づく革命的インターナショナリズムを批判して、「現実的敵対性」たる「土地の防御」に基づく抗争を「民衆的防御」と呼ぶ――しかし、ポストフォーディズムの時代以降の「根源的に環境を喪失した人間」にとっては「〈知性〉」という「もっとも抽象的な次元」こそが共有され、ネオリベラリズムから防御される新たな「環境」だと主張する。[12] 別の言い方では、「民衆的防御」の根拠を中世の抵抗権に求めつつ、移動性・流動性・革新性を保証することで防御の内実を〈知性〉へと縮減する――「防御」の内部では「革命の隠された宝」と呼ばれる「自然発生的な合議体」が生じ、抵抗権は「過去」を守る「保守的暴力」によると言う。[13]

このように言うとき、〈知性〉とは、暗黙的な身体知も含む文化的公共性たる歴史的生命以外ではありえないのではないだろうか。言い換えれば、酒井が繰り返し「民衆的防御」の理想的事例として取り上げるサパティスタ民族解放軍が、なぜ〈知性〉などと言わず「民族解放」を掲げるのか、あるいはエミリアーノ・サパタというメキシコの国民的英雄の個人名に基づく思想（＝サパティスモ）を冠するのかということである。この問いを踏まえて、さらに酒井（あるいはネグリ＆ハート）に対して付け加えることがあるとするならば、敵対的関係から「保守的暴力」を駆使する瞬間、その闘争主体にとっての歴史的生命は〈知性〉と呼ばれる縮減した領域を超えて、そのときこそ間違いなく「革命」と呼ばれる全体性を帯びているはずだということだけである。

おわりに――「あとがき」に代えて

以上、最新の社会運動論研究と架橋しつつ、本書の成果を確認し、〈一九六八年〉研究において「宗教」の視座が持つ意義を述べてきた。本書はひとまずこれで結びとするが、それは完成を意味するもの

(12) 酒井隆史『暴力の哲学』河出書房新社、二〇一六年（電子版）、一三五～一六四頁。
(13) 酒井前掲、一六六～一六八頁。酒井は、ハンナ・アーレント『革命について』（清水速雄訳、ちくま学芸文庫、一九九五〈一九六三〉年）を踏まえて「革命の隠された宝」という言葉を用いている。

では全くない。むしろ、「一九六八年と宗教」という研究テーマは端緒についたばかりであり、今後はさらに質量ともに深めていく必要がある。

例えば、本書では新宗教・スピリチュアリティ（ニューエイジ運動・オカルティズム）やキリスト教には着手できたが、新宗教でも〈一九六八年〉との関わりにおいて特に重要な原理研究会（旧・統一教会系の学生サークル）や生学連が抜けている。また、仏教・神道と〈一九六八年〉の関係および仏教・神道系大学における一九六八年闘争についても手薄であるのは否めない。仏教については本書第四章において、梅原正紀や丸山照雄ら仏教系ジャーナリストの活躍や大谷大学全共闘と真宗同崩会運動との関係、龍谷大学全共闘の御影堂突入事件などが触れられてはいるが、仏教系大学では他に少なくとも高野山大学（真言宗）、立正大学（日蓮宗）、同朋大学（真宗大谷派）、花園大学（臨済宗）に全共闘運動・学生運動があったことが知られている[14]。知識人や学知と「一九六八年と宗教」というテーマは、本書で触れた宗教研究・古代文学研究（神話研究）においてさらに追及されるだけでなく、人類学や歴史学にまで視野を広げる必要があるだろう。いずれも今後の課題としておきたい。

最後に本書に至る経緯と関わった方々への謝辞を述べて、「あとがき」に代えたい（以下では敬称を用いる）。

「一九六八年と宗教」の研究プロジェクトは、筆者がＪＳＰＳ科研費基盤研究(B)「日本新宗教史像の再構築：アーカイブと研究者ネットワーク整備による基盤形成」（科研代表者：菊池暁氏、課題番号：一八Ｈ〇〇六一四、研究期間：二〇一八〜二〇二二年度）の研究分担者の一人となったときに開始した。同科研は、その初年度研究実績報告書によれば「曲がり角を迎えている新宗教史研究を、理論、資料、対象のあらゆる面から更新する試み」であり、その一環として「一九六八年と宗教」プロジェクトは、「従来ほとんど注意されてこなかった同時代の学生運動、社会運動とスピリチュアル思想、宗教運動との接点を探り、新宗教史研究に対する学説史的、方法論的な再検討を試み」ようとしていた。

だが、その始まりから本書の刊行までは平坦な道のりではなかった。その理由はいくつか考えられるが、第一には思いのほかテーマへの賛同者が集まらなかったのである。真新しいテーマに尻込みされたのもあろうし、そもそも若手の宗教研究者には〈一九六八年〉研究の学問的重要性がほとんど認識されていなかった。逆に全共闘世代の研究者にとっては、謙遜の意味でも自己防衛の意味でも開けっぴろげにその時代を論じることができないということが、その後、研究を進めるにつれて分かってきた。また、大学アカデミズムの対象化を含む「一九六八年と宗教」プロジェクトの視座は、現在の学問の潜在的な倫理的前提を再検討に付す意図が込められており、そのことが意味する危険さ（もしくは面倒さ）が敏感に察知されていたのかもしれない。あるいは、単に一九六八年闘争に対する「否定的な集合的記憶」ゆえに敬遠されたのかもしれない――実際、ある教授には面と向かって「そんな危ないことに関心を持って大丈夫？」と言われたことがある。

ともあれ、二〇一八年は一九六八年から五〇年の節目に当たり、筆者は必ずこの年に公開シンポジウムを行おうと決心していた。絓秀実氏と武田崇元氏に登壇を打診することは最初から決めていた。なぜなら、絓氏の『革命的な、あまりに革命的な』と『１９６８年』こそ、筆者が「一九六八年と宗教」のテーマを始める決意をもたらした著作だからであり、武田氏の編集した伝説的オカルト（研究）雑誌『地球ロマン』に掲載された太田竜を囲む鼎談を読んだことが太田竜研究を始めるきっかけだったからである。絓氏には、革命家の外山恒一氏の紹介でコンタクトを取った（筆者は外山氏の学生向け「教養強化合宿」に学生でもないのに押し掛けて参加した過去があった）。武田氏は、以前に筆者の学問上の師、吉永進一先生――「日本新宗教史像の再構築」の分担研究者でもある――が研究会に同氏を招待したと

（14）　丸山照雄『反情況の砦から』伝統と現代社、一九七三年、二八三〜二八四頁。

きに知り合っていた。そうした縁もあり、両者からは快諾を得ることができた。

川村邦光先生、村山由美氏、鎌倉祥太郎氏は、「日本新宗教史像の再構築」の分担研究者だった永岡崇氏からの推薦があった。ちょうどその頃に高橋和巳研究をしていた川村先生は、永岡氏の阪大大学院時代の指導教員であり、同時に筆者の出身研究室である東北大大学院宗教学研究室の大先輩でもある。川村先生の東北大時代のことは筆者が在籍していた当時の研究室でもたびたび噂になっており、そうした噂の一つに一九六九年前後の「武勇伝」もあった。加えて、修士課程の頃はシャマニズム研究に関心を持っていた筆者は、川村先生の著作にも親しんでいた。村山氏は以前からの研究仲間だったが、永岡氏から田川建三の研究もしていることを改めて教えてもらった。鎌倉氏にはこの時に初めてお会いしたが、川村先生の阪大時代の教え子であり、津村喬研究で博士論文を執筆していた。三人の研究テーマは、まさに「一九六八年と宗教」プロジェクトにぴったりであり、一も二もなく登壇をお願いした。絶妙なタイミングで三人を紹介・推薦し、他にもさまざまな便宜を図ってくださった永岡氏には、ここで改めて御礼を申し上げたい。

ともあれ、以上の登壇者が揃い踏みし、公開シンポジウム「１９６８年と宗教——全共闘以後の「革命」のゆくえ」(二〇一八年一二月一五日、京大人文研）を開くことができた。筆者はコメンテーターを務め、司会は「日本新宗教史像の再構築」の分担研究者、対馬路人先生にお願いした。参加者は一〇〇人を超えた。この時、特筆すべきこととして、観客として津村喬氏の来場があったのだが、実は吉永先生にお願いして人づてに手を回してもらった結果だったことを告白しておこう。全体討論では、絓氏と津村氏のあいだで激しい議論があったことを今でも鮮明に覚えている。奇妙な熱気が会場に渦巻いており、当時参加したある大学院生は、全体として「異様な雰囲気」だったと後で伝えてくれた。狙いは見事に嵌ったようだ。なお、この時の発表原稿は基本的に本書の各章の元になっているが、絓氏の発表原稿のみ、批評同人誌『大失敗』に掲載されたために同氏は新稿を書き下ろしてくださった。記して感謝

の意を表したい。

さてこの公開シンポジウムの際、観客席にいたのが、塩野谷恭輔氏である。そのときの懇親会で「一九六八年と宗教」プロジェクトとして何か一緒に行うことを約束したのだが、それが実現したのはさらに二年後のことであった。この間、コロナ禍に加え、そのほかの様々なプロジェクトに忙殺されていたこともあったのだが、最大の理由はこの研究テーマに関心を持ってくれる出版社が全くいなかったことである。筆者はともかく出版をして研究ジャンルとして打ち立てる必要を感じていたが、あまりに反応がなかったことで時期尚早だったのかと感じ始めていた。

話が大きく動いたのが、二〇二〇年一〇月、橋川文三『昭和維新試論』をテキストとしたオンライン読書会で斎藤英喜氏に出会ったときである。読書会の最中に筆者がコメントを求められた際、同書の前編に当たる『ナショナリズム』が一九六八年に刊行されていることに触れて全共闘運動と橋川文三の関係性を示唆し、さらに当時の新左翼が単なる左翼というよりも、北一輝や民衆的土着にも共鳴するようなナショナリズムも孕んだ存在であり、その流れで吉本隆明の思想に依拠した新左翼党派、ブント叛旗派に言及したのである。この発言に斎藤氏は強く反応してくださり、その後個別でメールやオンライン通話のやり取りをするようになった。そのなかで斎藤氏は、高校三年から大学一年生まで（七二年から七三年まで）、ブント叛旗派に在籍していたことがあったことを打ち明けられ、さらに研究の道に進んで所属した八〇年代の古代文学会は東大全共闘の出身者が中心となっており、そのなかで斎藤氏は学問的に闘争をしてきたと話してくださった。

要するに斎藤氏はまさに宗教関連の学知の変動と全共闘運動の関係という、「一九六八年と宗教」プロジェクトにおいて筆者が最も知りたいことの一つをみずから語っていたのである。斎藤氏もまた筆者のプロジェクトに共鳴し、出版社探しの懸念を聞くと即座に人文書院を紹介してくださった。ちょうど『「日本心霊学会」研究』（人文書院、二〇二二年）の刊行も決まりかけていた時でもあった。同書の担当

編集者でもあった松岡隆浩氏は「このテーマなら売れます」と太鼓判を押してくださり、ついに出版社が決定したのである。

その後、本書の執筆者やその関係者も交えてオンラインで定期的に「一九六八年読書会」を行いつつ、第二回公開シンポジウム「1968年と宗教――キリスト教と68年闘争」(二〇二一年三月二二日、オンライン)を開催した。第二回には塩野谷氏の登壇が実現したことに加え、かねてより研究仲間だったエイブリ・モロー氏にも発表してもらった。モロー氏は東大在籍中にキリスト教系自治寮「同志会」に寄宿し、そこで『同志会日誌』を閲覧して本プロジェクトに関心を持ってくれたのである。第二回のコメンテーターには、無教会運動研究の専門家の赤江達也氏、また日本基督教団の万博反対闘争の研究をしていた増田斎氏にお願いした。

そして第三回公開シンポジウム「1968年と宗教――歴史・神話・学知」(二〇二二年八月二一日、佛教大学)では、筆者と斎藤氏が発表し、コメンテーターを結氏、および三島由紀夫研究で知られ、一九六八年読書会の参加者でもあった文学研究者、梶尾文武氏にお願いした。コロナ禍も明けて、久々の対面研究会であった。その懇親会の席上、塩野谷氏が、一九六八年から続く新左翼系雑誌『情況』の編集長に就任することを聞いた。宗教学を学ぶ大学院生の塩野谷氏が『情況』の編集長に就任することに、まさに「一九六八年と宗教」のテーマとの符号を感じずにはいられなかった。今では、このプロジェクトが時期尚早でもなければ、トリビアルなテーマでもなく、まさに〈一九六八年〉の芯を食ったものであったことを確信している。

以上のシンポジウムの発表者を寄稿者に迎えて編まれたのが本書である。ここまでに関わった全ての人々に御礼を申し上げたい。ただ、最後に二人の名前を記して、特に感謝を示しておきたい。

まず、第一回公開シンポジウムのポスターを作成していただいた、小灘精一氏に御礼を申し上げたい。小灘氏は超国家主義『民族の意志』同盟の関西支部長であると同時に、イタリアの未来派、ルイジ・ル

ッソロの騒音概念を再考した路上騒音散布活動組織「騒音の夕べ」の主要メンバーである。小灘氏にポスターを依頼することは、本プロジェクトの幕開けに不可欠であった。そのポスターデザイン（図）は、本書の装丁のモチーフとして生かされている。

次に人文書院の編集者の松岡隆浩氏である。二〇二三年度中に寄稿者の原稿はほぼ集まったなかで、筆者の原稿および序章・終章の完成に大幅な時間を費やしてしまった。その理由は筆者の、多数の仕事を抱えて自らを多忙に追い込むタスク管理の拙さと、言い訳の仕様のない遅筆による。それにもかかわらず、粘り強く待ち、時に叱咤激励してくださった人文書院の松岡さんのおかげで本書は完成した。特に記して深く御礼を申し上げる。

ここで稿を終えたいところだが、どうしても付け加えておかなければならないことがある。二〇二四年九月四日、斎藤英喜氏が急逝された。享年六九歳。あまりにも突然のことであった[15]。それに先立つ二〇二〇年には津村喬氏が、本書の成立過程の二〇二二年には、吉永進一先生も亡くなられた。「一九六八年と宗教」プロジェクトが始まって以来、研究分野やアカデミズム内外を超えて多様な人々と出会い、議論し、協同してきた多忙で賑やかな六年間だったが、その中心点であった三人の人物を相次いで失うという悲しみを忘れることができない時期でもあった。しかし、死・死者に関する言説と習慣が文化的共同性を形成し持続させるならば、本書は間違いなくその共同性が作り出したモニュメントの一つである。こうしたモニュメントの存在は言説と習慣のさらなる継続を促し、文化的共同性の持続に必ずや寄与すると信じている。

二〇二四年一一月

(15) 斎藤氏の追悼文は、塩野谷編集長の依頼により、「斎藤英喜氏の「思い出話」——ブント叛旗派・神話研究・行為の共同性」と題して『情況』二〇二四年秋号に寄稿した。そこでは、斎藤氏の研究と叛旗派の思想との関連も考察している。ご関心のある方は参照されたい。

著者紹介（50音順）

鎌倉祥太郎（かまくら　しょうたろう）

1987年生。大谷大学ほか非常勤講師。大阪大学大学院文学研究科博士後期課程修了。博士（文学）。「読みと歴史認識の方法をめぐって　津村喬の思想史的研究」（博士論文）、『親密なる帝国』（共訳、人文書院）。

川村邦光（かわむら　くにみつ）

1950年生。文筆業。東北大学大学院実践哲学博士課程単位取得満期退学。宗教学、近代文化史。『弔いの文化史』（中公新書）、『荒畑寒村』（ミネルヴァ書房）、『家族写真の歴史民俗学』（ミネルヴァ書房）。

斎藤英喜（さいとう　ひでき）

1955年生。佛教大学歴史学部教授。日本大学大学院文学研究科博士課程満期退学。宗教文化論・神話伝承学。『読み替えられた日本書紀』（角川選書）、『折口信夫』（ミネルヴァ書房）、『神道・天皇・大嘗祭』（人文書院）。2024年９月4日逝去。

塩野谷恭輔（しおのや　きょうすけ）

1995年生。文筆業。東京大学大学院人文社会系研究科修士課程修了。『情況』第六期編集長。宗教学、旧約聖書学。『宗教を哲学する』（共著、明月堂書店）。

絓秀実（すが　ひでみ）

1949年生。文芸評論家。『増補 革命的な、あまりに革命的な』（ちくま学芸文庫）、『アナキスト民俗学』（共着、筑摩選書）、『絓秀実コレクション』１、２（blueprint）。

武田崇元（たけだ　すうげん）

1950年生。文筆家、宗教研究家、八幡書店代表。東京大学法学部卒業。『原典対訳 日月神示』（編、今日の話題社）、『新約・出口王仁三郎の霊界からの警告』（学研パブリッシング）。

村山由美（むらやま　ゆみ）
1976年生。日本キリスト教史。スコットランド・セントアンドリュース大学にてPh.D取得。『新約聖書解釈の手引き』（共著、日本キリスト教団出版局）。

エイヴリ・モロー（Avery Morrow）
1987年生。ブラウン大学博士課程。日本宗教史。『ホツマ・カタカムナ・先代旧事本紀　古史古伝で解く「太古日本の聖なる科学」』（ヒカルランド）。

編者紹介

栗田英彦（くりた　ひでひこ）

1978年生。佛教大学、愛知県立大学、愛知学院大学等非常勤講師、名古屋弁証法研究会主宰。東北大学大学院文学研究科博士課程修了。博士（文学）。宗教学、思想史。『「日本心霊学会」研究』（編著、人文書院）、『近現代日本の民間精神療法』（共編著、国書刊行会）。

Printed in Japan
ISBN978-4-409-42026-3 C3014

一九六八年《ねん》と宗教《しゅうきょう》
——全共闘以後《ぜんきょうとういご》の「革命《かくめい》」のゆくえ

二〇二五年一月二〇日　初版第一刷印刷
二〇二五年一月三〇日　初版第一刷発行

編者　栗田英彦
発行者　渡辺博史
発行所　人文書院
〒六一二-八四四七
京都市伏見区竹田西内畑町九
電話　〇七五(六〇三)一三四四
振替　〇一〇〇〇-八-一一〇三

印刷　創栄図書印刷株式会社
装丁　上野かおる

栗田英彦編

「日本心霊学会」研究

――霊術団体から学術出版への道

三三〇〇円（本体＋税一〇％）

人文書院創立百周年記念出版。霊術団体はいかにして人文系出版社へと姿を変えたのか。日本近代の宗教、学知、出版を総合的に捉え直す画期的研究。